国家职业技能等级认定培训教材
国家基本职业培训包教材资源

电 工

（初级）

人力资源社会保障部教材办公室　组织编写

本书编审人员

主　编　赵　卿
参　编　张冬柏　易贵平　张文英

中国人力资源和社会保障出版集团

中国劳动社会保障出版社　　中国人事出版社

图书在版编目（CIP）数据

电工：初级／人力资源社会保障部教材办公室组织编写．--北京：中国劳动社会保障出版社：中国人事出版社，2023

国家职业技能等级认定培训教材

ISBN 978-7-5167-5913-4

Ⅰ.①电… Ⅱ.①人… Ⅲ.①电工技术-职业技能-鉴定-教材 Ⅳ.①TM

中国国家版本馆 CIP 数据核字（2023）第 092260 号

中国劳动社会保障出版社
中国人事出版社 出版发行

（北京市惠新东街1号 邮政编码：100029）

*

北京市白帆印务有限公司印刷装订 新华书店经销

787 毫米×1092 毫米 16 开本 23 印张 412 千字
2023 年 8 月第 1 版 2025 年 1 月第 2 次印刷
定价：52.00 元

营销中心电话：400-606-6496
出版社网址：http://www.class.com.cn

版权专有 侵权必究

如有印装差错，请与本社联系调换：（010）81211666
我社将与版权执法机关配合，大力打击盗印、销售和使用盗版图书活动，敬请广大读者协助举报，经查实将给予举报者奖励。

举报电话：（010）64954652

前　言

为加快建立劳动者终身职业技能培训制度，全面推行职业技能等级制度，推进技能人才评价制度改革，促进国家基本职业培训包制度与职业技能等级认定制度的有效衔接，进一步规范培训管理，提高培训质量，人力资源社会保障部教材办公室组织有关专家在《电工国家职业技能标准（2018年版）》（以下简称《标准》）和国家基本职业培训包（以下简称培训包）制定工作基础上，编写了电工国家职业技能等级认定培训教材（以下简称等级教材）。

电工等级教材紧贴《标准》和培训包要求编写，内容上突出职业能力优先的编写原则，结构上按照职业功能模块分级别编写。该等级教材共包括《电工（基础知识）》《电工（初级）》《电工（中级）》《电工（高级）》《电工（技师高级技师）》5本。《电工（基础知识）》是各级别电工均需掌握的基础知识，其他各级别教材内容分别包括各级别电工应掌握的理论知识和操作技能。

本书是电工等级教材中的一本，是职业技能等级认定推荐教材，也是职业技能等级认定题库开发的重要依据，已纳入国家基本职业培训包教材资源，适用于职业技能等级认定培训和中短期职业技能培训。

人力资源社会保障部教材办公室

Contents 目录 电工（初级）

电器安装和线路敷设

职业模块一

培训项目1　低压电器选用

培训单元1　常用低压电器的图形符号和文字符号识别　002
培训单元2　刀开关识别与选用　004
培训单元3　熔断器的识别与选用　007
培训单元4　低压断路器的识别与选用　017
培训单元5　主令电器及指示灯的识别与选用　024
培训单元6　接触器的识别与选用　044
培训单元7　热继电器的识别与选用　057
培训单元8　漏电保护器的识别与选用　067
培训单元9　防爆电气设备的防爆型式与标志　072

培训项目2　电工材料选用

培训单元1　电线电缆的选用　075
培训单元2　电工常用线槽、线管及桥架的选用　080
培训单元3　低压电缆接头和接线端子的类型及选用　089

培训项目3　照明电路装调

培训单元1　照明装置的安装与调试　092
培训单元2　进户装置及量配电装置的安装　118

培训项目4　动力及控制电路装调

培训单元1　配电箱（柜）的安装　131
培训单元2　电线敷设　144

培训单元3　导线的连接　167
培训单元4　接地装置制作及要求　182
培训单元5　动力配电线路的接线与调试　193

继电控制电路装调维修

职业模块二

培训项目1　低压电器安装与维修
　培训单元1　按钮、指示灯拆装和修理　198
　培训单元2　拆装和修理接触器　201
　培训单元3　时间继电器的检修校验　205
　培训单元4　其他常用电器故障及处理方法　213
　培训单元5　手持电动工具的线路检修　216

培训项目2　变压器、交流电动机的接线与维护
　培训单元1　分辨控制变压器的同名端　221
　培训单元2　分辨三相交流笼型异步电动机绕组的首尾端　226
　培训单元3　三相交流异步电动机的安装与运行维护　229
　培训单元4　三相交流笼型异步电动机正反转控制电路接线　239
　培训单元5　三相交流笼型异步电动机Y－△启动控制电路接线　246
　培训单元6　单相交流异步电动机电路接线与维护　253
　培训单元7　三相交流异步电动机的拆装和保养　262

培训项目3　低压动力控制电路装调与维修
　培训单元1　三相交流笼型异步电动机单方向运转控制电路维修　273
　培训单元2　三相交流笼型异步电动机正反转控制电路维修　291
　培训单元3　三相交流笼型异步电动机Y－△降压启动控制电路维修　294

培训单元 4　三相交流笼型多速异步电动机的控制线路维修　299

培训单元 5　三相交流笼型异步电动机多地控制线路维修　304

培训单元 6　三相交流笼型异步电动机的机械制动控制线路的检修　306

基本电子电路装调维修

职业模块三

培训项目 1　电子元件焊接作业
　培训单元 1　电子元件焊接基础　314
　培训单元 2　电路元器件的安装与焊接　322

培训项目 2　电子电路调试与维修
　培训单元 1　电子元器件的测量与判别　328
　培训单元 2　单相半波、全波及桥式整流滤波电路的安装与调试　335
　培训单元 3　直流稳压电源的安装与调试　348
　培训单元 4　放大电路的安装与调试　355

职业模块一 电器安装和线路敷设

 培训项目1　低压电器选用

 培训项目2　电工材料选用

 培训项目3　照明电路装调

 培训项目4　动力及控制电路装调

培训项目 1　低压电器选用

培训单元 1　常用低压电器的图形符号和文字符号识别

培训重点

掌握常用低压电器的图形符号和文字符号。

知识要求

一、低压电器的概念及分类

根据工作电压的高低，电器可分为高压电器和低压电器。工作在交流额定电压 1 200 V 及以下、直流额定电压 1 500 V 及以下的电器称为低压电器。低压电器作为一种基本元器件，广泛应用于输配电系统和电力拖动系统中，在实际生产中起着非常重要的作用。常见的低压电器按用途可分为低压配电电器、低压控制电器、低压主令电器、低压保护电器及低压执行电器等。

低压配电电器是用于供电系统中进行电能输送和分配的电器，有低压断路器、隔离开关、刀开关等；低压控制电器是用于各种控制电路和控制系统的电器，有接触器、继电器等；低压主令电器是用于发送控制指令的电器，包括按钮、主令开关、位置开关等；低压保护电器是用于对电路和用电设备进行保护的电器，有熔断器、热继电器、电压继电器、电流继电器等；低压执行电器是用于完成某种动作和传动功能的电器，有电磁铁、电磁离合器等。

二、常用低压电器的种类、图形符号和文字符号

常用低压电器元件的文字符号及图形符号见表 1-1。

表 1-1 常用低压电器元件的文字符号及图形符号

序号	名称	文字符号	图形符号
1	熔断器	FU	
2	刀开关	QS	
3	断路器	QF	
4	热继电器	FR	
5	接触器	KM	
6	中间继电器	KA	
7	电流继电器	KI	
8	电压继电器	KV	
9	通电延时时间继电器	KT	
10	断电延时时间继电器		
11	按钮	SB	
12	转换开关	SA	
13	位置开关	SQ	
14	压力开关	SP	
15	温度开关	ST	

培训单元 2　刀开关识别与选用

培训重点

掌握刀开关的型号含义、安装及使用。

知识要求

一、刀开关的功能

图 1-1 所示就是生产中常用的 HK 系列开启式负荷开关，又称为瓷底胶盖刀开关，简称刀开关。刀开关结构简单，价格便宜，手动操作，适用于交流频率 50 Hz、额定电压单相 220 V 或三相 380 V、额定电流 10 A 至 100 A 的照明、电热设备及小容量电动机等不需要频繁接通和分断电路的控制线路，装接在开关中的熔体起短路保护作用。

二、刀开关的结构及符号

HK 系列刀开关的结构与符号如图 1-1 所示。开关的瓷底座上装有进线座、静触

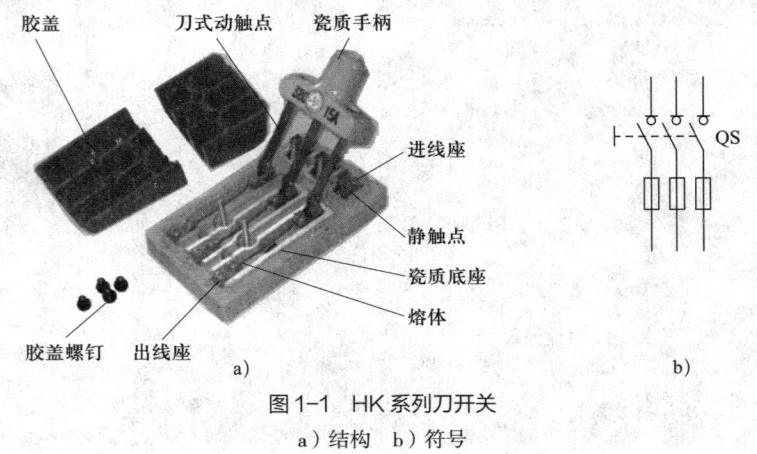

图 1-1　HK 系列刀开关
a）结构　b）符号

点、熔体、出线座和带瓷质手柄的刀式动触点,上面盖有胶盖,以防止人员操作时触及带电体或开关分断时产生的电弧飞出伤人。

三、刀开关的选择、安装及使用

1. 刀开关的型号含义及主要技术数据

(1)刀开关的型号及含义如下:

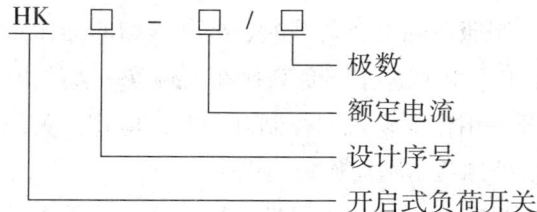

(2)HK 系列刀开关的主要技术数据见表 1-2。

表 1-2 HK 系列刀开关的主要技术数据

型号	极数	额定电流（A）	额定电压（V）	可控制电动机容量（kW）		配用熔丝规格
				220 V	380 V	熔体线径（mm）
HK1-15	2	15	220	—	—	1.45~1.59
HK1-30	2	30	220	—	—	2.30~2.52
HK1-60	2	60	220	—	—	3.36~4.00
HK1-15	3	15	380	1.5	2.2	1.45~1.59
HK1-30	3	30	380	3.0	4.0	2.30~2.52
HK1-60	3	60	380	4.5	5.5	3.36~4.00

2. HK 系列刀开关选用

HK 系列刀开关用于一般照明电路和功率小于 5.5 kW 的电动机控制线路中。这种开关没有专门的灭弧装置,其刀式动触点和静触点易被电弧灼伤引起接触不良,因此不宜用于操作频繁的电路。具体选用方法如下：

（1）用于照明和电热负载时，选用额定电压 220 V 或 250 V、额定电流不小于电路所有负载额定电流之和的两极开关。

（2）用于控制电动机的直接启动和停止时，选用额定电压 380 V 或 500 V、额定电流不小于电动机额定电流 3 倍的三极开关。

3. 安装与使用

（1）刀开关必须垂直安装在控制屏或开关板上，且合闸状态时手柄应朝上，不允许倒装或平装，以防发生误合闸事故。

（2）刀开关用于控制照明和电热负载时，要装接熔断器作短路保护。接线时应把电源进线接在静触点一边的进线座上，负载接在动触点一边的出线座上。

（3）开启式负荷开关用作电动机的控制开关时，应将开关的熔体部分用铜导线直接连接，并在出线端另外加装熔断器作短路保护。

（4）在分闸和合闸操作时，应动作迅速，使电弧尽快熄灭。更换熔体时，必须在断电的情况下按原规格更换。

4. 常见故障及处理方法

刀开关最常见的故障是触点接触不良造成电路开路或触点发热，可根据情况整修或更换触点。

技能要求

刀开关的识别及检测

一、操作准备

1. 工具：常用电工工具 1 套。

2. 仪表：ZC25-3 型绝缘电阻表（500 V、0~500 MΩ）、MF47 型万用表各一块。

3. 器材：两极刀开关、三极刀开关各一只（HK1 系列）。开关未注明规格，可根据实际情况在规定系列内选择。

二、操作步骤

1. 仔细观察不同的刀开关，熟悉它们的外形、型号、主要技术参数、功能、结构等。

2. 检测刀开关。将刀开关的手柄扳到合闸位置，用万用表的电阻挡测量各对触点之间的接触情况，再用绝缘电阻表测量每两相触点之间的绝缘电阻。

3. 对刀开关进行拆装。

4. 对两极、三极刀开关，会选择相适应的电源。

三、注意事项

1. 测量时注意绝缘电阻表及万用表的正确使用。

2. 在拆卸刀开关过程中要注意收纳好螺钉及拆散的元件。

3. 现场操作前应按规定穿戴必要的安全防护用品。

培训单元 3 熔断器的识别与选用

培训重点

掌握熔断器的型号含义、安装及使用。

知识要求

一、熔断器的功能、结构及主要技术参数

1. 熔断器的功能

低压熔断器在线路中作短路保护，简称为熔断器。图 1-2 所示为 XJ01 自耦减压启动箱外观及内部结构示意图，图 1-2b 中可以观察到低压熔断器的位置及外形。

使用时，熔断器应串联在被保护的电路中。正常情况下，熔断器的熔体相当于一段导线；当电路发生短路故障时，熔体能迅速熔断分断电路，从而起到保护线路和电气设备的作用。熔断器的结构简单、价格便宜、动作可靠、使用维护方便，因而得到了广泛应用。

图1-2 XJ01自耦减压启动箱
a）外观 b）内部结构

2. 熔断器的结构

熔断器主要由熔体、安装熔体的熔管和熔座三部分组成。图1-3a所示为RL1系列螺旋式低压熔断器的外形，图1-3b所示为熔断器在电路图中的符号。

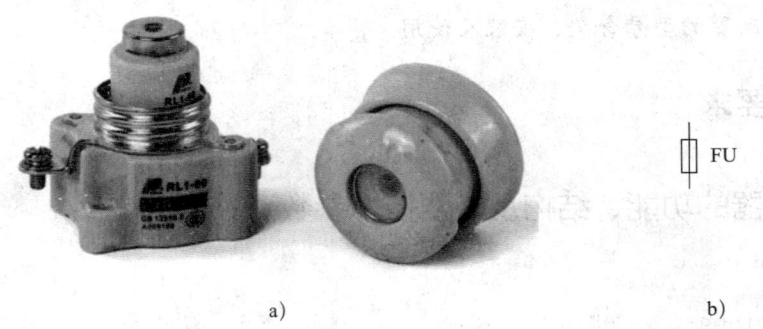

图1-3 低压熔断器的外形及其符号
a）RL1系列螺旋式熔断器的外形 b）符号

熔体是熔断器的核心，常做成丝状、片状或栅状，制作熔体的材料一般有铅锡合金、锌、铜、银等。熔管是熔体的保护外壳，用耐热绝缘材料制成，在熔体熔断时兼有灭弧作用。熔座是熔断器的底座，用于固定熔管和外接引线。

3. 熔断器的主要技术参数

（1）额定电压

额定电压是指熔断器长期工作所能承受的电压。如果熔断器的实际工作电压大于其额定电压，熔体熔断时可能会发生电弧不能熄灭的危险。

（2）额定电流

额定电流是指保证熔断器能长期正常工作的电流。它的大小由熔断器各部分长期工作时允许的温升决定。

熔断器的额定电流与熔体的额定电流是两个不同的概念。熔体的额定电流是指在规定的工作条件下，长时间通过熔体而熔体不熔断的最大电流值。通常，一个额定电流等级的熔断器可以配用若干个额定电流等级的熔体，但要保证熔体的额定电流值不能大于熔断器的额定电流值。例如，型号为 RL1-15 的熔断器，其额定电流为 15 A，它可以配用额定电流为 2 A、4 A、6 A、10 A 和 15 A 的熔体。

（3）极限分断能力

极限分断能力是指熔断器在其额定电压和工作条件下，切断短路电流的极限能力，常用极限分断电流值来表示。

（4）时间-电流特性

时间-电流特性也称为安-秒特性或保护特性，是指在规定的条件下，表征流过熔体的电流与熔体熔断时间的关系曲线，如图 1-4 所示。从特性上可以看出，熔断器的熔断时间随电流的增大而缩短，是反时限特性。

另外，在时间-电流特性曲线中有一个熔断电流与不熔断电流的分界线，与此相对应的电流称为最小熔化电流或临界电流，用 I_{Rmin} 表示。往往以在 1~2 h 内能熔断的最小电流值作为最小熔断电流。

根据对熔断器的要求，熔体在额定电流 I_N 下绝对不应熔断，所以最小熔断电流 I_{Rmin} 必须大于额定电流。一般熔断器的熔断电流 I_S 与熔断时间 t 的关系见表 1-3。

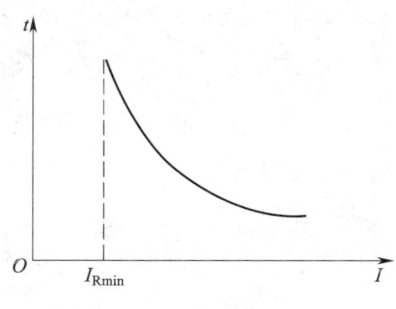

图 1-4 熔断器的时间-电流特性

表 1-3 一般熔断器的熔断电流与熔断时间的关系

熔断电流 I_S（A）	1.25I_N	1.6I_N	2.0I_N	2.5I_N	3.0I_N	4.0I_N	8.0I_N	10.0I_N
熔断时间 t（s）	∞	3 600	40	8	4.5	2.5	1	0.4

由表 1-3 可以看出，熔断器对过载的反应是很不灵敏的，当电气设备发生轻度过载时，熔断器将持续很长时间才能熔断，有时甚至不熔断。因此，除照明和电加热电路外，熔断器一般不宜用作过载保护电器。

常见低压熔断器的主要技术参数见表 1-4。

表 1-4　常见低压熔断器的主要技术参数

类别	型号	额定电压（V）	额定电流（A）	熔体额定电流等级（A）	极限分断能力（kA）	交流电路功率因数
瓷插式熔断器	RC1A	380	5	2、5	0.25	0.8
			10	2、4、6、10	0.5	
			15	6、10、15		
			30	20、25、30	1.5	0.7
			60	40、50、60		
			100	80、100	3	0.6
			200	120、150、200		
螺旋式熔断器	RL1	500	15	2、4、6、10、15	2	≥ 0.3
			60	20、25、30、35、40、50、60	3.5	
			100	60、80、100	20	
			200	100、125、150、200	50	
	RL2	500	25	2、4、6、10、15、20、25	1	
			60	25、35、50、60	2	
			100	80、100	3.5	
无填料封闭管式熔断器	RM10	380	15	6、10、15	1.2	0.8
			60	15、20、25、35、45、60	3.5	0.7
			100	60、80、100		
			200	100、125、160、200	10	0.35
			350	200、225、260、300、350		
			600	350、430、500、600	12	0.35
有填料封闭管式熔断器	RT0	交流380 直流440	50	10、15、20、30、40、50	交流50 直流25	> 0.3
			100	30、40、50、60、80、100		
			200	100、120、150、200		
			400	200、250、300、350、400		
			600	350、400、450、500、550、600		
有填料封闭管式圆筒帽形熔断器	RT18	380	32	2、4、6、8、10、12、16、20、25、32	100	0.1 ~ 0.2
			63	2、4、6、8、10、16、20、25、32、40、50、63		

续表

类别	型号	额定电压（V）	额定电流（A）	熔体额定电流等级（A）	极限分断能力（kA）	交流电路功率因数
快速熔断器	RLS2	500	30	16、20、25、30	50	0.1~0.2
			63	35、(45)、50、63		
			100	(75)、80、(90)、100		

注：括号中数值表示尽可能不采用。

二、熔断器的型号及常用低压熔断器

熔断器型号及含义如下：

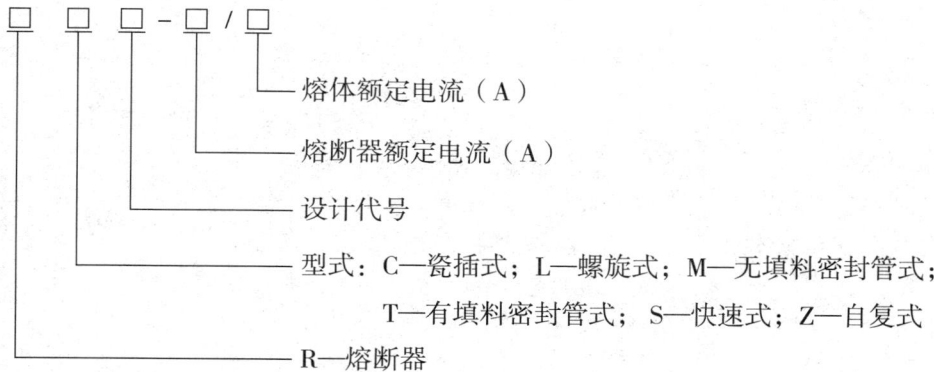

如型号 RC1A-15/10 中，R 表示熔断器，C 表示瓷插式，设计代号为 1A，熔断器额定电流是 15 A，熔体额定电流是 10 A。

常用低压熔断器见表 1-5。

表 1-5　常用低压熔断器

名称	结构示意图	特点	应用场合
RC1A 系列瓷插式熔断器		由瓷座、瓷盖、动触点、静触点及熔丝五部分组成，其特点是结构简单、价格低廉、更换方便，使用时将瓷盖插入瓷座，拔下瓷盖便可更换熔丝。但该熔断器极限分断能力较差，由于为半封闭结构，熔丝熔断时有声光现象，在易燃易爆的工作场合禁止使用	主要用于交流 50 Hz、额定电压 380 V 及以下、额定电流为 5~200 A 的低压线路末端或分支电路中，作线路和用电设备的短路保护，在照明线路中还可起过载保护的作用

续表

名称	结构示意图	特点	应用场合
RL1系列螺旋式熔断器		主要由瓷帽、熔断管、瓷套、上接线座、下接线座及瓷底座等部分组成。熔断管内装有石英砂、熔丝和带小红点的熔断指示器,石英砂用于提高灭弧性能。该系列熔断器的分断能力较强,结构紧凑,体积小,安装面积小,更换熔体方便,工作安全可靠,熔丝熔断后有明显指示。当从瓷帽玻璃窗口观测到带小红点的熔断指示器自动脱落时,表示熔丝已经熔断	广泛应用于控制箱、配电屏、机床设备及震动较大的场合,在交流额定电压500 V、额定电流200 A及以下的电路中,作为短路保护器件
RM10系列无填料封闭管式熔断器		由熔断管、熔体、夹头及夹座等部分组成。熔断管为钢纸制成,两端为黄铜制成的可拆式管帽,管内熔体为变截面的熔片,更换熔体较方便。RM10系列的极限分断能力比RCA系列熔断器更高	主要用于交流额定电压380 V及以下、直流440 V及以下、电流在600 A以下的电力线路中,作导线、电缆及电气设备的短路和连续过载保护
RT0系列有填料封闭管式熔断器		主要由熔管、底座、夹头、夹座等部分组成。它的熔管用高频电工瓷制成,熔体是两片网状紫铜片,中间用锡桥连接。熔体周围填满石英砂起灭弧作用,该熔断器的分断能力比同容量的RM10系列大2.5～4倍。该系列熔断器配有熔断指示装置,熔体熔断后,显示出醒目的红色熔断信号,并可用配备的专用绝缘手柄在带电的情况下更换熔管,装取方便,安全可靠	广泛用于交流380 V及以下、短路电流较大的电力输配电系统中,作为线路及电气设备的短路保护及过载保护

续表

名称	结构示意图	特点	应用场合
NG30系列有填料封闭管式圆筒帽形熔断器		由熔断体及熔断器支持件组成。熔断体由熔管、熔体、填料组成,由纯铜片(或铜丝)制成的变截面熔体封装于高强度熔管内,熔管内充满高纯度石英砂作为灭弧介质,熔体两端采用点焊与端帽牢固连接。熔断器支持件由底板、载熔体、插座等组成,由塑料压制的底板装上载熔体插座后,铆合或用螺钉固定而成,为半封闭式结构,且带有熔断指示灯。熔体熔断时指示灯即亮	用于交流50 Hz、额定电压380 V、额定电流63 A及以下工业电气装置的配电线路中,作为线路的短路保护及过载保护
RS0、RS3系列有填料快速熔断器（又称半导体器件保护用熔断器）		电力半导体器件的过载能力很差,采用熔断器保护时,要求过载或短路时必须快速熔断,一般在6倍额定电流时,熔断时间不大于20 ms。故快速熔断器的主要特点是熔断时间短,动作迅速(小于5 ms),RS0、RS3系列的外形与RT0系列相似,熔断管内有石英填料,熔体也采用变截面形状、导热性能强、热容量小的银片,熔化速度快	RS0和RS3系列主要用于大容量晶闸管元件的短路和过载保护,它们的结构相同,但RS3系列的动作更快,分断能力更高
自复式熔断器PTC聚合物自复熔断器		采用气体、超导体或液态金属钠等作熔体,在故障短路电流产生的高温下,熔体瞬间呈现高阻状态,从而限制短路电流。当故障消失后,温度下降,熔体又自动恢复至原来的低阻导电状态。自复式熔断器因为具有限流作用显著、动作时间短、动作后不必更换熔体、能重复使用、能实现自动重合闸等优点,所以在生产中的应用范围广泛	目前,自复式熔断器的工业产品有RZ1系列,它适用在交流380 V的电路中,与断路器配合使用。熔断器的电流有100 A、200 A、400 A、600 A四个等级,在功率因数小于0.3时的分断能力为100 kA

三、熔断器的选用

熔断器有不同的类型和规格，对熔断器的要求为：在电气设备正常运行时，熔断器应不熔断；在出现短路故障时，应立即熔断；在电流发生正常变动（如电动机启动过程）时，熔断器应不熔断；在用电设备持续过载时，应延时熔断。

熔断器的选用主要包括对熔断器类型、额定电压、额定电流和熔体额定电流的选用。

1. 熔断器类型的选用

根据使用环境、负载性质和短路电流的大小选用适当类型的熔断器。

2. 熔断器额定电压和额定电流的选用

熔断器的额定电压必须等于或大于线路的额定电压；熔断器的额定电流必须等于或大于所装熔体的额定电流；熔断器的分断能力应大于电路中可能出现的最大短路电流。

3. 熔体额定电流的选用

（1）对照明和电热等电流较平稳、无冲击电流的负载的短路保护，熔体的额定电流应等于或稍大于负载的额定电流。

（2）对一台不经常启动且启动时间不长的电动机的短路保护，熔体的额定电流 I_{RN} 应大于或等于 1.5~2.5 倍电动机额定电流 I_N，即

$$I_{RN} \geq (1.5 \sim 2.5) I_N$$

（3）对多台电动机的短路保护，熔体的额定电流应大于或等于其中最大容量电动机的额定电流 I_{Nmax} 的 1.5~2.5 倍，再加上其余电动机额定电流的总和 $\sum I_N$，即

$$I_{RN} \geq (1.5 \sim 2.5) I_{Nmax} + \sum I_N$$

例 1-1 某机床电动机的型号为 Y112M-4，其额定功率为 4 kW，额定电压为 380 V，额定电流为 8.8 A，该电动机正常工作时不需要频繁启动。若用熔断器为该电动机提供短路保护，应如何选择熔断器的型号？

解：（1）选择熔断器的类型。因为该电动机是在机床中使用，所以熔断器可选用 RL1 系列螺旋式熔断器。

（2）选择熔体额定电流。由于所保护的电动机不需要经常启动，则熔体额定电流取为

$$I_{RN}=（1.5～2.5）\times 8.8 \approx 13.2～22（A）$$

查表 1-4 得熔体额定电流 I_{RN}=20 A 或 15 A，但选取时通常留有一定余量，故一般取 I_{RN}=20 A。

（3）选择熔断器的额定电流和电压。查表 1-4，可选取 RL1-60/20 型熔断器，其额定电流为 60 A，额定电压为 500 V。

四、熔断器的安装与使用

（1）用于安装使用的熔断器应完整无损，并标有额定电压、额定电流值。

（2）熔断器安装时应保证熔体与夹头、夹头与夹座接触良好。瓷插式熔断器应垂直安装。螺旋式熔断器接线时，电源线应接在下接线座上，负载线应接在上接线座上，以保证能安全地更换熔管。

（3）熔断器内要安装合格的熔体，不能用多根小规格的熔体并联代替一根大规格的熔体。在多级保护的场合，各级熔体应相互配合，上级熔断器的额定电流等级以大于下级熔断器的额定电流等级两级为宜。

（4）更换熔体或熔管时，必须切断电源，尤其不允许带负荷操作，以免发生电弧灼伤。管式熔断器的熔体应用专用的绝缘插拔器进行更换。

（5）对 RM10 系列熔断器，在切断过三次相当于分断能力的电流后，必须更换熔断管，以保证能可靠地切断所规定分断能力的电流。

（6）熔体熔断后，应分析故障原因并排除故障后，再更换新的熔体。在更换新的熔体时，不能轻易改变熔体的规格，更不能使用铜丝或铁丝代替熔体。

（7）熔断器兼作隔离器件使用时，应安装在控制开关的电源进线端；若仅作短路保护用，应装在控制开关的出线端。

技能要求

低压熔断器的识别

一、操作准备

1. 工具：尖嘴钳、螺钉旋具。

2. 仪表：MF47 型万用表一只。

3. 器材：在 RC1A、RL1、RT0、RT18、RS0 系列中，各选取不少于两种规格的熔断器。

二、操作步骤

1. 在教师指导下，仔细观察各种不同类型、规格的熔断器外形和结构特点。
2. 根据实物外形判断，写出所给五只熔断器的名称、型号规格及主要结构，填入表 1-6 中。

表 1-6　熔断器识别

序号	1	2	3	4	5
名称					
型号规格					
主要结构					

三、评分标准

评分标准见表 1-7。

表 1-7　评分标准

序号	主要内容	评分标准	配分	扣分	得分
1	熔断器识别	（1）写错或漏写名称，每只扣 5 分 （2）写错或漏写型号，每只扣 5 分 （3）漏写主要部件，每个扣 4 分	50		
2	安全文明生产	违反安全文明生产规程，每项扣 5~40 分	40		
3	定额时间	15 min，每超时 1 min（不足 1 min 按 1 min 计）扣 5 分	10		
4	备注	不准超时	合计	100	
			教师签字		

四、注意事项

1. 对 RC1A 系列熔断器，安装熔丝时，熔丝缠绕方向一定要正确，安装过程中不得损伤熔丝。

2. 对 RL1 系列熔断器，熔断管不能倒装。
3. 注意万用表的正确使用方法。
4. 使用工具时要注意安全。
5. 现场操作前应按规定穿戴必要的安全防护用品。

培训单元 4　低压断路器的识别与选用

培训重点

低压断路器型号含义、安装及使用。

知识要求

一、低压断路器的功能

低压断路器又称自动空气开关或自动空气断路器，简称断路器。它集控制和多种保护功能于一体。在线路工作正常时，它作为电源开关接通和分断电路；当电路中发生短路、过载和失压等故障时，它能自动跳闸，切断故障电路，从而保护线路和电气设备。常见的低压断路器如图 1-5 所示。

低压断路器具有操作安全、安装使用方便、工作可靠、动作值可调、分断能力较强、兼作多种保护、动作后不需要更换元件等优点，因此得到了广泛应用。

a)

b)
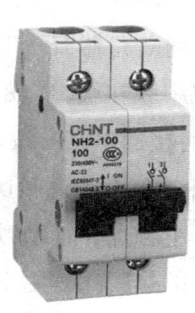
c)

d) e)

图 1-5 低压断路器

a）DZ5 系列塑壳式　b）DZ15 系列塑壳式　c）NH2-100 隔离开关
d）DW15 系列万能式　e）DW16 系列万能式

二、低压断路器的分类

低压断路器按结构型式可分为塑壳式（又称装置式）和万能式（又称框架式）两大类；按操作方式可分为人力操作式、动力操作式和储能操作式；按极数可分为单极、二极、三极和四极式；按安装方式可分为固定式、插入式和抽屉式；按断路器在电路中的用途可分为配电用断路器、电动机保护用断路器、漏电保护用断路器和其他负载（如照明）用断路器等。

三、低压断路器结构及原理

在电力拖动系统中常用的是 DZ 系列塑壳式低压断路器，下面以 DZ5-20 型低压断路器为例进行介绍。

低压断路器的结构和符号如图 1-6 所示。它由触点系统、灭弧装置、操动机构、热脱扣器、电磁脱扣器及绝缘外壳等部分组成。

DZ5 系列断路器有三对主触点，一对动合辅助触点和一对动断辅助触点。使用时三对主触点串联在被控制的三相电路中，用于接通和分断主回路的大电流。按下绿色"合"按钮时接通电路；按下红色"分"按钮时切断电路。当电路出现短路、过载等故障时，断路器会自动跳闸切断电路。辅助动合触点和辅助动断触点可用于信号指示或控制电路。主触点、辅助触点的接线柱伸出壳外，以便于接线。

断路器的热脱扣器用于过载保护，整定电流的大小由其电流调节装置调节。

电磁脱扣器用作短路保护，瞬时脱扣整定电流的大小由其电流调节装置调节。

出厂时，电磁脱扣器的瞬时脱扣整定电流一般整定为 $10\,I_N$（I_N 为断路器的额定电流）。

欠压脱扣器用作零压和欠压保护。具有欠压脱扣器的断路器，在欠压脱扣器两端无电压或电压过低时不能接通电路。

断路器的电气图形符号和文字符号如图1-6b所示。

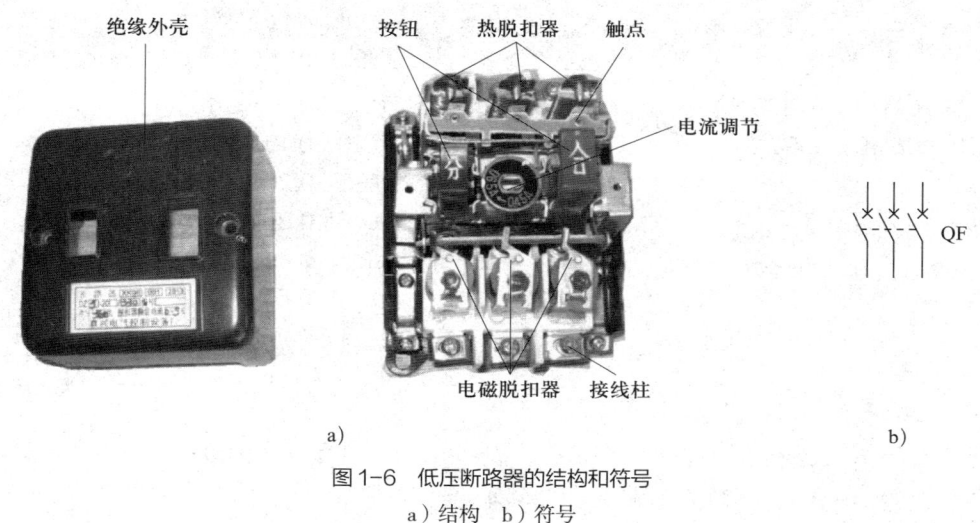

图1-6 低压断路器的结构和符号
a）结构 b）符号

四、低压断路器的型号及含义

以DZ5系列低压断路器为例，其型号及含义如下：

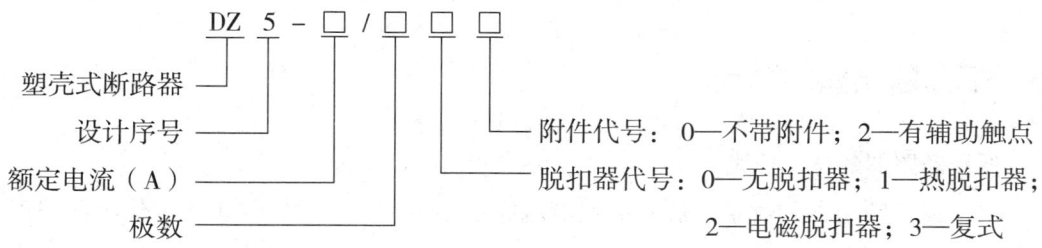

DZ5系列低压断路器适用于交流频率50 Hz、额定电压380 V、额定电流自0.15 A至50 A的电路。保护电动机用断路器用于电动机的短路和过载保护；配电用断路器在配电网络中用来分配电能和作线路及电源设备的短路和过载保护之用。在使用不频繁的情况下，两者也可分别用于电动机的启动和线路的转换。

DZ5-20 型低压断路器的主要技术数据见表 1-8。

表 1-8 DZ5-20 型低压断路器的主要技术数据

型号	额定电压（V）	主触点额定电流（A）	极数	脱扣器形式	热脱扣器额定电流（括号内为整定电流调节范围）（A）	电磁脱扣器瞬时动作整定值（A）
DZ5-20/330 DZ5-20/230	AC380 DC220	20	3 2	复式	0.15（0.10~0.15） 0.20（0.15~0.20） 0.30（0.20~0.30） 0.45（0.30~0.45） 0.65（0.45~0.65） 1（0.65~1） 1.5（1~1.5） 2（1.5~2） 3（2~3） 4.5（3~4.5） 6.5（4.5~6.5） 10（6.5~10） 15（10~15） 20（15~20）	为电磁脱扣器额定电流的 8~12 倍（出厂时整定于 10 倍）
DZ5-20/320 DZ5-20/220	AC380 DC220	20	3 2	电磁式		
DZ5-20/310 DZ5-20/210	AC380 DC220	20	3 2	热脱扣器式		
DZ5-20/300 DZ5-20/200	AC380 DC220	20	3 2	无脱扣器式		

五、低压断路器的选用

低压断路器的选用原则如下：

（1）低压断路器的额定电压和额定电流应不小于线路、设备的正常工作电压和工作电流。

（2）热脱扣器的整定电流应等于所控制负载的额定电流。

（3）电磁脱扣器的瞬时脱扣整定电流应大于负载电路正常工作时的峰值电流。用于控制电动机的断路器，其瞬时脱扣整定电流可按下式选取：

$$I_Z \geqslant KI_{st}$$

式中　K——安全系数，可取 1.5～1.7；

　　　I_{st}——电动机的启动电流，A。

（4）欠压脱扣器的额定电压应等于线路的额定电压。

（5）断路器的极限通断能力应不小于电路的最大短路电流。

例 1-2　用低压断路器控制一台型号为 Y132S-4 的三相异步电动机，电动机的额定功率为 5.5 kW，额定电压为 380 V，额定电流为 11.6 A，启动电流为额定电流的 7 倍，断路器的型号和规格应如何选择？

解：（1）确定断路器的种类：根据电动机的额定电流、额定电压及对保护的要求，初步确定选用 DZ5-20 型低压断路器。

（2）确定热脱扣器额定电流：根据电动机的额定电流查表 1-8，选择热脱扣器的额定电流为 15 A，相应的电流整定范围为 10～15 A。

（3）校验电磁脱扣器的瞬时脱扣整定电流：电磁脱扣器的瞬时脱扣整定电流 $I_Z=10I_N=10\times15=150$（A），而 $KI_{st}=1.7\times7\times11.6\approx138$（A），满足 $I_Z\geqslant KI_{st}$，符合要求。

（4）确定低压断路器的型号规格：根据以上分析计算，应选用 DZ5-20/330 型低压断路器。

六、低压断路器的安装与使用

（1）低压断路器应垂直安装，电源线接在上端，负载线接在下端。

（2）低压断路器用作电源总开关或电动机的控制开关时，在电源进线侧必须加装刀开关或熔断器等，以形成明显的断开点。

（3）低压断路器使用前应将脱扣器工作面上的防锈油脂擦净，以免影响其正常工作。同时应定期检修，清除断路器上的积尘，给操动机构添加润滑剂。

（4）各脱扣器的动作值调整好后，不允许随意变动，并应定期检查各脱扣器的动作值是否满足要求。

（5）断路器的触点使用一定次数或分断短路电流后，应及时检查，如果触点表面有毛刺、颗粒等，应及时维修或更换。

七、低压断路器的常见故障及处理方法

低压断路器的常见故障及处理方法见表 1-9。

表1-9　低压断路器的常见故障及处理方法

故障现象	可能原因	处理方法
不能合闸	欠压脱扣器无电压或线圈损坏	检查施加电压或更换线圈
	储能弹簧变形	更换储能弹簧
	反作用弹簧力过大	重新调整反作用弹簧力
	操动机构不能复位再扣	调整再扣接触面至规定值
电流达到整定值，断路器不动作	热脱扣器双金属片损坏	更换双金属片
	电磁脱扣器的衔铁与铁芯距离太大或电磁线圈损坏	调整衔铁与铁芯的距离或更换断路器
	主触点熔焊	检查原因并更换主触点
启动电动机时断路器立即分断	电磁脱扣器瞬时整定值过小	调高整定值至规定值
	电磁脱扣器的某些零件损坏	更换脱扣器
断路器闭合后一定时间自行分断	热脱扣器整定值过小	调高整定值至规定值
断路器温升过高	触点压力过小	调整触点压力或更换弹簧
	触点表面过分磨损	更换触点或修整接触面
	两个导电零件连接螺钉松动	重新拧紧

技能要求

低压断路器识别

一、操作准备

1. 工具：尖嘴钳、螺钉旋具。

2. 仪表：ZC25-3型绝缘电阻表（500 V、0～500 MΩ）一只、MF47型万用表一只。

3. 器材：低压断路器DZ5-20型、DZ15-40型各一只。

二、操作步骤

1. 识别低压断路器

（1）在教师指导下，仔细观察各种不同类型、规格的低压断路器，熟悉它们的外形、型号、主要技术参数、功能、结构及工作原理等。

（2）将所给低压断路器的铭牌数据用胶布盖住并编号，由学员根据实物写出各电器的名称、型号规格及文字符号，画出图形符号，填入表1-10中。

表1-10 低压断路器的识别

序号	1	2
名称		
型号规格		
文字符号		
图形符号		

2. 检测低压断路器

将低压开关的手柄扳到合闸位置，用万用表的电阻挡测量各对触点之间的接触情况。再用绝缘电阻表测量每两相触点之间的绝缘电阻。

3. 熟悉低压断路器的结构和原理

将一只DZ5-20型塑壳式低压断路器的外壳拆开，认真观察其结构，理解其控制和保护原理，并将主要部件的作用和有关参数填入表1-11中。

表1-11 低压断路器的结构

主要部件名称	作用	参数
电磁脱扣器		
热脱扣器		
触点		
按钮		

三、评分标准

评分标准见表1-12。

表1-12 评分标准

序号	主要内容	评分标准	配分	扣分	得分
1	识别低压断路器	（1）写错或漏写名称，每只扣5分 （2）写错或漏写型号，每只扣5分 （3）写错符号，每只扣5分	20		
2	检测低压断路器	（1）仪表使用方法错误，扣10分 （2）检测方法或结果有误，扣10分	40		

续表

序号	主要内容	评分标准	配分	扣分	得分
2	检测低压断路器	（3）损坏仪表，扣20分 （4）不会检测，扣40分			
3	熟悉低压断路器结构和原理	（1）主要部件的作用写错，每项扣5分 （2）参数漏写或写错，每项扣5分	20		
4	安全文明生产	违反安全文明生产规程扣5~10分	10		
5	定额时间	60 min，每超时5 min（不足5 min按5 min计）扣5分	10		
6	备注	不准超时	合计	100	
			教师签字		

四、注意事项

1. 测量时注意绝缘电阻表及万用表的正确使用方法。

2. 在拆卸断路器过程中要注意拆卸元件的顺序，收纳好被拆卸下来的螺钉及拆散的元件。

3. 现场操作前应按规定穿戴必要的安全防护用品。

培训单元5 主令电器及指示灯的识别与选用

培训重点

掌握主令电器的型号含义、选择及使用方法。

知识要求

一、主令电器的功能

主令电器是在自动控制系统中发出指令或信号的操纵电器，故称为主令电器，主要用来切换控制电路，使电路接通或分断，实现对电力拖动系统的控制，以满足生产机械的运行要求。

打开冰箱门的时候，冰箱里面的灯就会亮起来，而关上门灯就熄灭。这是因为冰箱门框上安装了一个被称作行程开关的低压电器。关门时它被压紧，断开灯的电路；开门时它被放开，使电路闭合，将灯点亮。

图 1-7 所示是一台 YB6012B 型半自动花键轴铣床，右下方是控制铣床工作的各种按钮，控制主轴的启动、停止和点动等。在靠近工作台处装有行程开关，它通过安装在工作台上的挡铁撞击而动作，以实现对工作台的自动控制。

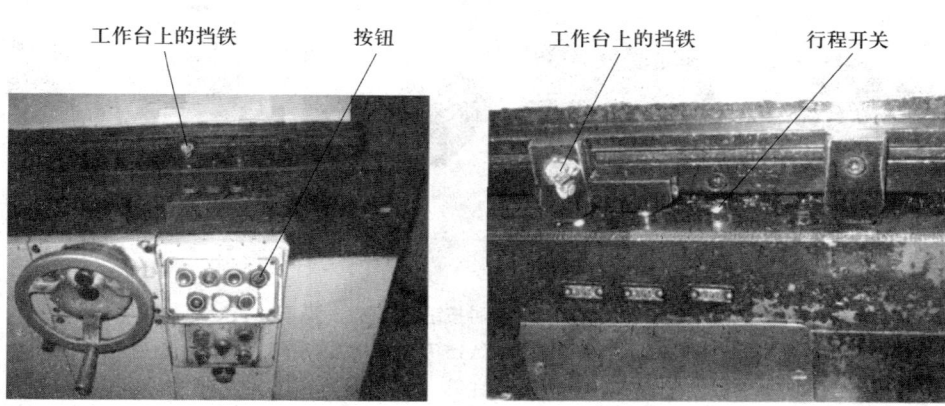

图 1-7　YB6012B 型半自动花键轴铣床

按钮、行程开关这类电器都属于主令电器。常用的主令电器有按钮、行程开关、万能转换开关、主令控制器等，几种常用主令电器的外形如图 1-8 所示。

电工（初级）

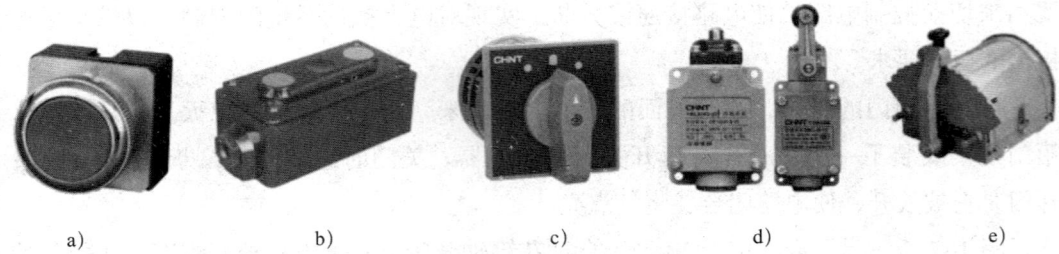

图1-8 几种常用主令电器的外形
a）LA2系列按钮 b）LA4系列按钮 c）LW6万能转换开关
d）YBLX系列行程开关 e）LK5系列主令控制器

二、按钮开关

1. 按钮的功能

按钮开关又称控制按钮（简称按钮），是一种用人体某一部分（一般为手指或手掌）施加力而操作且具有自动复位功能的控制开关，是一种最常用的主令电器。按钮的触点允许通过的电流较小，一般不超过5 A。因此，一般情况下，它不直接控制主电路（大电流电路）的通断，而是在控制电路（小电流电路）中发出指令或信号，控制接触器、继电器等电器，再由它们去控制主电路的通断、功能转换或电气联锁。图1-9所示为几种按钮的外形。

图1-9 几种按钮的外形
a）LA10系列 b）LA19系列 c）LAY5系列 d）BS系列 e）COB系列

2. 按钮的结构原理与符号

按钮一般由按钮帽、复位弹簧、桥式动触点、静触点、支柱连杆及外壳等部分组成，如图1-10所示。

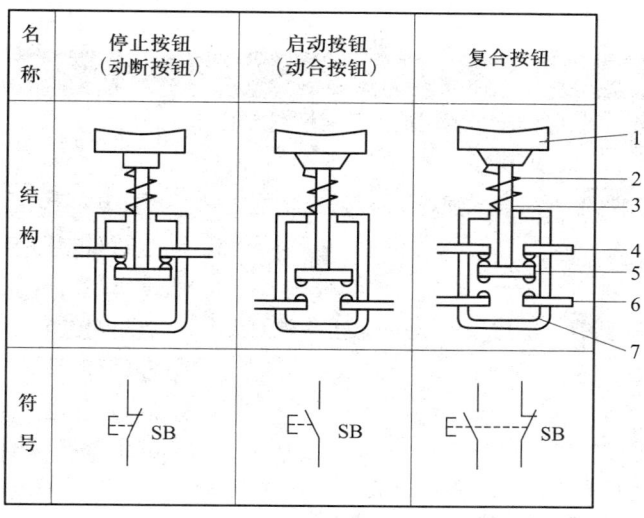

图 1-10 按钮的结构与符号
1—按钮帽 2—复位弹簧 3—支柱连杆 4—动断静触点
5—桥式动触点 6—动合静触点 7—外壳

按钮按照不受外力作用（即静态）时触点的分合状态，分为启动按钮（即动合按钮）、停止按钮（即动断按钮）和复合按钮（即动合、动断触点组合为一体的按钮），各种按钮的结构与符号如图1-10所示。不同类型和用途的按钮符号举例如图1-11所示。

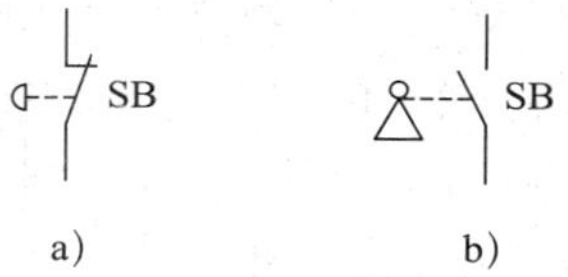

图 1-11 不同类型和用途的按钮符号举例
a）急停按钮 b）钥匙操作式按钮

对启动按钮而言，按下按钮帽时触点闭合，松开后触点自动断开复位；停止按钮则相反，按下按钮帽时触点分开，松开后触点自动闭合复位。复合按钮是当按下按钮帽时，桥式动触点向下运动，先使动断触点先断开，然后使动合触点闭合；当松开按钮帽时，则动合触点先分断复位，然后动断触点再闭合复位。

为了便于识别各种按钮，避免误操作，通常用不同的颜色和符号标志来区分按钮的作用。按钮颜色的含义见表1-13，当难以选定适当的颜色时，应使用白色。急停操作件的红色不应依赖于其灯光的照度。

表 1-13 按钮颜色的含义

颜色	含义	说明	应用举例
红	紧急	危险或紧急情况时操作	急停
黄	异常	异常情况时操作	干预、制止异常情况 干预、重新启动中断的自动循环

续表

颜色	含义	说明	应用举例
绿	安全	安全情况或为正常情况准备时操作	启动/接通
蓝	强制性的	要求强制动作情况下的操作	复位功能
白	未赋予特定含义	除急停以外的一般功能的启动*	启动/接通（优先） 停止/断开
灰			启动/接通 停止/断开
黑			启动/接通 停止/断开（优先）

* 如果用代码的辅助手段（如标记、形状、位置）来识别按钮操作件，则白、灰或黑，同一颜色可用于标注各种不同功能（如白色用于标注启动/接通和停止/断开）。

3. 按钮的型号及含义

按钮的型号及含义如下：

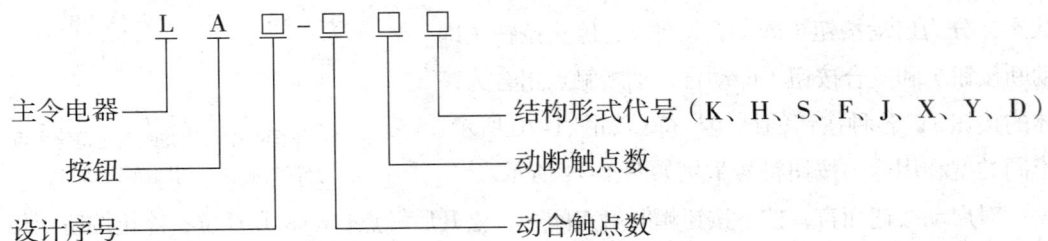

其中结构形式代号的含义如下：

K——开启式，嵌装在操作面板上；

H——保护式，带保护外壳，可防止内部零件受机械损伤或人偶然触及带电部分；

S——防水式，具有密封外壳，可防止雨水侵入；

F——防腐式，能防止腐蚀性气体进入；

J——紧急式，带有红色大蘑菇钮头（突出在外），作紧急切断电源用；

X——旋钮式，用旋钮旋转进行操作，有通和断两个位置；

Y——钥匙操作式，用钥匙插入进行操作，可防止误操作或供专人操作；

D——光标式，按钮内装有信号灯，兼作信号指示。

4. 指示灯的功能

指示灯是用灯光监视电路和电气设备工作或位置状态的器件。指示灯通常用于反映电路的工作状态（有电或无电）、电气设备的工作状态（运行、停运或试验）和位置状态（闭合或断开）等。指示灯用来发出下列信息。

（1）指示

引起操作者注意或指示操作者完成某种任务。红、黄、绿和蓝色通常用于这种方式。

（2）确认

用于确定一种指令、一种状态或情况，或者用于确定一种变换或转换阶段的结束。蓝色和白色通常用于这种方式，某些情况下也可用绿色。

5. 指示灯的外形、符号及含义

（1）指示灯常见外形及符号如图 1-12a、b 所示。

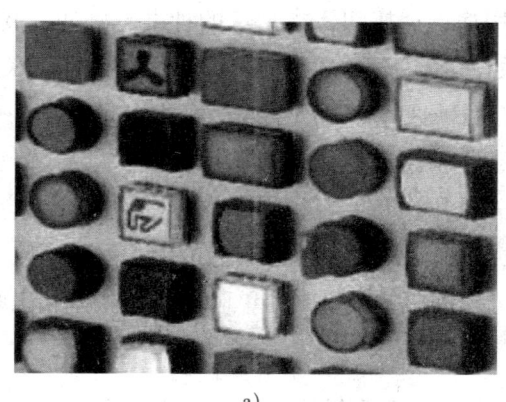

a)　　　　　　　　　　　　　　b)

图 1-12　指示灯的外形及符号

a）外形　b）符号

（2）指示灯的颜色及其相对于工业机械状态的含义见表 1-14。

表 1-14　指示灯的颜色及其相对于工业机械状态的含义

颜色	含义	说明	操作者的动作	应用示例
红	紧急	危险情况	立即动作去处理危险情况（如操作急停）	压力/温度超过安全极限、电压降落、击穿、行程超越停止位置
黄	异常	异常情况 紧急临界情况	监视和（或）干预（如重建需要的功能）	压力或温度超过正常限位保护器件脱扣

续表

颜色	含义	说明	操作者的动作	应用示例
绿	正常	正常情况	任选	压力或温度在正常范围内
蓝	强制性	指示操作者需要动作	强制性动作	指示输入预选值
白	无确定性质	其他情况,可用于红、黄、绿、蓝色的应用有疑问时	监视	无特殊含义的一般信息

6. 按钮、指示灯的选用

（1）根据使用场合和具体用途选择按钮、指示灯的种类。例如，嵌装在操作面板上的按钮可选用开启式；需显示工作状态的选用光标式；需要防止无关人员误操作的重要场合宜用钥匙操作式；在有腐蚀性气体场所要用防腐式。

（2）根据工作状态指示和工作情况要求，选择按钮或指示灯的颜色。例如，启动按钮可选用白、灰或黑色，优先选用白色，也可选用绿色。急停按钮应选用红色。停止按钮可选用黑、灰或白色，优先用黑色，也可选用红色。

（3）根据控制回路的需要选择按钮的数量。如单联钮、双联钮和三联钮等。

LA10 系列按钮的主要技术数据见表 1-15。

表 1-15 LA10 系列按钮的主要技术数据

型号	形式	触点数量		额定电压、额定电流和控制容量	按钮	
		动合	动断		钮数	颜色
LA10-1K	开启式	1	1		1	黑、绿或红
LA10-2K	开启式	2	2		2	黑、红或绿、红
LA10-3K	开启式	3	3		3	黑、绿、红
LA10-1H	保护式	1	1	额定电压：AC380 V DC220 V 额定电流：5 A 控制容量：AC300 VA DC60 W	1	黑、绿或红
LA10-2H	保护式	2	2		2	黑、红或绿、红
LA10-3H	保护式	3	3		3	黑、绿、红
LA10-1S	防水式	1	1		1	黑、绿或红
LA10-2S	防水式	2	2		2	黑、红或绿、红
LA10-3S	防水式	3	3		3	黑、绿、红
LA10-1F	防腐式	1	1		1	黑、绿或红
LA10-2F	防腐式	2	2		2	黑、红或绿、红
LA10-3F	防腐式	3	3		3	黑、绿、红

7. 按钮的安装与使用

（1）按钮安装在面板上时，应布置整齐，排列合理，如根据电动机启动的先后顺序，从上到下或从左到右排列。

（2）同一机床运动部件有几种不同的工作状态时（如上、下，前、后，松、紧等），应使每一对相反状态的按钮安装在同一组。

（3）按钮的安装应牢固，安装按钮的金属板或金属按钮盒必须可靠接地。

（4）按钮的触点间距较小，如有油污等极易发生短路故障，应注意保持触点的清洁。

（5）光标按钮一般不宜用于需长期通电显示的地方，以免塑料外壳过度受热而变形，使更换灯泡困难。

三、行程开关

1. 行程开关的功能

行程开关又称限位开关，是一种利用生产机械某些运动部件的碰撞来发出控制指令的主令电器，主要用于控制生产机械的运动方向、行程大小或位置。图 1-13 所示为 YBLX-1 系列行程开关的外形。

行程开关的作用原理与按钮相同，区别在于它不是靠手指的按压，而是利用生产机械运动部件的碰压使其触点动作，从而将机械信号转变为电信号，使运动机械按一定的位置或行程实现自动停止、反向运动、变速运动或自动往返运动等。

图 1-13　YBLX-1 系列行程开关的外形

2. 行程开关的结构原理、符号及型号含义

机床中常用的行程开关有 LX19 和 JLXK1 等系列，JLXK1 系列行程开关的外形如图 1-14 所示，LX19 系列行程开关的外形与 JLXK1 系列的外形相似。各系列行程开关的基本结构大体相同，都是由操动机构、触点系统和外壳组成，如图 1-15a、b 所示，行程开关的符号如图 1-15c 所示。

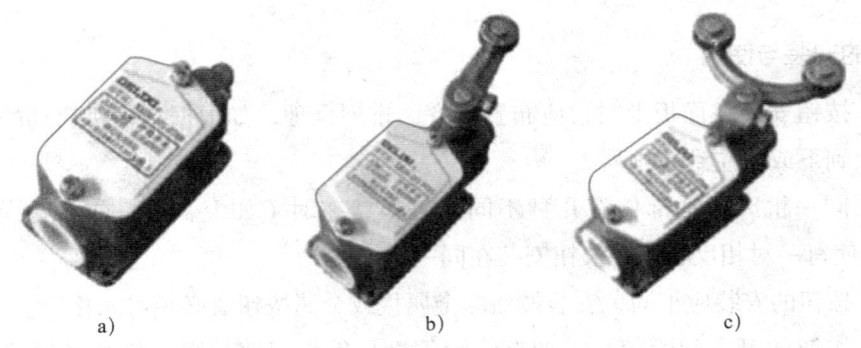

图 1-14 JLXK1 系列行程开关的外形
a）按钮式　b）单轮旋转式　c）双轮旋转式

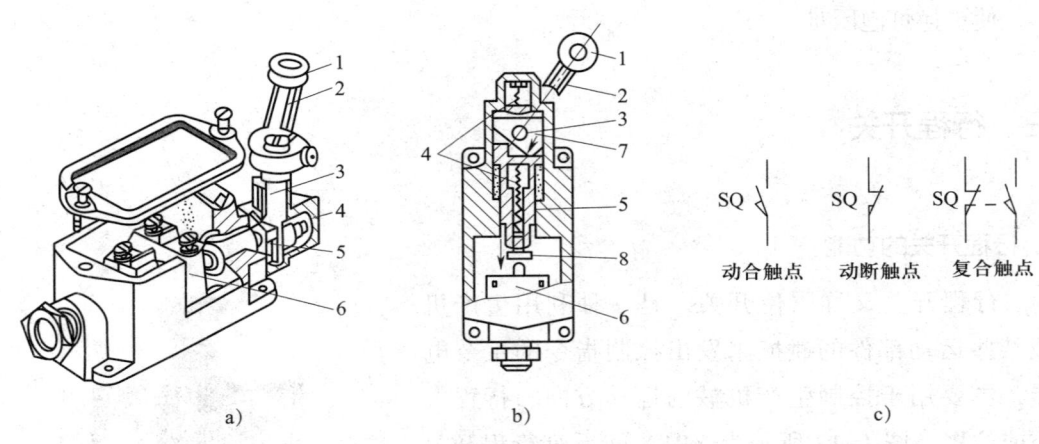

图 1-15 JLXK1 型行程开关的结构和动作原理及符号
a）结构　b）动作原理　c）符号
1—滚轮　2—杠杆　3—转轴　4—复位弹簧　5—撞块
6—微动开关　7—凸轮　8—调节螺钉

　　以某种行程开关元件为基础，装置不同的操动机构，可得到各种不同形式的行程开关，常见的是按钮式（直动式）和旋转式（滚轮式）。

　　JLXK1 系列行程开关的动作原理如图 1-15b 所示。当运动部件的挡铁碰压行程开关的滚轮 1 时，杠杆 2 连同转轴 3 一起转动，使凸轮 7 推动撞块 5。当撞块 5 被压到一定位置时，推动微动开关 6 动作，使其动断触点断开，动合触点闭合。

　　行程开关的触点类型有一组动合一组动断、一组动合二组动断、二组动合一组动断、二组动合二组动断等形式，动作方式可分为瞬动式、蠕动式和交叉从动式三种，动作后的复位方式有自动复位和非自动复位两种。

　　LX19 系列行程开关的型号及含义如下：

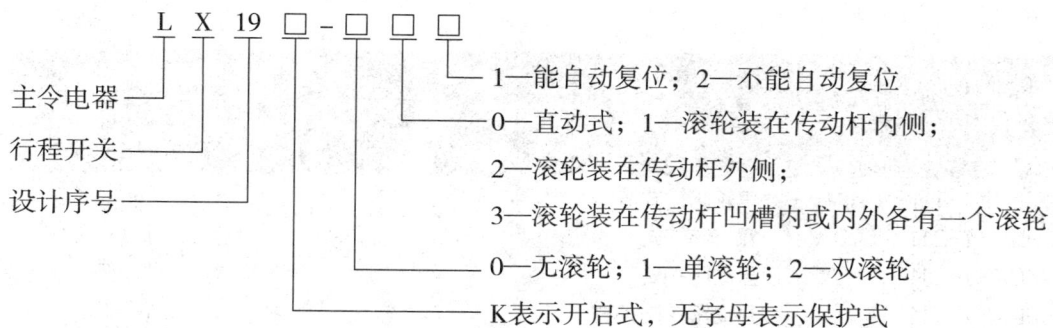

JLXK1 系列行程开关的型号及含义如下：

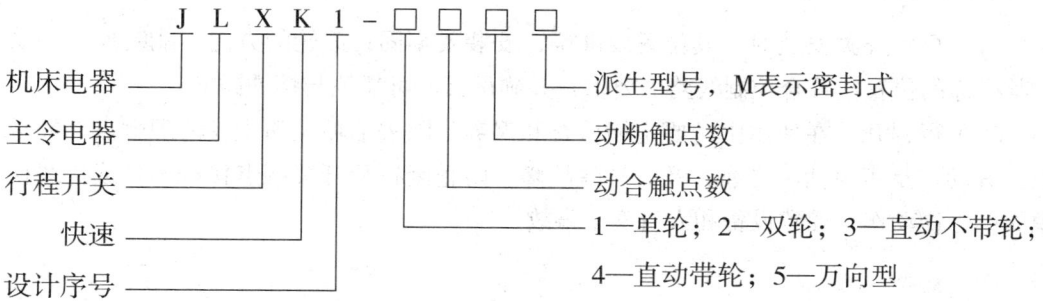

3. 行程开关的选择

行程开关的主要参数是结构形式、额定电压及额定电流，这些参数在产品说明书中都有详细说明，主要根据动作要求、安装位置及触点数量进行选择。LX19 系列和 JLXK1 系列行程开关的主要技术数据见表 1-16。

表 1-16　LX19 系列和 JLXK1 系列行程开关的主要技术数据

型号	额定电压、额定电流	结构形式	触点对数		触点转换时间
			动合	动断	
LX19	380 V 5 A	元件	1	1	≤ 0.04 s
LX19-111		单轮，滚轮装在传动杆内侧，能自动复位	1	1	
LX19-121		单轮，滚轮装在传动杆外侧，能自动复位	1	1	
LX19-131		单轮，滚轮装在传动杆凹槽内，能自动复位	1	1	
LX19-212		双轮，滚轮装在 U 形传动杆内侧，不能自动复位	1	1	
LX19-222		双轮，滚轮装在 U 形传动杆外侧，不能自动复位	1	1	
LX19-232		双轮，滚轮装在 U 形传动杆内外侧各一个，不能自动复位	1	1	
LX19-001		无滚轮，仅有径向传动杆，能自动复位	1	1	

续表

型号	额定电压、额定电流	结构形式	触点对数 动合	触点对数 动断	触点转换时间
JLXK1-111	500 V 5 A	单轮防护式	1	1	
JLXK1-211		双轮防护式	1	1	
JLXK1-311		直动防护式	1	1	
JLXK1-411		直动滚轮防护式	1	1	

4. 行程开关的安装与使用

（1）行程开关安装时，其位置要准确，安装要牢固；滚轮的方向不能装反，挡铁与其碰撞的位置应符合控制线路的要求，并确保其能可靠地与挡铁碰撞。

（2）行程开关在使用中，要定期检查和保养，除去油垢及粉尘，清理触点，经常检查其动作是否灵活、可靠，及时排除故障，防止因行程开关触点接触不良或接线松脱而产生误动作，导致设备和人身安全事故。

四、接近开关

1. 接近开关的功能

行程开关是有触点开关，在操作频繁时，易产生故障，工作可靠性较低。图1-16所示为接近开关，又称为无触点行程开关，是一种与运动部件无机械接触而能操作的行程开关。也可以说它是一种开关型位置传感器，既有行程开关、微动开关的特性，同时又具有传感性能，且动作可靠、性能稳定、响应快、使用寿命长、抗干扰能力强，并具有防水、防震、耐腐蚀等优点，其应用范围越来越广泛。

a)   b)

图1-16　接近开关

a）外形　b）符号

2. 接近开关的种类

接近开关按工作方式分,有电感式、电容式、霍尔式等;按工作电源种类分,有交流型和直流型;按结构形式分,有圆柱形、方形、普通型、分离型、槽形等。它的用途除了行程控制和限位保护外,还可用于检测金属体、高速计数、测速、定位、变换运动方向、检测零件尺寸及液面控制等。接近开关的符号如图 1-16b 所示。

3. 接近开关的工作原理

接近开关按工作原理分,有高频振荡型、感应电桥型、霍尔效应型、光电型、永磁及磁元件型、电容型和超声波型等多种类型,其中以高频振荡型最为常用。高频振荡型接近开关原理方框图如图 1-17 所示。其工作原理如下:当有金属物体接近一个以一定频率稳定振荡的高频振荡器的感应头时,由于电磁感应,该物体内部产生涡流损耗,以致振荡回路等效电阻增大,能量损耗增加,使振荡减弱直至终止。检测电路根据振荡器的工作状态控制输出电路的工作,输出信号去控制继电器或其他电器,达到控制目的。通常把接近开关刚好动作时感应头与检测体之间的距离称为检测距离。

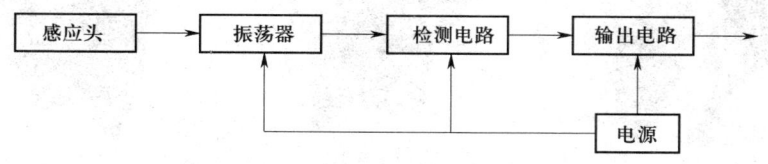

图 1-17 高频振荡型接近开关原理方框图

4. 接近开关的型号及含义

接近开关的型号及含义如下:

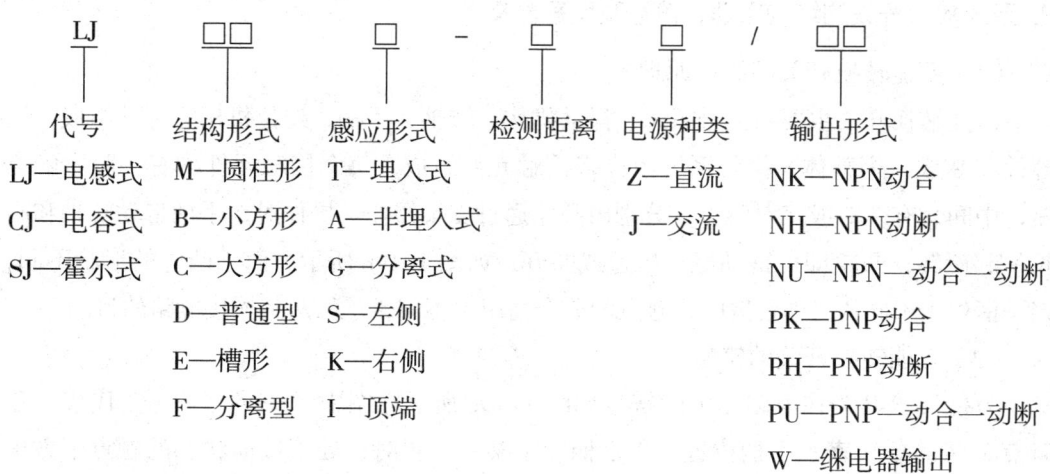

例如，LJM18T-5Z/NK 表示电感式接近开关，外形为 M18 圆柱形，感应形式为埋入式，直流型检测距离为 5 mm，输出形式为 NPN 动合。

五、万能转换开关

1. 万能转换开关的功能

万能转换开关是由多组相同的触点组件叠装而成、控制多回路的主令电器。主要用于控制线路的转换及电气测量仪表的转换，也可用于控制小容量异步电动机的启动、换向及变速。由于触点挡数多、换接线路多、用途广泛，故称为万能转换开关。

常用的万能转换开关有 LW5、LW6、LW15 等系列，其外形如图 1-18 所示。下面以 LW5 系列为例介绍。

a) 　　　　　　　b)　　　　　　　c)

图 1-18　万能转换开关

a）LW5 系列　b）LW6 系列　c）LW15 系列

2. 万能转换开关的结构原理、符号及型号含义

（1）万能转换开关的结构原理

万能转换开关主要由接触系统、操动机构、转轴、手柄、定位机构等部件组成，用螺栓组装成一个整体。接触系统由许多接触元件组成，每个接触元件均有一胶木触点座，中间装有一对或三对触点，分别由凸轮通过支架操作。操作时，手柄带动转轴和凸轮一起旋转，凸轮即可推动触点接通或断开，如图 1-19b 所示。由于凸轮的形状不同，当手柄处于不同的操作位置时，触点的分合情况也不同，从而达到换接电路的目的。

（2）万能转换开关的符号

万能转换开关在电路图中的符号如图 1-19c 所示。图中"—○　○—"代表一路触点，竖的虚线表示手柄位置。当手柄置于某一位置时，处于接通状态的触点下方虚线上就标注黑点"•"。例如，手柄处于 1 位时，1 和 3 触点处于接通状态，而其他触点处于断开状态。触点的通断也可用图 1-19d 所示的触点分合表来表示。表中"×"表示触点闭合，空白表示触点分断。

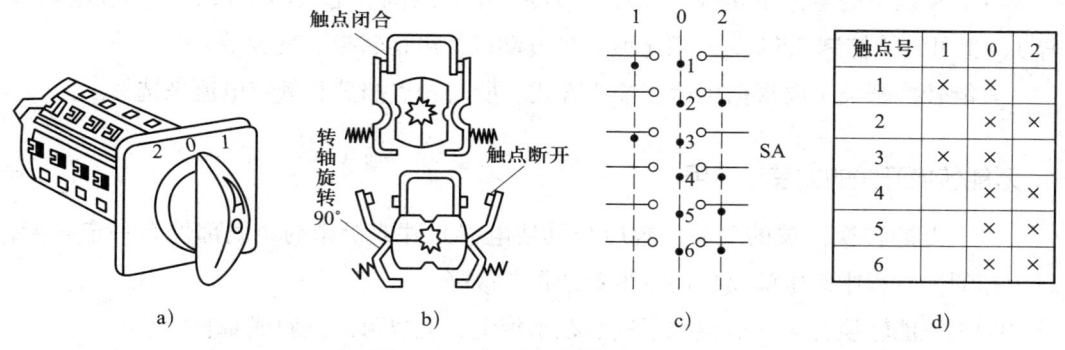

图 1-19　LW5 系列万能转换开关
a) 外形　b) 凸轮通断触点示意图　c) 符号　d) 触点分合表

（3）万能转换开关的型号及含义

LW5 系列万能转换开关按用途分有主令控制用和直接控制电动机用两种；按操作方式分有定位型和自复型两种；按接触系统节数分有 1~16 节共 16 种；按操动器外形分有旋钮式和球形捏手式两种。

主令控制用万能转换开关的型号及含义：

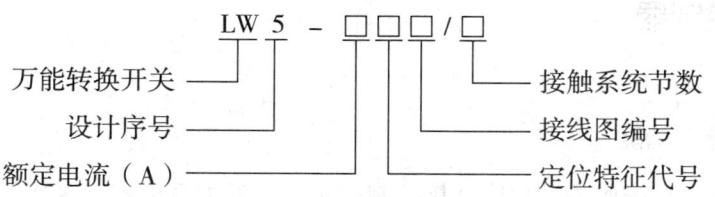

直接控制电动机用万能转换开关的型号及含义：

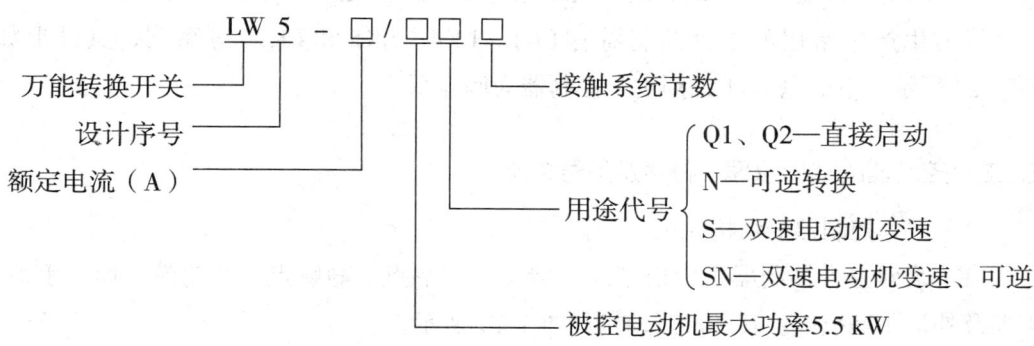

3. 万能转换开关的选择

LW5 系列万能转换开关适用于交流频率 50 Hz、额定电压 500 V 及以下，直流电压 440 V 及以下的电路中转换电气控制线路（电磁线圈、电气测量仪表和伺服电动机等），也可直接控制 5.5 kW 三相笼型异步电动机的可逆转换、变速等。

万能转换开关主要根据用途、接线方式、所需触点挡数和额定电流来选择。

4. 万能转换开关的安装与使用

（1）万能转换开关的安装位置应与其他电器元件或机床的金属部件有一定间隙，以免在通断过程中因电弧喷出而发生对地短路故障。

（2）万能转换开关一般应水平安装在平板上，但也可以倾斜或垂直安装。

（3）万能转换开关的通断能力不高，当用来控制电动机时，LW5 系列只能控制 5.5 kW 以下的小容量电动机。若用于控制电动机的正反转，则只能在电动机停止后才能反向启动。

（4）万能转换开关本身不带保护，使用时必须与其他电器配合。

（5）当万能转换开关发生故障时，必须立即切断电路，检查有无妨碍可动部分正常转动的故障、弹簧有无变形或失效、触点工作状态和触点状况是否正常等。

六、主令控制器

1. 主令控制器的功能

主令控制器是按照预定程序换接控制电路接线的主令电器，主要用于电力拖动系统中，按照预定的程序分合触点，向控制系统发出指令，通过接触器达到控制电动机的启动、制动、调速及反转的目的，同时也可实现控制线路的联锁作用。

目前生产中常用的主令控制器有 LK1、LK4、LK5 和 LK16 等系列，其外形如图 1-20 所示。下面以 LK1 系列主令控制器为例介绍。

2. 主令控制器的结构原理、符号及型号含义

（1）主令控制器的结构原理

LK1 系列主令控制器主要由基座、转轴、动触点、静触点、凸轮鼓、操作手柄、支架及外护罩等组成。其外形及结构如图 1-21 所示。

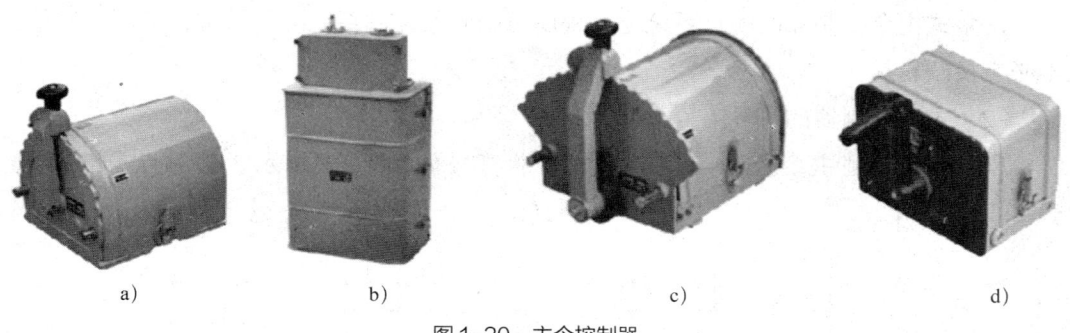

图 1-20 主令控制器
a）LK1 系列　b）LK4 系列　c）LK5 系列　d）LK16 系列

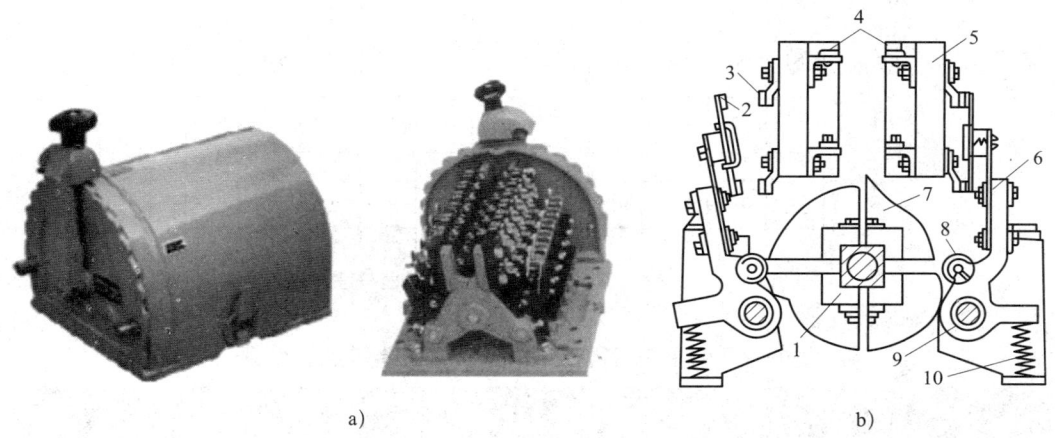

图 1-21 LK1 系列主令控制器
a）外形　b）结构
1—方形转轴　2—动触点　3—静触点　4—接线柱　5—绝缘板
6—支架　7—凸轮块　8—小轮　9—转动轴　10—复位弹簧

主令控制器所有的静触点都安装在绝缘板上，动触点则固定在能绕轴转动的支架上；凸轮鼓由多个凸轮块嵌装而成，凸轮块根据触点系统的开闭顺序制成不同角度的凸出轮缘，每个凸轮块控制两副触点。当转动手柄时，方形转轴带动凸轮块转动，凸轮块的凸出部分压动小轮，使动触点离开静触点，分断电路；当转动手柄使小轮位于凸轮块的凹处时，在复位弹簧的作用下使动触点和静触点闭合，接通电路。可见触点的闭合和分断顺序是由凸轮块的形状决定的。

主令控制器按结构形式分为凸轮调整式和凸轮非调整式两种。LK1、LK5、LK16系列属于非调整式主令控制器，LK4 系列属于调整式主令控制器。

非调整式主令控制器的触点系统分合顺序只能按指定的触点分合表的要求进行，在使用中用户不能自行调整，若需调整必须更换凸轮片。

调整式主令控制器的触点系统分合程序可随时按控制系统的要求进行编制及调整，不必更换凸轮片。

（2）主令控制器的符号

LK1-12/90 型主令控制器在电路图中的符号如图 1-22 所示。其触点分合表见表 1-17。

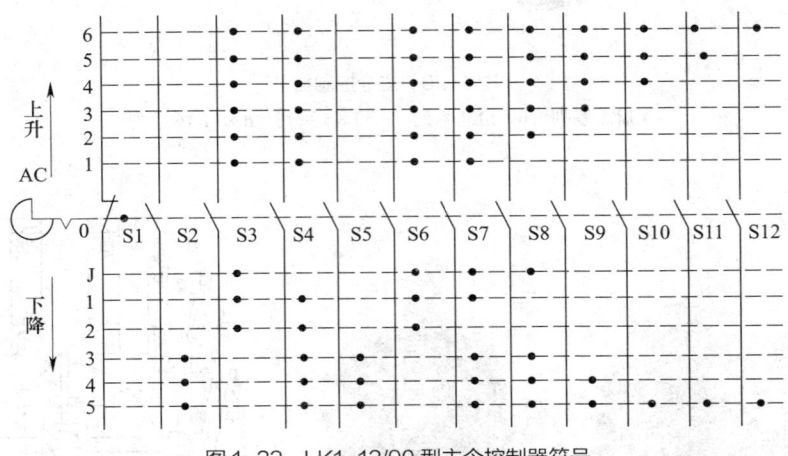

图 1-22　LK1-12/90 型主令控制器符号

表 1-17　LK1-12/90 型主令控制器触点分合表

触点	下降					零位		上升					
	5	4	3	2	1	J	0	1	2	3	4	5	6
S1							×						
S2	×	×	×										
S3				×	×	×		×	×	×	×	×	×
S4	×	×	×	×	×			×	×	×	×	×	×
S5	×	×	×										
S6				×	×	×		×	×	×	×	×	×
S7	×	×	×	×	×	×		×	×	×	×	×	×
S8	×	×	×	×		×		×	×	×	×	×	×
S9	×	×							×	×	×	×	×

续表

触点	下降					零位	上升						
	5	4	3	2	1	J0	0	1	2	3	4	5	6
S10	×										×	×	×
S11												×	×
S12	×												×

（3）主令控制器的型号含义

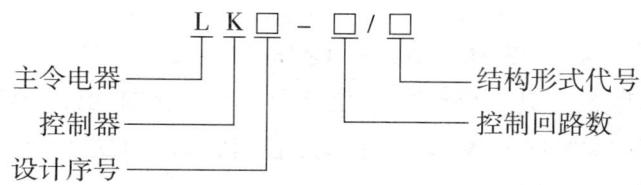

3. 主令控制器的选择

主令控制器主要根据使用环境、所需控制的回路数、触点闭合顺序等进行选择。常用的 LK1 和 LK14 系列主令控制器的主要技术数据见表 1–18。

表 1–18　LK1 和 LK14 系列主令控制器的主要技术数据

型号	额定电压（V）	额定电流（A）	控制电路数	接通与分断能力（A）	
				接通	分断
LK1-12/90 LK1-12/96 LK1-12/97	380	15	12	100	15
LK14-12/90 LK14-12/96 LK14-12/97	380	15	12	100	15

4. 主令控制器的安装与使用

（1）安装前应操作主令控制器的手柄不少于 5 次，检查动、静触点接触是否良好，有无卡轧现象，触点的分合顺序是否符合分合表的要求。

（2）主令控制器投入运行前，应使用 500～1 000 V 的绝缘电阻表测量其绝缘电阻，一般应大于 0.5 MΩ，同时根据接线图检查接线是否正确。

（3）主令控制器外壳上的接地螺栓应与接地网可靠连接。
（4）应注意定期清除控制器内的灰尘，所有活动部分应定期加润滑油。
（5）主令控制器在不使用时，手柄应置于零位。

技能要求

主令电器的识别与检测

一、操作准备

1. 工具：常用电工工具一套。
2. 仪表：ZC25-3型绝缘电阻表（500 V、0~500 MΩ）一只、MF47型万用表一只。
3. 器材：按钮LA18-22、LA18-22J、LA18-22X、LA18-22Y、LA19-11D、LA19-11DJ、LA20-22D型各一只；行程开关JLXK1-311、JLXK1-211、JLXK1-111型各一只；万能转换开关LW5-15/5.5N型一只；主令控制器LK1-12/90型一只。

二、操作步骤

1. 识别主令电器

（1）在教师指导下，仔细观察不同种类、不同结构形式的主令电器，熟悉它们的外形、型号、主要技术参数的意义、功能、结构及工作原理等。

（2）识别由指导教师任选的八种用胶布盖住型号并编号的主令电器，根据实物写出各电器的名称、型号及文字符号，画出图形符号，填入表1-19中。

表1-19 主令电器的识别

序号	1	2	3	4	5	6	7	8
名称								
型号								
文字符号								
图形符号								

2. 检测按钮和行程开关

拆开外壳观察其内部结构，比较按钮和行程开关的相似和不同之处，理解动合触点、动断触点和复合触点的动作情况，用万用表的电阻挡测量各对触点之间的接触情况，分辨动合触点和动断触点。

3. 检测万能转换开关和主令控制器

(1) 认真观察、比较两种主令电器，熟悉它们的外形、型号和功能，用绝缘电阻表测量各触点的对地电阻，其值应不小于 0.5 MΩ。

(2) 用万用表依次测量手柄置于不同位置时各对触点的通断情况，根据测量结果分别作出两种主令电器的触点分合表，并与给出的分合表对比，初步判断触点的工作情况是否良好。

(3) 打开外壳，仔细观察、比较它们的结构和动作过程，指出主要零部件的名称，理解其工作原理。

(4) 检查各对触点的接触情况和各凸轮片的磨损情况，若触点接触不良应予以修整，若凸轮片磨损严重应予以更换。

(5) 合上外壳，转动手柄检查转动是否灵活、可靠，并再次用万用表依次测量手柄置于不同位置时各触点的通断情况，看是否与给定的触点分合表相符。

三、评分标准

评分标准见表 1-20。

表 1-20 评分标准

序号	主要内容	评分标准	配分	扣分	得分
1	识别主令电器	(1) 写错或漏写名称，每只扣 5 分 (2) 写错或漏写型号，每只扣 5 分 (3) 写错符号，每只扣 5 分	40		
2	检测主令电器	(1) 仪表使用方法错误，扣 10 分 (2) 测量结果有误，每次扣 5 分 (3) 触点分合表有误，错一处扣 5 分 (4) 检查修整触点错误，扣 10 分 (5) 检查更换凸轮片错误，扣 10 分 (6) 损坏仪表电器，扣 20 分 (7) 不会检测，扣 40 分	40		
3	安全文明生产	违反安全文明生产规程，扣 5~10 分	10		
4	定额时间	2 h，每超时 5 min（不足 5 min 按 5 min 计）扣 5 分	10		
5	备注	不准超时	合计	100	
			教师签字		

四、注意事项

1. 测量时注意绝缘电阻表及万用表的正确使用方法。
2. 在使用工具检查、修整触点故障时要注意安全。
3. 在拆卸更换磨损严重的零件过程中要注意拆卸元件的顺序，收纳好被拆卸下来的元件。
4. 现场操作前应按规定穿戴必要的安全防护用品。

培训单元6　接触器的识别与选用

培训重点

能正确识别、选择、安装、使用接触器。

知识要求

一、接触器的功能

低压开关、主令电器等电器，都是依靠手控直接操作来实现触点接通或断开电路，属于非自动切换电器。在电力拖动系统中，广泛应用一种自动切换电器——接触器来实现电路的自动控制，图1-23所示为常用交流接触器的外形。

接触器是一种自动的电磁式开关，其触点的通断是由电磁力和弹簧弹力控制的。

接触器的优点是能实现远距离自动操作，具有欠压和失压自动释放保护功能，控制容量大，工作可靠，操作频率高，使用寿命长，适用于远距离频繁地接通和断开交、直流主电路及大容量的控制电路，其主要控制对象是电动机，也可以用于控制电热设备、电焊机以及电容器组等，在电力拖动和自动控制系统中得到了广泛应用。

接触器按主触点通过电流的种类，分为交流接触器和直流接触器两类。

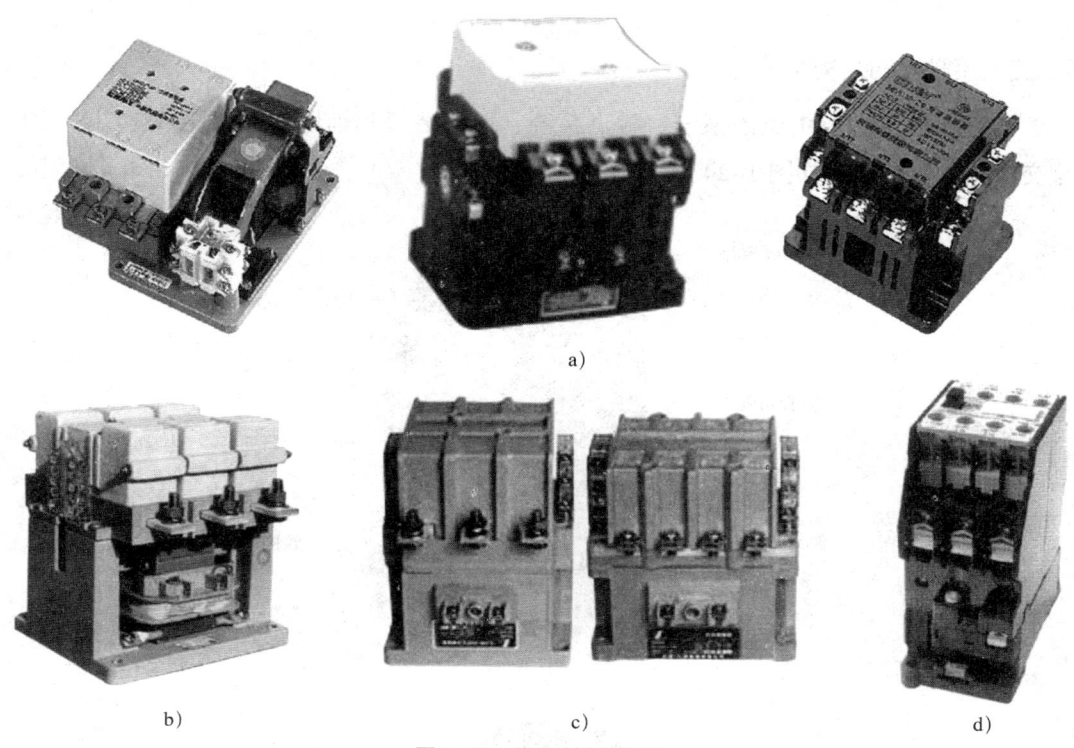

图 1-23 常用交流接触器

a) CJ10（CJT1）系列 b) CJ20 系列 c) CJ40 系列 d) CJX1（3TB、3TF）系列

二、交流接触器

交流接触器的种类很多，空气电磁式交流接触器应用最为广泛，其产品系列、品种最多，结构和工作原理基本相同。常用的有国产 CJ10（CJT1）、CJ20 和 CJ40 等系列，引进国外的 CJX1（3TB 和 3TF）系列、CJX8（B）系列、CJX2 系列等。下面以 CJ10 系列为例来介绍交流接触器。

1. 交流接触器的型号及含义

交流接触器的型号及含义：

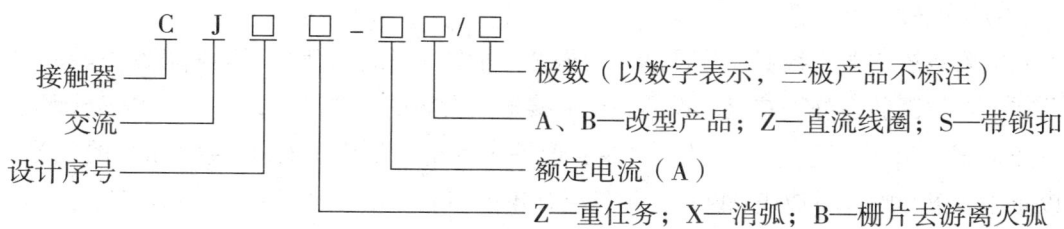

2. 交流接触器的结构和符号

交流接触器主要由电磁系统、触点系统、灭弧装置和辅助部件等组成。CJ10-20型交流接触器的结构如图1-24所示。

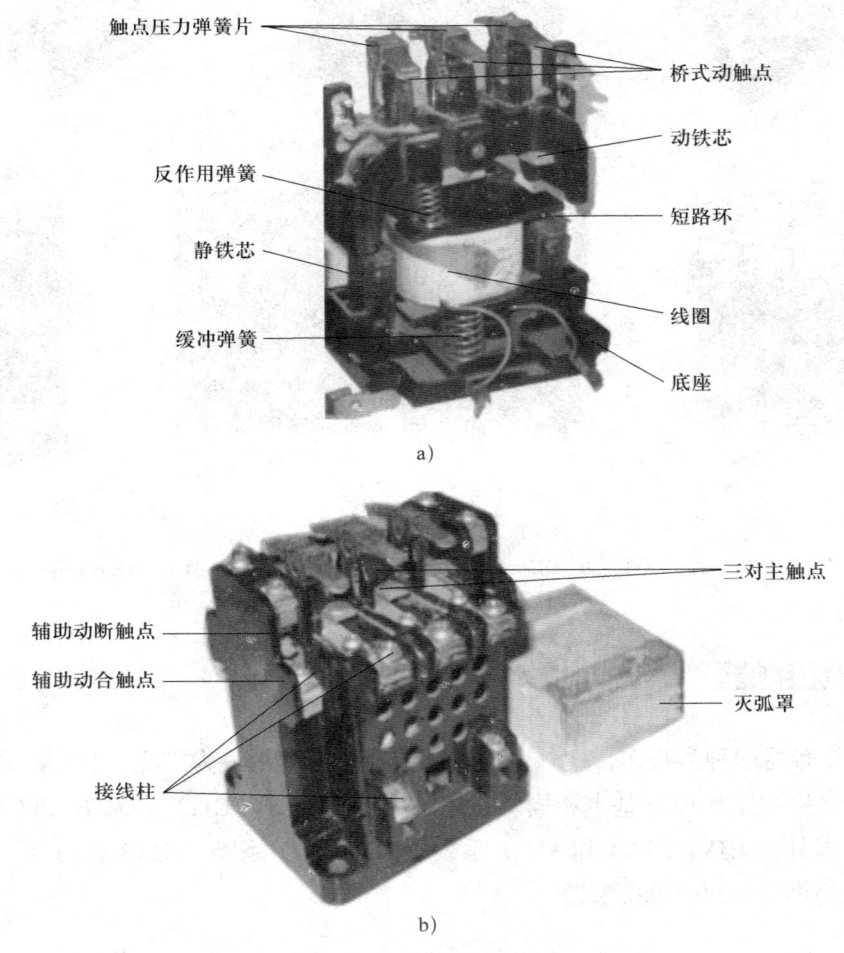

图1-24 交流接触器的结构
a）电磁系统及辅助部件 b）触点系统和灭弧罩

（1）电磁系统

电磁系统主要由线圈、静铁芯和动铁芯（衔铁）三部分组成。静铁芯在下、动铁芯在上，线圈装在静铁芯上。铁芯是交流接触器发热的主要部件，一般用E形硅钢片叠压而成，避免铁芯过热。另外，在E形铁芯的中柱端面留有0.1～0.2 mm的气隙，以减小剩磁影响，避免线圈断电后衔铁吸住不能释放。铁芯的两个端面上嵌有短路环，如图 1-25 所示，用于消除电磁系统的振动和噪声。线圈做成粗而短的圆筒形，且在线圈和铁芯之间留有空隙，以增强铁芯的散热效果。

交流接触器利用电磁系统中线圈的通电或断电，使静铁芯吸合或释放衔铁，从而带动动触点与静触点闭合或分断，实现电路的接通或断开。

CJ10 系列交流接触器的衔铁运动方式有两种，对于额定电流为 40 A 及以下的接触器，采用衔铁直线运动的螺管式，如图 1-26a 所示；对于额定电流为 60 A 及以上的接触器，采用衔铁绕轴转动的拍合式，如图 1-26b 所示。

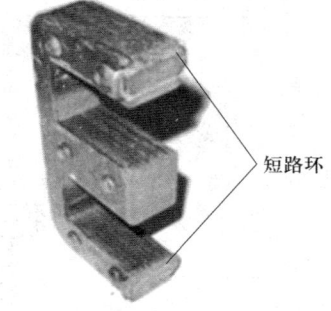

图 1-25 交流接触器铁芯的短路环

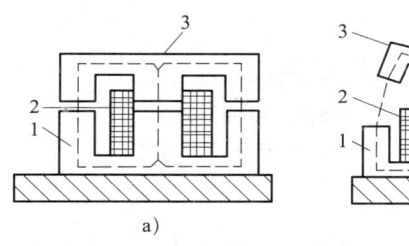

图 1-26 交流接触器电磁系统结构图
a）衔铁直线运动的螺管式　b）衔铁绕轴转动的拍合式
1—静铁芯　2—线圈　3—动铁芯（衔铁）　4—轴

（2）触点系统

交流接触器的触点按通断能力可分为主触点和辅助触点，如图 1-24b 所示。主触点用于通断电流较大的主电路，一般由三对动合触点组成。辅助触点用于通断电流较小的控制电路，一般由两对动合触点和两对动断触点组成。所谓触点的动合和动断，是指电磁系统未通电动作前触点的状态。动合触点和动断触点是联动的。当线圈通电时，动断触点先断开，动合触点随后闭合，中间有一个很短的时间差。当线圈断电后，动合触点先恢复断开，随后动断触点恢复闭合，中间也存在一个很短的时间差。

交流接触器的触点按接触情况可分为点接触式、线接触式和面接触式三种，如图 1-27 所示；按触点的结构形式可分为桥式触点和指形触点两种，如图 1-28 所示。CJ10 系列交流接触器的触点一般采用双断点桥式触点，其动触点用紫铜片冲压而成，在触点桥的两端镶有银基合金制成的触点块，以避免接触点由于产生氧化铜而影响其导电性能。静触点一般用黄铜板冲压而成，一端镶焊触点块，另一端为接线柱。在触点上装有压力弹簧片，用于减小接触电阻，以及消除开始接触时产生的有害震动。

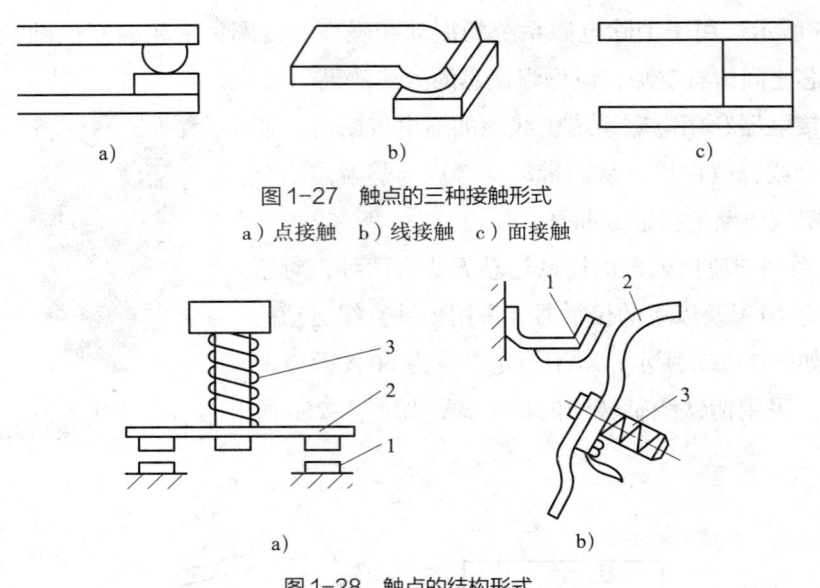

图 1-27 触点的三种接触形式
a）点接触　b）线接触　c）面接触

图 1-28 触点的结构形式
a）双断点桥式触点　b）指形触点
1—静触点　2—动触点　3—触点压力弹簧

（3）灭弧装置

交流接触器在断开大电流或高电压电路时，会在动、静触点之间产生很强的电弧。电弧一方面会灼伤触点，缩短触点的使用寿命；另一方面会使电路切断时间延长，甚至造成弧光短路或引起火灾事故。因此触点间的电弧应尽快熄灭。

灭弧装置的作用是熄灭触点分断时产生的电弧，以减轻对触点的灼伤，保证可靠地分断电路。交流接触器常采用的灭弧装置有双断口结构电动力灭弧装置、纵缝灭弧装置和栅片灭弧装置，如图 1-29 所示。对于容量较小的交流接触器，如 CJ10-10 型，一般采用双断口结构的电动力灭弧装置；CJ10 系列交流接触器额定电流在 20 A 及以上的，常采用纵缝灭弧装置；对于容量较大的交流接触器，多采用栅片灭弧装置。

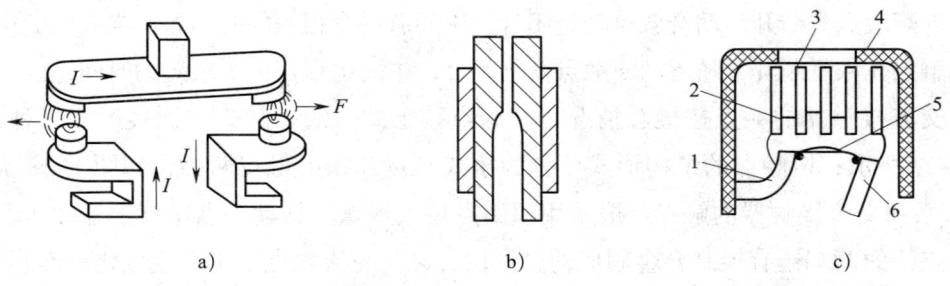

图 1-29 常用的灭弧装置
a）双断口结构电动力灭弧装置　b）纵缝灭弧装置　c）栅片灭弧装置
1—静触点　2—短电弧　3—灭弧栅片　4—灭弧罩　5—电弧　6—动触点

（4）辅助部件

交流接触器的辅助部件有反作用弹簧、缓冲弹簧、触点压力弹簧、传动机构及底座、接线柱等，如图1-24所示。反作用弹簧安装在衔铁和线圈之间，其作用是线圈断电后，推动衔铁释放，带动触点复位；缓冲弹簧安装在静铁芯和线圈之间，其作用是缓冲衔铁在吸合时对静铁芯和外壳的冲击力，保护外壳；触点压力弹簧安装在动触点上面，其作用是增加动、静触点间的压力，从而增大接触面积，以减少接触电阻，防止触点过热。

交流接触器在电路图中的符号如图1-30所示。

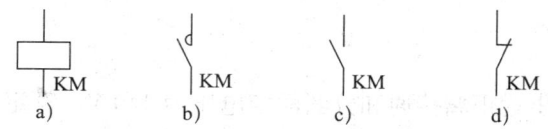

图1-30 接触器的符号

a）线圈 b）主触点 c）辅助动合触点 d）辅助动断触点

3. 交流接触器的工作原理

当接触器的线圈通电后，线圈中的电流产生磁场，使静铁芯磁化产生足够大的电磁吸力，克服反作用弹簧的反作用力将衔铁吸合，衔铁通过传动机构带动辅助动断触点先断开，三对动合主触点和辅助动合触点后闭合；当接触器线圈断电或电压显著下降时，由于铁芯的电磁吸力消失或过小，衔铁在反作用弹簧的作用下复位，并带动各触点恢复到原始状态。

如图1-31所示，电动机通过接触器主触点接入电源，接触器线圈与启动按钮串

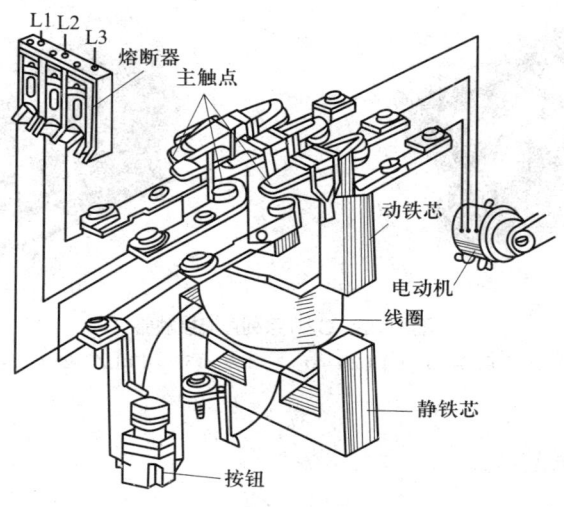

图1-31 用接触器控制电动机运转

接后接入电源。按下启动按钮，线圈得电使静铁芯被磁化产生电磁吸力，吸引动铁芯带动主触点闭合接通电路；松开启动按钮，线圈失电，电磁吸力消失，动铁芯在反作用弹簧（图中未画出）的作用下释放，带动主触点复位切断电路。

常用的CJ10等系列交流接触器在85%~105%额定电压下，能保证可靠吸合。电压过高，磁路趋于饱和，线圈电流会显著增大；电压过低，电磁吸力不足，衔铁吸合不上，线圈电流会达到额定电流的十几倍。因此，电压过高或过低都会造成线圈因过热而烧毁。

三、直流接触器

直流接触器主要供远距离接通和分断额定电压为440 V、额定电流为1 600 A以下的直流电力线路之用，并适用于直流电动机的频繁启动、停止、换向及反接制动。目前常用的直流接触器有CZ0、CZ17、CZ18、CZ21等系列。图1-32所示是CZ0系列直流接触器。

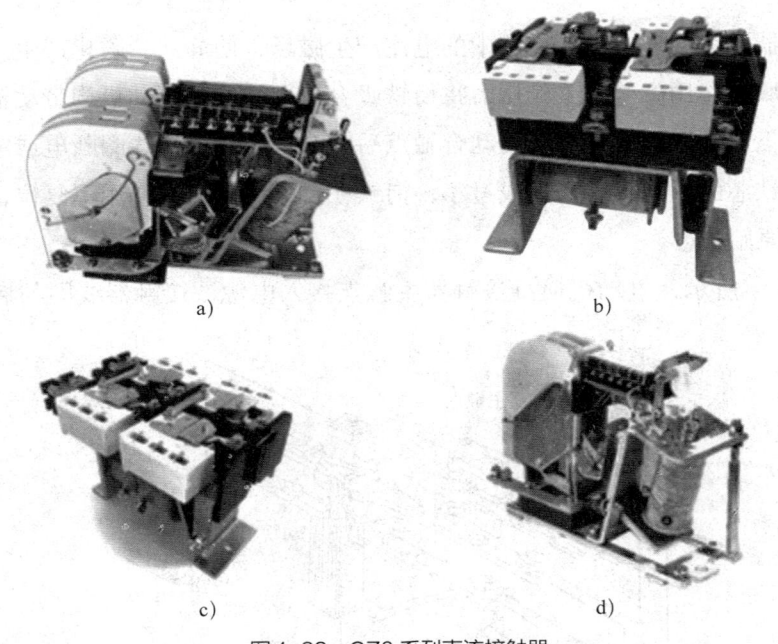

图1-32　CZ0系列直流接触器
a）CZ0-20　b）CZ0-40　c）CZ0-150　d）CZ0-250

1. 直流接触器的型号及含义

直流接触器的型号及含义：

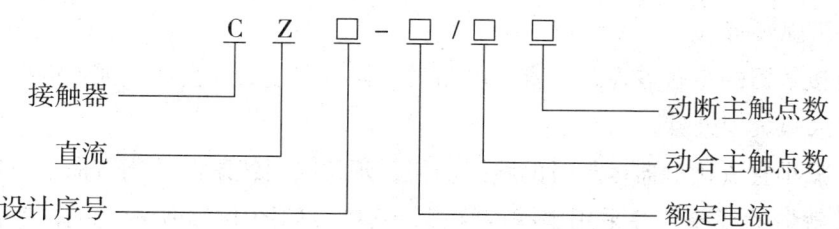

2. 直流接触器的结构

直流接触器主要由电磁系统、触点系统和灭弧装置三大部分组成，其结构如图 1-33 所示。

（1）电磁系统

直流接触器的电磁系统由线圈、铁芯和衔铁组成。由于线圈中通过的是直流电，铁芯不会发热，因此铁芯可用整块铸钢或铸铁制成，铁芯端面也不需要嵌装短路环。但在磁路中常垫有非磁性垫片，以减少剩磁的影响，保证线圈断电后衔铁能可靠释放。另外，直流接触器线圈的匝数比交流接触器多，电阻值大，铜损大，因此，接触器发热以线圈本身发热为主。为了使线圈散热良好，常常将线圈做成又长又薄的圆筒形。

（2）触点系统

直流接触器触点也有主、辅之分。由于主触点接通和断开的电流较大，多采用滚动接触的指形触点，以延长触点的使用寿命，如图 1-34 所示。辅助触点的通断电流小，多采用双断点桥式触点，可有若干对。

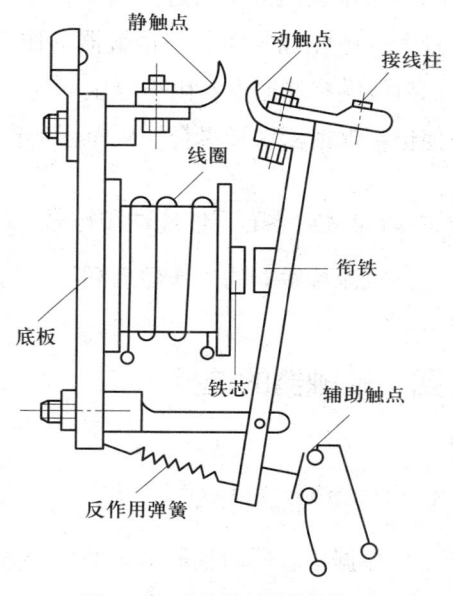

图 1-33 直流接触器的结构图

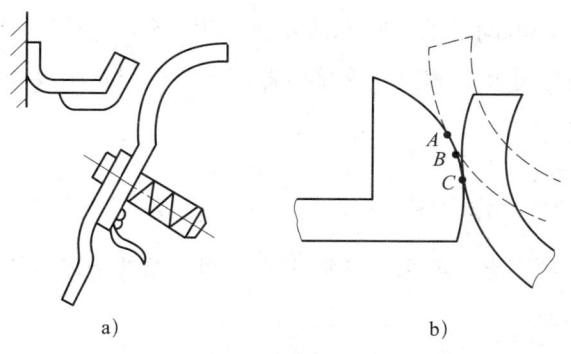

图 1-34 滚动接触的指形触点
a）外形结构　b）触点接触过程示意图

（3）灭弧装置

直流接触器的主触点在断开直流电路时，如电流过大，会产生强烈的电弧，故采用磁吹式灭弧装置灭弧。

为了减小直流接触器运行时的线圈功耗，延长吸引线圈的使用寿命，对容量较大的直流接触器的线圈往往采用串联双绕组，其接线如图 1-35 所示。把接触器的一个辅助动断触点与保持线圈并联，在电路刚接通瞬间，保持线圈被动断触点短路，可使启动线圈获得较大的电流和吸力。当接触器动作后，启动线圈和保持线圈串联通电，由于电压不变，所以电流减小，但仍可保持衔铁被吸合，从而达到省电的目的。

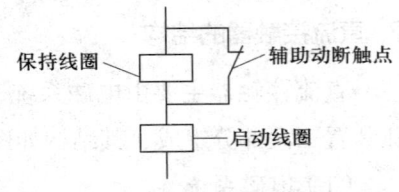

图 1-35　直流接触器双绕组线圈接线图

3. 直流接触器的工作原理和符号

直流接触器的工作原理和符号与交流接触器相同。

四、接触器的选择

1. 选择接触器的类型

根据接触器所控制的负载性质选择接触器的类型。通常交流负载选用交流接触器，直流负载选用直流接触器。如果控制系统中主要是交流负载，而直流负载容量较小时，也可用交流接触器控制直流负载，但触点的额定电流应适当选大一些。交流接触器按负荷种类一般分为一类、二类、三类和四类，分别记为 AC1、AC2、AC3 和 AC4。一类交流接触器对应的控制对象是无感或微感负荷，如白炽灯、电阻炉等；二类交流接触器用于绕线转子异步电动机的启动和停止；三类交流接触器的典型用途是笼型异步电动机的运转和运行中分断；四类交流接触器用于笼型异步电动机的启动、反接制动、反转和点动。

2. 选择接触器主触点的额定电压

接触器主触点的额定电压应大于或等于所控制线路的额定电压。

3. 选择接触器主触点的额定电流

接触器主触点的额定电流应大于或等于负载的额定电流，控制电动机时，可按下列经验公式计算（仅适用于 CJ10 系列）：

$$I_C = \frac{P_N \times 10^3}{KU_N}$$

式中　I_C——接触器主触点电流，A；

　　　P_N——被控制电动机的额定功率，kW；

　　　K——经验系数，一般取 1~1.4；

　　　U_N——被控制电动机的额定电压，V。

接触器若使用在频繁启动、制动及正反转的场合，应将接触器主触点的额定电流降低一个等级使用。

4. 选择接触器吸引线圈的额定电压

当控制线路简单、使用电器较少时，可直接选用 380 V 或 220 V 的电压。若线路较复杂、使用电器的个数超过 5 只时，可选用 36 V 或 110 V 电压的线圈，以保证安全。

5. 选择接触器触点的数量和种类

接触器的触点数量和种类应满足控制线路的要求。常用 CJ10 系列和 CJ20 系列交流接触器的主要技术数据分别见表 1-21 和表 1-22。常用 CZ0 系列直流接触器的主要技术数据见表 1-23。

表1-21　CJ10 系列交流接触器的主要技术数据

型号	触点额定电压（V）	触点		辅助触点		线圈		可控制三相异步电动机的最大功率（kW）		额定操作频率（次/h）
		额定电流（A）	对数	额定电流（A）	对数	电压（V）	功率（VA）	220 V	380 V	
CJ10-10	380	10	3	5	2 动合、2 动断	36、110、220、380	11	2.2	4	≤ 600
CJ10-20		20					22	5.5	10	
CJ10-40		40					32	11	20	
CJ10-60		60					70	17	30	

表 1-22　CJ20 系列交流接触器的主要技术数据

型号	极数	额定工作电压 U_N（V）	额定电流 I_{th}（A）	额定工作电流 I_N（A）	额定操作频率（AC-3）（次/h）	机械寿命（万次）	辅助触点 额定电流 I_{th}（A）	触点组合
CJ20-10	3	220	10	10	1 200	1 000	10	2动合、2动断
CJ20-10	3	380	10	10	1 200	1 000	10	2动合、2动断
CJ20-10	3	660	10	5.8	600	1 000	10	2动合、2动断
CJ20-16	3	220	16	16	1 200	1 000	10	2动合、2动断
CJ20-16	3	380	16	16	1 200	1 000	10	2动合、2动断
CJ20-16	3	660	16	13	600	1 000	10	2动合、2动断
CJ20-25	3	220	32	25	1 200	1 000	10	2动合、2动断
CJ20-25	3	380	32	25	1 200	1 000	10	2动合、2动断
CJ20-25	3	660	32	16	600	1 000	10	2动合、2动断
CJ20-40	3	220	55	40	1 200	1 000	10	2动合、2动断
CJ20-40	3	380	55	40	1 200	1 000	10	2动合、2动断
CJ20-40	3	660	55	25	600	1 000	10	2动合、2动断
CJ20-63	3	220	80	63	1 200	1 000	10	2动合、2动断
CJ20-63	3	380	80	63	1 200	1 000	10	2动合、2动断
CJ20-63	3	660	80	40	600	1 000	10	2动合、2动断
CJ20-100	3	220	125	100	1 200	1 000	10	2动合、2动断
CJ20-100	3	380	125	100	1 200	1 000	10	2动合、2动断
CJ20-100	3	660	125	63	600	1 000	10	2动合、2动断
CJ20-160	3	220	200	160	1 200	1 000	10	2动合、2动断
CJ20-160	3	380	200	160	1 200	1 000	10	2动合、2动断
CJ20-160	3	660	200	100	600	1 000	10	2动合、2动断
CJ20-160/11	3	1 140	200	80	300	1 000	10	2动合、2动断

表1-23 CZ0系列直流接触器的主要技术数据

型号	额定电压（V）	主触点额定电流（A）	额定操作频率（次/h）	主触点形式及数量 动合	主触点形式及数量 动断	辅助触点形式及数量 动合	辅助触点形式及数量 动断	最大分断电流（A）
CZ0-40/20	440	40	1 200	2	0	2	2	160
CZ0-40/02		40	600	0	2	2	2	100
CZ0-100/10		100	1 200	1	0	2	2	400
CZ0-100/01		100	600	0	1	1	1	250
CZ0-100/20		100	1 200	2	0	2	2	400
CZ0-150/10		150	1 200	1	0	2	2	600
CZ0-150/01		150	600	0	1	1	1	375
CZ0-150/20		150	1 200	2	0	2	2	600
CZ0-250/10		250	600	1	0	可以在5动合、1动断与5动断、1动合之间任意组合		1 000
CZ0-250/20		250	600	2	0			1 000
CZ0-400/10		400	600	1	0			1 600
CZ0-400/20		400	600	2	0			1 600
CZ0-600/10		600	600	1	0			2 400

6. 接触器的安装与使用

（1）安装前的检查

1）检查接触器铭牌与线圈的技术数据（如额定电压、额定电流、操作频率等）是否符合实际使用要求。

2）检查接触器外观，应无机械损伤；用手推动接触器可动部分时，应动作灵活，无卡阻现象；灭弧罩应完整无损，固定牢固。

3）将铁芯极面上的防锈油脂或粘在极面上的铁垢用煤油擦净，以免多次使用后衔铁被粘住，造成断电后不能释放。

4）测量接触器的线圈电阻和绝缘电阻，应符合要求。

（2）接触器的安装

1）交流接触器一般应安装在垂直面上，倾斜度不得超过5°；若有散热孔，则应将有孔的一面放在垂直方向上，以利散热，并按规定留有适当的飞弧空间，以免飞弧烧坏相邻电器。

2）安装和接线时，注意不要将零件掉入接触器内部。安装孔的螺钉应装有弹簧垫圈和平垫圈，并拧紧螺钉以防震动松脱。

3）安装完毕，检查接线无误后，在主触点不带电的情况下操作几次，然后测量产品的动作值和释放值，所测数值应符合产品的规定要求。

（3）日常维护

1）应对接触器做定期检查，观察螺钉有无松动，可动部分是否灵活等。

2）接触器的触点应定期清扫，保持清洁，但不允许涂油。当触点表面因电灼作用形成金属小颗粒时，应及时清除。

3）拆装时注意不要损坏灭弧罩。带灭弧罩的接触器绝不允许不带灭弧罩或带破损的灭弧罩运行，以免发生电弧短路故障。

技能要求

交流接触器识别

一、操作准备

1. 工具：常用电工工具、镊子等。
2. 仪表：ZC25-3 型绝缘电阻表（500 V、0~500 MΩ）、MF47 型万用表。
3. 器材：CJ10（CJT1）、CJ20、CJ40、CJX1（3TB 和 3TF）、CJX2 和 CJX8（B）系列常用交流接触器各一只，型号规格自定。

二、操作步骤

1. 在教师指导下，仔细观察不同系列、规格的交流接触器，熟悉它们的外形、型号、主要技术参数的意义、结构及工作原理，注意识别主触点、辅助动合触点和动断触点、线圈的接线柱等。

2. 识别用胶布盖住型号并编号的接触器，根据实物写出各接触器的系列名称、型号、文字符号，画出图形符号，填入表 1-24 中；简述接触器的主要结构和工作原理。

三、注意事项

1. 拆卸接触器时，应备有盛放零件的容器，以免零件丢失。

2. 拆装过程中不允许硬撬元件，以免损坏电器。装配辅助静触点时，要防止卡住动触点。

3. 现场操作前应按规定穿戴必要的安全防护用品。

表 1-24 接触器的识别

序号	1	2	3	4	5
系列名称					
型号					
文字符号					
图形符号					
主要结构					
工作原理					

培训单元 7 热继电器的识别与选用

培训重点

1. 熟悉热继电器的型号含义、规格和结构。
2. 掌握热继电器的工作原理及使用方法。

知识要求

热继电器是利用流过继电器的电流所产生的热效应而反时限动作的自动保护电器。所谓反时限动作，是指电器的延时动作时间随通过电路电流的增加而缩短。热继电器主要与接触器配合使用，用作电动机的过载保护、断相保护、电流不平衡运行的保护及其他电气设备发热状态的控制。

热继电器的形式有多种，其中双金属片式应用最广。热继电器按极数划分有单极、两极和三极三种，其中三极的又包括带断相保护装置和不带断相保护装置两种；按复位方式划分有自动复位式和手动复位式两种。

图 1-36 所示为目前我国在生产中常用的热继电器的外形图，它们均为双金属片

式。每一系列的热继电器一般只能和相适应系列的接触器配套使用，如 JR36 系列热继电器与 CJT1 系列接触器配套使用，JR20 系列热继电器与 CJ20 系列接触器配套使用，T 系列热继电器与 B 系列接触器配套使用。

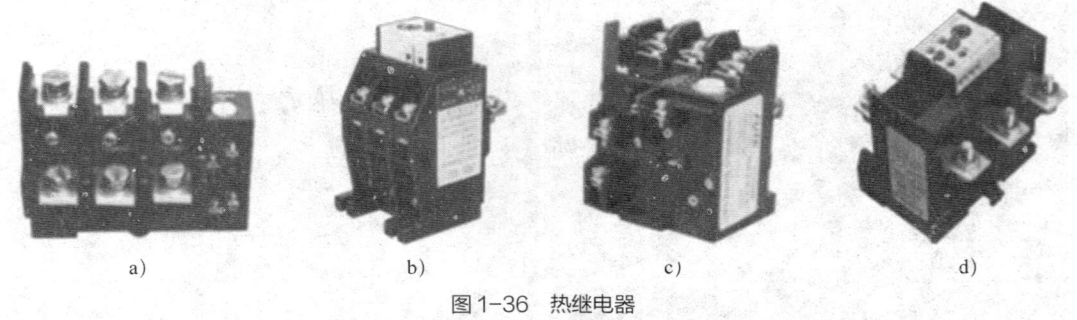

图 1-36　热继电器
a）JR36 系列　b）JR20 系列　c）T 系列　d）JRS2（3UA）系列

一、热继电器的结构及工作原理

1. 结构

图 1-37a 所示为两极双金属片热继电器的结构，它主要由热元件、传动机构、动断触点、电流整定按钮、复位按钮和限位螺钉等组成。热继电器的热元件由主双金属片和绕在外面的电阻丝组成。主双金属片由两种热膨胀系数不同的金属片复合而成。

2. 工作原理

使用热继电器时，需要将热元件串联在主电路中，动断触点串联在控制电路中，如图 1-37b 所示。当电动机过载时，流过电阻丝的电流超过热继电器的整定电流，电阻丝发热增多，温度升高，主双金属片向右弯曲，通过传动机构推动动断触点断开，分断控制电路，再通过接触器切断主电路，实现对电动机的过载保护。电源切除后，主双金属片逐渐冷却恢复原位。热继电器的复位机构有手动复位和自动复位两种形式，可根据使用要求通过复位调节螺钉来自由调整选择。一般自动复位时间不大于 5 min，手动复位时间不大于 2 min。

热继电器的整定电流是指热继电器连续工作而不动作的最大电流，其大小可通过旋转电流整定旋钮来调节。超过整定电流，热继电器将在负载未达到其允许的过载极限之前动作。

热继电器在电路图中的符号如图 1-37c 所示。

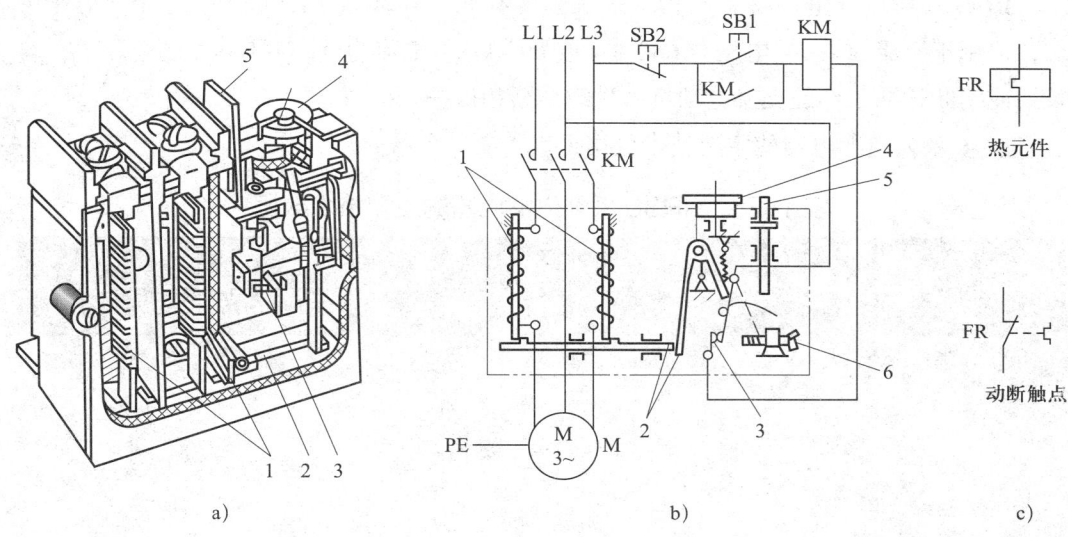

图 1-37 两极双金属片热继电器
a）结构 b）原理图 c）符号
1—热元件 2—传动机构 3—动断触点 4—电流整定旋钮 5—复位按钮 6—限位螺钉

实践证明，三相异步电动机的缺相运行是导致电动机过热烧毁的主要原因之一。对定子绕组接成Y形的电动机，普通两极或三极结构的热继电器均能实现断相保护。而定子绕组接成△形的电动机，必须采用三极带断相保护装置的热继电器，才能实现断相保护。

由于热继电器主双金属片受热膨胀的热惯性及传动机构传递信号的惰性，热继电器从电动机过载到触点动作需要一定的时间，也就是说，即使电动机严重过载甚至短路，热继电器也不会瞬时动作，因此热继电器不能作短路保护，但也正是这个热惯性和机械惰性，保证了热继电器在电动机启动或短时过载时不会动作，从而满足了电动机的运行要求。

二、热继电器的型号含义及技术数据

常用 JR36 系列热继电器的型号含义如下：

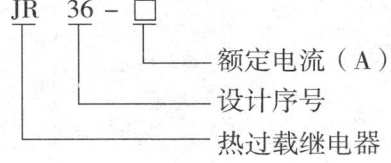

JR36 系列热继电器具有断相保护、温度补偿、自动与手动复位等功能，动作可靠，适用于交流 50 Hz、电压至 660 V（或 690 V）、电流为 0.25～160 A 的电路中，对长期或间断长期工作的交流电动机做过载与断相保护。

JR36 系列热继电器的主要技术数据见表 1-25。

表 1-25　JR36 系列热继电器的主要技术数据

热继电器型号	热继电器额定电流（A）	热元件等级	
		热元件额定电流（A）	电流调节范围（A）
JR36-20	20	0.35	0.25～0.35
		0.5	0.32～0.5
		0.72	0.45～0.72
		1.1	0.68～1.1
		1.6	1～1.6
		2.4	1.5～2.4
		3.5	2.2～3.5
		5	3.2～5
		7.2	4.5～7.2
		11	6.8～11
		16	10～16
		22	14～22
JR36-32	32	16	10～16
		22	14～22
		32	20～32
JR36-63	63	22	14～22
		32	20～32
		45	28～45
		63	40～63
JR36-160	160	63	40～63
		85	53～85
		120	75～120
		160	100～160

三、热继电器的选用

选择热继电器时,主要根据所保护电动机的额定电流来确定热继电器的规格和热元件的电流等级。

(1)根据电动机的额定电流选择热继电器的规格。一般应使热继电器的额定电流略大于电动机的额定电流。

(2)根据需要的整定电流值选择热元件的编号和电流等级。一般情况下,热元件的整定电流应为电动机额定电流的 0.95~1.05 倍。

(3)根据电动机定子绕组的连接方式选择热继电器的结构形式,即定子绕组作Y形联结的电动机选用普通三相结构的热继电器。而作△形联结的电动机应选用三相结构带断相保护装置的热继电器。

例 1-3 某机床电动机的型号为 Y132M1-6,定子绕组为△接法,额定功率为 4 kW,额定电流为 9.4 A,额定电压为 380 V,要对该电动机进行过载保护,应如何选用热继电器的型号、规格?

解:根据电动机的额定电流值 9.4 A,查表 1-25 可知,应选择额定电流为 20 A 的热继电器,其整定电流可取电动机的额定电流 9.4 A,热元件的电流等级选用 11 A,其调节范围为 6.8~11 A;由于电动机的定子绕组采用△接法,应选用带断相保护装置的热继电器。因此,应选用型号为 JR36-20 的热继电器,热元件的额定电流选用 11 A。

四、热继电器的安装与使用

热继电器必须按照产品说明书中规定的方式安装。安装处的环境温度应与电动机所处环境温度基本相同。当与其他电器安装在一起时,应注意将热继电器安装在其他电器的下方,以免其动作特性受到其他电器发热的影响。

安装时,应清除触点表面尘污,以免因接触电阻过大或电路不通而影响热继电器的动作性能。

热继电器出线端的连接导线,应按表 1-26 的规定选用。这是因为导线的粗细和材料将影响到热元件端接点传导到外部热量的多少。导线过细,轴向导热性差,热继电器可能提前动作;反之,导线过粗,轴向导热快,热继电器可能滞后动作。

表 1-26 热继电器连接导线选用表

热继电器额定电流（A）	连接导线截面积（mm²）	连接导线种类
10	2.5	单股铜芯塑料线
20	4	单股铜芯塑料线
60	16	多股铜芯橡皮线

使用中的热继电器应定期通电校验。此外，当发生短路事故后，应检查热元件是否已发生永久变形。若已变形，则需通电校验。若因热元件变形或其他原因致使动作不准确时，只能调整其可调部件，绝不能弯折热元件。

热继电器在出厂时均调整为手动复位方式，如需要自动复位，只要将复位螺钉沿顺时针方向旋转 3~4 圈，并稍微拧紧即可。

热继电器在使用中，应定期用布擦除其上的尘埃和污垢，若发现双金属片上有锈斑，应用清洁棉布蘸汽油轻轻擦除，切忌用砂纸打磨。

五、热继电器的常见故障及处理方法

热继电器的常见故障及处理方法见表 1-27。

表 1-27 热继电器的常见故障及处理方法

故障现象	故障原因	维修方法
热元件烧断	负载侧短路，电流过大	排除故障，更换热继电器
	操作频率过高	更换合适参数的热继电器
热继电器不动作	热继电器的额定电流值选用不合适	按保护容量合理选用
	整定电流偏大	合理调整整定电流
	动作触点接触不良	消除触点接触不良因素
	热元件烧断或脱焊	更换热继电器
	动作机构卡阻	消除卡阻因素
	导板脱出	重新放入导板并调试

续表

故障现象	故障原因	维修方法
热继电器动作不稳定，时快时慢	热继电器内部机构某些部件松动	紧固松动部件
	在检修中弯折了双金属片	用两倍电流预试几次或将双金属片拆下来进行热处理（一般约240 ℃）以去除内应力
	通电电流波动太大或接线螺钉松动	检查电源电压或拧紧接线螺钉
热继电器动作太快	整定电流偏小	合理调整整定电流
	电动机启动时间过长	按启动时间要求，选择具有合适的可返回时间的热继电器或在启动过程中将热继电器短接
	连接导线太细	选用标准导线
	操作频率过高	更换合适型号的热继电器
	使用场合有强烈冲击和震动	采取防震动措施或选用带防冲击震动的热继电器
	可逆转换频繁	改用其他保护方式
	安装热继电器处与电动机处环境温差太大	按两地温差情况配置适当的热继电器
主电路不通	热元件烧断	更换热元件或热继电器
	接线螺钉松动或脱落	紧固接线螺钉
控制电路不通	触点烧坏或动触点簧片弹性消失	更换触点或簧片
	可调整式旋钮转到不合适的位置	调整旋钮或螺钉
	热继电器动作后未复位	按动复位按钮

技能要求 1

常用热继电器的识别

一、操作准备

1. 工具：常用电工工具一套。
2. 器材：JR36系列热继电器、JR20系列热继电器、T系列热继电器、JRS2（3UA）

系列热继电器。

电器元件由指导教师根据实际情况在规定系列内选取，每系列取 2 种不同规格。

二、操作步骤

1. 在教师指导下，仔细观察不同系列、不同规格的继电器，熟悉它们的外形、型号及主要技术参数的意义、结构、工作原理、接入电路的元器件及其接线柱等。

2. 根据指导教师给出的元件清单，从所给热继电器中正确选出清单中的热继电器。

3. 识别由指导教师从所给热继电器中选取的、用胶布盖住型号并编号的 4~5 件，根据实物写出其中 4 件的系列名称、型号，填入表 1-28 中，并简述热继电器的功能、主要结构和工作原理。

表 1-28 热继电器的识别

序号	1	2	3	4
系列名称				
型号				
主要参数				

4. 将热继电器的动作值整定至规定值。
5. 检查热继电器的复位方式，并将其调整到手动复位方式。

三、评分标准

评分标准见表 1-29。

表 1-29 评分标准

序号	主要内容	评分标准	配分	扣分	得分
1	热继电器的识别	（1）不能按清单选出热继电器，每只扣 5 分 （2）写错或漏写系列名称、型号，每只扣 5 分 （3）写错或漏写主要参数，每只扣 5 分	40		
2	热继电器的整定	（1）不会整定热继电器的动作值，扣 20 分 （2）不会调节热继电器的复位方式，扣 20 分	40		
3	安全文明生产	违反安全文明生产规程，扣 5~10 分	10		

续表

序号	主要内容	评分标准	配分	扣分	得分
4	定额时间	40 min，每超时 5 min（不足 5 min 按 5 min 计）扣 5 分	10		
5	备注	不准超时	合计 100		
			教师签字		

四、注意事项

1. 训练过程中注意不得损坏热继电器。
2. 热继电器的整定值由指导教师根据热继电器的规格在现场给出。
3. 现场操作人员应按规定穿戴必要的安全防护用品。

技能要求 2

热继电器的校验

一、操作准备

1. 工具：螺钉旋具、电工刀、尖嘴钳等。
2. 仪表：交流电流表（5 A）、秒表。
3. 器材：元件明细表见表 1-30。

表 1-30 元件明细表

代号	名称	型号规格	数量
FR	热继电器	JR36-20 热元件 16 A	1 个
TC1	接触式调压器	TDGC2-5/0.5	1 个
TC2	小型变压器	DG-5/0.5	1 台
QS	开启式负荷开关	HK1-30/2	1 个
TA	电流互感器	HL24、100/5 A	1 个
HL	指示灯	220 V、15 W	1 个
	控制板	500 mm×400 mm×20 mm	1 块
	连接导线	BVR-4.0、BVR-1.5	若干

二、操作步骤

1. 观察热继电器的结构和工作原理

将热继电器的后绝缘盖板卸下，仔细观察它的结构，指出其热元件、传动机构、电流整定装置、复位按钮及动断触点的位置，叙述它们的作用以及热继电器的工作原理。

2. 热继电器的校验和调试

热继电器更换热元件后应进行校验和调整，方法如下：

（1）按图 1-38 所示连接好校验电路。将调压变压器的输出调到零位置。将热继电器置于手动复位状态，并将整定值旋钮置于额定值处。

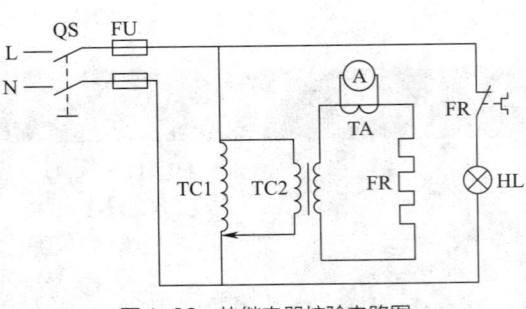

图 1-38　热继电器校验电路图

（2）经指导教师审查同意后，合上电源开关 QS，指示灯 HL 亮。

（3）将调压变压器输出电压从零开始升高，使热继电器通过的电流升至额定值，1 h 内热继电器应不动作；若 1 h 内热继电器动作，则应将调节旋钮向整定值大的方向旋动。

（4）接着将电流升至 1.2 倍额定电流，热继电器应在 20 min 内动作，指示灯 HL 熄灭；若在 20 min 内不动作，则应将调节旋钮向整定值小的方向旋动。

（5）将电流降至零，待热继电器冷却并手动复位后，再调升电流至 1.5 倍额定值，热继电器应在 2 min 内动作。

（6）再将电流降至零，待热继电器冷却并复位后，快速调升电流至 6 倍额定值，分断 QS 再随即合上，其动作时间应大于 5 s。

3. 复位方式的调整

热继电器出厂时，一般都调在手动复位。如果需要自动复位，可将复位调节螺钉顺时针旋进。自动复位时应在时间继电器动作后 5 min 内自动复位；手动复位时，在动作 2 min 后，按下手动复位按钮，热继电器应复位。

三、评分标准

评分标准见表 1-31。

表 1-31　评分标准

序号	主要内容	评分标准	配分	扣分	得分
1	热继电器的结构	（1）不能指出热继电器各部件的位置，每处扣 4 分 （2）不能说出各部件的作用，每个扣 5 分	20		
2	热继电器校验	（1）不能根据图纸接线，扣 20 分 （2）互感器量程选择不当，扣 10 分 （3）操作步骤错误，每步扣 5 分 （4）电流表未调零或读数不准确，扣 10 分 （5）不会调整动作值，扣 10 分	40		

续表

序号	主要内容	评分标准	配分	扣分	得分
3	复位方式的调整	不会调整复位方式，扣20分	20		
4	安全文明生产	违反安全文明生产规程，扣5~10分	10		
5	定额时间	90 min，每超时5 min（不足5 min按5 min计）扣5分	10		
6	备注	不准超时	合计	100	
			教师签字		

四、注意事项

1. 校验时的环境温度应尽量接近工作环境温度，连接导线长度一般不应小于0.6 m，连接导线的截面积应与使用时的实际用线相同。

2. 校验过程中电流变化较大，为使测量结果准确，校验时注意选择电流互感器的合适量程。

3. 通电校验时，必须将热继电器、电源开关等固定在校验板上，并有指导教师监护，以确保用电安全。

4. 电流互感器通电过程中，电流表回路不可开路，接线时应充分注意。

培训单元8　漏电保护器的识别与选用

培训重点

掌握漏电保护器的工作原理，并能正确识别与选用漏电保护器。

知识要求

一、漏电保护器的功能

漏电保护器简称漏电开关，又称漏电断路器，是近年来常用的一种安全用电低压电器。小容量的多为单相二极,通常作为移动电器或家用电器的安全开关;大容量的多为三相三极或三相四极,通常作为低压电气设备的安全开关。

漏电保护器对保证人身和用电设备的安全具有重要作用,它对电气设备的漏电电流极为敏感。当人体接触了使用中的电器时,产生的漏电电流只要达到10~30 mA,漏电保护器就能在极短的时间内跳闸,切断电源,从而有效地防止触电事故的发生。

二、漏电保护器的结构与工作原理

按其脱扣原理的不同,漏电保护器有电压动作型和电流动作型两种,脱扣器结构有纯电磁式、半导体式和灵敏继电器式三种。电流动作型漏电保护器主要由零序电流互感器、放大器、断路器和脱扣器等部件组成。其外形与塑料外壳低压断路器相仿。

普通电流型漏电保护器的原理如图1-39所示。保护器由零序电流互感器、电子放大器、晶闸管和脱扣器等部分组成。零序电流互感器是关键器件,制造要求很高,其构造和原理跟普通电流互感器基本相同,零序电流互感器的一次绕组是绞合在一起的4根线,3根相线1根零线,4根线要全部穿过互感器的铁芯,一端接电源的主开关,另一端接负载,而普通电流互感器的一次绕组只是1根火线。

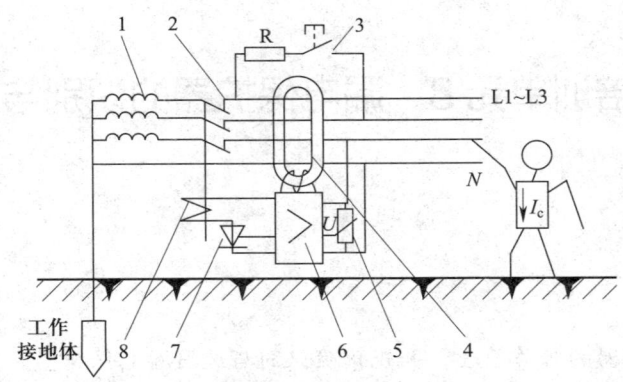

图1-39 电流型漏电保护器原理
1—供电变压器 2—主开关 3—实验按钮 4—零序电流互感器
5—压敏电阻 6—放大器 7—晶闸管 8—脱扣器

正常情况下,不管三相负载平衡与否,同一时刻4根线的电流和都为零,4根线的合成磁通也为零,故零序电流互感器的次级线圈没有输出信号。

当相线对地漏电时，如图 1-39 中人体触电时，触电电流经大地和接地装置回到中性点。这样同一时刻 4 根线的电流和不再为零，产生了剩余电流，剩余电流使互感器铁芯中有磁通通过，从而互感器的二次绕组有电流信号输出。互感器输出的微弱电流信号输入放大器 6 进行放大，放大器的输出信号用作晶闸管 7 的触发信号，触发信号使晶闸管导通，晶闸管的导通电流流过脱扣器线圈 8 使脱扣器动作而将主开关 2 断开。压敏电阻 5 的阻值随其端电压的升高而降低，压敏电阻的作用是稳定放大器 6 的电源电压。

上述电路是针对三相四线制、中性点接地供电系统的，这种漏电保护器还适用于三相三线制、双相两线制和单相两线制系统，也适用于不接地系统。

三、漏电保护器的外形及符号

漏电保护器外观如图 1-40 所示，其文字符号为 QF，图形符号如图 1-41 所示。

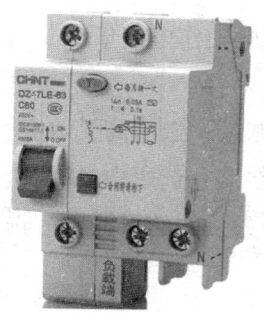
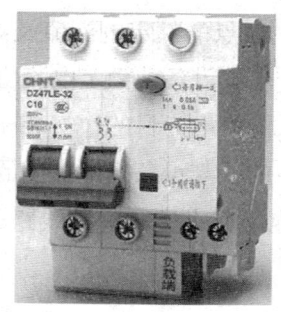

图 1-40　漏电保护器外观

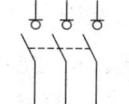

图 1-41　漏电保护器的图形符号

四、漏电保护器的型号及选用原则

1. 低压漏电保护器的型号

低压漏电保护器有 DZL18-20 系列、DZL3 系列、K 系列、DBK2 系列、DZL43 系列、E4FL 系列、F360 系列、DZL29 系列等。

低压漏电保护器的漏电动作电流分为 10 mA、20 mA、30 mA、100 mA、300 mA、500 mA 等规格等级，额定电流分为 10 A、16 A、20 A、25 A、32 A、40 A、63 A、80 A、100 A、120 A、150 A 等规格。

2. DZ系列漏电保护器型号含义

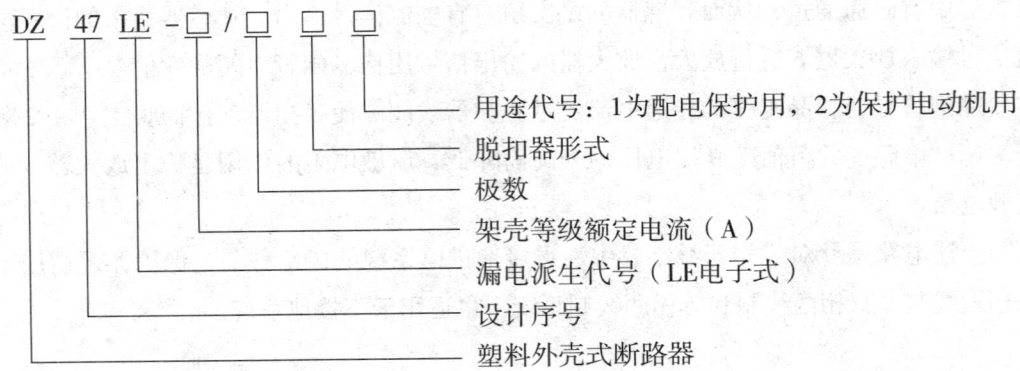

3. 漏电保护器的选用原则

（1）单相电气设备可选用两极的漏电保护器；三相设备应选用三极或四极的漏电保护器。

（2）漏电保护器的电流参数有主触点的额定电流值及额定漏电动作电流值。漏电保护器的额定电流值必须大于被保护电气设备的额定电流值。

（3）按保护目的选用：以防止人身触电为目的，安装在线路末端，选用高灵敏度、快速型漏电保护器。以防止触电为目的，与设备接地并用的分支线路，选用中灵敏度、快速型漏电保护器；用于防止因漏电引起火灾和保护线路、设备为目的的干线，应选用中灵敏度、延时型漏电保护器。

五、漏电保护器的使用与维护

（1）漏电保护器的漏电、过载、短路保护特性均由制造厂整定，在使用中不可随意调节。

（2）新安装或运行一段时间后（一般每隔1个月）的漏电保护开关，需在合闸通电状态下，按动试验按钮，检查漏电保护性能是否正常可靠。

（3）被控制电路发生故障（漏电、过载、短路）时，漏电保护开关分闸，则操作手柄处于中间位置，当查明故障原因并排除故障再合闸时，先将手柄向下扳动，使操动机构"再扣"后，才能进行合闸操作。

（4）漏电保护开关因被控制电路短路而分断后，须打开盖子检查触点，进行维护清理。

技能要求

漏电保护器的安装

一、操作准备

1. 工具：常用电工工具 1 套。
2. 器材：漏电保护器 3 只、电器柜 1 个、导轨若干、螺钉若干、导线若干。

二、操作步骤

漏电保护器的主要作用是保护电路及人身安全，因此在安装时一定要按照规范进行施工。

1. 漏电保护器的后端有一个上下卡槽，先将漏电保护器的导轨固定在电器柜中。
2. 将漏电保护器卡在导轨上，漏电保护器应装在配电板的前面，以方便操作和观察，如图 1-42 所示。

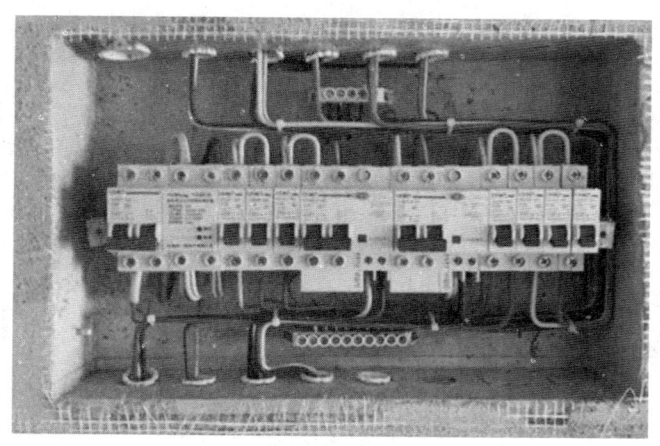

图 1-42　漏电保护器安装

3. 安装时应严格区分中性线与保护线，设备的外壳需连接地线。
4. 漏电保护器安装接线完成后，需在合闸通电状态下，按动试验按钮，检查漏电保护性能是否正常可靠。
5. 检查无误后，清理现场。

三、注意事项

1. 漏电保护器必须安装在干燥的环境中。作终端保护使用的漏电保护器，可以和熔体盒、电能表装在同一个表箱内，漏电保护器必须装在保险盒的下面，在接线时，不能将线路的顺序颠倒或反接，应垂直进行接线安装，压线的螺母应旋紧。
2. 电子式漏电保护器电源进线应从交流接触器中的主触点前端引入，连接的电源进线应尽量使用刀开关控制。

3. 零序电流互感器一定要注意远离有磁场的家用电器，并且相隔的距离不能小于 20 cm。

4. 漏电保护器中的配电变压器中性点接地应良好，并且接地电阻应小于 10 Ω。

5. 漏电保护器的零线禁止重复接地，其中的用电设备可同时设置进行接地保护，但不能设置接零保护。

培训单元 9　防爆电气设备的防爆型式与标志

培训重点

掌握防爆电气设备的防爆型式及防爆标志。

知识要求

一、防爆电气设备的防爆型式

1. 产生爆炸的条件

本单元仅谈及爆炸性混合物的爆炸，即所有的可燃性气体、蒸气及粉尘与空气所形成的爆炸性混合物的爆炸。这类爆炸需要同时具备三个条件才可能发生：第一，必须存在爆炸性物质或可燃性物质；第二，要有助燃性物质，主要是空气中的氧气；第三，要存在引燃源（如火花、电弧和危险温度等），它提供点燃混合物所必需的能量。只有这三个条件同时存在，才有发生爆炸的可能性，其中任何一个条件不具备，就不会产生燃烧或爆炸。因此，采取适当的措施，使三个条件不同时具备即可达到防止爆炸的目的。由于爆炸性混合物普遍存在于煤炭、石油、化工、纺织、粮食加工等行业的生产、加工、储运等场所，如发生爆炸则危害极大。于是，人们采取了多种防爆技术方法进行防爆。

2. 防爆电气设备定义

在规定条件下不会引起周围爆炸性环境点燃的电气设备称为防爆电气设备。

防爆电气设备分为三类：

Ⅰ类：煤矿、井下电气设备。

Ⅱ类：除煤矿、井下之外的所有其他爆炸性气体环境用电气设备。Ⅱ类又可分为ⅡA、ⅡB、ⅡC类，标志ⅡB的设备可适用于ⅡA设备的使用条件；标志ⅡC的设备可适用于ⅡA、ⅡB设备的使用条件。

Ⅲ类：除煤矿以外的爆炸性粉尘环境电气设备。ⅢA类：可燃性飞絮；ⅢB类：非导电性粉尘；ⅢC类：导电性粉尘。

3. 电气设备防爆基本类型

1）隔爆型（d）：其外壳能够承受通过外壳任何接合面或结构间隙进入外壳内部的爆炸性混合物在内部爆炸而不损坏，并且不会引起外部由一种、多种气体或蒸气形成的爆炸性气体环境的点燃的电气设备。

2）增安型（e）：结构上采取措施，提高安全程度，避免在正常或规定的过载条件下出现电弧、火花或可能点燃爆炸性混合物的高温的电气设备。

3）本质安全型（i）：将设备内部和暴露于爆炸性环境的连接导线可能产生的电火花或热效应能量限制在不能产生点燃的水平的电气设备。

4）无火花型（n）：在正常运行条件下不产生电弧或火花，也不产生能够点燃周围爆炸性混合物的高温表面或灼热点，且一般不会发生有点燃作用的故障的电气设备。

5）防爆特殊型（s）：由于功能或使用限制，设备不能完全按照现有的防爆型式或防爆型式组合进行评定时，通过采用特殊的设计，经评定和试验，达到要求防护级别的防爆型式，按特殊电气设备"s"型处置。

电气设备防爆基本类型对危险场所的适用性见表1-32。

表1-32 电气设备防爆基本类型对危险场所的适用性

序号	防爆型式	代号	国家标准	防爆措施
1	隔爆型	d	GB/T 3836.2—2021《爆炸性环境 第2部分：由隔爆外壳"d"保护的设备》	隔离存在的点火源
2	增安型	e	GB/T 3836.3—2021《爆炸性环境 第3部分：由增安型"e"保护的设备》	设法防止产生点火源

续表

序号	防爆型式	代号	国家标准	防爆措施
3	本质安全型	i	GB/T 3836.4—2021《爆炸性环境 第4部分：由本质安全型"i"保护的设备》	限制点火源的能量
4	无火花型	n	GB/T 3836.8—2021《爆炸性环境 第8部分：由"n"型保护的设备》	设法防止产生点火源
5	防爆特殊型	s	GB/T 3836.24—2017《爆炸性环境 第24部分：由特殊型"s"保护的设备》	

二、电气设备防爆标志

1. 防爆标志格式说明

将工厂或矿区的爆炸危险介质，按其引燃能量、最小点燃温度以及现场爆炸性危险气体存在的时间周期进行科学分类分级，以确定现场防爆设备的防爆标志和防爆型式。

名词解释：

ia 等级：在正常工作、一个故障和两个故障时均不能点燃爆炸性气体混合物的电气设备。正常工作时，安全系数为 2.0；一个故障时，安全系数为 1.5；两个故障时，安全系数为 1.0。

注：有火花的触点须加隔爆外壳、气密外壳或加倍提高安全系数。

ib 等级：在正常工作和一个故障时不能点燃爆炸性气体混合物的电气设备。正常工作时，安全系数为 2.0；一个故障时，安全系数为 1.5。正常工作时，有火花的触点须加隔爆外壳或气密外壳保护，并且有故障自显示的措施，一个故障时安全系数为 1.0。

2. 防爆标志举例说明

为进一步明确防爆标志的表示方法，对气体防爆电气设备举例如下：

如电气设备为Ⅰ类隔爆型：防爆标志为 ExdⅠ。

如电气设备为Ⅱ类隔爆型，气体组别为 B 组，温度组别为 T3，则防爆标志为：ExdⅡBT3。

如电气设备为Ⅱ类本质安全型 ia，气体组别为 A 组，温度组别为 T5，则防爆标志为：ExiaⅡAT5。

对Ⅰ类特殊型：防爆标志为ExsⅠ。

对使用于矿井中除沼气外，正常情况下还有Ⅱ类气体组别为B组，温度组别为T3的可燃性气体的隔爆型电气设备，其防爆标志为：ExdⅠ/ⅡBT3。

另外，对下列特殊情况，防爆标志内容可适当进行调整：

（1）如果电气设备采用一种以上的复合型式，则应先标出主体防爆型式，后标出其他的防爆型式。如：Ⅱ类B组主体隔爆型并有增安型接线盒T4组的电动机，其防爆标志为：ExdeⅡBT4。

（2）如果只允许使用在一种可燃性气体或蒸气环境中的电气设备，其标志可用该气体或蒸气的化学分子式或名称表示，这时，可不必注明气体的组别和温度组别。如：Ⅱ类用于氨气环境的隔爆型电气设备，其防爆标志为：ExdⅡ（NH_3）或ExdⅡ（氨）。

培训项目2　电工材料选用

培训单元1　电线电缆的选用

培训重点

1. 熟悉电线、电缆的常用规格型号。
2. 能估算电线、电缆的安全载流量。

知识要求

一、电线、电缆的分类及使用场合

1. 电线电缆的分类及型号含义

电缆与电线一般都由芯线、绝缘包皮和保护外皮三个部分组成。电线、电缆如图1-43所示。

图1-43 电线、电缆

（1）分类

电线电缆产品主要分五大类：

1）裸导线及裸导体制品。这类产品的主要特征是：纯导体金属，无绝缘及护套层，如钢芯铝绞线、铜铝汇流排、电力机车线等；加工工艺主要是压力加工，如熔炼、压延、拉制、绞合/紧压绞合等；产品主要用于电力户外架空、室内汇流排和开关柜、变压器及电器制造等。

2）电力电缆。这类产品主要特征是：在导体外挤出（绕包）绝缘层，或再增加护套层，如塑料、橡胶套电线电缆。主要的工艺技术有拉制、绞合、绝缘挤出（绕包）、成缆、铠装、护层挤出等，各种产品的不同工序组合有一定区别。

电力电缆主要用在发、配、输、变、供电线路中，传输或分配较大功率的电能。

3）电气装备用电线电缆。这类产品主要特征是：品种规格繁多，应用范围广，使用电压在1 kV及以下较多，针对特殊场合不断衍生新的产品，如耐火线缆、阻燃线缆、低烟无卤线缆、防白蚁线缆、防老鼠线缆、耐油/耐寒/耐温/耐磨线缆、医用/农用/矿用线缆、薄壁线缆等。

4）通信电缆和通信光缆。随着通信技术的飞速发展，通信电缆和通信光缆产品也迅速发展。从过去的简单的电话、电报电缆发展到同轴电缆及上千芯的光缆，甚至组合通信电缆等。该类产品结构尺寸通常较小而均匀，制造精度要求高。

5）电磁线。电磁线又称绕组线，是在导电金属外包覆绝缘层制成的专门用于实现电能与磁能互相转换的导线，主要用于制造各种电机、变压器及仪器仪表的线圈。

（2）型号及含义

电线电缆的型号内容及含义如下。

［1］用途代码——不标为电力电缆，K为控制缆，P为信号缆。

［2］导体材料代码——不标为铜，L为铝。

［3］绝缘代码——Z为油浸纸，X为橡皮，V为聚氯乙烯，YJ为交联聚乙烯，Y为聚乙烯。

[4]内护层代码——Q 为铅包，L 为铝包，H 为橡套，V 为聚氯乙烯护套，内护套一般不标识。

[5]结构特征——D 为不滴流，P 为干绝缘，CY 为充油，F 为分相，C 为滤尘用。

[6]外护层代码——用 1~3 个数字表示。

[7]使用特征——TH 为湿热带，TA 为干热带，ZR 为阻燃，NH 为耐火，WDZ 为低烟无卤、企业标准。

型号中的省略原则：电线电缆产品中铜是主要使用的导体材料，故铜芯代号 T 省略，但裸导线及裸导体制品除外。裸导线及裸导体制品类、电力电缆类、电磁线类产品不列大类代号，电气装备用电线电缆类和通信电缆类也不列明，但列明小类或系列代号等。

数字标记铠装层、外被层或外护套的含义如下：

0——无；

1——联锁铠装纤维外被层；

2——双层钢带聚氯乙烯外护套；

3——细圆钢丝聚乙烯外护套；

4——粗圆钢丝；

5——皱纹（轧纹）钢带；

6——双铝（或铝合金）带；

8——铜丝编织；

9——钢丝编织。

2. 常用电缆的使用场合

（1）主要应用场合

1）电力系统。电力系统采用的电线电缆产品主要有架空裸导线、汇流排（母线）、电力电缆、分支电缆（取代部分母线）、电磁线缆以及电力设备用电气装备电线电缆等。

2）信息传输系统。用于信息传输系统的电线电缆主要有市话电缆、电视电缆、电子线缆、射频电缆、光缆、数据电缆、电磁线、电力通信或其他复合电缆等。

3）机械设备、仪器仪表系统。此部分除架空裸导线外几乎其他所有产品均有应用，但主要是电力电缆、电磁线缆、数据电缆、仪器仪表线缆等。

（2）常用绝缘性能电缆的使用场合

1）VV：聚氯乙烯绝缘，聚氯乙烯护套电力电缆。可敷设在室内、隧道内、电缆沟内、管道中、易燃及严重腐蚀的地方，但不能承受机械外力作用。如需承受机械外力需加绕钢带铠装。

2）YJV：交联聚乙烯绝缘，聚氯乙烯护套电力电缆。可敷设在室内、隧道内及管道中，可经受一定的敷设牵引，但电缆不能承受外力作用，单芯电缆不允许敷设在磁性材料管道中。如需承受机械外力需加绕钢带铠装。

3）ZR—VV：阻燃聚氯乙烯绝缘，聚氯乙烯护套电力电缆。可敷设在室内、隧道内、电缆沟内、管道中、易燃及严重腐蚀的地方，但不能承受机械外力作用。如需承受机械外力需加绕钢带铠装。这类电缆的特点是在明火燃烧的情况下，移走火源后，12 s 以内电缆会自动熄灭。

4）ZR—YJV：阻燃交联聚乙烯绝缘，聚氯乙烯护套电力电缆。可敷设在室内、隧道内及管道中，可经受一定的敷设牵引，但电缆不能承受外力作用，单芯电缆不允许敷设在磁性材料管道中。如需承受机械外力需加绕钢带铠装。这类电缆的特点是在明火燃烧的情况下，移走火源后，12 s 以内电缆会自动熄灭。

5）NH—VV：耐火聚氯乙烯绝缘，聚氯乙烯护套电力电缆。可敷设在室内、隧道内、电缆沟内、管道中、易燃及严重腐蚀的地方，但不能承受机械外力作用。如需承受机械外力需加绕钢带铠装。适用于特殊要求场合，如大容量电厂、核电站、地下铁道、高层建筑等。这类电缆的特点是在燃烧的环境中，它能保持 90 min 的正常运行。

6）NH—YJV：耐火交联聚乙烯绝缘，聚氯乙烯护套电力电缆。可敷设在室内、隧道内及管道中，可经受一定的敷设牵引，但电缆不能承受外力作用，单芯电缆不允许敷设在磁性材料管道中。如需承受机械外力需加绕钢带铠装。适用于特殊要求场合，如大容量电厂、核电站、地下铁道、高层建筑等。这类电缆的特点是在燃烧的环境中，它能保持 90 min 的正常运行。

二、电线电缆的安全载流量

1. 导线线径一般计算公式

$$铜线：S=IL/(54.4 \times U)$$
$$铝线：S=IL/(34 \times U)$$

式中　I——导线中通过的最大电流，A；

　　　L——导线的长度，m；

　　　U——允许的电压降，V；

　　　S——导线的截面积，mm^2。

一般来讲，导线的安全载流量是根据所允许的线芯最高温度、冷却条件、敷设条件来确定的。平常铜导线安全载流量是 5~8 A/mm²，铝导线的安全载流量是 3~5 A/mm²。例如：2.5 mm² BVV 铜导线安全载流量的推荐值为 2.5×8=20（A）。

2. 导体线径估算口诀

二点五下乘以九，往上减一顺号走。

三十五乘三点五，双双成组减点五。

条件有变加折算，高温九折铜升级。

穿管根数二三四，八七六折满载流。

估算口诀说明：本口诀对各种绝缘线（橡皮和塑料绝缘线）的载流量（安全电流）不是直接指出，而是用"截面积乘上一定的倍数"来表示，通过心算而得。倍数随截面积的增大而减小。

"二点五下乘以九，往上减一顺号走"是指截面积为 2.5 mm² 及以下的各种铝芯绝缘线，其载流量约为截面积的 9 倍。如 2.5 mm² 导线，载流量为 2.5×9=22.5（A）。截面积为 4 mm² 及以上的导线载流量和截面积的倍数关系是顺着线号往上排，倍数逐次减 1，即 4×8、6×7、10×6、16×5、25×4。

"三十五乘三点五，双双成组减点五"是指截面积为 35 mm² 的导线载流量为截面积的 3.5 倍，即 35×3.5=122.5（A）。截面积为 50 mm² 及以上的导线，其载流量与截面积之间的倍数关系变为两个线号成一组，倍数依次减 0.5。即 50 mm²、70 mm² 导线的载流量为截面积的 3 倍；95 mm²、120 mm² 导线载流量是其截面积的 2.5 倍，依此类推。

"条件有变加折算，高温九折铜升级"，这是为铝芯绝缘线明敷在环境温度 25 ℃的条件下而定的。若铝芯绝缘线明敷在环境温度长期高于 25 ℃的地区，导线载流量可按上述口诀计算方法算出，然后再打九折即可；当使用的不是铝线而是铜芯绝缘线，它的载流量要比同规格铝线略大一些，可按上述口诀方法算出比铝线加大一个线号的载流量。如 16 mm² 铜线的载流量，可按 25 mm² 铝线的载流量来计算。

"穿管根数二三四，八七六折满载流"，就是穿 2 根时，要按 8 折计算载流量，3 根按 7 折计算，4 根按 6 折计算。

技能要求

常用电线和电缆规格型号识别

一、操作准备

1. 工具：常用电工工具一套。

2. 材料：BVR-ZR 铜芯阻燃型聚氯乙烯绝缘软电线、BVVB-ZR 铜芯阻燃型聚氯乙烯绝缘聚氯乙烯护套电缆、AVVR 聚氯乙烯护套安装用软电缆、KVVP 聚氯乙烯护套编织屏蔽电缆各一段。

二、操作步骤

1. 在教师指导下，仔细观察各种不同类型、规格型号的电线和电缆，熟悉它们的外形、型号等。

2. 根据实物写出所给电线和电缆的名称、规格型号，填入表 1-33 中。

表 1-33　常用电线和电缆规格型号识别

序号	1	2	3	4
名称				
规格型号				

三、注意事项

在使用工具时要注意安全，注意文明生产。

培训单元 2　电工常用线槽、线管及桥架的选用

培训重点

掌握电工常用线槽、线管及桥架的选用方法。

知识要求

一、电工常用线槽的基本用途及选用

1. 常用线槽的类型及基本用途

线槽又称走线槽、配线槽、行线槽（因地方而异），它是用来将电源线、数据线等线材规范地整理、固定在墙上或者天花板上的电工用具，如图 1-44 所示。

（1）线槽的分类

1）按材质可分为塑料材质线槽和金属材质线槽。

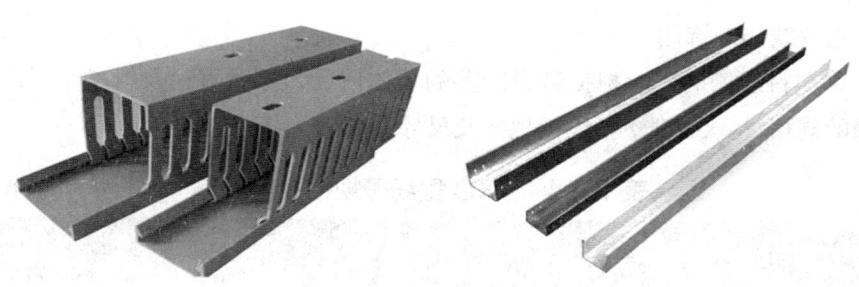

图 1-44 线槽

2）按功能可分为电话配线槽、明线配线槽、地板配线槽、绝缘配线槽、拨开式配线槽、室内装潢配线槽等。

3）按外形可分为一体式绝缘配线槽、圆形配线槽、迷你型配线槽、盖式配线槽等。

（2）线槽的基本用途

金属线槽一般由电镀彩锌或镀锌板制成，用于线径较大、承重较大，室内室外的电线电缆。

塑料线槽具有绝缘、阻燃自熄等特点，主要用于电气设备内部布线，在 1 200 V 及以下的电气设备中对敷设其中的导线起机械防护和电气保护作用。

使用线槽可使配线方便，布线整齐，安装可靠，便于查找、维修和调换线路。

2. 塑料线槽的选用

（1）塑料线槽规格及型号

塑料线槽的规格较多，如 806 系列线槽的宽度有 25 mm、40 mm、60 mm、80 mm 四种，型号分别为 VXC-25、VXC-40 等。其中宽 25 mm 线槽的槽底有两种形式：一种为普通型，底为平面；另一种底有两道隔楞，即三槽线。VXC-25S 型用于照明线路敷设，VXC-40～80 型用于动力线路敷设，806 系列塑料线槽规格及结构如图 1-45 所示。

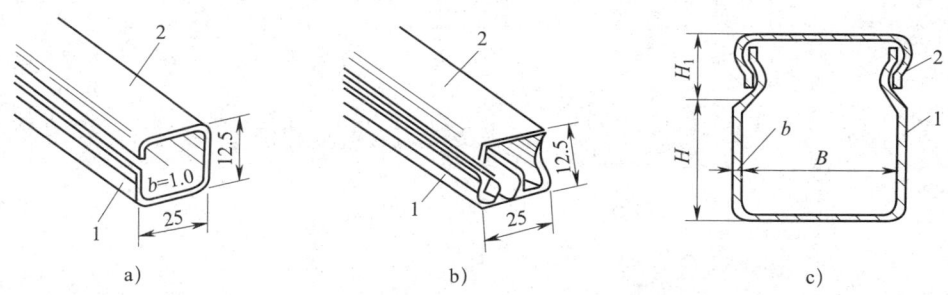

图 1-45 806 系列塑料线槽规格及结构

a）VXC-25 线槽的规格　b）VXC-25S 三槽线的规格　c）线槽截面

1—线槽底　2—线槽盖

（2）塑料线槽的选用

在选用塑料线槽时，应根据敷设线路的具体情况、导线直径及线槽中导线的数量确定线槽的规格，VXC 型塑料线槽规格及尺寸参照表 1-34 选用。

表 1-34　VXC 型线槽规格及尺寸　　　　　mm

型号	B	H	H_1	b
VXC-40	40	15	15	1.2
VXC-60	60	15	15	1.5
VXC-80	80	30	20	2.0

（3）塑料线槽内的配线

塑料线槽内的配线可参照表 1-35 确定线槽底宽与不同规格导线的数量匹配关系。塑料线槽内的配线应根据线槽内所占截面积确定。

表 1-35　塑料线槽配线表

导线规格（mm²） \ 导线数 线槽底宽（mm）	BV、BVL 聚氯乙烯绝缘导线（耐压 500 V）				
	两根单芯	三根单芯	四根单芯	五根单芯	六根单芯
1	25	25	25	25	25
1.5	25	25	25	25	25
2.5	25	25	25	25	25
4	25	25	25	25	40
6	25	25	25	40	40
10	25	40	40	40	40
16	40	40	40	40	40

二、电工常用线管的基本用途及选用

1. 常用线管的类型及基本用途

（1）常见管材的类型

1）按穿过电线电缆分为穿线管和电缆管。

2）按材质分为金属管材和非金属管材。常见的金属管材有铝质管材（铝合金管材）、钢质管材（镀锌管材）、铜质管材（铜合金管材）等。常见的非金属管材有PVC（聚氯乙烯）管材和玻璃钢管材等，如图1-46所示。

3）按外形分为圆形管材、方形管材、多孔管材（多孔栅格管材、多孔梅花管材、多孔蜂窝管材等）、螺纹管材等。

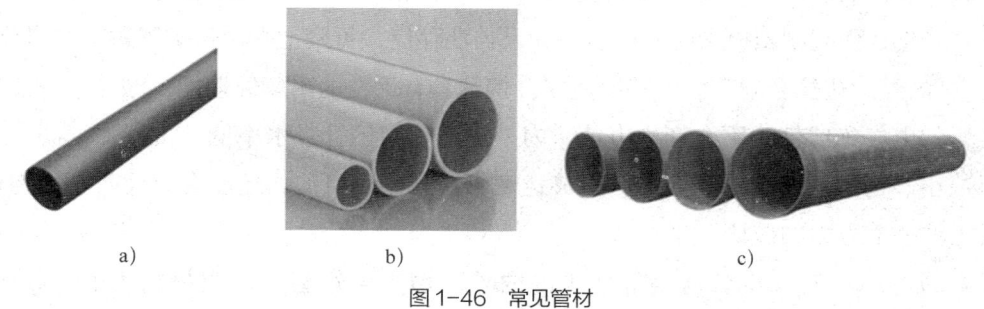

图1-46 常见管材
a）金属线管 b）PVC管材 c）玻璃钢管材

（2）常见管材的基本用途

1）玻璃钢管材。玻璃钢管材是一种新型的复合材料管材，它以树脂为基体，以玻璃纤维为增强材料制成，与不饱和树脂黏结成型并能与现代电缆工程建设相配套。

玻璃钢管材具有抗压力强、重量轻、内壁光滑、摩擦系数小、穿用电缆时轻松、不损伤电缆、施工安装简便等优点；同时，具有耐腐蚀性能强、绝缘、非磁性、阻燃、抗静电的特性。由于玻璃钢的特定性能，玻璃钢管材是电力电缆工程、通信电缆市政工程及道路地下敷设电缆最为理想的保护装置，电缆过河、过桥使用最为适宜。

玻璃钢管材典型的应用领域有：

①城市电网建设和改造工程。

②城市市政改造工程。

③民航机场工程建设。

④工业园区、小区工程建设。

⑤交通路桥工程建设。

2）PVC 管材。PVC 管材是一种白色的硬质 PVC 胶管，具有防腐蚀、防漏电等特点。

PVC 管材用于室内正常环境和高温、多尘、有震动及有火灾危险的场所，也可在潮湿的场所使用，不得在特别潮湿，有酸、碱、盐腐蚀和有爆炸危险的场所使用。使用环境温度为 −15 ~ +40 ℃。PVC 管材具有优良的机械性能和抗腐蚀性能，其耐压强度高，工作压力超过 2.5 MPa。PVC 管材表面光滑、流体阻力小，不结垢、不易滋生微生物，热膨胀系数小，不收缩变形。

放在室外的 PVC 管材最好要防止暴晒、防止撞击。PVC 管材本身比较脆，暴晒会加速其老化，受到剧烈撞击时易破裂。如果长期存储，可套上一层保护膜避免其风化。

3）内外涂塑复合钢管。内外涂塑复合钢管具有优良的耐腐蚀性能；涂层本身还具有良好的电气绝缘性，不会产生电蚀。内外涂塑复合钢管吸水率低、机械强度高、摩擦系数小、连接便捷、维修简便，能够达到长期使用的目的，还能有效地防止植物根系及土壤环境应力的破坏。

电力电缆穿管、市政通信等使用的内外涂塑复合钢管，涂层材料为 PE（改性聚乙烯）或环氧树脂，PE 涂层厚度为 400 ~ 1 000 μm，环氧树脂涂层厚度为 100 ~ 400 μm。

2. 线管的选用

电工线管管径包含 16 mm、20 mm、25 mm、32 mm 和 40 mm 等多种尺寸，同一种管径规格当中又按照管壁厚度分为轻型、中型和重型，用于不同的敷设位置。

配线用的钢管有厚壁和薄壁两种，前者又称水煤气管，后者又称电线管。对于干燥环境，也可以用薄壁钢管明敷和暗敷。对潮湿、易燃、易爆场所和地下埋设，则必须用厚壁钢管。钢管不能有折扁、裂纹、沙眼，管内应无毛刺、铁屑，管内、外不应有严重的锈蚀。

敷设电线的硬塑料管应选用热塑料管，优点是在常温下坚硬，有较大的机械强度，受热软化后，又便于加工。对管壁厚度的要求是：明敷时不应小于 2 mm；暗敷时不应小于 3 mm。

为了便于穿线，应保证导线截面积（含绝缘层）不超过线管内径截面积的 40%。线管的选用通常由设计而定，单芯绝缘导线穿管管径可参考表 1-36 选用。

表 1-36　单芯绝缘导线穿管管径选用表

导线截面积 (mm^2) \ 线管直径 (mm)	水煤气管				电线管			
	2根	3根	4根	5根	2根	3根	4根	5根
1.5	15	15	15	20	20	20	20	25
2.5	15	15	20	20	20	20	20	25
4	15	20	20	20	20	20	25	25
6	20	20	20	20	20	20	25	32
10	20	25	25	32	25	32	32	48
16	25	25	32	32	32	32	40	40
25	32	32	40	40	32	40		
35	32	40	50	50	40	40		
50	40	50	50	70				
70	50	50	70	70				
95	50	50	70	70				
120	70	70	80	80				

三、常用桥架的类型及基本用途

1. 桥架的分类

桥架分为槽式电缆桥架、托盘式电缆桥架、梯级式电缆桥架和网格式电缆桥架等。常见桥架如图 1-47 所示。

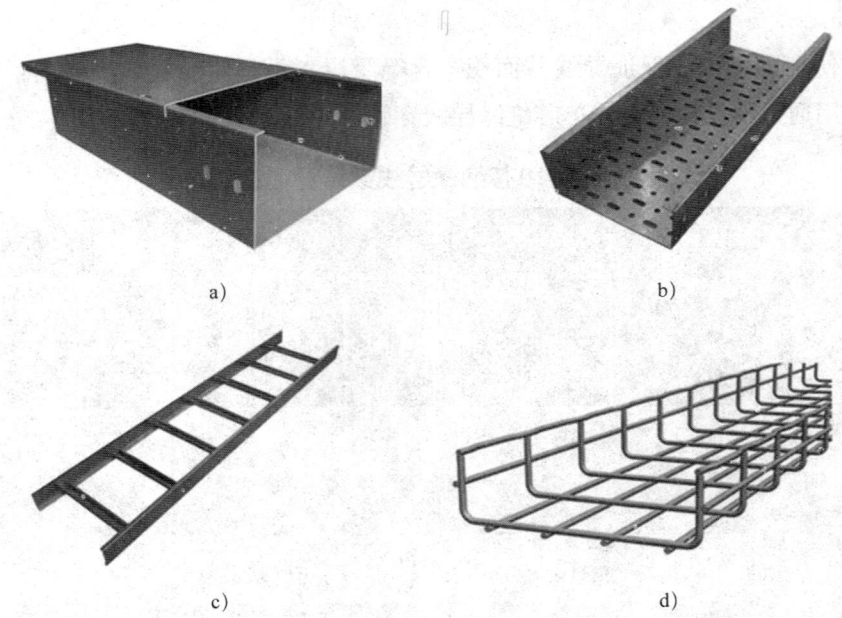

图1-47 常见桥架
a）槽式电缆桥架 b）托盘式电缆桥架 c）梯级式电缆桥架 d）网格式电缆桥架

2. 桥架的基本用途及选用

（1）槽式电缆桥架

它是一种全封闭型电缆桥架，最适于敷设计算机电缆、通信电缆、热电偶电缆及其他高灵敏系统的控制电缆等。它对控制电缆的屏蔽干扰和对重腐蚀环境中电缆的防护都有较好的效果。

（2）托盘式电缆桥架

它是石油、化工、轻工、电信等方面应用最广泛的一种。它具有重量轻、载荷大、造型美观、结构简单、安装方便等优点。它既适用于动力电缆的安装，也适合于控制电缆的敷设。

（3）梯级式电缆桥架

它具有重量轻、成本低、安装方便、散热、透气好等优点。适用于直径较大电缆，如高、低压动力电缆的敷设。

（4）网格式电缆桥架

适用于电力、通信电缆布线。作为传统桥架的延伸提高了系统升级和维护能力，为升级留有余地；重量轻、环保、耐用、节省成本、方便安装；在综合布线系统可以灵活应用，适用于布线桥架的上下走线，同时便于检修。

不同形式的电缆桥架各自具有优缺点，在选用桥架时应充分考虑其使用方式进行选择；桥架尺寸的选择应根据所敷设的电缆种类和数量来计算，一般电缆桥架的填充率为40%左右，以此来计算选用桥架的截面积。

3. 电缆桥架安装施工工艺

（1）根据施工图确定始端到终端位置

按图纸标定走向，找好水平、垂直、弯通，并按均匀档距画出支、吊、托架位置。

（2）预埋铁件或膨胀螺栓

1）预埋铁件紧密配合土建结构的施工，预埋铁件平面紧贴模板，将锚固圆钢用绑扎或焊接的方法固定在结构内的钢筋上；待混凝土模板拆除后，预埋铁件平面外露，将支架、吊架或托架焊接在上面进行固定。

2）根据支架承受的荷重，选择相应的膨胀螺栓及钻头；埋好螺栓后，可用螺母配上相应的垫圈将支架或吊架直接固定在金属膨胀螺栓上。

（3）支、吊架安装

1）支架与吊架所用钢材应平直，无显著扭曲。

2）钢支架与吊架应焊接牢固，无显著变形，焊接前厚度超过4 mm的支架、铁件应打坡口，焊缝均匀平整，焊缝长度应符合要求，不得出现裂纹、咬边、气孔、凹陷、漏焊等缺陷。

3）支架与吊架应安装牢固，保证横平竖直，在有坡度的建筑物上安装支架与吊架应与建筑物的坡度、角度一致。

4）支架与吊架的规格一般不应小于扁钢30 mm×3 mm；角钢25 mm×25 mm×3 mm。

5）固定支点间距一般不应大于2 m。在进出接线盒、箱、柜、转角、转弯和变形缝两端及丁字接头的三端500 mm以内应设固定支持点。

6）严禁用木、砖固定支架与吊架。

（4）桥架安装

1）电缆桥架水平敷设时，支撑跨距一般为1.5~3 m，电缆桥架垂直敷设时固定点间距不宜大于2 m。桥架弯通弯曲半径不大于300 mm时，应在距弯曲段与直线段结合处300~600 mm的直线段一侧设置一个支、吊架。当弯曲半径大于300 mm时，还应在弯通中部增设一个支、吊架。支、吊架和桥架安装必须考虑电缆敷设弯曲半径满足规范最小弯曲半径。

2）电缆桥架立柱侧壁式安装：立柱是直接支承托臂的部件，分工字钢槽钢、角钢、异型钢立柱；立柱可以在墙上、柱上安装，也可悬吊在梁板上安装。在混凝土中可预埋铁件；在砖砌体中可砌筑预制砌块；也可以采用膨胀螺栓但必须在混凝土强度 C20 或砖强度在 MU10 以上的砖砌体上。

3）电缆桥架应敷设在易燃易爆气体管道和热力管道的下方。

（5）托臂安装

托臂是直接支承托盘、梯架单独固定的刚性部件，一般通过预埋螺栓或膨胀螺栓与墙面固定。

技能要求

常用线槽、线管规格型号识别

一、操作准备

1. 工具：常用电工工具一套。
2. 材料：806 系列 VXC-25、VXC-25S 线槽若干，各种材质线管若干。

二、操作步骤

1. 在教师指导下，仔细观察各种不同类型、规格型号的线槽、线管，熟悉它们的材质、外形、型号等。
2. 根据实物写出所给线槽、线管的名称、规格型号，填入表 1-37 中。

表 1-37 常用线槽、线管规格型号识别

序号	1	2	3	4	5	6
名称						
规格型号						

三、评分标准

评分标准见表 1-38。

表 1-38 评分标准

序号	主要内容	评分标准	配分	扣分	得分
1	线槽型号识别	正确识别线槽型号，每错一个扣 10 分	40		
2	线管型号识别	正确识别线管型号，每错一个扣 10 分	40		
3	安全文明生产	违反安全文明生产规程，从总分中扣 5 分	10		
4	工时	15 min，每超时 5 min（不足 5 min 按 5 min 计）扣 5 分	10		
5	备注	不准超时	合计	100	
			教师签字		

培训单元 3　低压电缆接头和接线端子的类型及选用

培训重点

1. 熟悉常用电缆接头的类型及选用方法。
2. 掌握常用接线端子的类型及选用方法。

知识要求

一、电缆接头的类型及选用方法

1. 常用电缆接头的类型

电缆接头是连接两根电缆形成连续电路的电缆附件。电缆线路中间部位的电缆接头称为中间接头,而线路两端的电缆接头称为终端头。

常用的电缆接头,按安装的场所不同可分为户内式和户外式两种。按制作安装材料不同又可分为热缩式(最常用的一种)、干包式、环氧树脂浇注式及冷缩式。按线芯材料不同可分为铜芯电力电缆头和铝芯电力电缆头。按接头材质不同可分为塑料电缆接头和金属电缆接头。金属电缆接头又分为多孔金属电缆防水接头、防折弯金属电缆接头、双锁紧金属电缆防水接头、塑料软管电缆接头、金属软管电缆接头等。常用电缆接头如图 1-48 所示。

2. 电缆接头的选用方法

(1) 海底等水下电缆的接头,应维持钢铠层纵向连续且有足够的机械强度,宜选用软性连接绝缘接头。

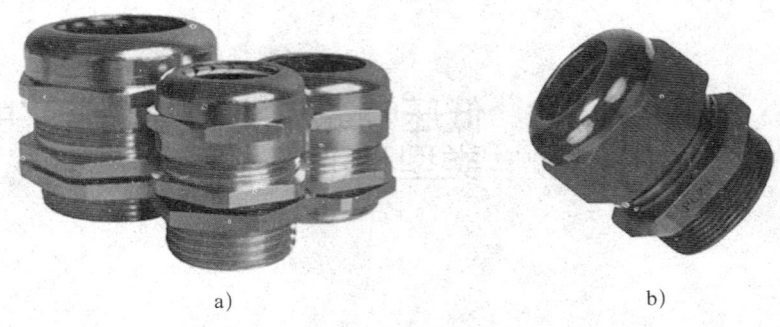

图 1-48 常用电缆接头
a）金属电缆接头 b）塑料电缆接头

（2）在可能有水浸泡的设置场所，6 kV 及以上交联聚乙烯绝缘（XLPE）电缆接头应具有外包防水层。

（3）在不允许有火种场所的电缆接头，不得选用热缩型。

（4）66～110 kV XLPE 电缆线路可靠性要求较高时，不宜选用包带型接头。

（5）电缆接头的额定电压及其绝缘水平，不得低于所连接电缆额定电压及其要求的绝缘水平。

（6）电缆绝缘接头的绝缘环两侧耐受电压，不得低于所连接电缆护层绝缘水平的2倍。

（7）自容式充油电缆线路需分隔油路时，应采用塞止接头。

二、接线端子的类型及选用

1. 常用接线端子的类型

按端子的功能分类有欧式接线端子、栅栏式接线端子、插拔式接线端子、弹簧式接线端子、轨道式接线端子等。

2. 接线端子选用

插拔式接线端子由两部分插拔连接而成，一部分将线压紧，然后插到另一部分，这部分再焊接到印制电路板（PCB）上。插座两端可加装配耳，配耳在很大程度上可以保护接片并且可以防止接片排列位置不佳，同时这种插座设计可以保证插座正确地插进母体。插座也可以有装配扣位和锁定扣位。装配扣位可以起到更加稳固地固定到

PCB 板上的作用，锁定扣位可以在安装完成后锁定母体和插座。

栅栏式接线端子能够实现安全、可靠、有效的连接，特别是在大电流、高电压的使用环境中应用比较广泛。

弹簧式接线端子是利用弹簧性装置的新型接线端子，已广泛应用于电工和电子工程工业，如照明、电梯升降控制、仪器仪表、电源、化学和汽车动力等。

轨道式接线端子采用了可靠的螺纹连接技术、电子熔断技术和最新的电连接技术，广泛用于电力电子、通信、电气控制和电源等领域。

3. 接线端子和特定导线线端的标示方法

下面以一个具体端子标示来说明（如 JX11：12）。

"："前面是端子组件、器件代号，"："后面是端子编号。如 JX11：12 表示编号为 JX11 的端子组、编号为 12 的端子。

技能要求

接线端子的类型识别

一、操作准备

1. 工具：常用电工工具一套。
2. 材料：各种类型的接线端子若干。

二、操作步骤

1. 在教师指导下，仔细观察各种不同类型的接线端子，熟悉它们的外形、型号等。
2. 根据实物写出所给接线端子的名称、类型型号、使用范围，填入表 1-39 中。

表 1-39　接线端子的类型识别

序号	1	2	3	4	5	6
名称						
类型型号						
使用范围						

三、评分标准

评分标准见表 1-40。

表1-40 评分标准

序号	主要内容	评分标准	配分	扣分	得分
1	接线端子识别	（1）接线端子名称识别错误，每个扣5分 （2）接线端子型号识别错误，每个扣5分 （3）接线端子使用规范描述错误，每个扣5分	90		
2	安全文明生产	违反安全文明生产规程扣5分	5		
3	工时	30 min，超时扣5分	5		
4	备注	不准超时	合计	100	
			教师签字		

四、注意事项

1. 熟悉过程中如需拆卸接线端子，要注意选用合适的工具进行拆卸，应备有盛放零件的容器，以免零件丢失。

2. 拆装过程中不允许硬撬元件，以免损坏接线端子。

3. 操作完毕要恢复完好，不允许漏装元件。

4. 现场操作应注意安全防护。

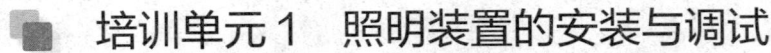

培训项目3 照明电路装调

培训单元1 照明装置的安装与调试

培训重点

1. 掌握常用照明灯具、开关及插座的安装原则和要求。

2. 能规范地完成常用照明灯具、开关及插座的安装，并通电试验成功。

知识要求

一、照明装置的类型

电气照明在工农业生产和日常生活中占有重要地位，照明装置由电光源、灯具、开关和控制电路等部分组成。

用于照明的电光源，按其发光原理，分为热辐射光源和气体放电光源两大类。热辐射光源是利用物体受热温度升高时辐射发光的原理制造的光源，如白炽灯、卤钨灯（碘钨灯和溴碘钨灯）等。气体放电光源是利用气体放电时发光的原理制造的光源，如荧光灯、高压汞灯、高压钠灯、金属卤化物灯和氙灯等。常用的照明灯具主要有节能灯、白炽灯和荧光灯等。

二、照明装置安装的一般要求

照明灯具按其配线方式、厂房结构、环境条件及对照明的要求不同而有吸顶式、壁式、嵌入式和悬吊式等几种方式，无论采用何种方式，都必须遵守以下基本原则：

（1）灯具安装的高度，室外一般不低于 3 m，室内一般不低于 2.5 m，如遇特殊情况不能满足要求时，可采取相应的保护措施或改用安全电压供电。

（2）灯具安装应牢固，灯具质量超过 1 kg 时，必须固定在预埋的吊钩上。

（3）灯具固定时，不应该因灯具自重而使导线受力。

（4）灯架及管内不允许有接头。

（5）导线的分支及连接处应便于检查。

（6）导线在引入灯具处应有绝缘物保护，以免磨损导线的绝缘，也不应使其受到应力。

（7）必须接地或接零的灯具外壳应有专门的接地螺栓和标志，并和地线（零线）良好连接。

（8）室内照明开关一般安装在门边便于操作的位置，拉线开关一般应离地 2～3 m，暗装翘板开关一般离地 1.3 m，与门框的距离一般为 150～200 mm。

（9）明装插座的安装高度一般应离地 1.4 m。暗装插座一般应离地 300 mm，同一场所暗装的插座高度应一致，其高度相差一般应不大于 5 mm；多个插座成排安装时，其高度差应不大于 2 mm。

三、节能灯照明线路

节能灯是利用电流的热效应将灯丝加热而发光的。节能灯的结构简单,价格低廉,装修方便。灯泡主要由灯丝、玻璃壳和灯头三部分组成,如图 1-49 所示。节能灯灯泡的规格很多,按其工作电压分,有 6 V、12 V、24 V、36 V、110 V 和 220 V 六种,其中 36 V 以下的属于低压安全灯泡。

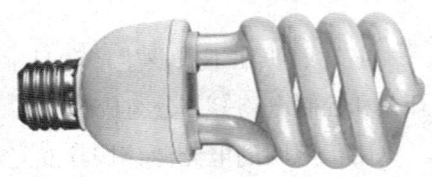

图 1-49 节能灯外形图

灯泡的灯头有卡口式和螺口式两种,功率超过 300 W 的灯泡,一般采用螺口式灯头,因为螺口式灯头在电接触和散热方面,都要比卡口式灯头好得多。

1. 节能灯照明线路的安装

基本操作步骤:确定安装方案→检查元器件→布线→安装灯座→安装开关→安装插座→通电检验。

(1)根据安装要求,确定安装方案(如护套线、槽板配线、瓷夹板配线),准备好所需材料。

(2)检查元器件,如灯泡、灯头、开关及插座等。

(3)按照布线工艺,定位后布线。

(4)安装灯座。灯座又称灯头,常用灯座的耐压为 250 V,E27 型负载功率为 300 W,E40 型负载功率为 1 000 W,可按使用要求进行选择。灯座有螺口式和插口式两种,根据安装形式不同又分为平灯座和吊灯座。常见灯座见表 1-41。

表 1-41 常见灯座

名称	外形	名称	外形
螺口吊灯座		螺口平灯座	

续表

名称	外形	名称	外形
带开关螺口吊灯座		悬吊式铝壳瓷螺口灯座	
防水螺口吊灯座		带插头螺口平灯座	
插口吊灯座		插口平灯座	

1）平灯座的安装。平灯座的安装见表1-42。

表1-42 平灯座的安装

步骤	图示	操作步骤
1	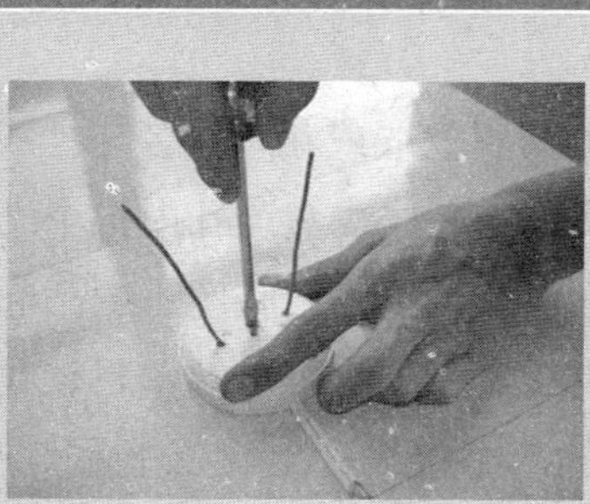	1）将圆木按灯座穿线孔的位置钻孔 $\phi 5$ mm，并将圆木边缘开出缺口（位置为护套线进入处，缺口大小为护套线的护套尺寸） 2）剥去进入圆木护套线的护套层 3）将导线穿出圆木的穿线孔，穿出孔后的导线长度一般为50 mm，根据圆木固定孔的位置，用木螺钉将圆木固定在原先做好记号的位置上（或预先打入的木榫上）

续表

步骤	图示	操作步骤
2	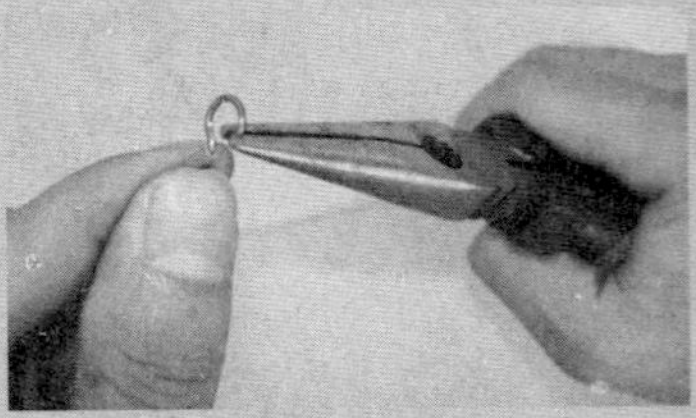	将开关线接入平灯座的中心柱头上：用剥线钳剥去导线的绝缘层（约15 mm），用尖嘴钳将线芯扳成90°，再钳住线芯按顺时针方向弯圈
3	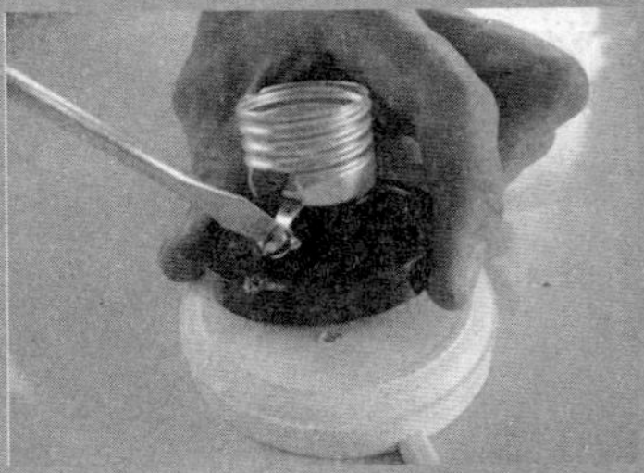	零线接入螺口平灯座与螺纹连接的接线柱柱头上
4		用木螺钉将灯座固定在圆木上

提示：插口平灯座上有两个接线柱，可任意连接上述两个线头，而螺口平灯座上的两个接线柱，为了使用安全，必须把电源中性线线头连接在连通螺纹圈的接线柱上，把来自开关的线头接在连通中心簧片的接线柱上。

2）吊灯座的安装。吊灯座必须用两根绞合的塑料软线或花线作为与挂线盒的连接线，两端均应将线头绝缘层削去，将上端塑料软线穿入挂线盒盖孔内打个结，使其能承受吊灯的重量。然后，把软线上端两个线头分别穿入挂线盒底座正中凸起部分的两个侧孔里，再分别接到两个接线柱上，罩上挂线盒盖。接着将下端塑料软线穿入吊灯座盖孔内打一个结，把两个线头接到吊灯座上的两个接线柱上，罩上吊灯座盖即可。其安装示意图如图1-50所示。

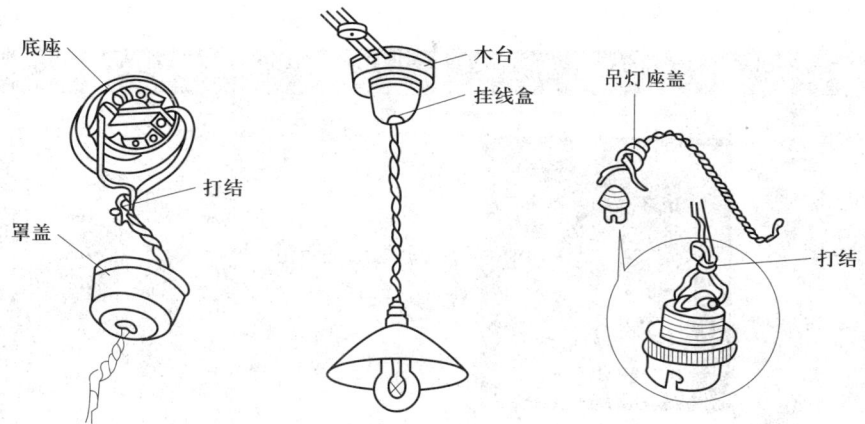

图 1-50 吊灯座的安装示意图

（5）开关的安装。开关有明装和暗装之分。暗装开关一般在土建工程施工过程中安装，如图 1-51 所示。明装开关一般安装在木台上或直接安装在墙壁上（盒装）。

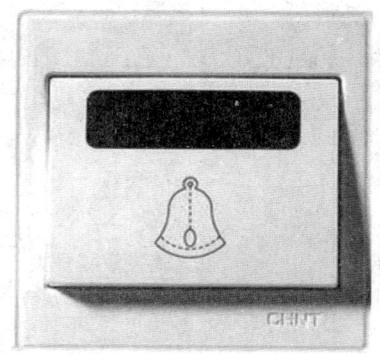

图 1-51 暗装开关外形

常用的开关见表 1-43。

表 1-43 常用的开关

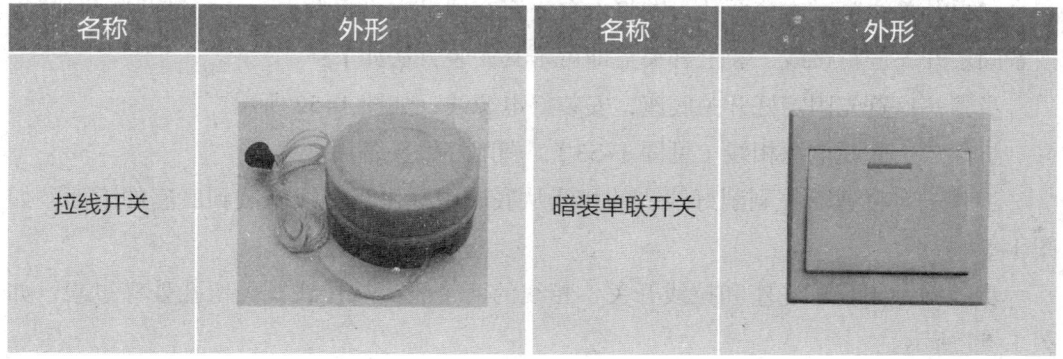

名称	外形	名称	外形
拉线开关		暗装单联开关	

续表

名称	外形	名称	外形
防水式按键开关		暗装带指示灯单联开关	
台灯开关		触摸开关	
平开关		暗装双联开关	

1）单联开关的安装

①在木台上安装拉线开关。先在墙上准备安装开关的地方安装木榫，将一根相线和另一根开关线穿过木台两孔，并将木台固定在墙上，再将两根导线穿进开关两孔眼，接着固定开关进行接线，装上开关盖即可。其安装方法如下：

步骤一：首先固定好开关底座，安装好电源线，如图1-52所示。

步骤二：剪断电源相线（见图1-53），剥削好线头备用。

步骤三：将剪断并剥削好线头的相线从底座中穿出，零线安装到底座的下面，如图1-54所示。

步骤四：固定好底座和拉线开关，相线的两个线头从拉线开关留孔处穿过来，如图1-55所示。

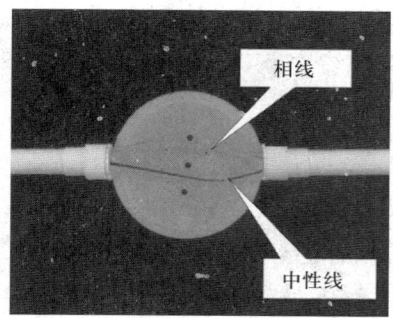

图1-52 固定好开关底座和电源线

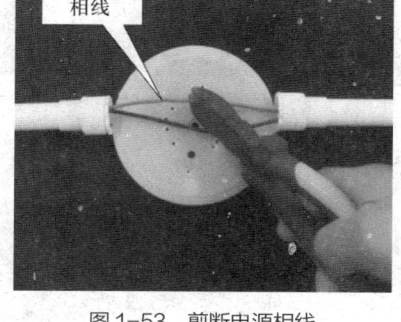

图1-53 剪断电源相线

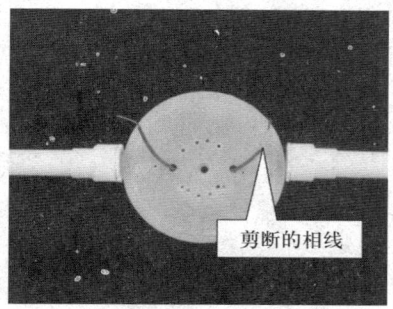

图1-54 将剪断并剥削好线头的相线从底座中穿出

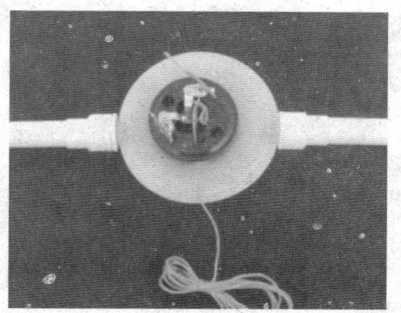

图1-55 将相线穿过拉线开关留孔

步骤五：将电源相线的一端接在拉线开关的一个接线柱上，另一端接在另一个接线柱上，如图1-56所示。

步骤六：旋紧接线螺钉，装上拉线开关盖即安装完毕，如图1-57所示。

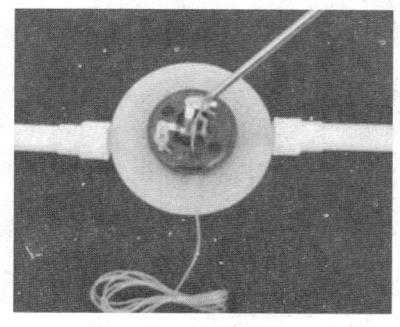

图1-56 接线

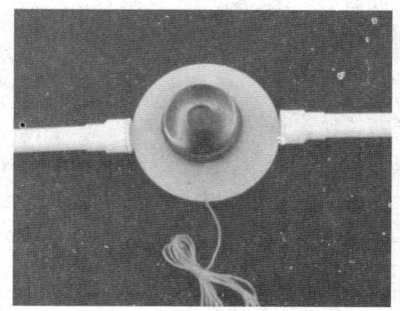

图1-57 装上拉线开关盖

提示：安装开关应串联在相线回路中。开关位置应与灯位相对应，同一室内开关方向应一致。拉线开关距地面高度一般为1.8 m，距门框0.15～0.2 m，且拉线的出口应向下。

②盒装开关的安装。盒装开关的安装见表1-44。

表1-44 盒装开关的安装

步骤	图示	操作说明
1		做好记号，固定开关盒。根据开关盒固定孔的位置用螺钉旋具将木螺钉旋入，使开关盒固定在原先做好记号的位置上，如果是砖墙应先打好木榫
2		按电路图将导线接在开关的接线柱头上
3		零线在开关盒内对接，将两根导线的绝缘层剥去20 mm，用钢丝钳将两铜芯线相互缠绕
4	略	最后用绝缘胶布采用半叠包的形式进行绝缘的恢复处理，应包裹两层绝缘胶布。潮湿场所应先用塑料布包裹两层后，再用黑胶布包裹两层

提示：暗装开关距地面高度一般为1.3 m，距门框0.15~0.2 m。

2）双联开关的安装。双联开关一般用于两处控制一只灯的线路，双联开关控制一只灯的接线电路如图1-58所示。两只双联开关中连铜片的柱头不能接错。

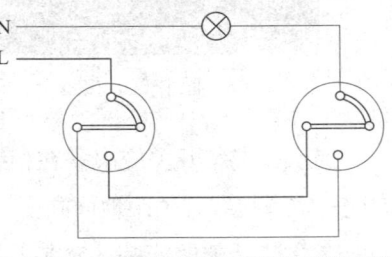

图1-58 双联开关控制一只灯的接线电路

打开开关后,开关内部有 3 个接线孔,并且上面都标有字母 L、L1、L2 或者标注的是 L、LA、LB,接线方式如图 1-59 所示。

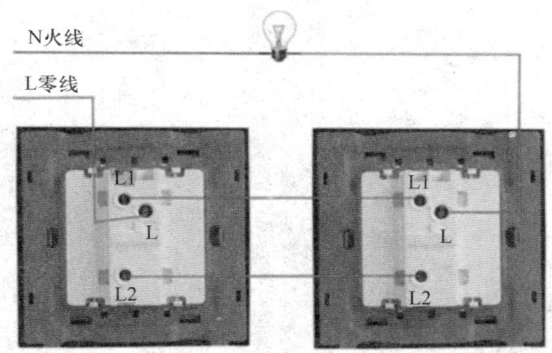

图 1-59 双联开关的接线方式

(6)插座的安装。插座根据电源电压的不同可分为三相(即四孔)插座和单相(即三孔或二孔)插座,根据安装形式的不同又可分为明装式和暗装式两种。单相三极插座的接线方法如图 1-60 所示。常见的插座见表 1-45。

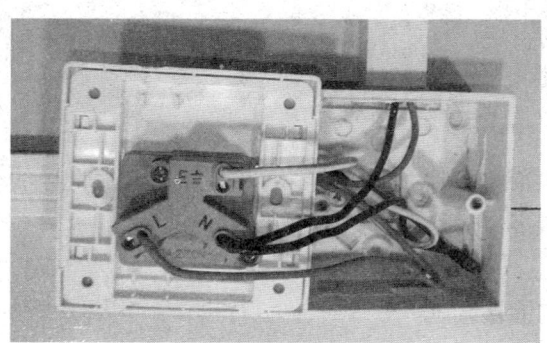

图 1-60 单相三极插座的接线方法

表 1-45 常见的插座

名称	外形	名称	外形
单相圆形两极插座		单相矩形两极插座	

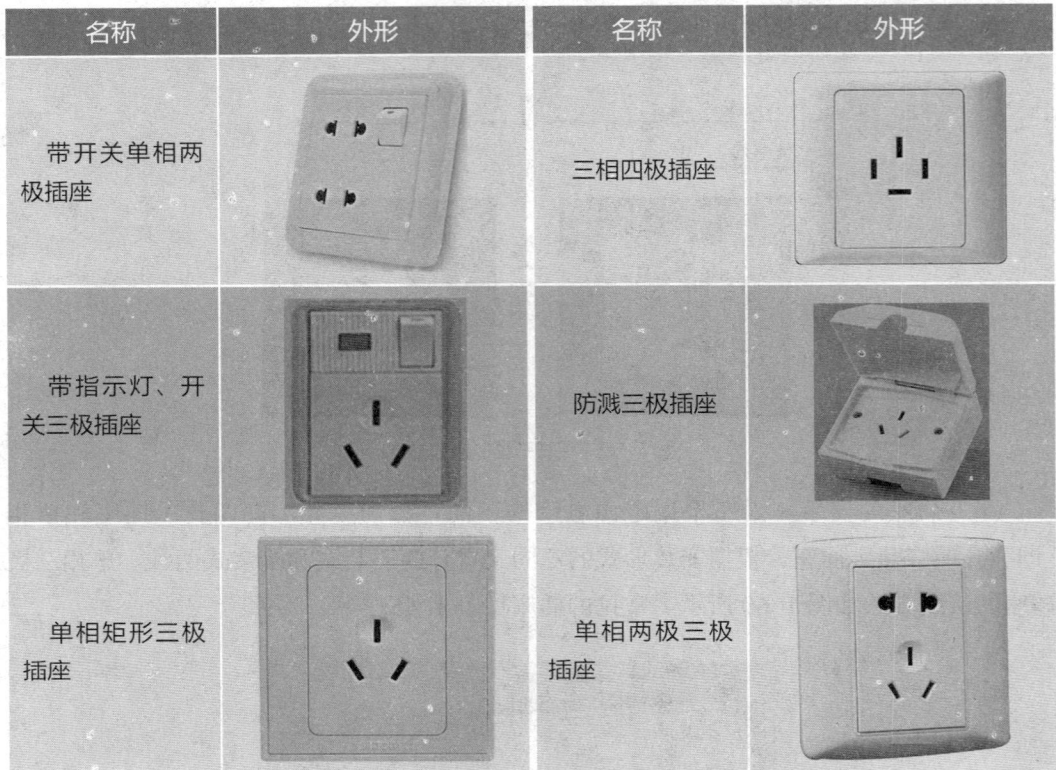

根据单相插座的接线原则，即"左零右相上接地"，将导线分别接入插座的接线柱内。应注意：根据标准规定接地线为黄绿双色线。

2. 节能灯照明线路的检验调试

（1）检查电路是否存在短路。方法如下：将万用表转换开关置于蜂鸣挡，两表笔分别置于同一照明电路两个熔断器的出线端（下柱头）进行检测，如蜂鸣器响则表明存在短路点，需检查并排除短路点。

（2）在线路正常情况下接通电源，扳动开关检查灯泡控制情况。在线路正常的情况下，接上电源后，合上开关灯亮，断开开关灯灭。

（3）三孔插座的检查。将万用表置于交流 250 V 挡，两表笔分别插入相线与零线两孔内，万用表应显示 220 V。再将零线一端的表笔插入接地孔内，同样应显示 220 V。如果此时显示为零，说明接地线没有接好。接地线是保证使用电气设备的有效安全措施，它直接与设备的外壳相连，一旦设备外壳带电，可通过接地线形成短路使熔体立即熔断，切断电源，因此要确保接地线可靠正确地连接。

四、荧光灯照明线路

1. 荧光灯的结构

荧光灯是应用较普遍的一种照明灯具,其照明线路的结构主要由灯管、启辉器、镇流器、灯架和灯座等组成。荧光灯的发光效率比节能灯高得多,使用寿命也比节能灯长。荧光灯组装线路和灯具安装结构示意图如图 1-61 所示。

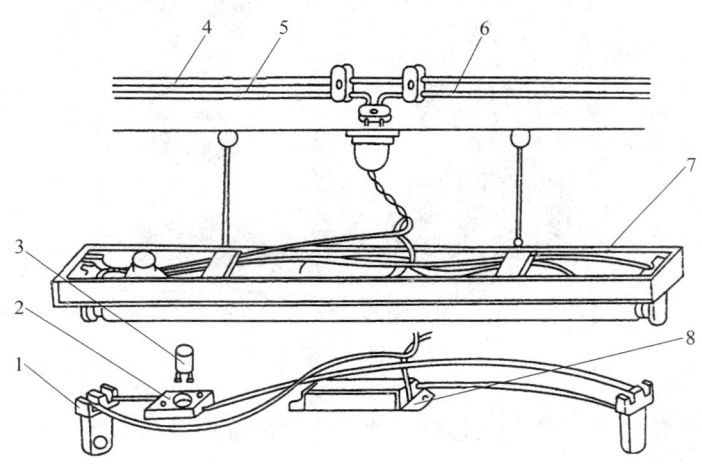

图 1-61 荧光灯组装线路和灯具安装结构示意图
1—灯座 2—启辉器座 3—启辉器 4—相线 5—中性线
6—与开关连接线 7—灯架 8—镇流器

1)灯管。灯管由玻璃管、灯丝和灯丝引出脚等组成,其外形如图 1-62 所示。荧光灯管常用的有 6 W、8 W、12 W、20 W、30 W 和 40 W 等规格。

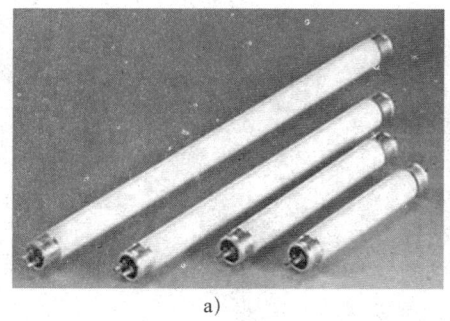
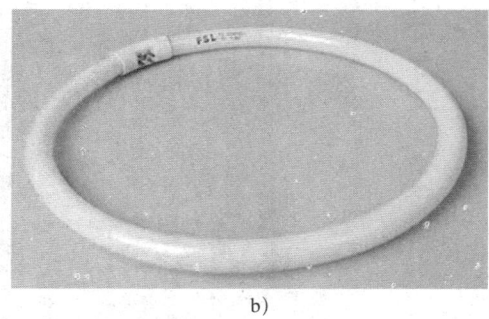

图 1-62 荧光灯管
a)直形灯管 b)环形灯管

2）启辉器。启辉器如图 1-63 所示，由氖泡（俗称跳泡）、纸介质电容、出线脚和外壳等组成。氖泡内装有∩形动触片和静触片。启辉器的规格有 4～8 W、15～20 W 和 30～40 W，以及通用型 4～40 W 等。并联在氖泡上的电容有两个作用，一是与镇流器线圈形成 LC 振荡电路，能延长灯丝的预热时间和维持感应电动势；二是能吸收干扰收音机和电视机的交流杂声。

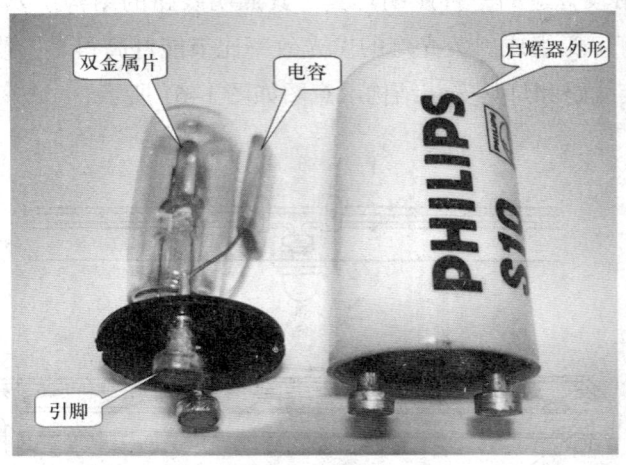

图 1-63　启辉器

3）镇流器。镇流器主要由铁芯和线圈组成。镇流器有两个作用，一是在灯丝预热时，限制灯丝所需的预热电流值，防止烧断，并保证灯丝电子的发射能力；二是在灯管发光后，维持灯管的工作电压和限制灯管工作电流在额定值内，以保证灯管能稳定工作。近年来，电子式镇流器被广泛使用，外形如图 1-64 所示，其接线图如图 1-65 所示。

4）灯架。灯架有木制和铁制两种，规格应按灯管长度选用。

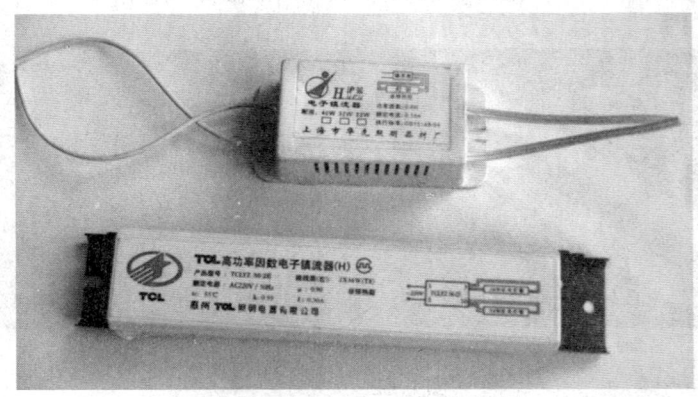

图 1-64　电子式镇流器外形

5）灯座。灯座有开启式和弹簧式（也叫插入式）两种。灯座规格有大型和小型两种，大型灯座适用于 15 W 以上灯管，小型灯座适用于 6 W、8 W 和 12 W 灯管。灯座如图 1-66 所示。

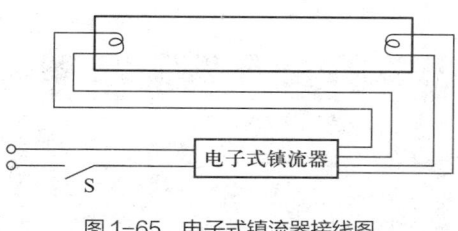

图 1-65　电子式镇流器接线图

图 1-66　灯座

2. 荧光灯的工作原理

荧光灯的电路图如图 1-67 所示。荧光灯属于气体放电光源。荧光灯利用汞蒸气在外加电压作用下产生弧光放电，发出少许可见光和大量紫外线，紫外线又激励灯管内壁涂覆的荧光粉，使之再发出大量的可见光。

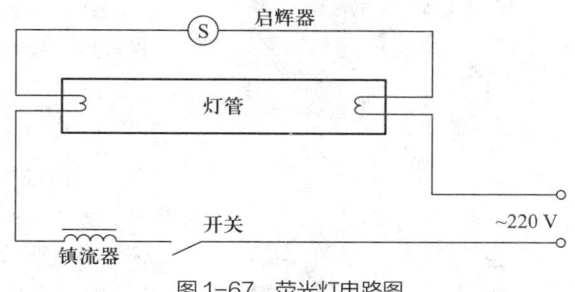

图 1-67　荧光灯电路图

当两管脚有电压时，启辉器的氖管发光，双金属片短时受热而弯曲，触点闭合，使荧光管的钨丝电极加热，触点闭合时氖灯熄灭，双金属片经过短时冷却，触点断开，在这瞬间，镇流器将产生高电压脉冲使荧光灯管点亮。荧光灯点亮后启辉器立即停止工作。镇流器与荧光灯串联，在荧光灯点亮后它起到限制流过灯管电流的作用。

3. 荧光灯照明线路的安装

（1）荧光灯照明线路的安装步骤和方法

下面以模拟方式进行荧光灯线路的安装操作，见表 1-46。

表 1-46　荧光灯线路的安装操作

步骤	图示	说明
1. 安装管脚		目前，整套荧光灯架中的灯座都采用开启式，因为它固定方便，不需使用任何工具直接插入槽内即可
	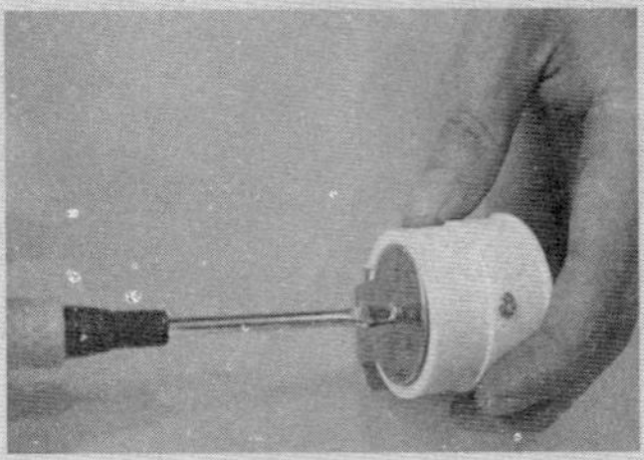	灯座的安装步骤 （1）根据荧光灯管的长度画出两灯座的固定位置 （2）旋下灯座支架与灯座间的紧固螺钉，使其分离 （3）用木螺钉分别固定两灯座支架
		灯座引线安装步骤 （1）按灯管 2/3 的长度截取 4 根导线 （2）旋下灯座接线端上的螺钉。将导线线端的绝缘层去除，绞紧线芯，沿螺钉边缘打圈 （3）将螺钉旋入灯座的接线端
		注意两灯座其中一个内有弹簧，接线时应先旋松灯座上方的螺钉，使灯座与外壳分离，接线后恢复原状，导线应串在弹簧内；恢复灯座支架与灯座的连接；将灯座引线沿灯座下端缺口引出，旋紧灯座支架与灯座的紧固螺钉
2. 安装荧光灯镇流器	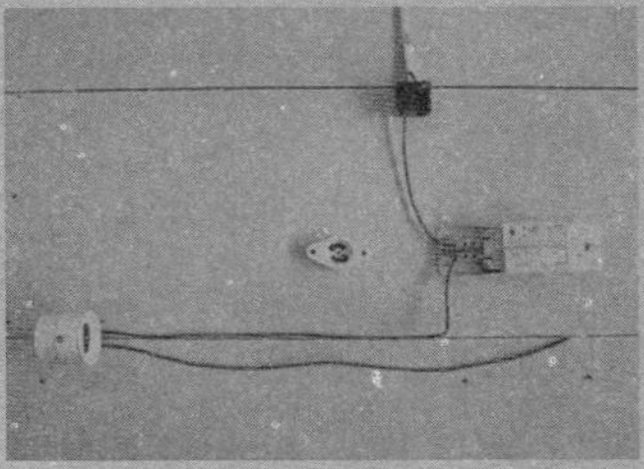	根据荧光灯原理图，将一端灯座中的一根引线接入镇流器的接线端，另一接线端与电源接线相连

步骤	图示	说明
3. 安装启辉器	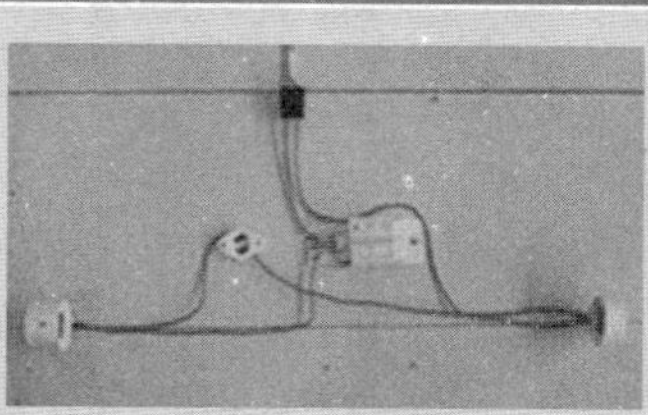	根据荧光灯原理图，分别从两个灯座中取出一根导线与启辉器连接
	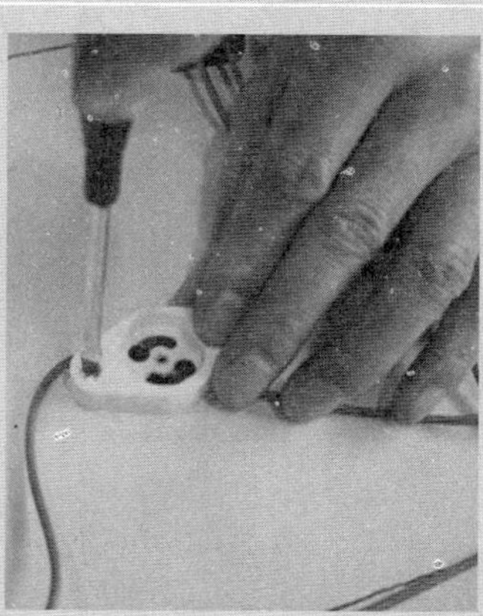	用木螺钉沿启辉器座的固定孔旋入，将其固定
	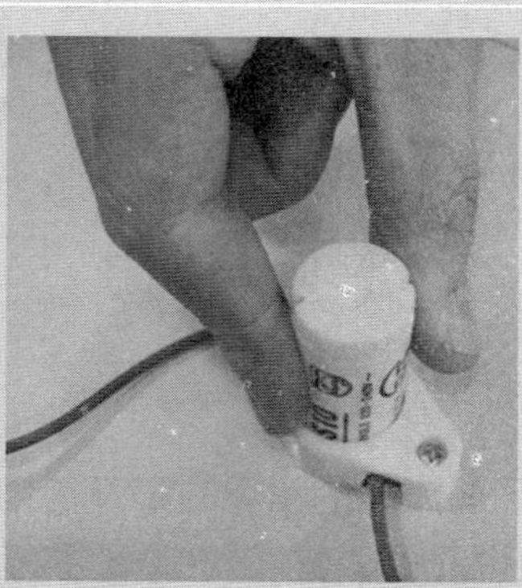	将启辉器插入启辉器座内，顺时针方向旋转约 60°
4. 安装荧光灯管	略	先将灯管引脚插入有弹簧一端的灯座内，然后将另一端的灯管引脚对准灯座，利用弹簧力的作用使其插入灯座。根据荧光灯原理图将电源线接入荧光灯线路中并通电检验

（2）荧光灯灯具的安装

荧光灯线路一般安装在灯具内。荧光灯灯具的安装形式应根据灯具的用途来选择，一般有吊装式、吸顶式和嵌入式三种形式，见表 1-47。

表1-47 荧光灯灯具的安装

安装形式	图示	安装方法
吊装式		根据荧光灯灯架吊装钩的宽度，在安装位置处安装吊钩，在荧光灯灯架上放出一定长度的吊线或吊杆（注意灯具离地面高度不应低于2.5 m），将吊线或吊杆与灯具连接即可
吸顶式		将吸顶式荧光灯灯具中的灯架与灯罩分离，在安装灯具位置处将灯架吸顶，在灯架固定孔内画出记号，经钻孔、预设木榫后，用螺钉将灯架吸顶固定，接上电源后固定好灯罩
嵌入式		嵌入式荧光灯灯具应安装在吊顶装饰的房屋内。吊顶时应根据嵌入式荧光灯灯具的安装尺寸预留出嵌入位置，待吊顶基本完工后将灯具嵌入并固定

4. 荧光灯照明线路常见故障维修

荧光灯照明线路的常见故障及检修方法见表1-48。

表1-48 荧光灯照明线路的常见故障及检修方法

故障现象	产生原因	检修方法
荧光灯不发光	1. 灯座或启辉器底座接触不良 2. 灯管漏气或灯丝断开 3. 镇流器线圈断线 4. 电源电压过低 5. 新装荧光灯接线错误	1. 转动灯管，使灯管四极和灯座接触，转动启辉器使启辉器两极与底座两铜片接触，找出原因并修复 2. 用万用表检查或观察荧光粉是否变色，如确认灯管损坏，可换新灯管 3. 修理或调换镇流器 4. 不必修理荧光灯电路，需查入户线路并排除故障 5. 检查线路并改正错误接线

续表

故障现象	产生原因	检修方法
荧光灯光线抖动或两头发光	1. 接线错误或灯座灯脚松动 2. 启辉器氖泡内动、静触片不能分开或电容器击穿 3. 镇流器配用规格不合格或接头松动 4. 灯管陈旧，灯丝放电作用降低 5. 电源电压过低或线路电压降过大	1. 检查线路或修理灯座 2. 将启辉器取下，用两把螺钉旋具的金属头分别触及启辉器底座两块铜片，然后将两根金属杆相碰并立即分开，如灯管能跳亮，则启辉器损坏，应更换启辉器 3. 调换镇流器或加固接头 4. 调换灯管 5. 如有条件，升高电压或加粗导线
灯管两端发黑或生黑斑	1. 灯管老化，将达到使用寿命 2. 如果灯管是新的，可能是启辉器损坏 3. 灯管内水银凝结 4. 电源电压太高或镇流器配用不当	1. 更换新灯管 2. 调换启辉器 3. 灯管工作后即能蒸发消除或将灯管旋转180° 4. 调整电源电压或调换镇流器
灯光闪烁或灯光在管内滚动	1. 新灯管暂时现象 2. 灯管质量不好 3. 镇流器配用规格不符或接线松动	1. 开用几次或对调灯管两端即可消失 2. 换一根灯管，查看有无闪烁现象 3. 调换镇流器或加固接线
灯管亮度降低或异常	1. 灯管陈旧 2. 电源电压太低或线路电压降太大 3. 气温过低或有冷风直吹灯管	1. 更换灯管 2. 调整电压或加粗导线 3. 加防护罩或避开冷风
灯管寿命短或发光后立即熄灭	1. 镇流器配用规格不当，或质量较差，或镇流器内部短路，致使灯管电压过高 2. 受到较大震动，使灯丝震断 3. 新装灯管因接线错误将灯管烧坏	1. 更换镇流器 2. 更换灯管，改变装置位置，减轻震动 3. 检修线路
镇流器有杂声或电磁声	1. 镇流器质量较差或其铁芯的硅钢片松动 2. 镇流器过载或其内部短路 3. 镇流器受热过度 4. 电源电压过高，使镇流器过载加剧了电磁振动 5. 启辉器不好，引起开启时辉光杂声 6. 镇流器有微弱声，但影响不大	1. 更换镇流器 2. 更换镇流器 3. 检查镇流器受热原因并排除致热因素 4. 设法降低电源电压 5. 调换启辉器 6. 可用橡胶垫衬垫，以减轻振动

五、其他常用电光源

日光灯和节能灯广泛应用于生活和办公照明，而在工厂、车站、道路等大面积照明的场所，则广泛使用卤钨灯、高压汞灯、高压钠灯、金属卤化物灯等电光源。

1. 卤钨灯照明线路的安装

卤钨灯的灯管和灯具如图1-68和图1-69所示。它是在白炽灯泡内充入少量卤素或卤化物的气体，利用卤钨循环原理来提高灯的发光效率和使用寿命，它属于热辐射光源。卤钨灯一般制成圆柱形状玻璃管，两端灯脚为电源触点，管内中心的螺旋状灯丝放置在灯丝支持架上，管内充有微量的卤素，在高温下，利用卤素循环而提高发光效率和延长灯丝使用寿命。

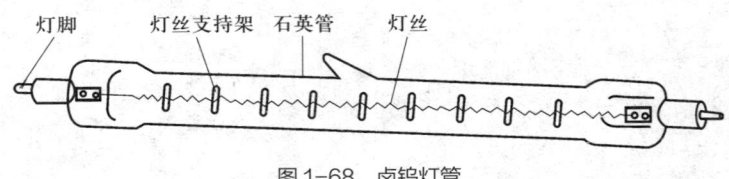

图1-68 卤钨灯管

当灯管工作时，灯丝温度很高，要蒸发出钨分子，使之移向玻管内壁。由于管内充有卤素（碘或溴），因此钨分子在管壁与卤素发生作用，形成卤化钨。当卤化钨进入灯丝的高温（1 600 ℃以上）区域后，就分解为钨分子和卤素，钨分子就沉积在灯丝上。当钨分子沉积的数量等于灯丝蒸发出去的钨分子的数量时，就形成相对平衡状态。这一过程就称为卤钨循环。由于卤钨循环的存在，所以卤钨灯的玻壳不发黑，而且发光效率比白炽灯高。卤钨灯的灯丝损耗极小，使其使用寿命较白炽灯大大延长。

碘钨灯的电路图如图1-70所示。

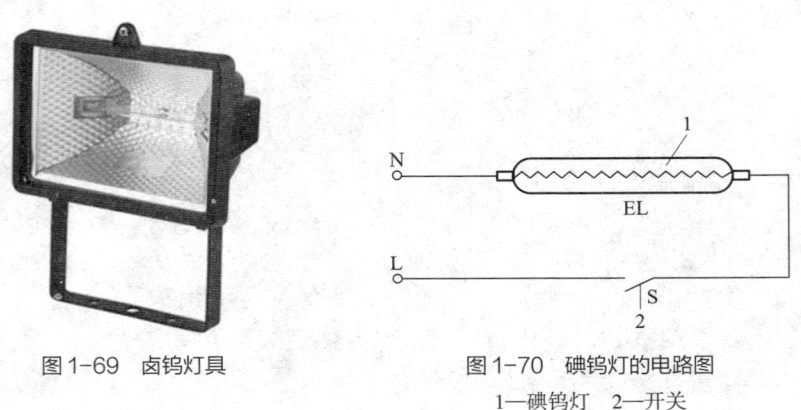

图1-69 卤钨灯具　　　图1-70 碘钨灯的电路图
　　　　　　　　　　　　1—碘钨灯　2—开关

碘钨灯照明线路的安装方法与节能灯基本类似。

（1）碘钨灯必须保持水平安装，水平线偏角应小于4°，否则会破坏碘钨循环，缩短灯管寿命。

（2）碘钨灯发光时，灯管周围的温度很高，因此，灯管必须装在专用的有隔热装置的金属灯架上，切不可安装在易燃的木质灯架上，同时，不可在灯管周围放置易燃物品，以免发生火灾。

（3）碘钨灯不可装在墙上，以免因散热不畅而影响灯管的寿命，碘钨灯装在室外，应有防雨措施。

（4）功率在1 000 W以上的碘钨灯电路，不应使用一般电灯开关，而应安装胶盖瓷底刀开关控制。

2. 高压汞灯线路的安装

（1）高压汞灯的原理和结构

高压汞灯又称高压水银荧光灯。它是荧光灯的改进型产品，属于高气压的汞蒸气放电光源。GGY型荧光高压汞灯是最常用的一种，其结构如图1-71所示。高压汞灯不需启辉器来预热灯丝，但必须与相应功率的镇流器串联使用，高压汞灯的发光效率高，寿命长，但启动的时间较长，显色性较差。高压汞灯的电路原理图和安装接线示意图如图1-72和图1-73所示。

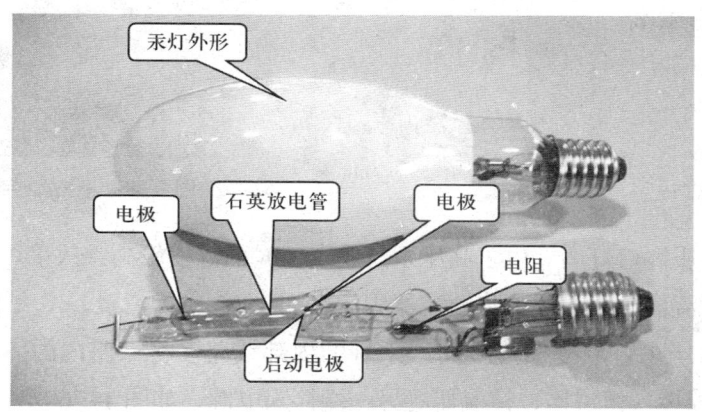

图1-71 高压汞灯的结构

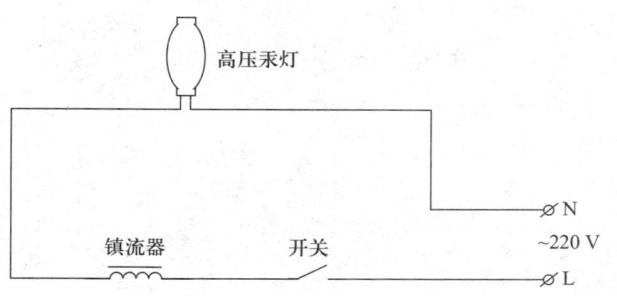

图1-72 高压汞灯电路原理图

（2）高压汞灯线路的安装步骤

高压汞灯的安装高度最低不小于 4 m，一般采用金属膨胀螺钉固定，如图 1-74 所示。

高压汞灯线路的安装步骤如下：

1）确定施工方案。

2）根据布置图完成 PVC 管线的安装。由于高压汞灯的功率一般较大，因此开关采用断路器（自动空气开关），一般采用压接接线，将导线的端部绝缘层剥去 10 mm，旋松螺钉，将芯线插入开关接线桩，旋紧螺钉即可，如图 1-75 所示。

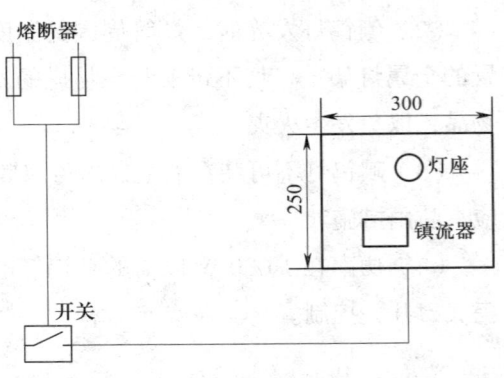

图 1-73 高压汞灯安装接线示意图

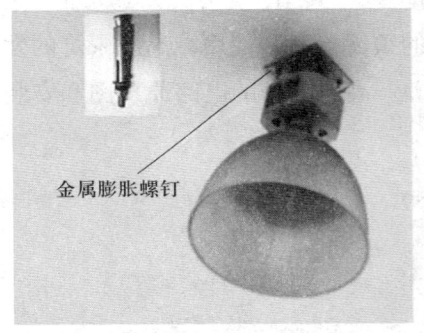

图 1-74 高压汞灯的安装

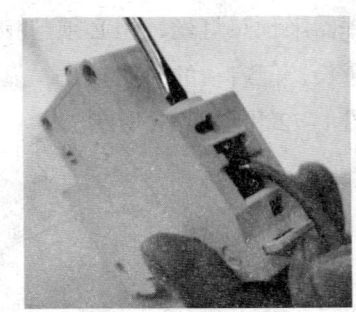

图 1-75 断路器接线

3）安装瓷质螺口灯座。由于高压汞灯在工作时的温度较高，故采用瓷质座。

4）安装镇流器。用木螺钉将镇流器固定在图 1-73 所示位置。

5）根据高压汞灯原理图连接高压汞灯的内部线路。将灯座内的一根导线接入电源，另一根导线接入镇流器；镇流器的另一端接入电源，如图 1-76 所示。

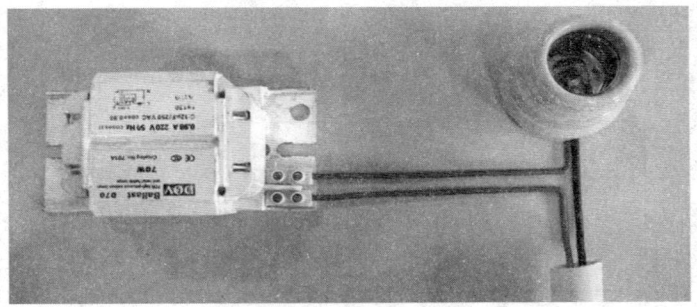

图 1-76 镇流器接线

6）安装高压汞灯灯泡。

7）通电检验。

①检查线路有无短路。

②合上断路器，观察高压汞灯应是发红色光，大约几分钟后，汞灯被点亮，发出近似日光灯一样的光。

3. 高压钠灯的安装

高压钠灯是一种发光效率高、透雾能力强的电光源，适用于街道、机场、车站、码头、港口、体育馆等场所照明。高压钠灯分为普通高压钠灯和内触发高压钠灯两种。

（1）内触发高压钠灯的结构和原理

内触发高压钠灯的结构如图 1-77 所示，它主要由钨丝电极、双金属片、电弧管、玻璃外壳等组成。高压钠灯的电弧管与玻璃外壳之间抽成了真空，灯丝由钨丝绕成螺旋形或编织成能储存一定数量的碱土金属氧化物的形状，当灯丝发热时碱土金属氧化物就成为电子发射材料。放电管是用与钠不起作用的耐高温半透明氧化铝陶瓷或全透明刚玉做成。放电管内充有氙气、汞滴和钠。双金属片是用两种不同的热膨胀系数的金属压接在一起做成的。

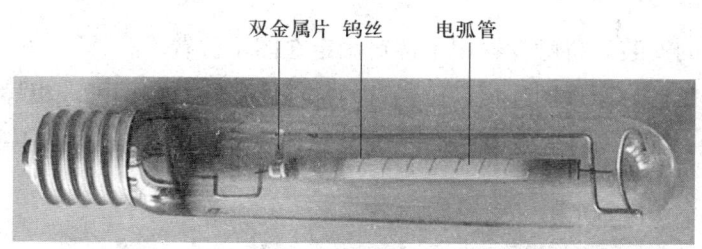

图 1-77 内触发高压钠灯的结构

高压钠灯的电路图和接线示意图如图 1-78 和图 1-79 所示。当内触发高压钠灯接入电源后，电流经过镇流器、热电阻丝、双金属片动断触点而形成通路。此时放电管内无电流，经过一段时间，热电阻发热，使双金属片触点断开，在断开瞬间镇流器线圈产生很高的自感电动势，它和电源电压一同加在放电管两端，使管内氙气电离放电，温度升高，继而使汞变为蒸气状态，当管内温度进一步升高时，钠也变为蒸气状态开始放电而放射出较强的可见光。高压钠灯在工作时，双金属片触点处在断开状态，电流只通过电弧管。高压钠灯须与镇流器配合使用，普通高压钠灯在电路中需并联触发器。

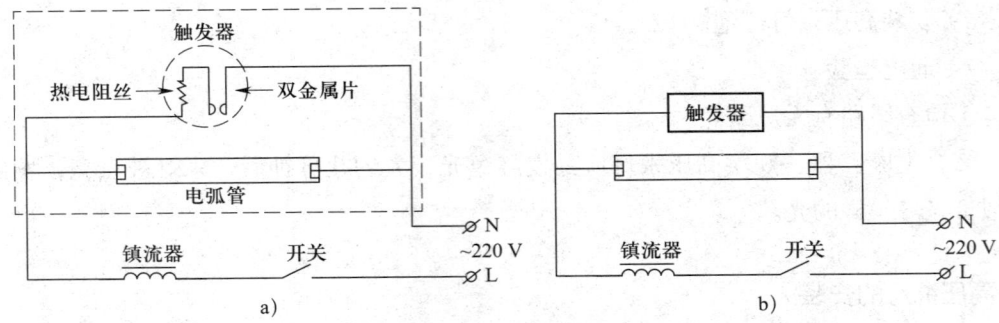

图1-78 高压钠灯的电路图
a）内触发高压钠灯电路　b）带触发器的高压钠灯电路

（2）高压钠灯线路的安装步骤

1）确定施工方案。高压钠灯线路的安装方式应根据灯具安装场合而定，一般室外（如道路）可采用埋设电缆或瓷瓶配线的方式，室内（如工厂车间）一般可采用管线、线槽等方式。

2）根据布置图备料。

3）根据布置图完成高压钠灯电源部分的安装。

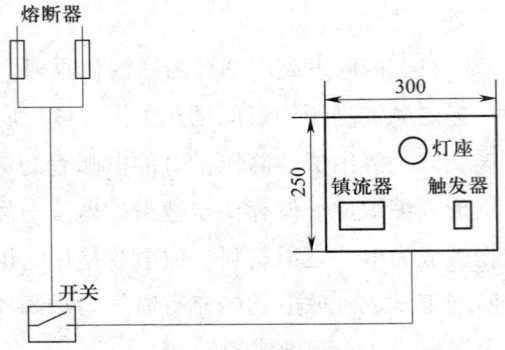

图1-79 带触发器的高压钠灯接线示意图

4）触发器的安装。将触发器用木螺钉固定在图示位置。

5）根据高压钠灯原理图连接高压钠灯内部线路。将灯座内的一根导线与电源及触发器相连；另一根导线与触发器的另一端及镇流器相连；镇流器的另一端接入电源，如图1-80所示。

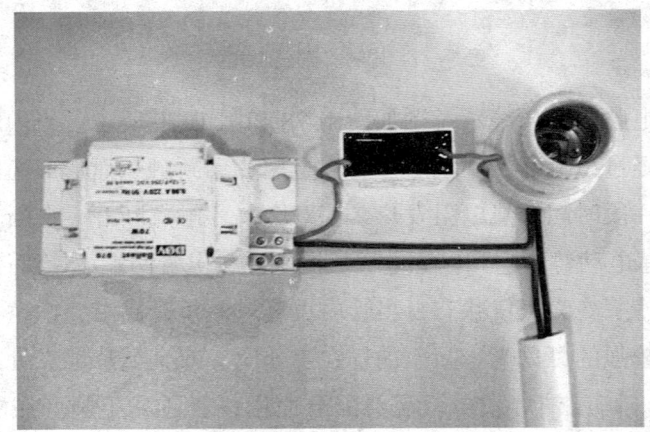

图1-80 带触发器的高压钠灯线路接线

6)安装高压钠灯灯泡。将高压钠灯灯泡旋入螺口灯座内。

7)通电检验。

①检验线路。

②合上开关,高压钠灯灯泡启辉发出暗红色的光,随着通电时间延长,灯光逐渐变亮,直至放电管发出明亮的光,此时电路运转正常。

技能要求 1

塑料槽板装接两地控制一只节能灯并有一个插座的线路

一、操作准备

1. 工具:常用电工工具 1 套。

2. 仪器仪表:万用表、绝缘电阻表各 1 只。

3. 材料:绝缘电线(根据灯和插座所带负载的功率确定规格)15 m,塑料槽板(规格自定)5 m,塑料槽板配套分接盒(规格自定)2 个,塑料槽板固定用铁钉 30 个,双联开关(两地控制用)2 只,节能灯及灯座(~220 V、40 W 螺口)1 套,单相三极插座(~250 V、15 A)1 套,配线板[500 mm×(600~2 000 mm)×25 mm]1 块。

二、操作步骤

1. 根据实际安装位置条件,设计并绘制槽板配线安装电路图,如图 1-81 所示。

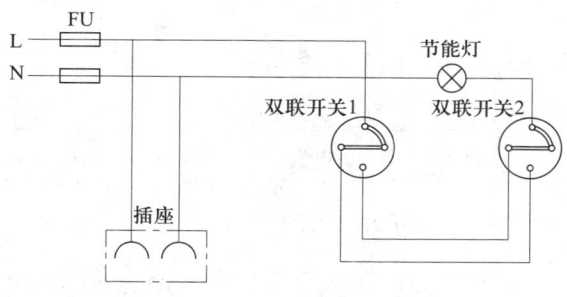

图 1-81 槽板配线安装电路图

2. 依照实际安装位置,确定两地开关、插座及节能灯的安装位置并做好标记。

3. 定位划线。按照已确定好的元件位置,进行定位划线,操作时要遵守横平竖直的原则。

4. 截取塑料槽板。根据划线的位置及尺寸量取并切割塑料槽板,切记要做好每段槽板的相对位置标记,以免混乱。

5. 打孔并固定。可先在每段槽板的两头钻 4 mm 的排孔,按每段相对放置位置,把槽板置于划线位置，用划针穿过排孔，在定位划线处和原划线垂直划一"十"字作为木榫的底孔圆心，然后在每个圆心处打孔，并镶嵌木榫。

6. 固定槽板。把相对应的每段槽板用木螺钉固定在配线板上，在拐弯处应选用合适的接头或弯角。

7. 装接开关和插座。把开关和插座分别接线固定在事先准备好的圆木上。把灯座接线并固定在灯头盒上。

8. 安装节能灯并通电试灯。用万用表或绝缘电阻表检测线路绝缘和通断状况，确保无误后合闸试灯。

三、评分标准

评分标准见表1-49。

表1-49 评分标准

序号	主要内容	评分标准	配分	扣分	得分
1	线路安装	（1）元件布置不合理，扣10分 （2）木台、灯座、开关、插座和吊线盒等安装松动，每处扣5分 （3）电器元件损坏，每只扣10分 （4）相线未进开关，扣5分 （5）塑料槽板不平直，每根扣5分 （6）线芯剖削有损伤，每处扣5分 （7）塑料槽板转角不符合要求，每处扣5分 （8）管卡安装不符合要求，每处扣1分	60		
2	通电试验	安装线路错误，造成短路、断路故障，每多通电1次扣10分，扣完20分为止	20		
3	安全文明生产	违反安全文明生产规程，扣10分	10		
4	工时	120 min，每超时5 min（不足5 min按5 min计）扣5分	10		
5	备注	不准超时	合计	100	
			教师签字		

四、注意事项

1. 注意安全文明生产。

2. 通电试验前，要认真核对电路图，检查安装接线的正确性。

3. 通电试验时,应有专人进行监护。

技能要求 2

安装双管荧光灯线路

一、操作准备

1. 工具:通用电工工具 1 套。

2. 仪器仪表:万用表 1 块。

3. 材料:双管荧光灯(~220 V、40 W 散件配套)1 套,胶质线(RVS-2×16/0.15,截面积 0.3 mm²) 1 m,铜芯聚氯乙烯绝缘布电线(简称塑铜线)(BVR-0.75)1 m,护套线(每根截面积 1.5 mm²,双芯)10 m,塑料卡、钉若干,试灯用开关装置(自定)1 套,单相交流电源(~220 V、5 A),黑胶布 1 卷。

二、操作步骤

1. 首先根据题目画出双管荧光灯电路图。双管荧光灯电路图如图 1-82 所示。

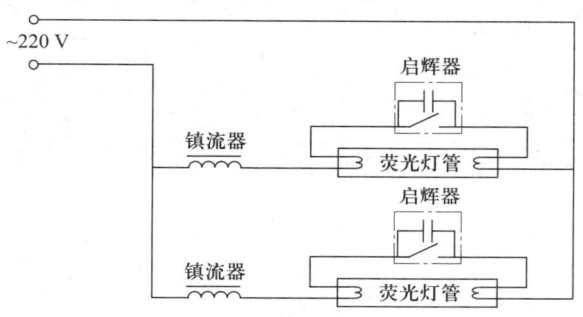

图 1-82 双管荧光灯电路图

2. 检查灯具。应先清点工具和灯具的配件是否齐全,用万用表电阻挡逐一测量灯管、镇流器、启辉器的通断和绝缘电阻情况,以确保配件完好。

3. 正确选用导线组装灯具。由于是照明线路,灯头线可选用胶质线。将双管荧光灯灯具的各配件固定妥当,按电路图把各线端连接完整,并对各连接处进行绝缘恢复。

4. 安装灯罩及灯管。

5. 接电前检查。把事先准备的试灯用开关装置和灯具妥善连接,并做绝缘处理,通电前一定要先检查线路两端之间的直流电阻,且在开关通断的情况下测量,保证线路无断路和短路。

6. 通电试灯。

三、评分标准

评分标准见表 1-50。

表1-50 评分标准

序号	主要内容	评分标准	配分	扣分	得分
1	安装设计	绘制电路图错误,每一处扣4分	20		
2	线路安装	(1)元器件布置不合理,扣2分 (2)元器件安装松动,每处扣2分 (3)损坏电器元件,每只扣1分 (4)火线未进开关,扣5分 (5)线芯剖削造成损伤,每处扣2分 (6)卡、钉安装不符合要求,每处扣1分	40		
3	通电试验	安装线路错误,造成短路、断路故障,每多通电1次扣5分,扣完20分为止	20		
4	安全文明生产	违反安全文明生产规程,从总分中扣10分	10		
5	工时	120 min,每超时5 min(不足5 min按5 min计)扣5分	10		
6	备注	不准超时	合计	100	
			教师签字		

四、注意事项

1. 注意安全文明生产。
2. 通电试验前,要认真核对电路图,检查安装接线的正确性。
3. 通电试验时,应有专人进行监护。

培训单元2 进户装置及量配电装置的安装

培训重点

1. 掌握配电装置的安装与调试方法。
2. 能熟练完成量配电装置的安装。

知识要求

一、进户装置的安装

进户装置是户内建筑内部线路的电源引接点。进户装置由进户杆或角钢支架、绝缘子、进户线(从用户户外第一支持点到户内第一支持点之间的连接绝缘导线)和进户管等部分组成。

1. 进户杆的安装

凡是进户点低于 2.7 m 或接户线从架空配电线的电杆至用户户外的第一支持点间的导线因安全需要而升高等原因,都需加装进户杆来支持接户线和进户线。进户杆一般采用混凝土杆或木杆,可分为长杆和短杆两种,如图 1-83 所示。

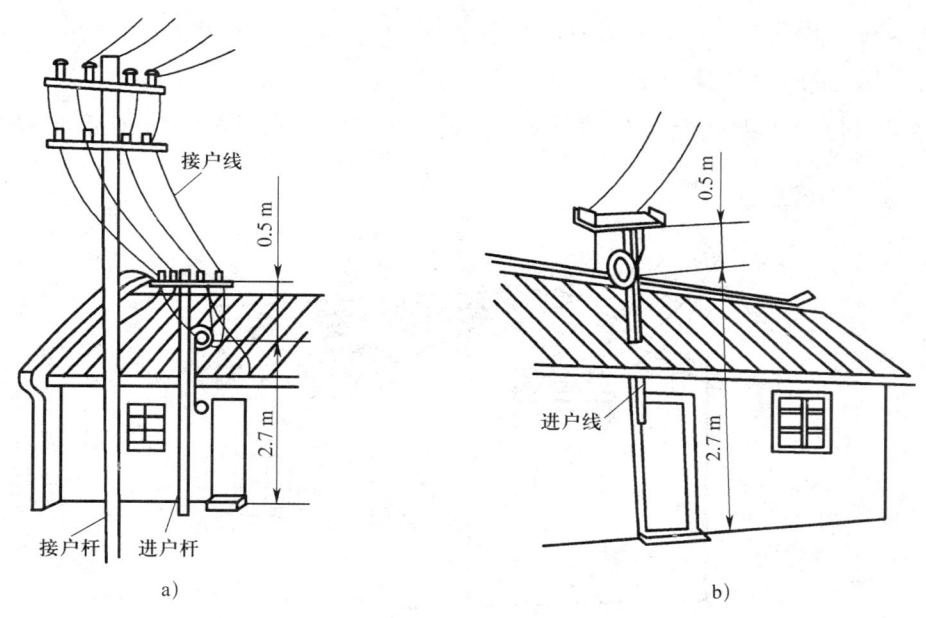

图 1-83 进户杆
a) 长进户杆 b) 短进户杆

(1) 混凝土进户杆安装前,应检查有无弯曲、裂缝或疏松等情况。混凝土进户杆埋入地下的深度见表 1-51。

(2) 木杆进户杆埋入地下深度见表 1-51。埋入地面前,应在地面以上 300 mm 和地下 500 mm 的一段,采用烧根或涂柏油等方法进行防腐处理。如用短木杆与建筑物连接时，应用两道通墙螺栓或抱箍等紧固，两道紧固点的中心距离不应小于 500 mm。

表 1-51 进户杆的埋设深度   m

杆长 杆类别	4	5	6	7	8	9	10	11	12	13	15
混凝土杆	—	—	—	1.4	1.5	1.6	1.7	1.8	1.9	2.0	2.5
木杆	1.0	1.0	1.1	1.2	1.4	1.5	1.7	1.8	1.9	2.0	—

（3）进户杆顶端应安装横担，横担上安装低压瓷绝缘子。常用的横担由镀锌角钢制成，若用来支持单相两线，一般规定角钢的规格不应小于 40 mm×40 mm×5 mm；若用来支持三相四线，一般规定角钢的规格不应小于 50 mm×50 mm×6 mm。两瓷绝缘子在角钢上的距离不应小于 150 mm。

（4）用角钢支架安装瓷绝缘子来支持接户线和进户线的安装形式如图 1-84 所示。

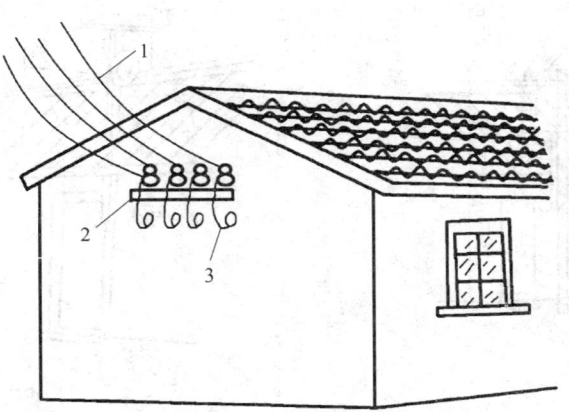

图 1-84 用角钢支架安装瓷绝缘子支持接户线和进户线
1—接户线   2—角钢支架   3—进户线

2. 进户线的安装

（1）进户线必须选用绝缘良好的铝芯或铜芯绝缘导线，铝芯线截面积不得小于 2.5 mm^2，铜芯线截面积不得小于 1.5 mm^2，进户线之间不得有接头。进户线穿墙时，应套上瓷管、塑料管或钢管。进户线安装示意图如图 1-85 所示。

（2）进户线安装时应有足够的长度，户内一端一般接于总开关盒或熔丝盒内，户外一端与接户线连接后应保持 200 mm 的弛度。其安装示意图如图 1-86 所示。

3. 进户管的安装

常用的进户管有瓷管、塑料管和钢管三种，瓷管又分为弯口和反口两种。

（1）进户管的管径应根据进户线的根数和截面积来决定，管内导线（包括绝缘层）的总面积不得大于管子有效截面积的 40%，最小管径不应小于 15 mm。

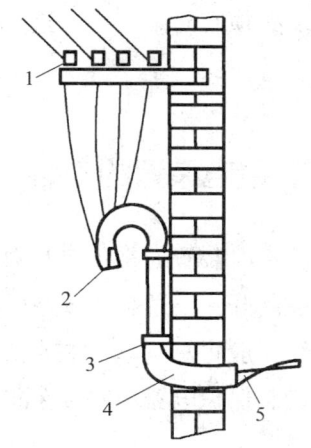

图 1-85 进户线安装示意图
1—接户点 2—进户点 3—固定敷设
4—进户管 5—进户线

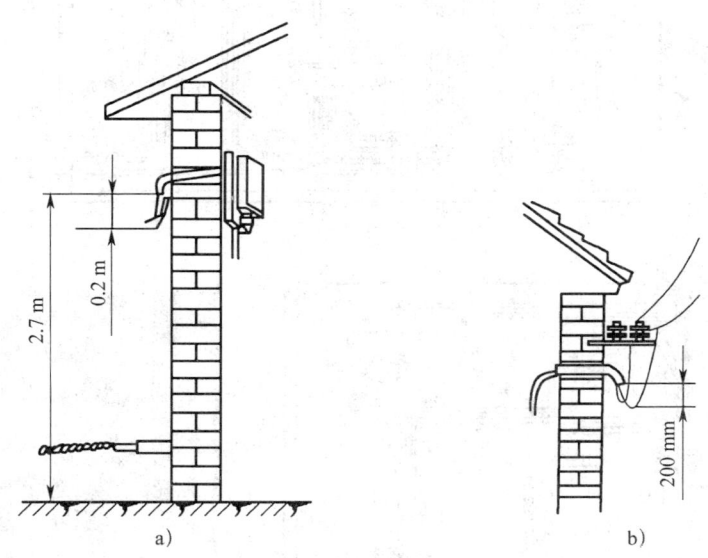

图 1-86 进户线两端的接法
a）户内一端进总熔丝盒 b）户外一端的弛度

（2）进户瓷管必须每线一根，进户瓷管应采用弯头瓷管，户外一头弯头朝下，以便防雨。当进户线截面积在 50 mm² 以上时，宜用反口瓷管。

（3）当一根瓷管的长度小于进户墙壁的厚度时，可用两根瓷管紧密相连，或用塑料管代替瓷管。

（4）进户钢管必须使用镀锌钢管或经过涂漆的黑铁管。钢管两端应装护圈，户外一端必须有防雨弯头，进户线必须全部穿入一根钢管内，钢管外层必须有良好的保护接零。

二、量电装置的安装

量电装置通常由进户总熔丝盒、电能表和电流互感器等部分组成，配电装置一般由控制开关、过载及短路保护电器等组成，容量较大的还装有隔离开关。

一般将总熔丝盒装在进户管的墙上，而将电流互感器、电能表、控制开关、短路和过载保护电器均安装在同一块配电板上，如图1-87所示。

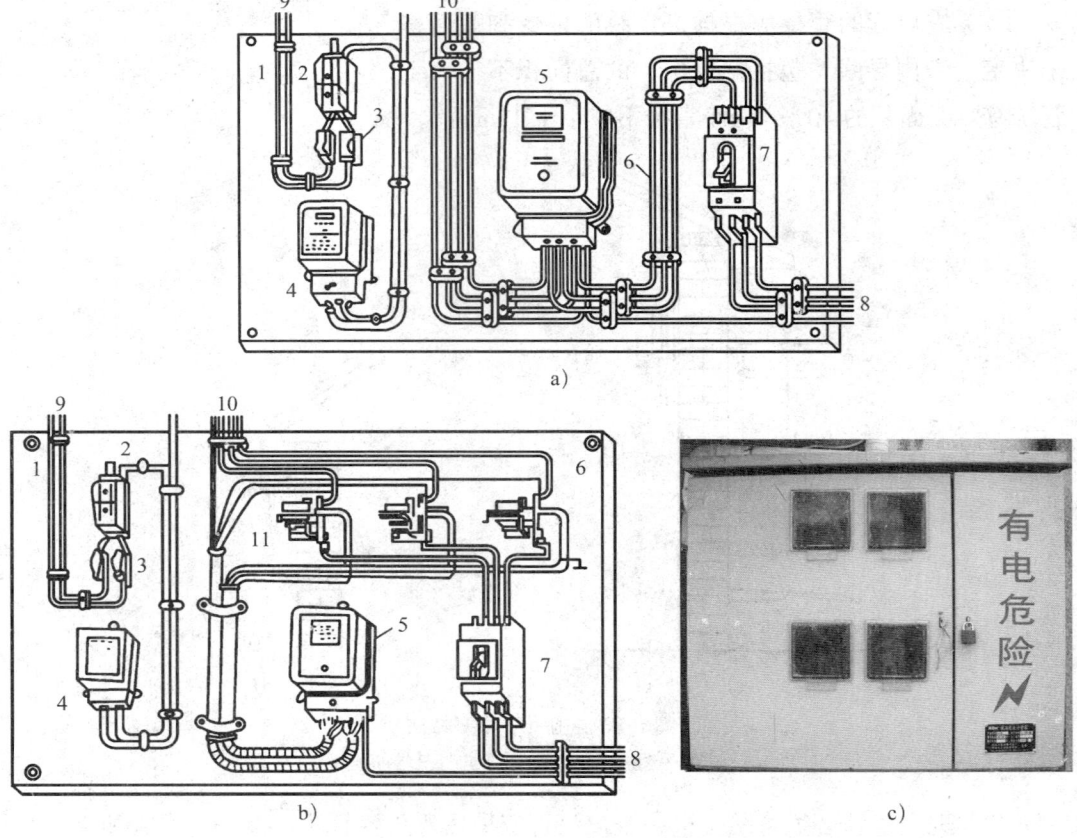

图1-87 配电板的安装
a）小容量配电板 b）大容量配电板 c）电气箱外形
1—照明线部分 2—总开关 3—用户熔断器 4—单相电能表 5—三相电能表
6—动力线部分 7—动力总开关 8—接分路开关 9—接用户
10—接总熔丝盒 11—电流互感器

1. 总熔丝盒的安装

总熔丝盒的作用是防止下级电力线路的故障蔓延到上级配电干线上而造成更大区域的停电。

（1）总熔丝盒应安装在进户管的户内侧，安装方法如图 1-88 所示。

（2）总熔丝盒必须安装在实心木板上，木板表面及四周边缘必须涂防火漆。

（3）总熔丝盒内熔断器的上接线柱应分别与进户线的电源相线连接，接线桥的上接线柱应与进户线的电源中性线连接。

（4）如安装多个电能表，则应在每个电能表的前面分别安装总熔丝盒。

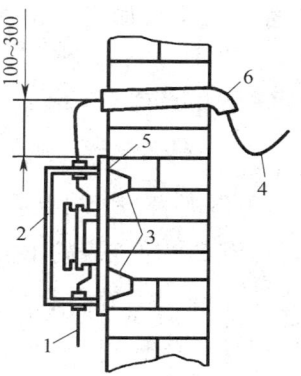

图 1-88 总熔丝盒的安装
1—电能表总线 2—总熔丝盒 3—木榫
4—进户线 5—实心木板 6—进户管

2. 电流互感器的安装

（1）电流互感器二次侧（即二次回路）标有"K1"或"+"的接线柱要与电能表电流线圈的进线端连接，标有"K2"或"-"的接线柱要与电能表电流线圈的出线端连接，不可接反；电流互感器的一次侧（即一次回路）标有"L1"或"+"的接线柱应接电源进线，标有"L2"或"-"的接线柱应接电源出线，如图 1-89 所示。

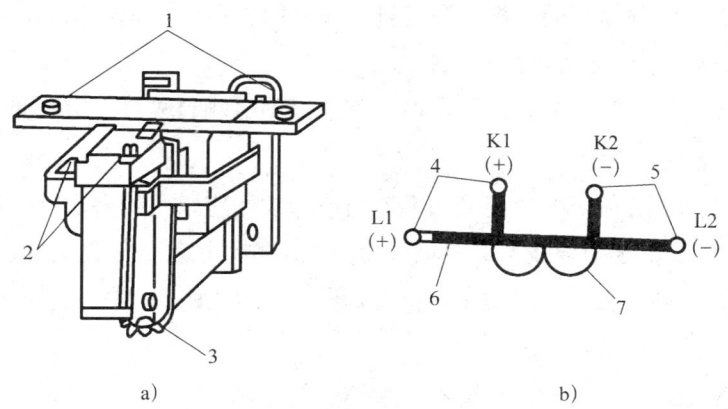

图 1-89 电流互感器
a）电流互感器外形 b）电流互感器接线柱示意图
1——次回路接线柱 2—二次回路接线柱 3—接地接线柱 4—进线柱
5—出线柱 6——次绕组 7—二次绕组

（2）电流互感器一次侧的"K2"或"-"接线柱的外壳和铁芯都必须可靠接地。电流互感器的接线方式如图1-90所示。

3. 电能表的选择与安装

（1）电能表的安装要求

1）电能表与配电装置通常要求安装在一处。用于安装电能表的木板应为实木木板，必须坚实干燥，不应有裂缝，拼接处要紧密平滑，木板可以和配电板共用，其正面及四周边缘必须涂漆防潮。

图1-90 电流互感器的接线方式

2）电能表要安装在干燥、无震动和无腐蚀气体的场所。表板的下沿离地一般不低于1.3 m，但大容量表板的下沿离地允许放低到1~1.2 m。

3）为了保证配电装置的操作安全，有利于布线简洁而不混乱，电能表应安装在配电装置的左方或下方，切不可装在右方或上方。如需并列安装多只电能表时，两表间的中间距离不得小于200 mm。

4）电能表应垂直于地面安装，不可歪斜，否则影响转盘转动的准确性。

（2）电能表的总线安装要求

电能表的总线是指从进户总熔断器盒至电能表的这一段线。电能表总线的安装要求如下：

1）电能表总线截面积的选择方法与进户线相同，但最小截面积不得小于1.5 mm^2，并规定应采用铜芯电线，也不准采用软线。

2）电能表总线中间不准有接头，但三相四线制电能表或三个组合使用的单相电能表，其中性线允许采用T形连接。

3）电能表总线必须明线敷设，如系塑料绝缘线则应采用线夹支持，如系护套线则应采用线卡支持，不准把导线穿入表板背后，也不准采用任何暗设的安装形式。

4）电能表总线应敷设在电能表左侧；电能表出线的要求与上述总线各点要求相同，并敷设在右侧，不可装反。

5）电能表总线的沿线敷设长度，一般不应超过10 m。

（3）电能表的安装和接线

1）单相电能表的安装和接线

①先将表板用螺钉固定，螺钉的位置应选在能被电能表盖住的区域，以形成拆板

先拆表的操作程序。

②将电能表上端的一只螺钉拧入表板，然后挂上电能表。

③调整电能表位置使其符合安装要求，与墙面和地面垂直，后将电能表下端的两个螺钉拧上，在调整后完全拧紧。

④单相电能表安装后，必须按图接线，各种电能表的接线端子均按由左至右的顺序排列编号。单相电能表有两种接线方式：一种是1、3端子接进线（电源线），2、4端子接出线（负载线）；另一种是1、2端子接进线，3、4端子接出线。国产单相电能表统一规定采用1、3端子进线，2、4端子出线，如图1-91所示。电能表接线完毕，接电前，应由供电部门把接线端子盒加铅封处理，用户不可擅自打开。单相电能表安装后的配电板如图1-92所示。

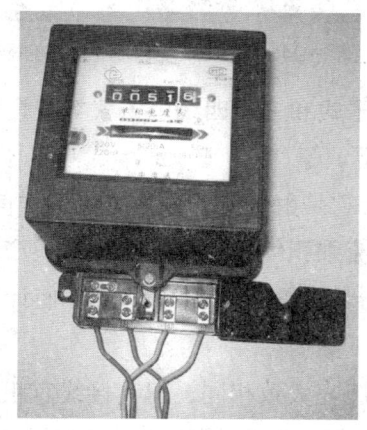

图1-91 单相电能表的接线

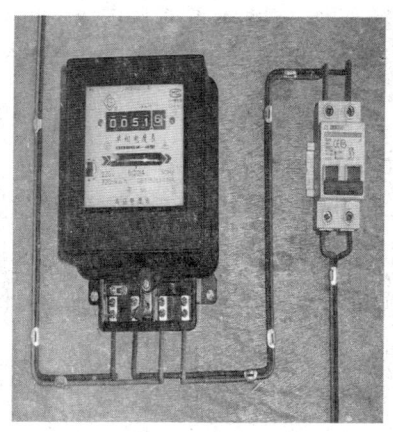

图1-92 单相电能表配电板

2）三相四线制电能表的安装和接线。对于较大容量的照明用户，一般采用三相四线制供电。三相四线制进户的照明电路规定采用三相四线制电能表计量用电量。

三相四线制电能表有11个接线端子，按由左向右编序，1、4、7是电源相线的接线端子，3、6、9是电能表的相线出线的接线端子，10为电源中性线N的进线接线端子，11为电能表的中性线出线的接线端子。三相四线制电能表的接线端子如图1-93所示。

间接三相四线制电能表安装后的配电板如图1-94所示。

3）新型电能表的应用。近年来，各种新型电能表已快步进入千家万户。下面简单介绍几种我国自主研发的新型电能表。

①静止式电能表：静止式电能表继承传统感应式电能表的优点，借助先进的电子电能计量机理，采用全密封、全屏蔽的结构。它具有良好的抗电磁干扰性能，是集节电、可靠、轻巧、高准确度、高过载、防窃电等优点于一体的新型电能表。

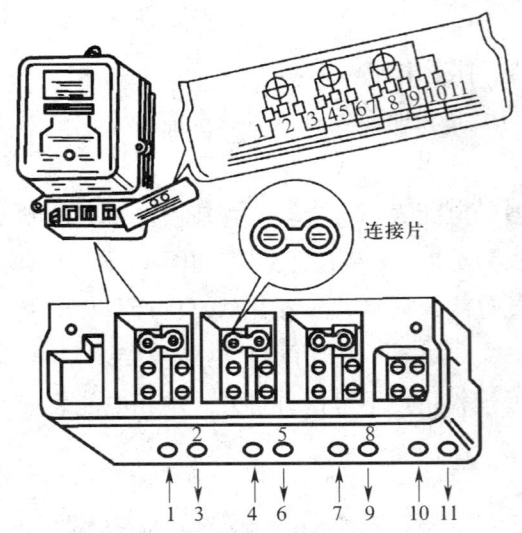
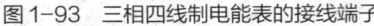
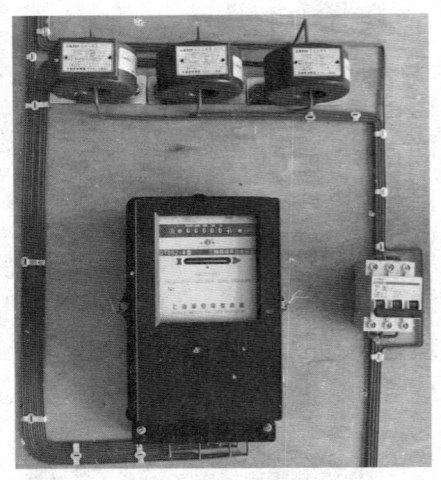

图1-93 三相四线制电能表的接线端子　　　　图1-94 间接三相四线制电能表的配电板

静止式电能表按相线分为单相电子式、三相电子式和三相四线电子式等；按用途可分为单一式和多功能式（有功型、无功型和复合型）等。

静止式电能表的工作原理框图如图1-95所示。它是由分流器取得电流采样信号、分压器取得电压采样信号，经乘法器得到电压和电流乘积信号，再经频率变换产生一个频率与电压电流乘积成正比的计算脉冲，通过分频，驱动步进电动机，使计度器计量。

静止式电能表的安装与使用，与一般机械式电能表大致相同，但其接线宜粗，避免因接触不良而发热烧毁。静止式电能表的接线原理如图1-96所示。

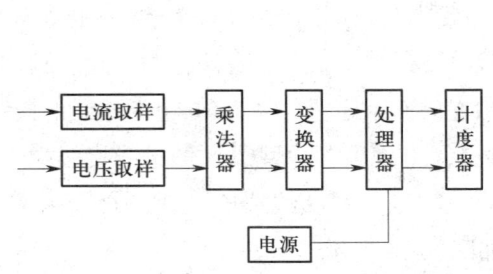
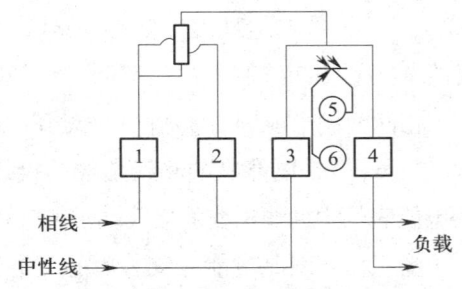

图1-95 静止式电能表的工作原理框图　　　图1-96 静止式电能表的接线原理图

②电子式预付费电能表：电子式预付费电能表又称为IC卡预付费电能表，其外形如图1-97所示。它是采用最新微电子技术研制的新型电能表，其用途是计量频率为50Hz的交流有功电能，同时完成先买电后用电的预付费用电管理及负荷控制功能。除此之外它具有以下控制功能：

a. 当剩余电量小于一级告警值（默认值为 10 kWh）时声光告警，小于二级告警值（默认值为 3 kWh）时拉闸告警（插入 IC 卡后可恢复），提醒用户及时购电。

b. 当功率值超过定值后自动断电，插入 IC 卡后恢复。

c. 实行一户一卡制，具有良好的防伪性，IC 卡丢失可进行补卡操作。

d. 采用光耦隔离输出检测信号、发光二极管指示用电。

IC 卡预付费电能表由电能计量和微处理器两个主要功能块组成。电能计量部分使用分流器倍增电路电流，产生表示用电多少的脉冲序列，送至微处理器进行电能计算；微处理器则通过电卡接头与 IC 卡传递数据，实现各种控制功能，其工作原理框图如图 1-98 所示。

图 1-97　单相电子式预付费电能表

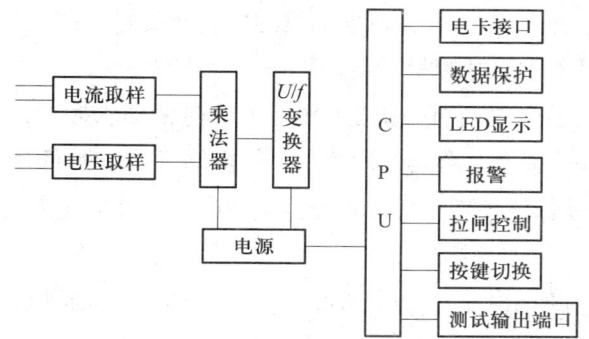

图 1-98　IC 卡预付费电能表工作原理框图

IC 卡预付费电能表也有单相和三相之分。单相 IC 卡预付费电能表的接线原理如图 1-99 所示。

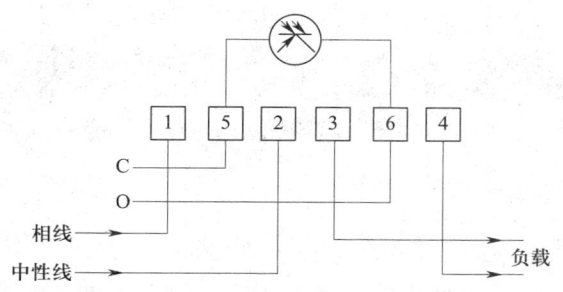

图 1-99　单相 IC 卡预付费电能表接线原理图

③单相载波电能表（机电一体化电能表）：它以原有的感应式电能表为基础，配以采集模块，采用光电转换采样，应用调制扩频技术、现代通信技术，将用户用电信

息传送到集中器进行存储，管理部门通过电话网可读取集中器所存储的信息，实现远程自动抄表。它具有以下控制功能：

a. 可靠性高、负荷宽、功耗低、体积小、质量轻、便于安装和管理。

b. 精度不受频率、温度、电压、高次谐波的影响，启动电流小、无潜动，寿命长达 20 年以上。

c. 采用无线抄表方式，可实现无线抄表及功能设置，大大方便了供电部门对用户电力的抄收管理工作。特别适用于不易人工抄读的场合，并可方便地组成无线自动抄表系统。

4. 低压断路器的安装、使用及故障处理

（1）低压断路器的安装、使用

1）低压断路器应垂直安装，电源线接在上端，负载线接在下端。

2）低压断路器用作电源总开关或电动机的控制开关时，在电源进线侧必须加装刀开关或熔断器等，以形成明显的断开点。

3）低压断路器使用前应将脱扣器工作面上的防锈油脂擦净，以免影响其正常工作。同时应定期检修，清除断路器上的积尘，给操动机构添加润滑剂。

4）各脱扣器的动作值调整好后，不允许随意变动，并应定期检查各脱扣器的动作值是否满足要求。

5）断路器的触点使用一定次数或分断短路电流后，应及时检查触点系统，如果触点表面有毛刺、颗粒等，应及时维修或更换。

（2）低压断路器的故障处理

低压断路器的常见故障及处理方法见表 1-52。

表 1-52　低压断路器的常见故障及处理方法

故障现象	可能原因	处理方法
不能合闸	欠压脱扣器无电压或线圈损坏	检查施加电压或更换线圈
	储能弹簧变形	更换储能弹簧
	反作用弹簧弹力过大	重新调整
	操动机构不能复位再扣	调整再扣接触面至规定值
电流达到整定值，断路器不动作	热脱扣器双金属片损坏	更换双金属片

续表

故障现象	可能原因	处理方法
电流达到整定值，断路器不动作	电磁脱扣器的衔铁与铁芯距离太大或电磁线圈损坏	调整衔铁与铁芯的距离或更换断路器
	主触点熔焊	检查原因并更换主触点
启动电动机时断路器立即分断	电磁脱扣器瞬时整定值过小	调高整定值至规定值
	电磁脱扣器的某些零件损坏	更换脱扣器
断路器闭合后一定时间自行分断	热脱扣器整定值过小	调高整定值至规定值
断路器温升过高	触点压力过小	调整触点压力或更换弹簧
	触点表面过分磨损或接触不良	更换触点或修整触点接触面
	两个导电零件连接螺钉松动	重新拧紧连接螺钉

技能要求

安装直接式单相有功电能表组成的量电装置

一、操作准备

1. 工具：常用电工工具 1 套。

2. 仪器仪表：单相电能表 1 只、万用表 1 块。

3. 材料：绝缘铜塑线（BV-2.5 mm^2，300/500 V）4 m、熔断器（RCA1，10 A）2 只、单相瓷底胶盖刀开关（HK3-60/2，60 A/250 V）1 只、单相电阻性负载（白炽灯，220 V/200 W）5 只、木制配线板（25 mm×450 mm×500 mm）1 块、木螺钉[ϕ3.5 mm×（25~30 mm）] 15 个、铝片线卡及铁钉或塑料卡钉（自定）30 个、单相交流电源（~220 V、5 A）、黑胶布（自定）1 卷、笔 1 支、草稿纸（自定）2 张。

二、操作步骤

1. 绘制电路图。

2. 元件安装。先把总熔丝盒、电能表、刀开关安装固定在配电板上。单相负载灯泡配套的灯座安装于另一块配电板上。

3. 连线。分别把电源配电板和负载配电板上的各电器元件按电路图进行连接。由于配电板上布线一般要求暗装,所以,要预先把过线孔钻好,然后把刀开关和5只并联灯泡之间的导线连接好。

4. 通电试验。引入总电源线,相线接总熔丝盒,零线可直接接入电能表进线端,检查确认无误后通电。观察电能表,如无异常可合上刀开关接通电源。

三、评分标准

评分标准见表1-53。

表1-53 评分标准

序号	主要内容	评分标准	配分	扣分	得分
1	绘制电路图	绘制电路图不正确,每处扣4分	20		
2	线路安装	(1)元件布置不合理,扣2分 (2)元器件安装松动,每处扣2分 (3)电器元件损坏,每只扣1分 (4)火线未进开关,扣5分 (5)线芯剖削有损伤,每处扣2分 (6)线卡、铁钉安装不符合要求,每处扣1分	40		
3	通电试验	安装线路错误,造成短路、断路故障,每多通电1次扣5分,扣完20分为止	20		
4	安全文明生产	违反安全文明生产规程,扣10分	10		
5	工时	120 min,每超时5 min(不足5 min按5 min计)扣5分	10		
6	备注	不准超时	合计	100	
			教师签字		

四、注意事项

1. 注意安全文明生产。
2. 通电试验前,要认真核对电路图,检查安装接线的正确性。
3. 通电试验时,应有专人进行监护。

培训项目 4　动力及控制电路装调

培训单元 1　配电箱（柜）的安装

培训重点

1. 掌握低压电器及配电箱安装的相关规范。
2. 能够进行低压配电箱的安装。

知识要求

一、低压电器及配电箱安装的一般要求

1. 低压电器的安装要求

（1）低压电器安装前应对器具进行检查

低压电器安装前对器具进行检查，应符合以下要求：

1）电气设备的铭牌、型号、规格，要与被控制线路或设计要求相符。

2）设备的外壳、漆层、手柄，应无损伤。

3）内部仪表、灭弧罩、瓷件、胶木电器应无裂纹或伤痕。

4）螺钉及紧固件应拧紧。

5）具有主触点的低压电器，触点的接触应紧密。采用 0.05 mm × 10 mm 的塞尺检查，接触两侧的压力应均匀一致。

6）低压电器的附件应齐全、完好。

（2）低压电器安装的标高

低压电器安装的标高应符合设计规定。当设计无规定时，应符合表 1-54 的规定。

表1-54 低压电器安装高度　　　　　　　　　　　　　mm

安装方式与控制点	安装高度
落地安装的低压电器，其底部至地面距离	50～100
操作手柄转轴中心与地面的距离	1 200～1 500
侧面操作的手柄与建筑物或设备的距离	≥200

（3）低压电器成排或集中安装

低压电器成排或集中安装时应排列整齐，器件间的距离应符合设计要求，并应便于操作及维护。电器的安全作业要求技术数据必须符合技术文件的规定。

（4）电器外部接线应符合的要求

1）按电器外部接线端头的相线标志进行与其电源配线匹配的接线。

2）接线应排列整齐、清晰、美观，导线绝缘应良好、无损伤。

3）电源侧进线应接在进线端，即固定触点接线端。负荷侧出线应接在出线端，即可动触点接线端。

4）一般采用铜质导线或有电镀金属防锈层的螺栓和螺钉，连接时应拧紧，并应有防松装置。

5）电源线与电器接线不得使电器内部受到额外应力。

6）电源线（母线）与电器连接时，接触面应洁净，严禁有氧化层；接触面必须严密。

（5）低压电器固定方式及技术要求

低压电器固定方式及技术要求见表1-55。

表1-55 低压电器固定方式及技术要求

固定方式	技术要求
在结构（构件）上固定	1）根据不同结构采用支架、金属板、绝缘板固定在墙、柱或建筑物的构件上 2）金属板、绝缘板的安装必须平稳 3）采用卡轨支撑安装时，卡轨应与低压电器匹配，并用固定夹或固定螺栓与壁板紧密固定，严禁使用变形或不合格的卡轨
膨胀螺栓固定	1）应根据产品技术要求选择螺栓的规格 2）钻孔直径和埋设深度应与螺栓规格相符
减震装置	1）有防震要求的电器应增加减震装置 2）紧固件螺栓必须采取防松措施
固定操作	1）固定低压电器时，不得使电器内部受额外应力 2）在砖结构上安装固定件时，严禁使用射钉固定

（6）电器的接零或接地

电器的金属外壳、柜架的接零或接地，应符合《电器装置安装工程 接地装置施工及验收规范》（GB 50169—2016）的有关规定。

2. 配电箱的安装要求

配电箱应安装在安全、干燥、易操作的场所。配电箱安装时，如无设计要求，则一般暗装为底边距地 1.5 m，照明配电板底边距地不小于 1.8 m。并列安装的配电箱、盘距地高度要一致，同一场所安装的配电箱、盘允许偏差不大于 5 mm。

配电箱上母线的相线应用颜色标出，L1 相用黄色；L2 相用绿色；L3 相用红色；中性线 N 相用蓝色；保护地线（PE 线）用黄绿相间双色。

配电箱上的电源指示灯，其电源应接至总开关的外侧，并应装单独熔断器（电源侧）。盘面闸具位置与支路相对应，其下面应装设卡片框，标明路别及容量。配电箱内应分别设置中性线 N 和保护地线（PE 线）汇流排，中性线 N 和保护地线应在汇流排上连接，不得绞接，并应有编号。垂直装设的刀开关及熔断器等电器上端接电源，下端接负荷。盘面上安装的各种刀开关及低压断路器等，当处于断路状态时，刀片可动部分均不应带电（特殊情况除外）。

配电箱上配线需排列整齐，并绑扎成束，活动部位均应固定；盘面引出和引进的导线应留适当余量，以便于检修。导线剖削处不应损伤导线线芯或使线芯过长，导线压接牢固可靠；多股导线涮锡后压接，应加装压线端子。

配电箱带有器具的铁制盘面、装有器具的门及电器的金属外壳应有明显可靠的保护地线（为编织软裸铜线），但保护地线不允许利用箱体或盒体串接。当保护地线所用材质与相线相同时选择截面积不应小于表 1-56 中的规定。

表 1-56　保护地线最小截面积　　　　　　　　mm^2

相线线芯截面积 S	PE 线最小截面积
$S \leq 16$	S
$16 < S \leq 35$	16
$35 < S \leq 400$	$S/2$
$400 < S \leq 800$	200
$800 < S$	$S/4$

二、低压断路器、接触器及启动器的安装要求

1. 低压断路器的安装要求

安装低压断路器时,应符合产品技术文件的规定。
(1)低压断路器的型号、规格要符合设计要求。
(2)宜垂直安装,其倾斜度应不大于5°。
(3)低压断路器与熔断器配合使用时,熔断器应安装在电源侧。
(4)操作手柄或传动杆的开、合位置应正确。操作用力应不大于技术文件的规定值。
(5)电动操动机构接线应正确。在合闸过程中开关不应跳跃。开关合闸后,限制电动机或电磁铁通电时间的联锁装置应及时动作。电动机或电磁铁通电时间应不超过产品的规定值。
(6)开关辅助触点动作应正确可靠,接触良好。
(7)抽屉式断路器的工作、试验、隔离三个位置的定位应明显,并应符合产品技术文件的规定。空载时进行抽、拉数次应无卡阻,机械联锁应可靠。

2. 低压接触器的安装要求

(1)接触器的型号、规格应符合设计要求,并应有产品质量合格证和技术文件。
(2)安装之前,首先应全面检查接触器各部件是否处于正常状态,有无卡阻现象。
(3)铁芯极面应保持洁净,以保证活动部分自由灵活的工作。
(4)引线与线圈连接牢固可靠,触点与电路连接正确。
(5)接线应牢固,并应做好绝缘处理。
(6)接触器安装应与地面垂直,倾斜度应不超过5°。

3. 启动器的安装要求

(1)启动器应垂直安装,工作活动部件动作应灵活可靠,无卡阻。
(2)启动衔铁吸合后应无异常响声,触点接触紧密,断电后应能迅速脱开。
(3)可逆电磁启动器防止同时吸合的联锁装置动作正确、可靠。
(4)接线应正确且牢固、裸露线芯应做好绝缘处理。
(5)手动操作启动器的触点压力,应符合产品技术文件要求及技术标准的规定值。
(6)接触器与启动器均应进行通断检查;对用于重要设备的启动器还应检查其启

动值是否符合产品技术文件的规定;变阻式启动器的变阻器安装后,应检查其电阻切换程序。

(7)触点压力、灭弧装置及启动值应符合设计要求或产品技术文件的规定。

三、低压隔离开关、刀开关的安装要求

(1)开关应垂直安装在开关板上(或控制屏、控制箱上),应使夹座位于上方。

(2)开关在不切断电流、有灭弧装置或用于小电流电路等情况下,可水平安装。水平安装时,分闸后可动触头不得自行脱落,其灭弧装置应固定可靠。

(3)可动触点与固定触点的接触应密合良好。大电流的触点或刀片宜涂电力复合脂。有消弧触点的刀开关,各相的分闸动作应迅速、一致。

(4)双投刀开关在分断位置时,刀片应可靠固定,不得自行合闸。

(5)安装杠杆操动机构时,应调节杠杆长度,使操作到位、动作灵活、开关辅助触点指示应正确。

(6)开关的动触点与两侧压板距离应调整均匀,合闸后接触面应压紧,刀片与静触点中心线位置应在同一平面内,刀片不应摆动。

(7)刀开关用作隔离开关时,合闸顺序为先合上刀开关,再合上其他用以控制负载的开关,分断顺序则相反。刀开关应严格按照技术文件规定的分断能力来分断负荷,无灭弧罩的刀开关通常不允许分断负载;否则,可能导致稳定持续燃弧,使刀开关寿命缩短,严重的还会造成电源短路,开关烧毁,甚至酿成火灾。

四、变阻器及电阻器的安装要求

1. 电阻器安装

(1)组装电阻器时,电阻片及电阻元件应位于垂直面上。电阻器垂直叠装不应超过4箱。当超过4箱时,应采用支架固定并应保持一定距离。电阻器底部与地面之间应保持一定的间隔,不应小于150 mm。

(2)电阻器与其他电气设备垂直布置时,应安装在其他电气设备的上方,两者之间应留有适当的间隔。

(3)电阻器的接线要求

1)电阻器与电阻元件之间的连接,应采用铜或钢的裸导体,在电阻元件允许发热

的条件下应可靠接触。

2）电阻器引出线的夹板或螺栓应有与设备接线图相应的标号。与绝缘导线连接时，应采取防止接头处因温度升高而降低导线绝缘强度的措施。

3）多层叠装的电阻箱和引出导线，应采用支架固定。其配线线路应排列整齐，线组标志要清晰，且不得妨碍电路元件的调试和更换，以便于操作和维护。

（4）电阻器和变阻器内部不得有断路或短路，其直流电阻值的误差应符合产品技术文件的规定。

2. 变阻器的转换调节装置要求

（1）变阻器滑动触点与固定触点的接触应良好。触点间应有足够压力。在滑动过程中不得开路。

（2）变阻器的转换装置

1）转换装置的移动应均匀平滑、无卡阻，并有与移动方向对应的指示阻值变化的标志。

2）电动传动转换装置的限位开关及信号联锁接点的动作应准确、可靠。

3）齿链传动的转换装置，允许有半个节距的窜动范围。

4）由电动传动及手动传动两部分组成的转换调节装置，应在电动及手动两种操作方式下分别进行试验。

五、控制器、继电器及行程开关的安装要求

1. 控制器的安装要求

（1）控制器的工作电压应与供电电源电压相符。

（2）凸轮控制器及主令控制器应安装在便于观察和操作的位置上；操作手柄或手轮的安装高度应为 800～1 200 mm。

（3）控制器操作应灵活；挡位应明显、准确。带有零位自锁装置的操作手柄应能正常工作。

（4）操作手柄或手轮的动作方向，宜与机械装置的动作方向一致；操作手柄或手轮在各个不同位置时，其触点的分、合顺序均应符合控制器的开、合图表的要求，通电后应按相应的凸轮控制器件的位置检查电动机，并应运行正常。

（5）控制器触点压力应均匀；触点超行程应不小于产品技术文件的规定。凸轮控

制器主触点的灭弧装置应完好。

（6）控制器的转动部分及齿轮减速机构应润滑良好。

2. 继电器的安装要求

（1）继电器的型号、规格应符合设计要求。

（2）继电器可动部分的动作应灵活、可靠。

（3）继电器表面污垢和铁芯表面防腐剂应清除干净。

（4）安装时必须试验端子确保接线相位的准确性。固定螺栓加套绝缘管，安装继电器应保持垂直，固定螺栓应垫橡胶垫圈和防松垫圈紧固。

3. 行程开关的安装要求

（1）安装位置应能使开关正确动作，且不妨碍机械部件的运动。

（2）碰块或撞杆应安装在开关滚轮或推杆的动作轴线上。对电子式行程开关应按产品技术文件要求调整可动设备的间距。

（3）碰块或撞杆对开关的作用力及开关的动作行程，均应不大于允许值。

（4）限位用的行程开关，应与机械装置配合调整；确认动作可靠后，方可接入电路使用。

六、熔断器的安装要求

（1）熔断器的型号、规格应符合设计要求。各级熔体应与保护特性相配合。用于保护照明和动力电路：熔体的额定电流≥所有电器额定电流之和。用于单台电动机保护：熔体的额定电流≥（2.5～3.0）×电动机的额定电流。用于多台电动机保护：熔体额定电流≥（2.5～3.0）×最大容量一台额定电流+其余各台的额定电流之和。

（2）低压熔断器安装应符合施工质量验收规范的规定。安装的位置及相互间距应便于更换熔体。低压熔断器宜垂直安装。

（3）低压断路器与熔断器配合使用时，熔断器应安装在电源一侧。

（4）熔断器的安装位置及相互间距离，应便于更换熔体。

（5）安装有熔断指示器的熔断器，其指示器应装在便于观察的一侧。

（6）安装瓷插式熔断器在金属底板上时，其底座应设置软绝缘衬垫。将熔体装在瓷插件上，是最常用的一种熔断器。由于其灭弧能力差，极限分断能力低，只适用于负载不大的照明线路中。

（7）在同一配电板上安装几种规格的熔断器时，应在底座旁标明熔断器的规格。

（8）对有触及带电部分危险的熔断器，应配齐绝缘抓手。

（9）安装带有接线标志的熔断器，电源配线应按标志进行接线。

（10）螺旋式熔断器安装时，其底座固定必须牢固，电源线的进线应接在熔芯引出的端子上，出线应接在螺纹壳上，以防调换熔体时发生触电事故。

（11）瓷插式熔断器应垂直安装，不允许用多根较小熔体代替一根较大的熔体；否则，会影响熔体的熔断时间，造成事故。瓷质熔断器安装在金属板上时应垫软绝缘垫。

七、住宅低压电器漏电保护器及消防电气设备的安装要求

1. 住宅电器的安装要求

（1）应根据用电设备位置，确定管线走向、标高及开关、插座的位置。

（2）电源线配线时，所用导线截面积应满足用电设备的最大输出功率。

（3）暗线敷设必须配管。当管线长度超过 15 m 或有两个直角弯时，应增设接线盒。

（4）同一回路电线应穿入同一根管内，但管内总根数不应超过 8 根，电线总截面积（包括绝缘外皮）不应超过管内截面积的 40%。

（5）电源线与通信线不得穿入同一根管内。

（6）电源线及插座与电视线及插座的水平间距应不小于 500 mm。

（7）电线与暖气、热水、煤气管之间的平行距离应不小于 300 mm，交叉距离应不小于 100 mm。

（8）穿入配管导线的接头应设在接线盒内，接头搭接应牢固，绝缘带包缠应均匀紧密。

（9）安装电源插座时，面向插座的左侧应接零线（N），右侧应接相线（L），中间上方应接保护地线（PE）。

（10）当吊灯自重在 3 kg 及以上时，应先在顶板上安装后置埋件，然后将灯具固定在后置埋件上。严禁安装在木楔、木砖上。

（11）连接开关、螺口灯具导线时，相线应先接开关，开关引出的相线应接在灯中心的端子上，零线应接在螺纹的端子上。

（12）导线间和导线对地间的绝缘电阻必须大于 0.5 MΩ。

（13）同一室内的电源、电话、电视等插座面板应在同一水平标高上，高差应小于 5 mm。

（14）厨房、卫生间应安装防溅插座，开关宜安装在门外开启侧的墙体上。

（15）电源插座底边距地宜为 300 mm，平开关板底边距地宜为 1 400 mm。

2. 漏电保护器的安装要求

（1）按漏电保护器产品标志进行电源侧和负荷侧接线。

（2）带有短路保护功能的漏电保护器安装时，应确保有足够的灭弧距离。

（3）在特殊环境中使用的漏电保护器，应采取防腐、防潮或防热等措施。

（4）电流型漏电保护器安装后，除应检查接线无误外，还应通过试验按钮检查其动作性能，并应满足要求。

3. 消防电气设备的安装要求

火灾探测器、手动火灾报警按钮、火灾报警控制器、消防控制设备等的安装，应按《火灾自动报警系统施工及验收标准》（GB 50166—2019）执行。

技能要求 1

低压配电箱的安装

一、操作准备

1. 箱体验收合格。
2. 有经审核的施工图样。
3. 工具、材料准备见表1-57，所需要的断路器、导线、配线扎带等已经准备完毕，并符合设计图样、配电箱安装要求。

表1-57 工具、材料准备

名称	数量
低压配电箱	1个
断路器	12个
导线	若干
辅件（紧固件、导轨等）	若干
电工工具	1套

二、操作步骤

1. 导轨的安装

划线定位，导轨安装要水平，用螺栓固定导轨，并与盖板断路器操作孔相匹配，部分配电箱已安装导轨，可省略本步骤。接地端子排直接安装在底板上。零线端子排经绝缘子后安装在底板上。

2. 断路器安装

（1）安装断路器时，首先要注意箱盖上断路器安装孔位置，保证断路器位置在箱盖预留位置。其次，开关安装时要从左向右排列，开关预留位应为一个整位。

（2）预留位一般放在配电箱右侧。

3. 配线

（1）零线用蓝色，L1 相线为黄色、L2 相线为绿色、L3 相线为红色。

（2）照明及插座回路一般采用 2.5 mm² 导线，每根导线所串联断路器数量不得大于 3 个。空调回路一般采用 2.5 mm² 或 4.0 mm² 导线，一根导线配一个断路器。

（3）不同相之间零线不得共用。

（4）箱体内总断路器与各分断路器之间配线一般走左侧，配电箱出线一般走右侧。

（5）箱内配线要顺直不得有绞接现象，导线较多时要用塑料扎带绑扎，扎带大小要合适。

（6）导线弯曲应一致，且不得小于导线的自身弯曲半径，防止损坏导线绝缘皮及内部铜芯。

（7）门与柜体之间的连接线采用柔性镀锌屏蔽带连接。屏蔽带端头的处理要使用 O 形铜接头进行压接，不得将屏蔽带直接固定。固定时要使用倒齿垫片以防止松动和接触不良。配电箱接线配线完成图和合格的接地线如图 1-100 和图 1-101 所示。

图 1-100　配电箱接线配线完成图

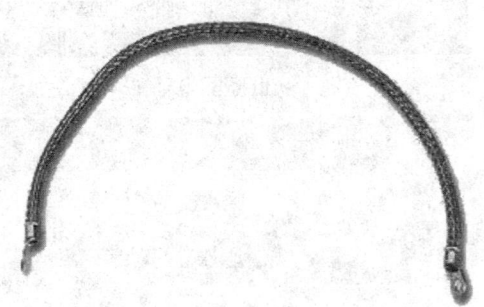

图 1-101　合格的接地线

4. 导线绑扎

（1）导线要用塑料扎带绑扎，扎带大小要合适，间距要均匀，一般为 100 mm。

（2）扎带扎好后，不用的部分要用钳子剪掉，如图 1-102 所示。

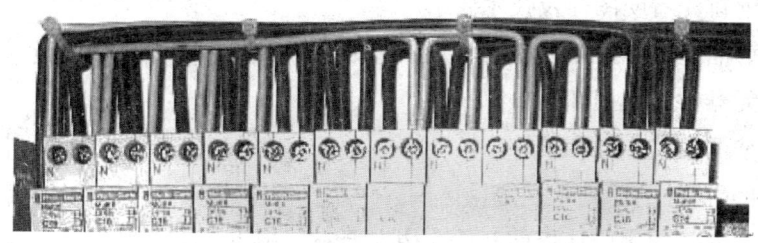

图 1-102　导线绑扎完成图

三、操作要求

1. 箱内低压断路器的安装，要求位置准确，安装牢固。
2. 将标准低压配电箱牢固安装在木板上，要求箱体水平。

四、注意事项

1. 注意安全文明生产。
2. 注意不同相之间不得共用零线。不同相线的颜色不要接错。
3. 导线弯曲时不得小于导线的自身弯曲半径，防止损坏导线绝缘皮及内部铜芯。

技能要求 2

电气控制柜的安装

一、操作准备

1. 柜体验收合格。
2. 有经审核的施工图样。
3. 所需要的断路器、导线、配线扎带等已经准备完毕，并符合设计图样、配电箱安装要求。

工具、材料准备见表 1-58。

表 1-58　工具、材料准备

名称	数量
标准低压电气柜	1 个
低压电器	一批
螺钉旋具、扳手	1 套
安装辅件（紧固件、导轨等）	若干

二、操作步骤

1. 器件安装

（1）安装前注意事项

1）安装前首先看明图样及技术要求。

2）检查产品型号、元器件型号、规格、数量等与图样是否相符。

3）检查元器件有无损坏。

4）必须按图安装（如果有图）。

（2）安装元器件的原则及规定

1）元器件安装顺序应从板前开始，由左至右，由上至下。

2）操作方便。元器件在操作时，在空间上不受妨碍，没有触及带电体的可能。

3）维修容易。能够较方便地更换元器件及维修连接线。

4）各种电器元件和装置的电气间隙、爬电距离应符合规定。

5）保证一、二次线的安装距离。对于发热元件（如管形电阻、散热片等）应考虑其散热情况，安装距离应符合元件规定。

6）所有电器元件及附件，均应固定安装在支架或底板上，不得悬吊在电器及连线上。

7）接线面每个元件的附近有标志牌，标注应与图样相符。除元件本身附有供填写的标志牌（见图1-103）外，标志牌不得固定在元件本体上。

图1-103　元件本身附有供填写的标志牌

8）标号应完整、清晰、牢固。标号粘贴位置应明确、醒目。

9）双重标识。安装于面板、门板上的元件，其标号应粘贴于面板及门板背面元件下方，如下方无位置时可贴于左方，但粘贴位置应尽可能一致。

10）保护接地连续性利用有效接线来保证。

11）柜内任意两个金属部件通过螺钉连接时，如有绝缘层均应采用相应规格的接地垫圈，并注意将垫圈齿面接触零部件表面，或者破坏绝缘层。

12）安装因震动而易损坏的元件时，应在元件和安装板之间加装橡胶垫。

13）对于有操作手柄的元件应将其调整到位，不得有卡阻现象。

（3）划线定位，用螺栓固定导轨，并确保导轨的水平度。

（4）按图样规定将元器件安装到导轨上。

2. 导线连接

（1）按图施工、连线正确。

（2）除了简单配电箱能用颜色区分电压及相位外，其他应该用号码管加以区分。

（3）导线的连接（包括螺栓连接、插接、焊接等）均应牢固可靠，线束应横平竖直、配置坚牢、层次分明、整齐美观。相同元件走线方式应一致。

（4）导线截面积要求

1）单股导线：不小于 1.5 mm^2。

2）多股导线：不小于 1.0 mm^2。

3）弱电回路：不小于 0.5 mm^2。

4）电流回路：不小于 2.5 mm^2。

5）保护接地线：不小于 2.5 mm^2。

（5）所有连接导线中间不能有接头。

（6）每个电器元件的接点最多允许接 2 根线。

（7）每个端子的接线点一般不宜接两根导线，特殊情况时如果必须接两根导线，则连接必须可靠。

（8）导线应远离飞弧元件，并不得妨碍电器操作。

（9）电流表与分流器的连线之间不得经过端子，其线长不得超过 3 m。

（10）屏蔽线用接线端子把导线与屏蔽层压在一起，压过的线回折在绝缘导线外层上，用热缩管固定导线连接的部分，如图 1-104、图 1-105 所示。

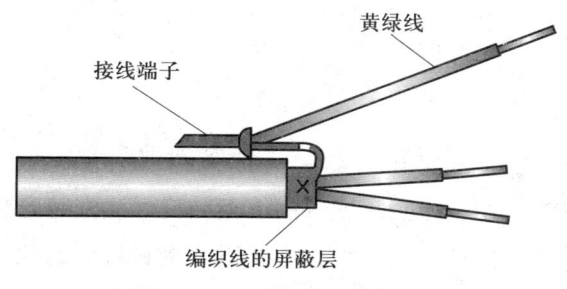

图 1-104　屏蔽层与导线的连接

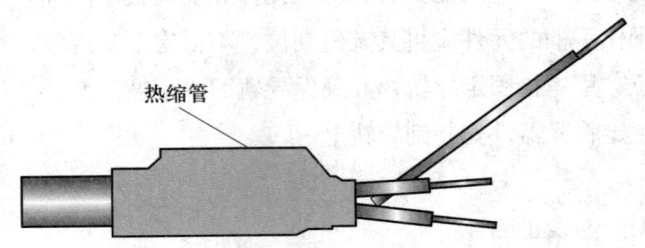

图 1-105 用热缩管固定导线连接的部分

三、注意事项

1. 注意安全文明生产。

2. 接线导线绝缘良好、无损伤。柜内任意两个金属部件通过螺钉连接时如有绝缘层均应采用相应规格的接地垫圈。

3. 保证保护接地的连续性。

培训单元 2　电线敷设

培训重点

1. 掌握线槽、线管、拖链的配线安装原则和要求。
2. 能规范地完成电线敷设的安装操作。

知识要求

一、线槽配线

塑料线槽布线方式适用于办公室或预制墙板结构无法安装暗敷的配线工程，也适用于工程改造更换及增设新的线路等场合。塑料线槽具有阻燃性、质量轻、安装及维修方便等优点。

1. 塑料线槽线路的安装及导线敷设

（1）线路固定点的标划

按照施工图划出线槽走向，同时标出所有线路装置、用电器具的安装位置和线槽的固定点。根据电源控制箱、开关盒、灯座和插座等的位置，量取各段线槽的长度并用锯分别截取，在线槽分支处和转弯处可采取拼接方法或成套配件进行连接。为使线路安装得整齐、美观，塑料线槽应尽量沿房屋的线脚、槽梁、墙角等处敷设，并与用电电器的进线口对正、与建筑物面平行或垂直。

（2）塑料线槽的固定

塑料线槽应先敷设线槽底，用手电钻在线槽内钻孔，钻孔直径为 4.2 mm 左右，线槽两端孔的位置一般为 5 ~ 10 mm，线槽中间应以不小于 50 cm 间距均匀地设置固定点，为固定线槽做准备；墙的固定点用冲击钻钻孔，钻孔直径为 8 mm 左右，孔的深度应大于塑料胀管长度，然后埋好塑料胀管，随后固定线槽底。塑料胀管的固定方法如图 1-106 所示。

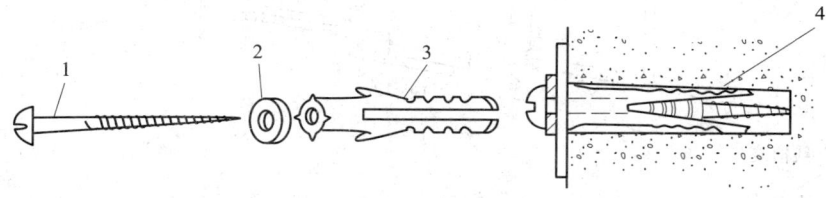

图 1-106　塑料胀管的固定方法
1—螺钉　2—垫圈　3—塑料胀管　4—塑料胀管固定在墙内

（3）塑料线槽的敷设

常用塑料线槽的敷设及对接方法如图 1-107 所示，塑料线槽明敷设照明线路及成套附件示意如图 1-108 所示。

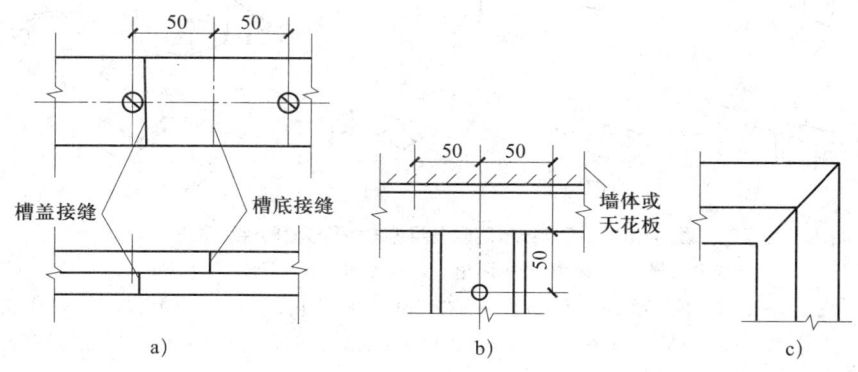

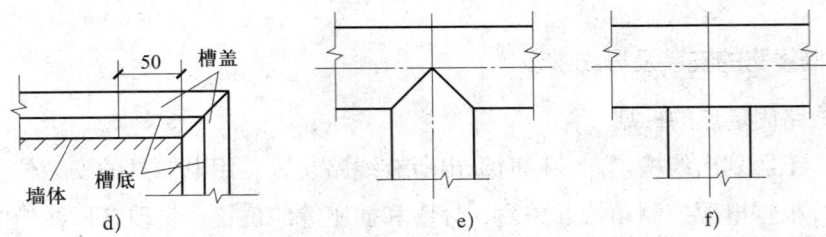

图1-107 常用塑料线槽的敷设及对接方法

a）槽底与槽盖的对接做法　b）顶三通接头槽底做法　c）槽盖平拐角做法
d）槽底与槽盖外拐角做法　e）、f）槽盖分支接头做法

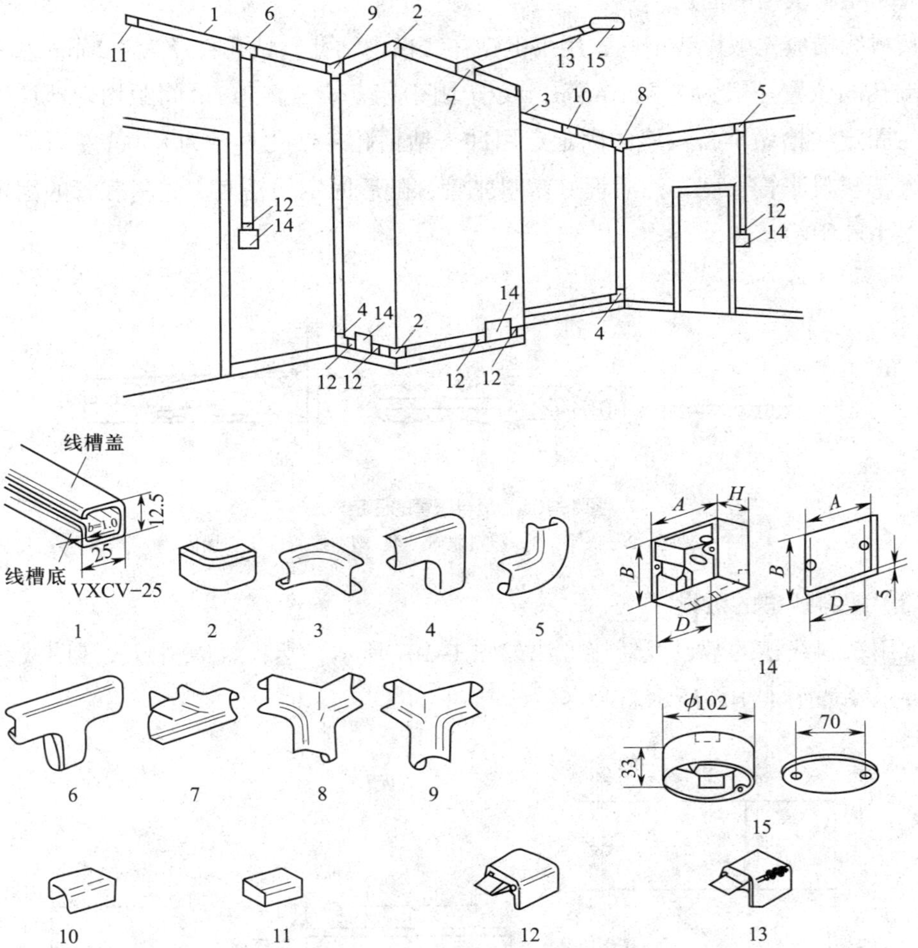

图1-108 塑料线槽明敷设照明线路及成套附件示意图

1—塑料线槽　2—阳角　3—阴角　4—直转角　5—平转角　6—平三通
7—顶三通　8—左三通　9—右三通　10—连接头　11—终端头
12—接线盒插口　13—灯头盒插口　14—接线盒、盖板　15—灯头盒、盖板

(4) 敷设导线

敷设导线应以一支路一条塑料线槽为原则，线槽内不允许有导线接头，以减少事故隐患，如必须接头时要加装接线盒。导线敷设到灯具、开关、插座等接头处，要留出 10 cm 左右的接线头用作接线，在配电箱和集中控制的开关板等处，要按实际需要留足够的长度，并在线段上做好统一标记，以便接线时识别，确保接线正确。

(5) 固定线槽盖

在敷设导线时，应先将导线放置于线槽内，随后扣紧槽盖。

2. 塑料线槽线路施工的注意事项

（1）线槽的固定要牢固、可靠，不能变形。
（2）施工时测量各线槽的位置一定要准确，确保横平竖直，节省原材料。
（3）槽底接缝与槽盖接缝应尽量错开，线槽盖两侧都要扣牢。
（4）不可因槽内导线太满而使槽壁变形。

二、线管配线

1. 钢管敷设的基本操作

（1）除锈和涂漆

敷设前，应将已选用的钢管内外的灰渣、油污与锈块等清除。为了防止除锈后重新氧化，应迅速涂漆。常用的除锈去污方法有如下两种：

1）手工除锈。钢管外壁可直接用钢丝刷或电动除锈机除锈。除锈后立即涂防锈漆。在混凝土中埋设的管子外壁不能涂漆，否则影响钢管与混凝土之间的结构强度。如果钢管内壁有污垢或其他脏物，可在一根长度足够的铁丝中扎上适量的布条或钢丝刷，在管子中来回拉动，如图 1-109 所示，即可去除钢管内部污垢等脏物，待管壁清洁后，再涂上防锈漆。

2）压缩空气吹除法。在管子的一端注入高压压缩空气，吹除管内脏物。

（2）截管

一条线管固定尺寸为 4 m 或 6 m，截管时要"先长后短"，即先截长尺寸的线管，后截短尺寸的线管，这样能降低线管的损耗率。敷设电线的钢管可以用钢锯或者割管器截断。使用钢锯锯削下锯时，锯要扶正，向前推动时适度加压力，但

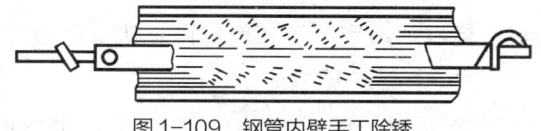

图 1-109　钢管内壁手工除锈

不能用力过猛，以防折断锯条。钢锯回拉时，应稍微抬起，减小锯条磨损。管子快要锯断时，要放慢速度，使断口平整。锯断后用半圆锉锉掉管口内侧的棱角，以免穿线时割伤导线。使用割管器截管时，割管器的进刀量每次不可太深，以进刀后旋转刀片不太吃力为准。刀片沿线管外径旋转1~2圈后进一次刀，并需在割管前在切口处滴上机油润滑，以延长刀片的寿命。截管方式如图1-110所示。

 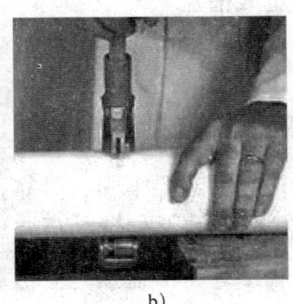

图1-110 截管方式
a）锯割 b）割管器

（3）弯管

1）弯管器种类

①管弯管器。管弯管器体积小，是弯管器中最简单的工具，其外形和使用方法如图1-111所示。管弯管器适用于直径 $\phi 50$ mm 以下的管子，更适用于现场施工弯管或没有电源供电场所的弯管。

②电动液压顶弯机。电动液压顶弯机由单向电动机、液压缸和弯管模具组成。适用于直径 $\phi 15 \sim \phi 100$ mm 钢管的弯制，弯管时只要选择合适的弯管模具装入机器中，穿入钢管，即可弯制。

2）弯管方法

①冷煨法。管径在 20 mm 及以下的钢制管可用手扳弯管器，先将管插入煨管器，逐步煨出所需要的弯度。管径在 25 mm 及以上时，用液压煨管器，先将管放入模具内，然后扳动煨管器，煨出所需弯度。

②热煨法。用预先炒干的沙子灌入管内，堵塞一端，用锤子敲打填实，再将另一端管口堵好，放在火上转动加热，烧红后煨成所需要的弯度，边煨弯边冷却。

3）注意事项

为了便于线管穿线，管子的弯曲角度θ一般不应小

图1-111 弯管器弯管

于 90°。明管敷设时，管的曲率半径 $R \geqslant 4d$；暗管敷设时，管的曲率半径 $R \geqslant 6d$，$\theta \geqslant 90°$，如图 1-112 所示。

直径小于 $\phi 50$ mm 的线管，可用弯管器进行弯管，在进行弯曲时，要逐步移动弯管器棒，且一次弯曲的弧度不可过大，否则会弯裂或弯瘪线管。凡管壁较薄而直径较大的线管，弯曲时，管内要灌沙，否则会将钢管弯瘪。如采用加热弯曲，要用干燥无水分的沙灌满，并在管两端塞上木塞，如图 1-113 所示。弯曲有缝管时，应将焊缝处放在弯曲的侧边，作为中间层，这样可使焊缝在弯曲时不开裂，如图 1-114 所示。

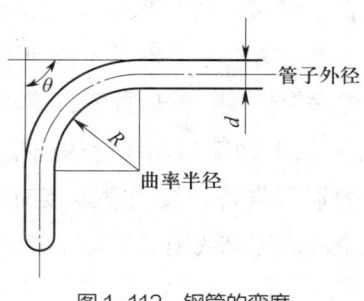

图 1-112 钢管的弯度

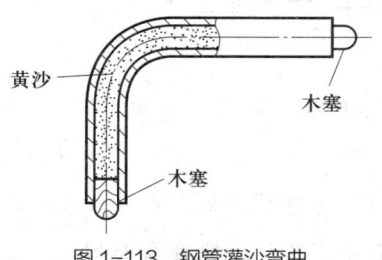

图 1-113 钢管灌沙弯曲

图 1-114 有缝钢管的弯曲

（4）套螺纹

为了使钢管与钢管之间或钢管与接线盒之间连接起来，需在连接处套螺纹，截好尺寸的线管应先将需弯曲的线管弯好后方可进行套丝工作，否则会在弯管时将已套好丝的螺纹碰坏。钢管套螺纹时，可用管子套螺纹铰板，如图 1-115 所示，常用的铰板规格有 13～50 mm 和 56～100 mm 两种。套螺纹时，应先将线管夹在管钳或台虎钳上，然后用套螺纹铰板铰出螺纹，操作时，用力要均匀，并加润滑油，以保证螺纹牙光滑。螺纹长度等于管箍长度的 1/2 加 1～2 牙的长度。第一次套螺纹（见图 1-116）结束后，松开板牙，再调整其距离，比第一次小一点尺寸再套一次。当第二次套螺纹快要完成时，稍微松开板牙，边铰边松，使其形成锥形的牙。套螺纹结束后，应用管箍试旋。选用板牙时，必须注意管径是以内径还是以外径标称的，否则无法使用。

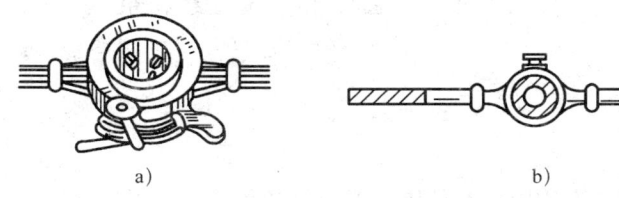 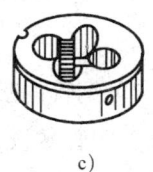

a)   b)   c)

图 1-115 管子套螺纹铰板
a）钢管铰板　b）板架　c）板牙

(5) 钢管的连接

1) 钢管与钢管连接如图 1-117 所示,其间采用管箍连接。为了保证管接口的严密性,螺纹部分应顺螺纹方向缠上麻丝(或薄膜塑料带),并在麻丝上涂一层白漆,然后拧紧,使两端面吻合。

2) 钢管与接线盒的连接如图 1-118 所示,钢管的端部与各种接线盒连接时,接线盒内外应各用一个薄形螺母或锁紧螺母夹紧线管。

图 1-116 套螺纹

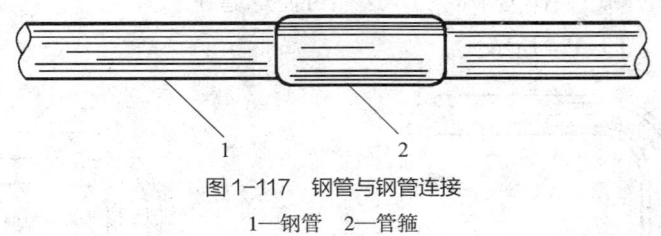

图 1-117 钢管与钢管连接
1—钢管 2—管箍

安装时,先在线管管口拧入一个螺母,管口穿入接线盒后,在盒内再拧入一个螺母。然后用两把扳手,把两个螺母反向拧紧,如果需密封,则在两螺母上各垫入封口垫圈。

(6) 钢管的接地

钢管配线必须可靠接地。为此,在钢管与钢管、钢管与配线盒及配电箱连接处,用 $\phi 6 \sim \phi 10 \mathrm{mm}$ 圆钢制成的跨接线连接,如图 1-119 所示。

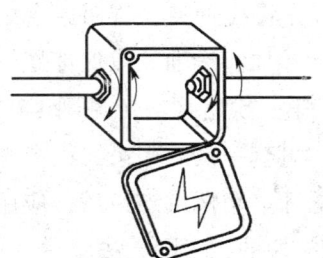

图 1-118 钢管与接线盒的连接

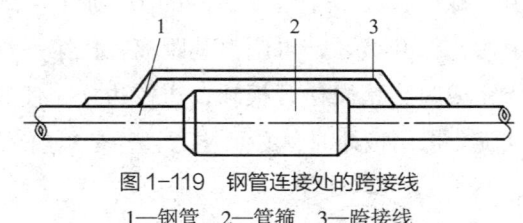

图 1-119 钢管连接处的跨接线
1—钢管 2—管箍 3—跨接线

(7) 钢管的敷设

1) 明管敷设的顺序和工艺

①明管敷设的一般顺序:确定用电设备安装位置→划出管道走向中心交叉位置→埋设紧固件→加工钢管→固定并连接钢管→系统妥善接地。

②明管敷设的基本工艺。

明管敷设要求整洁美观、安全可靠。沿建筑物敷设要横平竖直,固定点直线距离应均匀,管卡距始端、终端、转角中点以及与接线盒边沿的距离和跨越电气器具的距离为 150～500 mm。

中间的管卡最大距离应符合表 1-59 的规定。

表 1-59 钢管中间管卡最大距离

敷设方式	钢管名称	钢管直径（mm）			
		15～20	25～32	40～50	65～100
吊架、支架或沿墙敷设	厚钢管	1.5 m	2.0 m	2.5 m	3.5 m
	薄钢管	1.0 m	1.5 m	2.0 m	—

2）明管敷设的形式。随着建筑物结构和形状的不同,钢管常用敷设形式见表 1-60。

表 1-60 明管敷设的形式

1	明管进接线盒或沿墙转弯时,应在转弯处弯曲成"鸭脖子"形状	过直 应弯曲 a) b) c) d) a)、c) 不正确 b)、d) 正确
2	明管沿墙建筑面凸面棱角拐弯时,可在拐弯处加装拐角盒,以便穿线、接线	a) b) a) 拐角盒外形 b) 拐角做法 1、4—拐角盒 2—钢管 3—管箍
3	明管沿墙壁敷设时,可用管卡直接将线管固定在墙壁上,或用管卡固定在预埋的角钢支架上	a) b) c) a) 管卡 b) 单管 c) 双管

续表

4	明管沿屋面梁敷设方法	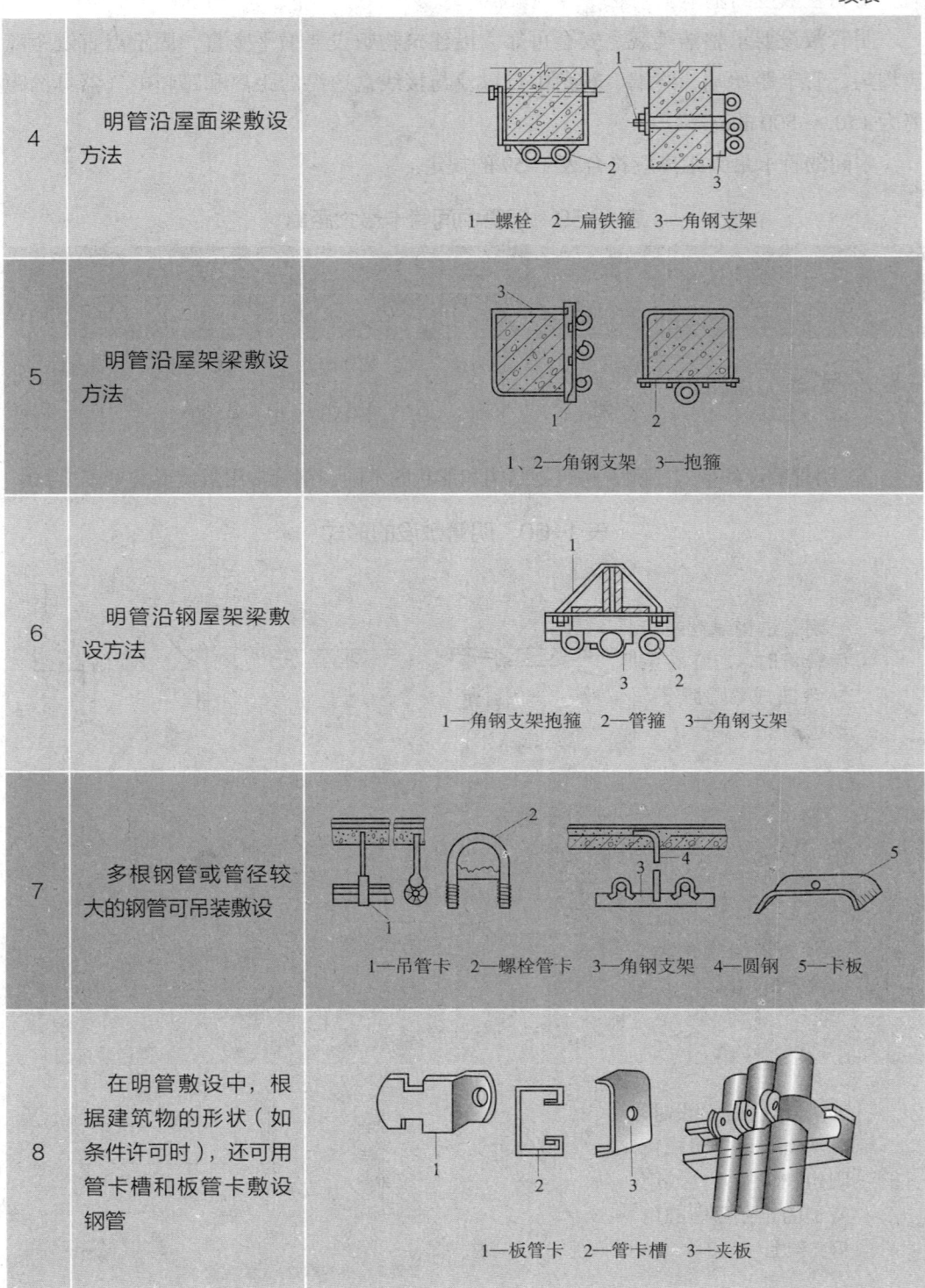
5	明管沿屋架梁敷设方法	
6	明管沿钢屋架梁敷设方法	
7	多根钢管或管径较大的钢管可吊装敷设	
8	在明管敷设中，根据建筑物的形状（如条件许可时），还可用管卡槽和板管卡敷设钢管	

图注：
- 4: 1—螺栓 2—扁铁箍 3—角钢支架
- 5: 1、2—角钢支架 3—抱箍
- 6: 1—角钢支架抱箍 2—管箍 3—角钢支架
- 7: 1—吊管卡 2—螺栓管卡 3—角钢支架 4—圆钢 5—卡板
- 8: 1—板管卡 2—管卡槽 3—夹板

3）暗管敷设的顺序和工艺

①暗管敷设的一般顺序。暗管敷设的基本操作步骤：确定安装位置→固定并连接钢管→加工钢管→系统妥善接地。

按施工图样确定接线盒、灯头盒及线管在墙体、楼板或天花板中的位置，测出线路和管道敷设长度。

加工钢管并确定好接线盒、灯头盒位置，然后在管口堵上木塞或废纸团，在接线盒内填废纸或木屑，以防水泥砂浆或杂物进入。

将钢管或连接好的接线盒等固定在混凝土模板上。

在管与管、管与盒、管与箱的接头两端焊上跨接线，使管路系统的金属壳体连成一个可靠的接地整体。

②暗管敷设的工艺。在现浇混凝土楼板内敷设钢管，应在浇灌混凝土前进行。用石（砖）块在楼板上将钢管垫高 15 mm 以上，使钢管与混凝土模板保持一定距离，然后用铁丝将其固定在钢筋上，或用钉子将其固定在模板上，如图 1-120 所示。

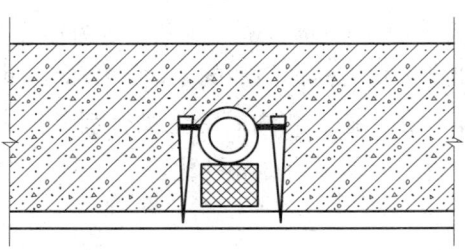

图 1-120　在混凝土楼板内固定暗管

在砖墙内敷设钢管应在土建砌砖时预埋，边砌砖边预埋，并用砖屑、水泥砂浆将管子塞紧。砌砖时若不预埋钢管，应在墙体上预留管槽或凿打管槽，并在钢管的固定点预埋木榫，在木榫上钉入钉子。敷设时，将钢管用铁丝绑在钉子上，再将钉子进一步钉入木榫，使管子与槽壁紧贴，最后用水泥砂浆覆盖槽口，使建筑物表面平整。

在地下敷设钢管，应在浇灌混凝土前将钢管固定。其方法是先将木桩或圆钢打入地下泥土中，用铁丝将钢管绑在这些支撑物上，下面用石块或砖块垫高，距离土面高 15～20 mm，再浇灌混凝土，使钢管位于混凝土内部，以避免潮气的腐蚀。

在楼板内敷设钢管，由于楼板厚度的限制，对钢管外径的选择有一定要求：楼板厚 80 mm，钢管外径应小于 40 mm；楼板厚 120 mm，钢管外径不得超过 50 mm。注意，浇混凝土前，在灯头盒或接线盒的设计位置预埋木块，待混凝土固化后再取出木块，装入接线盒或灯头盒，如图1-121所示。

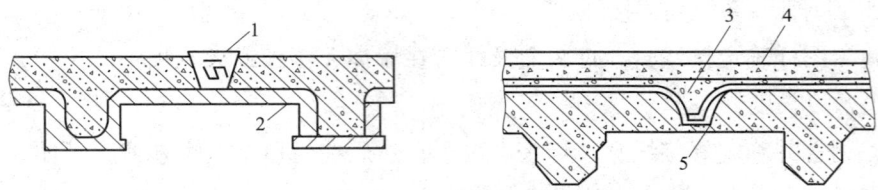

图1-121 在楼板内暗敷钢管
1—木块 2—模板 3—水泥砂浆 4—焦渣垫层 5—接线盒

2. 硬塑料管敷设的基本操作

（1）硬塑料管的连接

1）加热连接法

①直接加热连接法。对直径为50 mm及以下的塑料管可用直接加热连接法。连接前先将管口倒角，即将连接处的外管倒内角，内管倒外角，如图1-122所示。然后将内、外管各自插接部位的接触面用汽油等溶剂洗净，待溶剂挥发完后用喷灯、电炉或其他热源对插接段加热，加热长度为标称内径的1.1～1.5倍。也可将插接段浸在130 ℃的热甘油或石蜡中加热至软化状态，将内管涂上黏合剂，趁热插入外管并调到两管轴心一致时，迅速用湿布包缠，使其尽快冷却硬化。

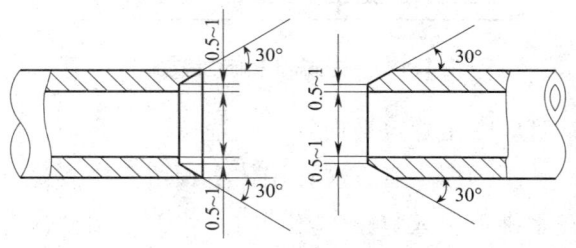

图1-122 塑料管口倒角

②模具胀管法。对直径为65 mm及其以上的硬塑料管的连接，可用模具胀管法。先按照直接加热连接法对接头部分进行倒角、清除污垢并加热，等塑料管软化后，将已加热的金属模具趁热插入外管接头部，如图1-123a所示。然后用冷水冷却到50 ℃左右，脱出模具。在接触面上涂黏合剂，再次加热，待塑料管软化后进行插接，到位后用水冷却，使外管收缩，箍紧内管，完成连接。

硬塑料管在完成上述插接工序后，如果条件具备，用相应的塑料焊条在接口处圆周上焊接一圈，使接头成为一个整体（见图1-123b），则机械强度和防潮性能更好。

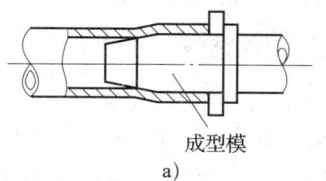 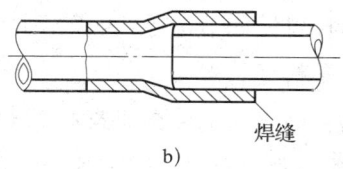

图 1-123 硬塑料管模具插接
a) 胀管插接 b) 接口焊接

2) 套管连接法。两根硬塑料管的连接可在接头部分加套管完成。套管的长度为它自身标称内径的 2.5～3 倍，其中管径在 50 mm 以下者取较大值；在 50 mm 以上者取较小值。管内径以待插接的硬塑料管在套管加热状态刚能插进为合适。插接前，需先将管口在套管中部对齐，并处于同一轴线上，如图 1-124 所示。

（2）弯管

塑料管的弯曲通常用加热弯曲法和弯管器直接弯管。对塑料管的加热弯曲有直接加热和灌沙加热两种方法。近年来也常常采用弯管器进行弯管的方法。

1) 加热弯曲法

①直接加热弯曲。直接加热适用于管径为 20 mm 及其以下的塑料管。将待加热的部分在热源上匀速转动，使其受热均匀，待管子软化时，趁热在木模上弯曲成型，如图 1-125 所示。

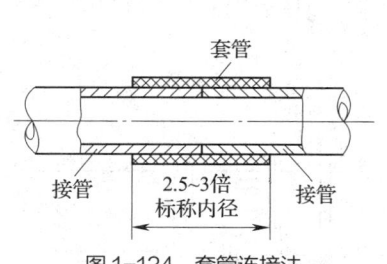 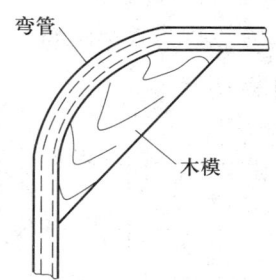

图 1-124 套管连接法   图 1-125 塑料管直接加热弯曲成型

②灌沙加热法。灌沙加热法适用于管径为 25 mm 及以上的硬塑料管。对于内径较大的管子，如果直接加热，很容易使其弯曲部分变瘪。为此，应先在管内灌入干燥沙粒并捣紧，塞住两端管口，再加热软化并在模具上弯曲成型。

加热时要掌握好火候，既要使管子软化，又不得烧伤、烤变色或使管壁出现凸凹状，因此要不断转动管子使之受热均匀。

2) 弯管器直接弯管法。弯管器就是一段外径比 PVC 管内径稍小的弹簧，使用时插入 PVC 管要弯曲的部位内部，然后直接弯管。弯好后将弹簧抽出（有时需要先拴根绳子便于抽出），PVC管直接弯折很容易瘪掉，弹簧的作用就是从里面撑住不让它瘪掉。

弯曲半径可做如下选择：明敷不能小于管径的6倍；暗敷不得小于管径的10倍。

（3）硬塑料管的敷设

硬塑料管敷设与钢管在建筑物上（内）的敷设基本相同，但要注意下面几个问题：

1）硬塑料管明敷时，固定管子的管卡距始端、终端、转角中点、接线盒或用电设备边缘150～500mm；中间直线部分间距均匀，管卡间隔与金属线管一致。

2）明敷的硬塑料管，在易受机械损伤的部位应加钢管保护，如埋地敷设和进设备时，其伸出地面200mm段、伸入地下50mm段应用钢管保护。硬塑料管与热力管间距也不应小于50mm。

3）硬塑料管热胀系数比钢管大5～7倍，敷设时应考虑加装热胀冷缩的补偿装置。在施工中，每敷设30m应加装一只塑料补偿盒。将两塑料管的端头伸入补偿盒内，由补偿盒提供热胀冷缩余地。塑料补偿盒如图1-126所示。

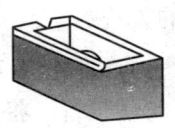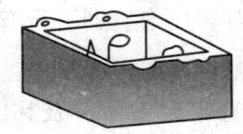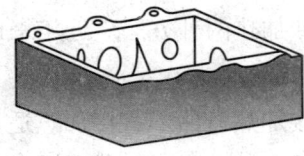

图1-126 塑料补偿盒

4）与塑料管配套的接线盒、灯头盒不能用金属制品，只能用塑料制品。而且塑料管与接线盒、灯头盒之间的固定一般也不能用锁紧螺母和管螺母，多用胀扎管头绑扎，如图1-127所示。

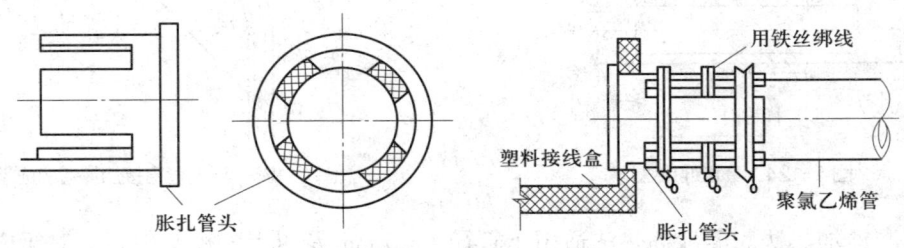

图1-127 塑料管与接线盒的固定

3. 穿线

基本操作步骤：穿线准备→放线、断线→扎线接头→穿线。

（1）穿线准备

必须在穿线前再一次检查管口是否倒角，是否有毛刺，以免穿线时割伤导线。然

后向管内穿 $\phi 1.2 \sim \phi 1.6$ mm 的引线钢丝,用它将导线拉入管内。如果管径较大,转弯较小,可将引线铁丝从管口一端直接穿入,为了避免管壁上凹凸部分挂住钢丝,要求将钢丝头部做成如图 1-128a 所示的弯钩。如果管道较长、转弯较多或管径较小,一根钢丝无法直接穿过时,可用两根钢丝分别从两端管口穿入,但应将引线钢丝端头弯成钩状,如图 1-128b 所示,使两根钢丝穿入管子并能互相钩住,如图 1-128c 所示。然后,将要留在管内的钢丝一端拉出管口,使管内保留一根完整钢丝;两头伸出管外,并绕成一个大圈,使其不能缩入管内,以备穿线之用。

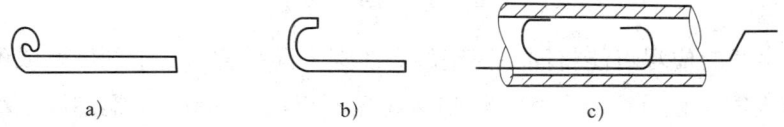

图 1-128 线管穿引线钢丝

a)、b)钢丝弯钩 c)两根钢丝弯钩相互钩住

(2)放线及断线

1)放线。放线前应根据施工图纸对导线规格、型号进行核对,并用对应电压等级的绝缘电阻表进行通断摇测。

2)断线。剪断导线时,导线的长度应按以下四种情况预留:接线盒、开关盒、插座盒及灯头盒内导线的预留长度应为 150 mm;配电箱内导线的预留长度应为配电箱体周长的 1/2;出户导线的预留长度应为 1.5 m;公用导线在分支处,可不剪断导线而直接穿过。

(3)扎线接头

1)当导线根数较少时,如 2~3 根导线,可将导线前端的绝缘层削去,然后将线芯与带线绑扎牢固。扭绞后按图 1-129 所示的方法,将其紧扎在引线头部。

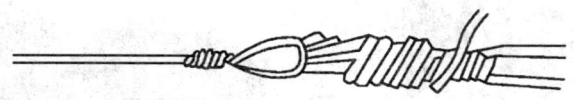

图 1-129 引线钢丝与线头绑扎

2)当导线根数较多或导线截面较大时,可将导线前端绝缘层削去,然后将线芯斜错排列在带线上,用绑线绑扎牢固,不要将线头做得太粗、太大,应使绑扎接头处形成一个平滑的锥形接头,减少穿管时的阻力,便于穿线。

(4)穿线

穿线前,应在管口套上橡皮或塑料护圈,以避免穿线时在管口内侧割伤导线绝缘层。然后由两人在管子两端配合穿线入管，位于管子右端的人慢慢拉引线钢丝，位于管子左端的人慢慢将线束送入管内，如图1-130所示。如果管道较长、转弯太多或管径较小而造成穿线困难时，可在管内加入适量滑石粉以减小摩擦，但不能用油脂或石墨粉，以免损伤导线绝缘或将导电粉尘带入管道内。

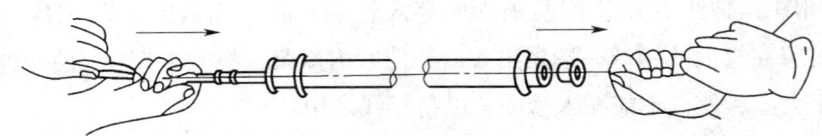

图1-130 导线穿管

注意：穿线时应尽可能将同一回路的导线穿入同一管内，不同回路或不同电压的导线不得穿入同一根管内。所穿导线绝缘耐压不得低于500 V，铜芯线最小截面积不得小于1 mm²；铝芯线不小于2.5 mm²，每根线管内穿线最多不超过10根。导线在管内不得有接头和扭结，其接头应在接线盒内连接。

三、拖链配线

1. 拖链应用基本知识

（1）拖链的用途和特点

拖链适合在往复运动的场合使用，能够对内置的电缆、油管、气管、水管等起到牵引和保护作用。

拖链广泛应用于数控机床、电子设备、注塑机、机械手、起重运输设备等各种专用机械中。常用拖链如图1-131所示。

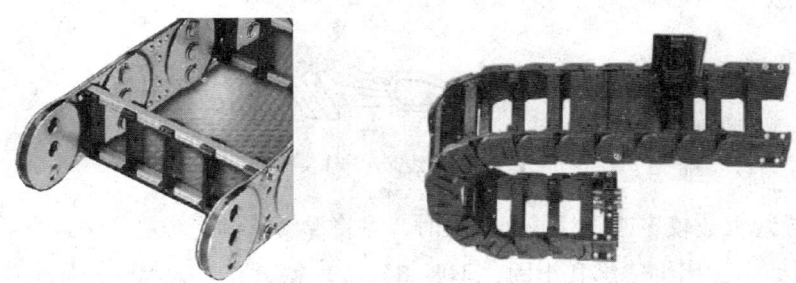

图1-131 常用拖链

（2）拖链的结构

1）工程塑料电缆拖链由众多单元链节组成，链节之间可自如转动。

2）相同系列的拖链内高、外高、节距，拖链内宽、弯曲半径可有不同的选择。

3）有些拖链的单元链节不能打开（见图1-132）；有些拖链的单元链节能单面打开（见图1-133）。有些拖链的单元链节上下两面均能打开，它由左右链板和上下盖板组成，此类拖链不必穿线，打开盖板后即可把电缆、油管、气管等放入拖链内，有些拖链带分隔片（见图1-134），将链内空间按需要分隔开。

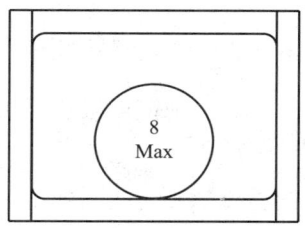

图1-132 不能打开的拖链

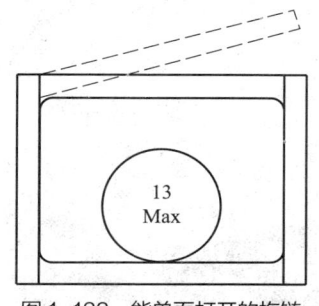

图1-133 能单面打开的拖链

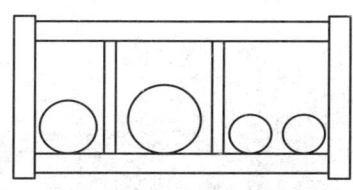

图1-134 带分隔片的拖链

（3）拖链的基本参数

拖链的材料主要是增强尼龙或钢。其最高速度可达 5 m/s，最高加速度可达 5 m/s^2（具体速度、加速度视运行情况而定）。在正常架空使用情况下，往复运动次数可达 500 万次。

（4）拖链的运行方式

拖链的运行方式有 5 种，分别为水平运行、90°旋转运行、垂直立式运行、垂直吊式运行和组合式运行，图1-135 所示为拖链的各种运行方式示例。

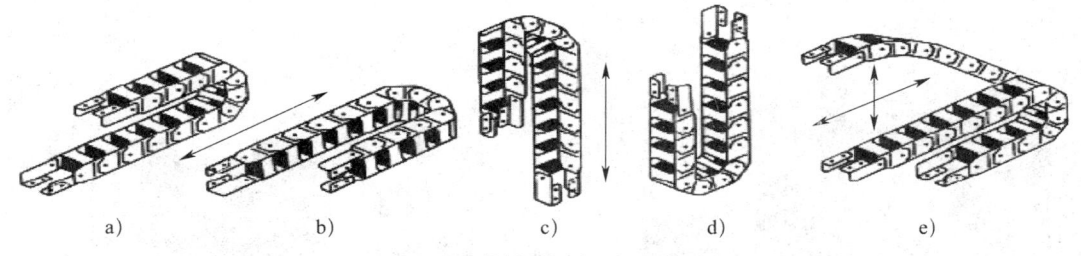

图1-135 拖链的各种运行方式示例

a）水平 b）90°旋转 c）垂直立式 d）垂直吊式 e）组合式（水平/垂直）

（5）注意事项

1）将拖链接头按需要以正确的方向连接在拖链上，并将其固定在所需位置上。

2）在长距离滑动使用时，建议使用导向槽且运动端三节拖链需反装。

2. 拖链的导线敷设

（1）拖链连接

如图1-136所示，将拖链的两头对在一起，用力将销推入孔内即可。

（2）拖链拆分

如图1-137所示，将链节与链节之间用一字螺钉旋具往外撬，使销与孔分离，然后往外扳，使链节脱离。链头的装拆与链节之间的拆装方法一样。

图1-136 拖链连接

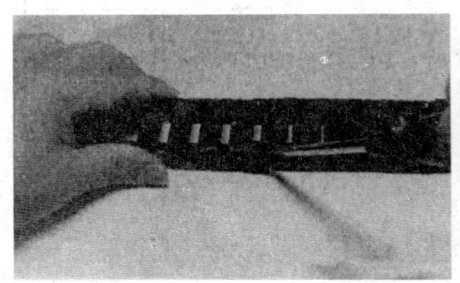 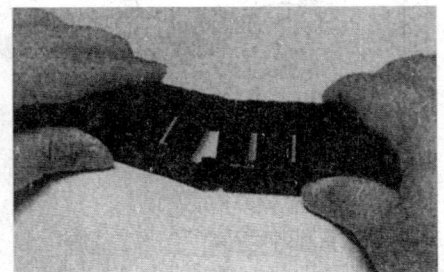

图1-137 链节拆分示意

（3）不可打开的拖链穿线

将线从头往后穿，如图1-138所示。

（4）可打开拖链的穿线

1）打开横杆。用一字螺钉旋具插入横杆左侧的间隙，侧面用力往上撬，打开横杆的左侧；用一字螺钉旋具插入横杆右侧的间隙，侧面用力往上撬，打开横杆的右侧，如图1-139所示。

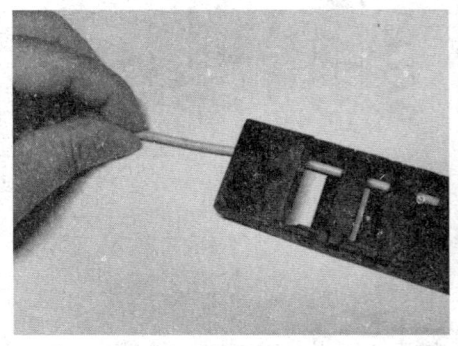 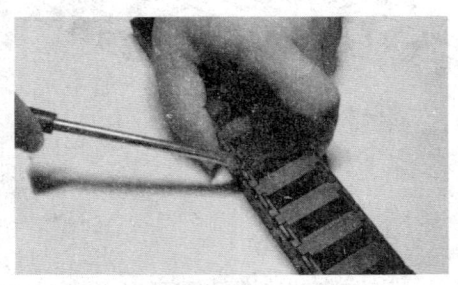

图1-138 拖链中穿线示意　　图1-139 打开横杆示意

2)放入导线。打开盖板,将电缆、油管等放入拖链,然后盖上盖板,此外,电线的固定端和活动端均应用去张力装置加以固定。

3)闭合横杆。将横杆放入如图 1-140 所示的位置,用手指将横杆左端压入卡槽内;再用手指将横杆右端压入卡槽内。

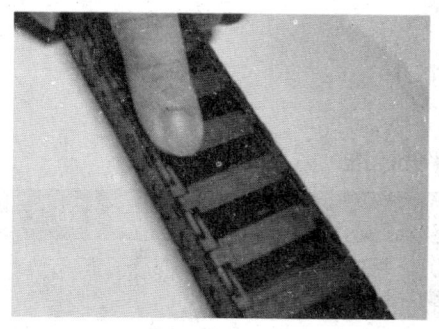 

图 1-140 闭合横杆示意

技能要求 1

塑料槽板配线

一、操作准备

工具:电工常用工具 1 套,钢锯 1 套。

材料:绝缘电线(根据照明灯的功率自定)15 m。

准备内容见表 1-61。

表 1-61 准备内容

序号	名称	规格	型号数量	备注
1	绝缘电线	—	15 m	
2	塑料槽板	—	5 m	
3	塑料槽板配套分线盒	—	2 个	
4	木螺钉	—	30 个	
5	配线板	500 mm×(600~2 000)mm×25 mm	1 块	
6	工具	常用电工工具及锯、台钳等	1 套	

二、操作步骤

1. 绘制线路布置图。

2. 定位。

3. 划线。
4. 锯槽底和槽盖拐角。
5. 锯槽底盒十字交叉接头。
6. 用木螺钉固定槽底。
7. 敷设导线并盖上槽板。

三、评分标准

评分标准见表1-62。

表1-62 评分标准

序号	主要内容	评分标准	配分	扣分	得分
1	平拐角	（1）拐角大于或小于90°，每处扣10分 （2）拐角接头不齐，每个扣10分	30		
2	分支接头	（1）分支接头不齐，每个扣10分 （2）分支角度锯削不符合要求，每个扣10分	30		
3	十字交叉接头	接头交叉头不齐，每个扣10分	30		
4	安全文明生产	违反安全文明生产规程，从总分中扣5分	5		
5	工时	120 min，每超时5 min（不足5 min按5 min计）扣5分	5		
6	备注	不准超时	合计	100	
			教师签字		

技能要求 2

金属电线管敷设

一、操作准备

准备内容见表1-63。

表1-63 准备内容

序号	名称	规格	型号数量	备注
1	绝缘电线	—	15 m	
2	钢丝引线	ϕ1.2 mm	2.5 m	
3	金属线管	ϕ25 mm	2个	
4	工具	常用电工工具及钢锯，13～50 mm管子套螺纹绞板	1套	

二、操作步骤

1. 弯管按图 1-141 所示尺寸，用弯管器弯 90° 角。
2. 锯管按图 1-141 所示尺寸，锯削电线管。
3. 套螺纹。用 13 ~ 50 mm 管子套螺纹铰板将电线管两端套螺纹。
4. 穿钢丝引线。
5. 穿导线。

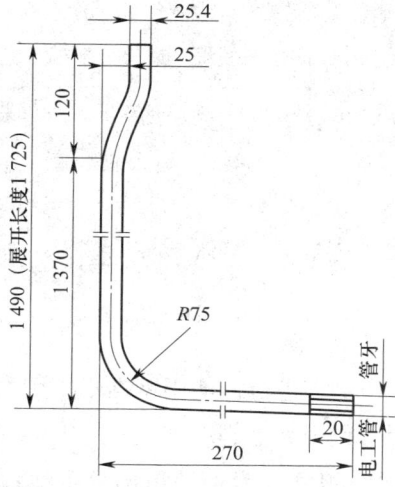

图 1-141　电线管双弯曲 90° 及套螺纹

三、评分标准

评分标准见表 1-64。

表 1-64　评分标准

序号	主要内容	评分标准	配分	扣分	得分
1	弯管	（1）弯管工具使用不正确，扣 5 分 （2）管子弯裂，扣 10 分 （3）管子弯瘪，尚能使用，扣 15 分；不能使用，扣 40 分 （4）管子两端管口不平，翘度大于 5 mm，扣 5 分；大于 10 mm，扣 10 分 （5）弧度不圆整，扣 10 分 （6）弯曲角度每超过 5°，扣 5 分	40		
2	锯削	（1）管口不平直，扣 5 分 （2）尺寸不符，扣 5 分	10		

续表

序号	主要内容	评分标准	配分	扣分	得分
3	套螺纹	（1）管牙铰烂，扣20分 （2）管牙太紧，扣10分 （3）管口有毛刺，扣5分	20		
4	穿导线	（1）穿线方法不正确，扣10分 （2）穿线损伤绝缘，扣10分	20		
5	安全文明生产	违反安全文明生产规程，从总分中扣5分	5		
6	工时	120 min，每超时5 min（不足5 min按5 min计）扣5分	5		
7	备注	不准超时	合计	100	
			教师签字		

四、注意事项

1. 锯管和套螺纹应按操作要求进行，使用钢锯不得用力过猛，以防折断锯条。

2. 锯削后倒角，检查管口是否有毛刺。

3. 穿线时，拉线的一端应用钢丝钳带动露出的引线；送线一端防止拉线过猛伤手，两端拉送配合应默契。

4. 注意安全文明生产。

技能要求3

PVC线管（镀锌钢管）敷设穿线

一、操作准备

准备内容见表1-65。

表1-65　准备内容

序号	名称	规格	数量	备注
1	硬塑料电线管	ϕ25 mm	2 m	
2	PVC接线盒	86型	1个	
3	专用训练模板	1 000 mm×1 000 mm	1块	
4	灯具、开关、插座	—	1套	

续表

序号	名称	规格	数量	备注
5	导线	—	若干	
6	安装辅件（紧固件、导轨、钢丝等）	—	若干	
7	工具*	—	1套	

*在实际工作中用到的工具包括：

1. 煨管器、开孔器、套螺纹机（扳手）等。
2. 弯管弹簧、剪管器、热风枪等。
3. 电锤、手电钻、电烙铁等。
4. 锤子、钢锯、锉、活扳手、钢丝钳、尖嘴钳、剥线钳、压接钳等。
5. 卷尺、水平尺、线坠、铅笔、油漆、塑料透明管、放线架等。
6. 验电笔、一字螺钉旋具、十字螺钉旋具、电工刀、万用表、绝缘电阻表、接地表。

二、操作步骤

1. 划线定位。
2. 截管。
3. 弯管。
4. 箱、盒定位固定。
5. 管路敷设与连接。
6. 管内穿线。

选择导线→清扫管路→穿带线→放线及断线→导线与带线的绑扎→管内穿线。

三、评分标准

评分标准见表1-66。

表1-66 评分标准

序号	主要内容	评分标准	配分	扣分	得分
1	弯管	（1）弯管工具使用不正确，扣5分 （2）管子弯裂，扣10分 （3）管子弯瘪，尚能使用，扣15分；不能使用，扣40分 （4）管子两端管口不平，翘度大于5 mm，扣5分；大于10 mm，扣10分 （5）弧度不圆整，扣10分 （6）弯曲角度每超过5°，扣5分	40		
2	锯削	（1）管口不平直，扣5分 （2）尺寸不符，扣5分	20		

续表

序号	主要内容	评分标准	配分	扣分	得分
3	穿导线	（1）穿线方法不正确，扣10分 （2）穿线损伤绝缘，扣10分	30		
4	安全文明生产	违反安全文明生产规程，从总分中扣5分	5		
5	工时	120 min，每超时5 min（不足5 min按5 min计），扣5分	5		
6	备注	不准超时	合计	100	
			教师签字		

四、注意事项

1. 用锁紧螺母及接线盒对线管进行连接。
2. 使用管卡对线管进行固定，要求水平和垂直度良好。
3. 使用钢丝做引线，进行线缆的穿管。
4. 不同回路、不同电压的导线、交流与直流的导线不得穿入同一管。
5. 导线穿入钢管后，在导线出口处，应装护口保护导线。
6. 注意使用工具安全。

技能要求 4

电线穿拖链

一、操作准备

准备内容见表1-67。

表1-67　准备内容

序号	名称	数量	备注
1	拖链	2套	
2	导线	若干	
3	安装辅件（紧固件、导轨、钢丝等）	若干	
4	工具	1套	

二、操作步骤

1. 拖链连接。
2. 拖链拆分。

3. 穿线。

三、评分标准

评分标准见表 1-68。

表 1-68　评分标准

序号	主要内容	评分标准	配分	扣分	得分
1	可打开拖链导线敷设	（1）正确安装、拆卸拖链，每个错误扣 5 分 （2）按照正确方式布线，每个错误扣 5 分	45		
2	不可打开的拖链导线敷设	（1）正确安装、拆卸拖链，每个错误扣 5 分 （2）按照正确方式布线，每个错误扣 5 分	45		
3	安全文明生产	违反安全文明生产规程，从总分中扣 5 分	5		
4	工时	120 min，每超时 5 min（不足 5 min 按 5 min 计）扣 5 分	5		
5	备注	不准超时	合计	100	
			教师签字		

四、注意事项

1. 拖链电缆安装时不能出现扭曲的敷设。

2. 外径差异很大的电缆混着配线需要用隔板将不同直径的电缆隔开。

3. 为防止同时布线的电缆之间互相干扰，电缆不应重叠。在拖链内实施水平布线时也要保证足够的间隙。

4. 电缆的固定部位应设置在拖链的两端。

5. 电缆与送气管混在一起应用隔板将电缆与送气管隔开。

培训单元 3　导线的连接

培训重点

1. 掌握接线工艺要求规范。

2. 能够进行导线连接。

知识要求

一、接线工艺要求规范

接线是维修电工应熟练掌握的一项基本技能。目前对于接线的要求，国内外各行业甚至同行业各企业之间也往往有各自不同的规范，相互之间在细节上都有所差异，因此在接线时应加以注意。

常见的接线工作一般有两类：柜（箱）内接线及柜（箱）外接线。

1. 柜内接线

柜内接线一般在柜内所有元器件固定后进行，使用导线将柜、箱上的电器元件按照电气原理图连接起来。要求能满足设计控制要求，并且所接的线缆整齐美观、方便检查。

一般应先完成主电路的接线，然后依次接控制电路及信号电路等。

接线的第一步是放线。放线时必须根据实际需要长短来落料，活动线束应考虑最大极限位置需用长度。放线时尽量利用短、零线头，以免浪费。导线不允许有中间接头及绝缘损坏的情况，导线排列应尽量减少弯曲和交叉，弯曲时其弯曲半径应不小于3倍的导线外径，并弯成弧形。导线交叉时，应以少数导线跨越多根导线，细导线跨越粗导线为原则。导线穿越金属板孔时，必须在金属板孔上套上合适的保护物，如橡皮护圈等。

行线一般有平行排列行线、成束行线和行线槽行线三种方法。平行排列行线是指在行线时导线间平行排列固定；成束行线是指将多根导线扎成线束行线；行线槽行线则是采用导线在行线槽内行线，这是电控柜中最常见的方式。布线时都要求每根导线要拉直，行线做到平直整齐、式样美观。

导线颜色一般应遵循下列原则：

（1）交流三相电路的U相：黄色；V相：绿色；W相：红色；零线或中性线：淡蓝色；安全用的接地线：黄绿双色。

（2）用双芯导线或双根绞线连接的交流电路：红黑色并行。

（3）直流电路的正极：棕色；负极：蓝色；接地中性线：淡蓝色。

（4）半导体电路的半导体三极管的集电极：红色；基极：黄色；发射极：蓝色。半导体二极管和整流二极管的阳极：蓝色；阴极：红色。晶闸管的阳极：蓝色；控制极：黄色；阴极：红色。双向晶闸管的控制极：黄色；主电极：白色。

（5）整个装置及设备的内部布线一般推荐：黑色；半导体电路：白色；可能发生混淆时：允许选指定用色外的其他颜色（如橙、紫、灰、绿蓝、玫瑰红等）。

（6）具体标色时，在一根导线上，如遇有两种或两种以上的可标色，视该电路的特定情况，以电路中需要表示的某种含义进行定色。

为了维护检修方便，导线都应在两端套装标号头。所有标号头应根据接线图所注明的数字，将其输入套管打印机中，打印在专用套管上，套管直径应与套装的导线粗细配合。标号头的套装要求数字排列方向统一。如是水平套装，数字从左到右，如是垂直套装，数字从上到下。标号头要求字迹清晰、标号正确，一般不得用手写标号头。

电气连接接线牢固、良好，配线应成排成束地垂直或水平有规律地敷设，要求整齐、美观，层次分明。

一般一个接线端子（含端子排和元器件接线端）只连接一根导线，必要时允许连接两根导线。

导线与电器元件间采用螺栓连接、插接、焊接或压接等，均应牢固可靠。凡是多股软线的连接头，一律用冷压接头压接。

总线、控制信号线应与动力电缆或母排分开，避免强弱电线缆靠近或平行走向。

接线完毕后应自检，认真对照原理图、接线图，按照接线要求对设备进行自检，若有不符之处，进行纠正，并将柜内打扫清洁。

2. 柜外接线

现场成套设备柜之间、设备与监控室之间的动力电缆、控制电缆、总线应分类按敷设规程敷设。大电流动力电缆，低压动力照明电缆，一般控制电缆，信号、总线电缆应该按类分层敷设，不可混在一层敷设。

一般柜外敷设电缆穿管或线槽敷设时，线管及线槽宜采用电导体材料制作，并且每间隔一段距离要接地并做防腐处理，间隔距离应满足电磁兼容要求。

柜外线缆应在电缆终端头、电缆接头处装设电缆标志牌。如为长距离布线，则应在下列部位装设电缆标志牌：

（1）电缆终端及电缆接头处。

（2）电缆两端、人孔及工作井处。

（3）电缆隧道内转弯处、电缆分支处、直线段每隔 50～100 m 处。

标志牌上应注明线路编号。当无编号时，应写明电缆型号、规格及起止地点；并联使用的电缆应有顺序号。标志牌的字迹应清晰不易脱落。标志牌规格宜统一。标志牌应能防腐，挂装应牢固。

二、导线绝缘层的剖削

导线绝缘层可以使用电工刀、电工钢丝钳或剥线钳进行剖削。

1. 塑料硬线绝缘层的剖削

线芯截面积为 4 mm² 及以下的塑料硬线,其绝缘层用电工钢丝钳或剥线钳进行剖削。用电工钢丝钳剖削方法如图 1-142 所示。剖削时根据线端所需长度,用钳头刀口切破绝缘层,注意不可切损线芯。然后右手握住钳头部用力向外勒去绝缘层。在勒去绝缘层时,不可在刀口处加剪切力。

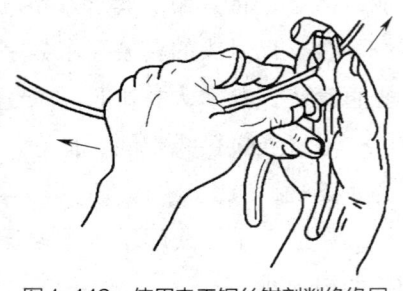

图 1-142 使用电工钢丝钳剖削绝缘层

线芯截面积为 4 mm² 以上时,一般使用电工刀剖削绝缘层,方法如图 1-143 所示。首先根据所需线端的长度,用电工刀以 45° 角切入绝缘层,注意深度不可伤及线芯。然后使刀面与导线保持约 25° 角向线端推削,削出一条缺口。再将绝缘层剩余部分翻下,将绝缘层与线芯剥离。最后用电工刀切掉绝缘层,并修齐剖削部分。

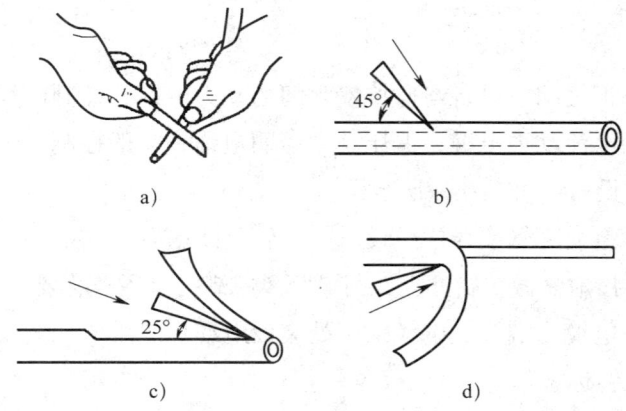

图 1-143 使用电工刀剖削绝缘层
a) 使用电工刀的手法　b) 切入绝缘层　c) 向线端推削绝缘层　d) 切除绝缘层

2. 塑料软线绝缘层的剖削

塑料软线线芯为多股铜丝,一般使用剥线钳或电工钢丝钳剖削其绝缘层,用电工刀容易剖伤芯线,使用电工钢丝钳剖削方法与塑料硬线绝缘层剖削方法相同。

3. 塑料护套线线头绝缘层的剖削

如图1-144a所示，首先按所需长度用电工刀刀尖对准芯线缝隙划开护套层；然后如图1-144b所示向后翻护套层，用电工刀齐根切去；最后在离护套层5～10 mm处，用电工刀按照剖削塑料硬线绝缘层的方法，分别剖削每根芯线的绝缘层。

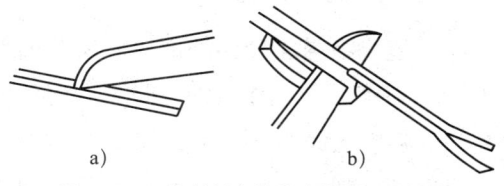

图1-144 塑料护套线线头绝缘层的剖削
a）划开护套层 b）后翻护套层并切除

4. 橡皮套软电缆绝缘层的剖削

如图1-145a所示，首先用电工刀从端头割破部分护套层，然后连同芯线反向撕破护套层或继续用电工刀割破（见图1-145b），再用电工刀割齐护套（见图1-145c），最后用剥线钳或电工钢丝钳剥离芯线绝缘层。

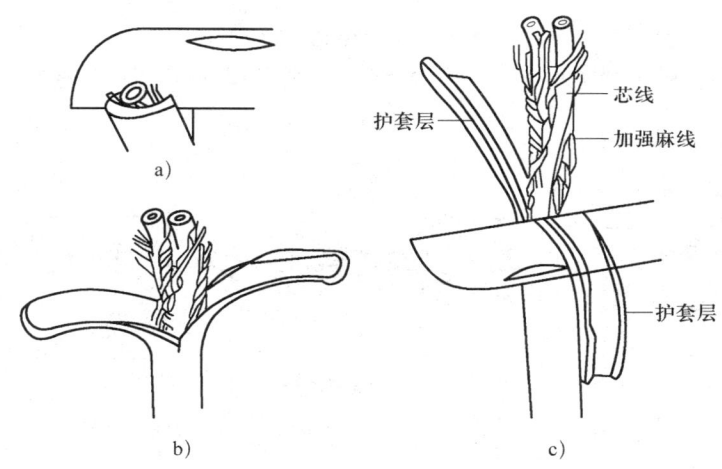

图1-145 橡皮套软电缆的剖削
a）割破部分护套层 b）连同芯线反向撕破护套层 c）剥离芯线绝缘层

5. 花线绝缘层的剖削

花线最外层棉纱织物保护层较软，可用电工刀将四周切割一圈后用力将棉纱织物拉去，如图1-146a所示，然后在距棉纱织物保护层末端10 mm处，用钢丝钳刀口切割橡胶绝缘层，如图1-146b所示，注意掌握力度，不能损伤芯线。再采用类似图1-142的方式用右手握住钳头，左手把花线用力抽拉，通过钳口勒除橡胶绝缘层。花线的橡胶层剥去后就露出了里面的棉纱层，将包裹芯线的棉纱松散开，如图1-146c

所示，用电工刀割断棉纱，即露出芯线。

6. 铅包线绝缘层的剖削

铅包线绝缘层分为外部铅包层和内部芯线绝缘层，剖削时先用电工刀在铅包层切下一个刀痕，如图 1-147a 所示，然后上下左右扳动折弯刀痕，使铅包层从切口处折断，并将它从线头上拉掉，如图 1-147b 所示。内部芯线绝缘层的剖削方法与塑料硬线绝缘层的剖削方法相同，如图 1-147c 所示。

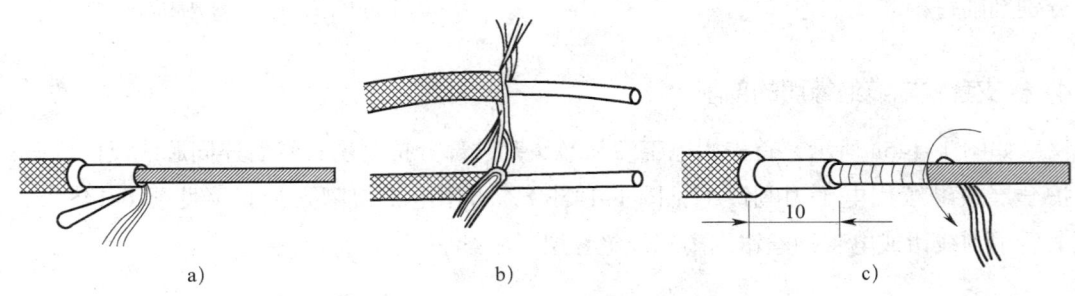

图 1-146　花线绝缘层的剖削
a）切割后将棉纱织物拉去　b）切割橡胶绝缘层　c）割断棉纱，露出芯线

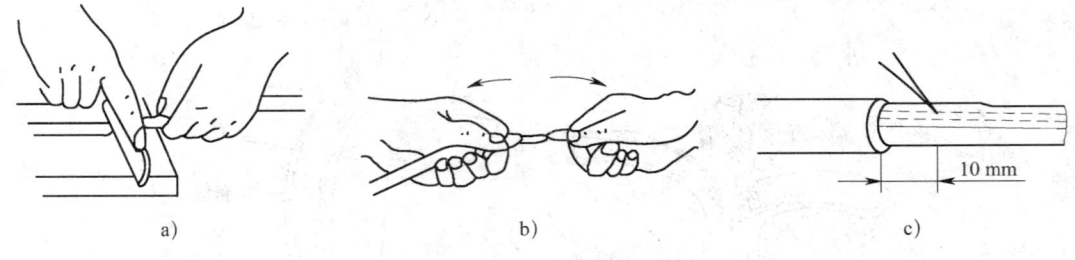

图 1-147　铅包线绝缘层的剖削
a）切下一个刀痕　b）扳动折弯刀痕并折断铅包层　c）剖削内部芯线绝缘层

三、导线与接线桩的连接

1. 导线的封端

为保证导线线头与电气设备的电接触和其机械性能，除 10 mm² 以下截面积的单股铜芯线、2.5 mm² 及以下截面积的多股铜芯线和单股铝芯线能直接与电气设备连接外，大于上述规格的多股或单股芯线，通常都应在线头上焊接或压接接线端子，这种工艺过程叫作导线的封端。但在工艺上，铜导线和铝导线的封端是不完全相同的。各类接

线端子如图 1-148 所示。

（1）铜导线封端

铜导线封端方法常用锡焊法或压接法。

1）锡焊法。先除去线头表面和接线端子孔内表面的氧化层和污物，分别在焊接面上涂上无酸焊锡膏，线头上先搪一层锡，并将适量焊锡放入接线端子孔内，用喷灯对接线端子进行加热，待焊锡熔化时，趁热将搪锡线头插入端子孔内，继续加热，直到焊锡完全渗透到芯线缝中并填满线头与接线端子孔内壁之间的间隙，方可停止加热。

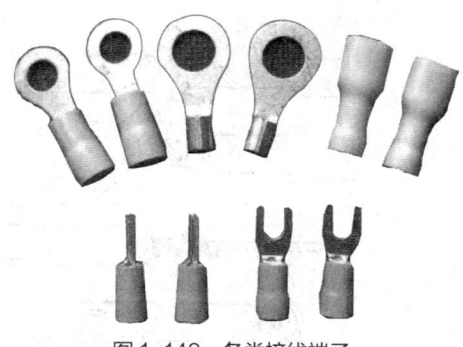

图 1-148　各类接线端子

2）压接法。采用压接法的线头连接到接线桩操作比较简单，适合现场施工。施工时按接线桩的形式选用针形、U形或O形等形状的接线端子，然后按导线的规格选择相应尺寸的接线端子，使用压接钳及合适的模具进行冷态压接。压接时一般只要每端压一个坑就能满足接触电阻及机械强度要求，但对于拉力较大的场合可采用每端压两个坑的做法，压坑深度控制在上下模接触即可。然后将接线端子固定在接线桩上即可。

（2）铝导线封端

由于铝导线表面极易氧化，用锡焊法比较困难，通常都用压接法封端。压接前除了清除线头表面及接线端子线孔内表面的氧化层及污物外，还应分别在两者接触面涂以中性凡士林，再将线头插入线孔，用压接钳压接。

压接的方法如图 1-149 所示。先将线头按接线端子孔径大小拧紧，并清洁表面，将线头塞入接线端子后压接，把接头处裸露部分做绝缘处理后清洁接线端子表面，再固定到接线桩上，固定时在接线端子上应按平垫圈、弹簧垫圈、螺母的顺序放置紧固件，并用适当力矩锁紧。

2. 线头与接线桩的连接

（1）线头与针孔接线桩的连接

端子板、某些熔断器、电工仪表等的接线部位多是利用针孔附压接螺钉压住线头完成连接的。若线路容量小，可用一只螺钉压接；若线路容量较大，或接头要求较高时，应用两只螺钉压接。

如图 1-150 所示，单股芯线与接线桩连接时，最好按要求的长度将线头折成双股并排插入针孔，使压接螺钉顶紧双股芯线的中间。如果线头较粗，也可直接用单股，但芯线在插入针孔前，应稍微朝着针孔上方弯曲，以防压接螺钉稍松时线头脱出。

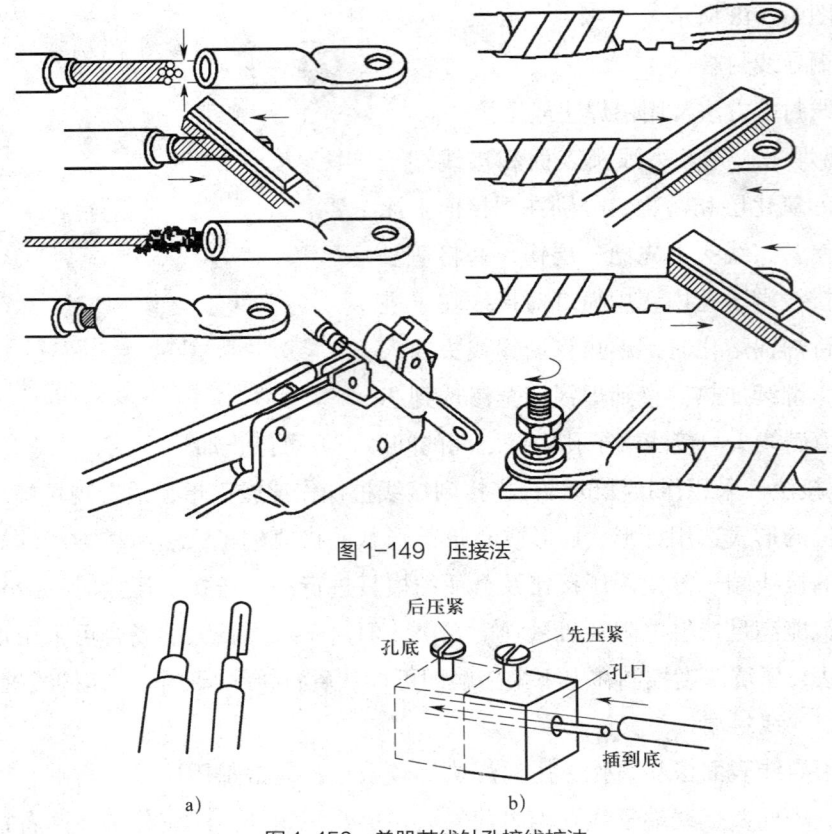

图 1-149 压接法

图 1-150 单股芯线针孔接线桩法
a）线头的处理方式　b）连接方法

在针孔接线桩上连接多股芯线时，先用钢丝钳将多股芯线绞紧，以保证压接螺钉顶压时不致松散。注意针孔和线头的大小应尽可能配合，如图 1-151a 所示。如果针孔过大可选一根直径大小相宜的导线做绑扎线，在已绞紧的线头上紧密缠绕一层，使线头粗细与针孔大小适合后再进行压接，如图 1-151b 所示。如线头过大，插不进针孔时，可将线头散开，适量减去中间几股，通常 7 股可剪去 1～2 股，19 股可剪去 1～7 股，然后将线头绞紧，进行压接，如图 1-151c 所示。

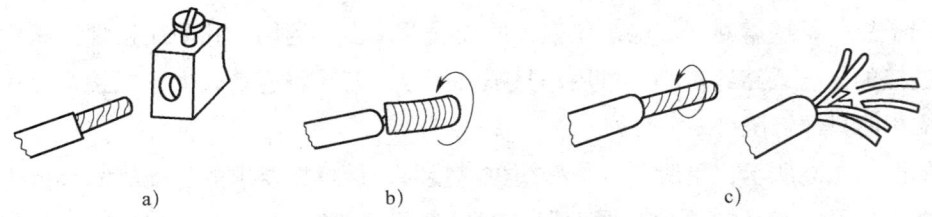

图 1-151 多股芯线与针孔接线桩连接
a）针孔合适的连接　b）针孔过大时线头的处理　c）针孔过小时线头的处理

无论是单股还是多股芯线的线头，在插入针孔时，都要求插到底，不得使绝缘层进入针孔，针孔外的裸线头的长度不得超过 3 mm。

（2）线头与平压式接线桩的连接

平压式接线桩利用半圆头、圆柱头或六角头螺钉加垫圈将线头压紧，完成连接。其重点是导线的弯环加工。在弯环前，先进行导线绝缘层的剖削，一般穿 M3 螺钉剖 11 mm，穿 M4 螺钉剖 15 mm，穿 M5 螺钉剖 20 mm，穿 M6 螺钉剖 22 mm 等。裸导线外露 3～7 mm，线头必须顺时针弯曲成羊眼圈。螺钉连接时，弯线方向应与螺钉前进的方向一致。对载流量小的单股芯线，先将线头弯环，再用螺钉压接。弯环的步骤如图 1-152 所示。

先去除导线的绝缘层，剥线长度为所需弯环拉直后的长度再增加 2～3 mm，如图 1-152a 所示，然后用圆头钳把经过剥线后的导线离绝缘层根部约 3 mm 处向外弯出一定角度。

再用圆头钳按顺时针方向把已弯成角状的线尾，按略大于标准直径大小弯曲成圆弧，如图 1-152b 所示。

最后用斜口钳剪去芯线余端，如图 1-152c 所示，使圆环尽可能地圆，环尾间隙留 1～2 mm，并保证圆环平面平整、不扭曲，如图 1-152d 所示。

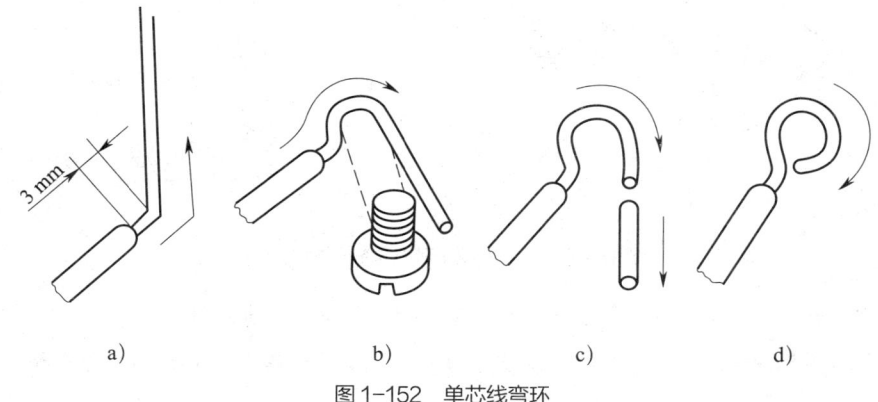

图 1-152　单芯线弯环

在连接过程中，圆环要放在两个垫片之间。如果同一螺钉要连接几个环时，必须在所有圆环之间垫入垫片，且圆环弯曲方向与螺钉的拧紧方向保持一致。

对于横截面积不超过 10 mm^2、股数为 7 股及以下的多股芯线，应按如图 1-153 所示的步骤制作压接圈。对于载流量较大，横截面积超过 10 mm^2、股数多于 7 股的导线端头，应安装接线耳。

首先剥离导线的绝缘层。把剥离了绝缘层的导线离绝缘层根部约 1/2 的芯线重新绞紧，越紧越好，如图 1-153a 所示。

然后把重新绞紧部分的芯线，在 1/3 处向外折角，接下来开始弯曲圆弧，如图 1-153b

所示。当圆弧弯曲得将成圆环（剩下 1/4）时，应把余下的重新绞紧部分的芯线向左外折角，并使之成圆，如图 1-153c 所示。

之后如图 1-153d 所示捏平余下线端。再把置于最外侧的两股芯线折成垂直状（要留出垫圈边宽），按 2、2、3 股分成三组（以 7 股芯线为例），按顺时针方向紧贴芯线并各缠两圈，依次将三组芯线缠绕至绝缘层，最后剪平切口毛刺，如图 1-153e、图 1-153f 所示。

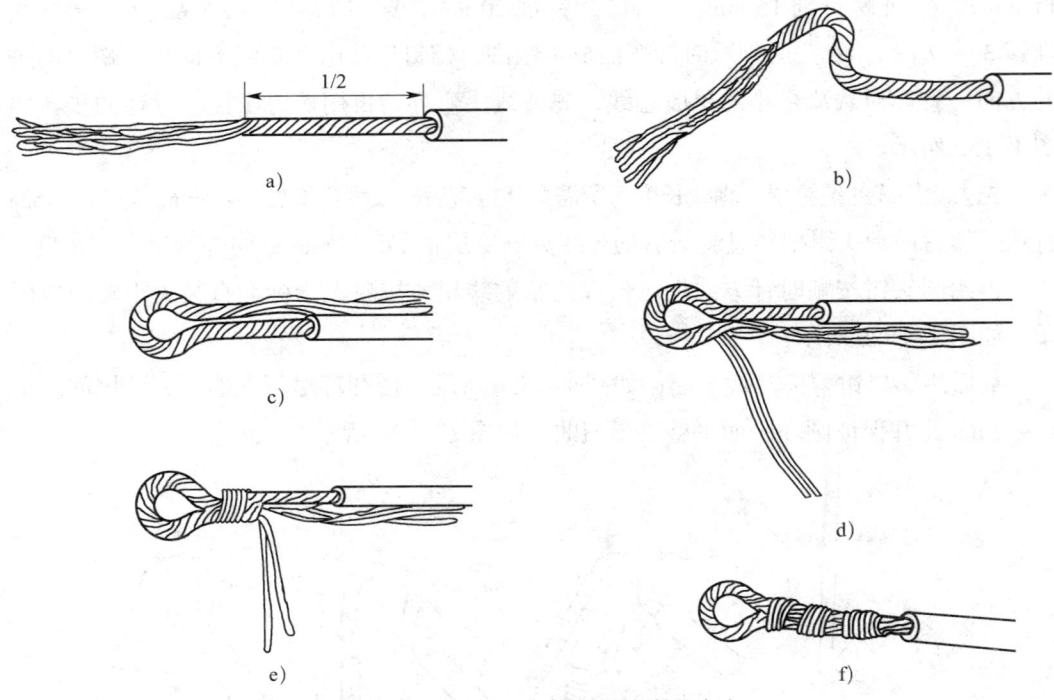

图 1-153　7 股及以下芯线导线压接圈弯法

对于载流量较大的多股导线，应在弯环成型后再进行搪锡处理。

线头与平压式接线桩的连接工艺要求是：压接圈和接线耳的弯曲方向应与螺钉拧紧方向一致，连接前应清除压接圈、接线耳和垫圈上的氧化层及污物，再将压接圈或接线耳放在垫圈下面，用适当的力矩将螺钉拧紧，以保证良好的电接触。压接时注意不得将导线绝缘层压入垫圈内。

软线线头的连接也可用平压式接线桩。导线线头与压接螺钉之间的弯环方法如图 1-154 所示，其要求与上述多芯线的压接要求相同。

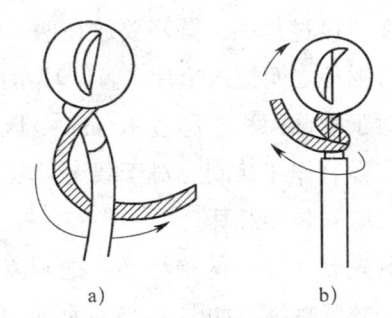

图 1-154　软导线线头连接
a）围绕螺钉后再自缠　b）自缠一圈后端子压入螺钉

（3）线头与瓦形接线桩的连接

瓦形接线桩的垫圈为瓦形。压接时为了使线头不致从瓦形接线桩内滑出，压接前应先将去除氧化层和污物的线头弯曲成 U 形（见图 1-155a），再卡入瓦形接线桩压接。如果在接线桩上有两个线头连接，应将弯成 U 形的两个线头相重合，再卡入接线桩瓦形垫圈下方压紧，如图 1-155b 所示。

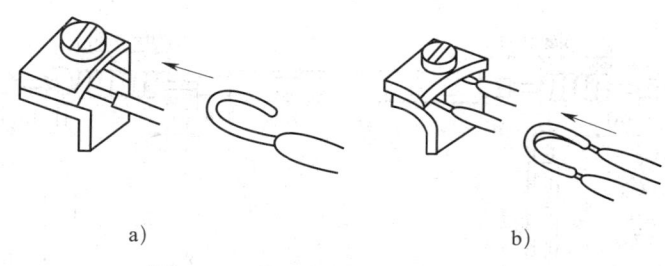

图 1-155　单股芯线与瓦形接线桩的连接
a）一个线头的连接　b）两个线头的连接

四、导线与导线的连接

1. 单芯导线的互相连接（含直线和分支连接）

下面以单股铜芯导线为例介绍单芯导线互相连接的方法。

（1）单股铜芯导线的直线连接

1）剥去两根导线线端的绝缘层。

2）将两导线芯线线头按图 1-156a 所示成"X"形相交。

3）按图 1-156b 所示互相绞合 2～3 圈后扳直两线头。

4）接着按图 1-156c 所示将每个线头在另一芯线上紧贴并绕 6 圈。

5）用钢丝钳切去余下的芯线，并钳平芯线末端。

（2）单股铜芯导线的 T 形分支连接

1）剥去干线和支线两根导线的绝缘层。

2）将支路芯线的线头与干线芯线十字相交，在支路芯线根部留出 3～5 mm。

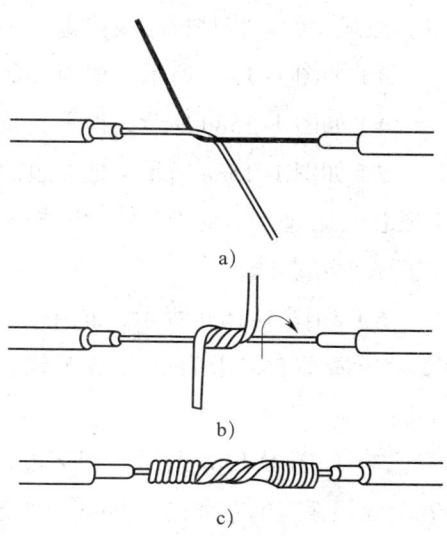

图 1-156　单股铜芯导线的直线连接

3）顺时针方向缠绕支路芯线，缠绕 6～8 圈。如果导线截面积较大，两芯线十字交叉后直接在干线上紧密缠 5～6 圈即可，如图 1-157a 所示。较小截面积的芯线可按图 1-157b 所示方法，环绕成结状，然后将支路芯线线头抽紧扳直，向左紧密地缠绕 6～8 圈。

4）用钢丝钳切去余下的芯线，并钳平芯线末端。

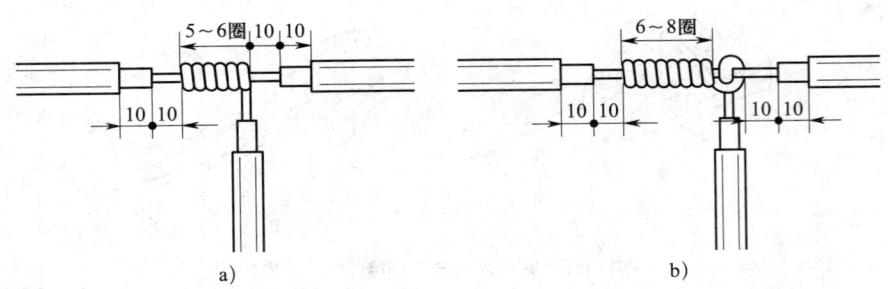

图 1-157　单股铜芯导线的 T 形分支连接
a）导线截面积较大　b）导线截面积较小

2. 多芯导线的互相连接

下面以 7 股铜芯导线为例介绍多芯导线互相连接的方法。

（1）7 股铜芯导线的直线连接

1）剥去两根导线线端的绝缘层，如图 1-158a 所示，将分支芯线散开并拉直。

2）如图 1-158b 所示，把靠近绝缘层 1/3 处的芯线绞紧，然后将余下的 2/3 芯线头分散成伞状，将每根芯线拉直。

3）如图 1-158c 所示，把两股伞骨形芯线一根隔一根地交叉直至伞形根部相接。

4）如图 1-158d 所示，捏平交叉插入的芯线。

5）如图 1-158e 所示，把左边的 7 股芯线按 2 根、2 根、3 根分成 3 组，把第一组 2 根芯线扳起，垂直于芯线，并按顺时针方向缠绕 2 圈，缠绕 2 圈后将余下的芯线向右扳直紧贴芯线。

6）如图 1-158f 所示，把下边第二组的 2 根芯线向上扳直，也按顺时针方向紧紧压着前 2 根扳直的芯线缠绕，缠绕 2 圈后，也将余下的芯线向右扳直，紧贴芯线。

7）如图 1-158g 所示，把下边第三组的 3 根芯线向上扳直，按顺时针方向紧紧压着前 4 根扳直的芯线向右缠绕。缠绕 3 圈后，切去多余的芯线，钳平线端。

8）如图 1-158h 所示，用同样方法再缠绕另一边芯线。

职业模块一　电器安装和线路敷设

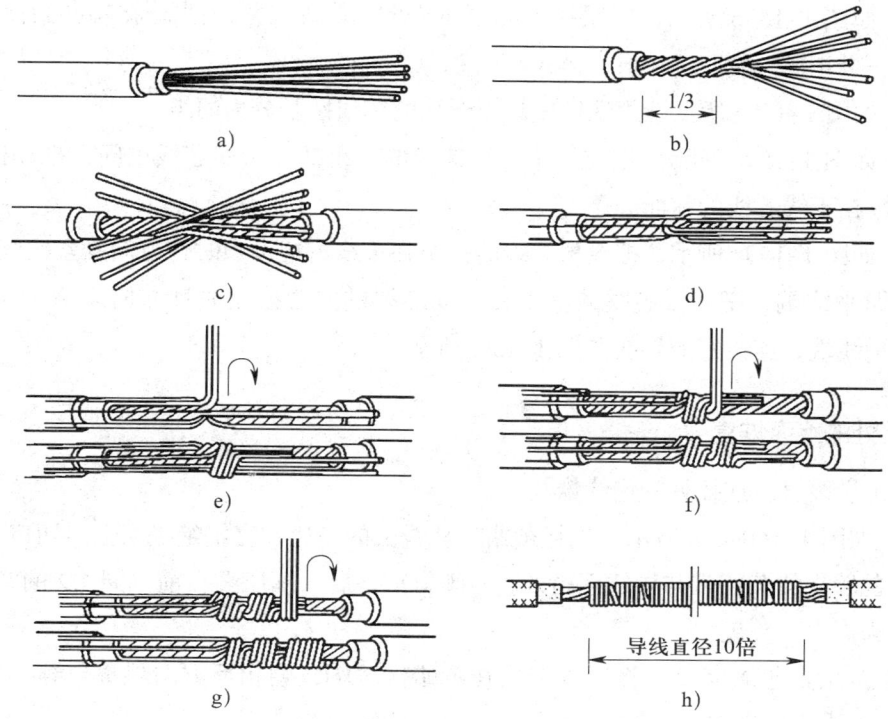

图 1-158　7 股铜芯导线的直线连接

（2）7 股铜芯导线的 T 形分支连接

1）剥去干线和支线两根导线的绝缘层。

2）如图 1-159a 所示，将分支芯线散开并拉直。

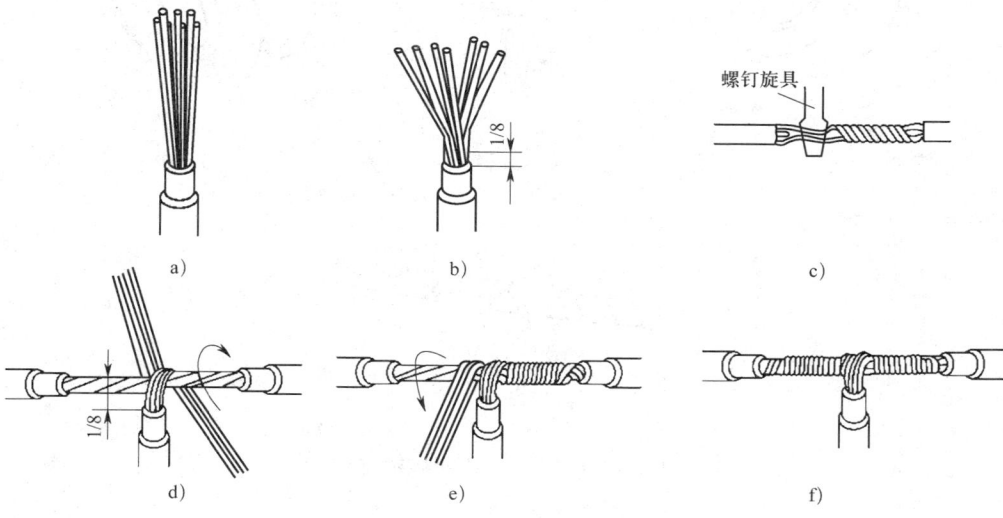

图 1-159　7 股铜芯导线的 T 形分支连接

179

3）如图 1-159b 所示,把紧靠绝缘层 1/8 处的芯线绞紧,把剩余 7/8 的芯线分成两组,一组 4 根,另一组 3 根,排齐。

4）如图 1-159c 所示,用螺钉旋具把干线的芯线撬开分为两组。

5）如图 1-159d 所示,把支线中 4 根芯线的一组插入干线芯线中间,把 3 根芯线的一组放在干线芯线的前面。

6）如图 1-159e 所示,把 3 根芯线的一组在干线右边按顺时针方向紧紧缠绕 3~4 圈,并钳平线端,把 4 根芯线的一组在干线芯线的左边按逆时针方向缠绕 4~5 圈,最后钳平线端,连接好的导线如图 1-159f 所示。

3. 连接处的绝缘恢复

（1）导线直线连接处的绝缘恢复

1）如图 1-160a、b 所示,先将黄蜡带从线头的一边在完整绝缘层上离切口 40 mm 处开始包缠,使黄蜡带与导线保持 55° 的倾斜角,后一圈压叠在前一圈 1/2 的宽度上,这种方法称为半叠包。

2）黄蜡带包缠完以后将黑胶带接在黄蜡带尾端,朝相反方向斜叠包缠,仍倾斜 55°,后一圈仍压叠前一圈 1/2,如图 1-160c、d 所示。

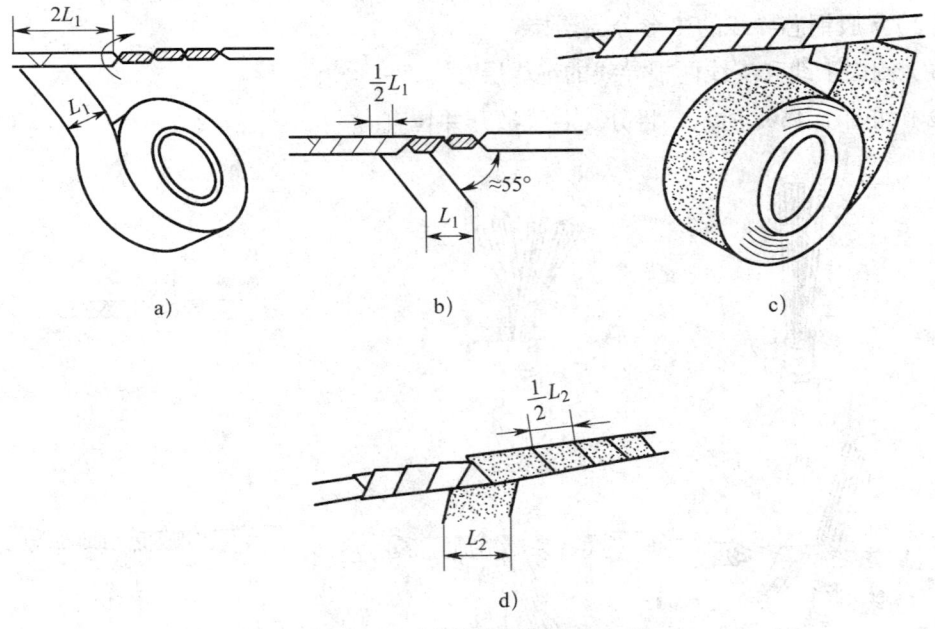

图 1-160 直线连接处绝缘带的包缠

（2）导线 T 形连接处的绝缘恢复

1）导线 T 形连接处的绝缘恢复类似于直线连接处的绝缘恢复，先按图 1-161a ~ f 所示的步骤包缠黄蜡带。

2）黄蜡带包缠完毕后，再反方向采用相同方法包缠黑胶带。

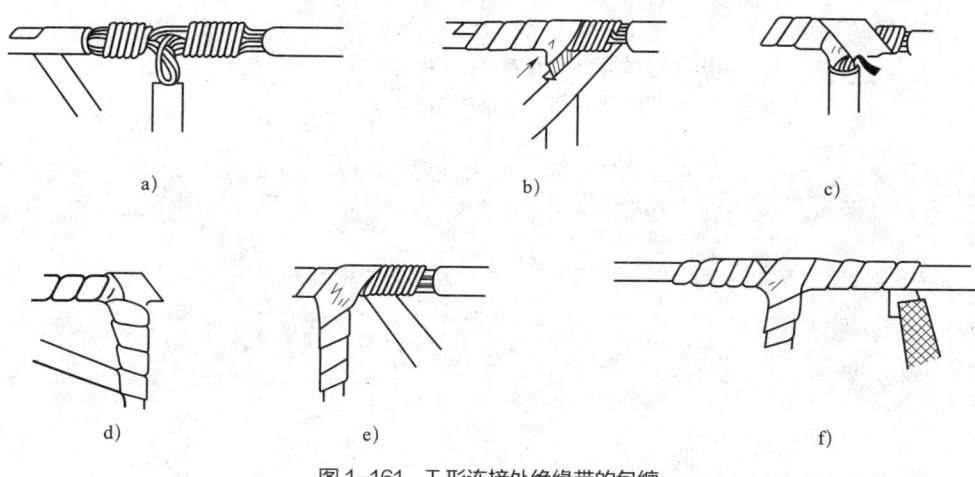

图 1-161　T 形连接处绝缘带的包缠

技能要求

单股导线的直线和分支连接及绝缘层的恢复

一、操作准备

1. 工具：电工通用工具 1 套，电烙铁及浇焊器具。

2. 材料：铜芯绝缘电线（BV-4 mm^2 或自定）2 m，BV-16 mm^2（7/1.7）塑料铜芯电线 2 m，绝缘带 1 卷，黑胶带 1 卷，塑料胶带 1 卷，焊料。

二、操作步骤

1. 剖削绝缘层。

2. 将导线进行直线连接和 T 形连接。

3. 浇焊。

4. 恢复绝缘层。

三、评分标准

评分标准见表 1-69。

表 1-69　评分标准

序号	主要内容	评分标准	配分	扣分	得分
1	导线连接	（1）剖削导线绝缘方法不正确，扣 10 分 （2）缠绕方法不正确，扣 10 分 （3）密排并绕不紧有间隙，每处扣 5 分 （4）导线缠绕不整齐，扣 10 分 （5）切口不平整，每处扣 10 分	50		
2	恢复绝缘	（1）包缠方法不正确，扣 20 分 （2）包缠质量达不到要求，扣 20 分	40		
3	安全文明生产	违反安全文明生产规程，从总分中扣 5 分	5		
4	工时	120 min，每超时 5 min（不足 5 min 按 5 min 计）扣 5 分	5		
5	备注	不准超时	合计	100	
			教师签字		

四、注意事项

1. 要严格按照操作规范进行。
2. 浇焊时，要注意人身安全。

培训单元 4　接地装置制作及要求

培训重点

1. 了解接地与接地装置。
2. 会使用接地电阻测试仪。

知识要求

一、接地和接零的概念

1. 接地

将电气装置中某一部位经接地线或接地体与大地进行良好的电气连接称为接地。根据接地的功能不同，接地可分为工作接地、保护接地、防雷接地以及防静电接地，接地的功能和特点见表 1-70。

表 1-70 接地的功能和特点

名称	功能和特点
工作接地	为了运行的需要而将电力系统中的某一点接地，如变压器中性点直接接地或经阻抗接地都是工作接地
保护接地	为了保障人身安全，将电气装置中平时不带电，但可能因绝缘损坏而带上危险对地电压的外露导电部分（设备的金属外壳或金属结构）与大地进行电气连接
防雷接地	防雷接地是给防雷保护装置（避雷针、避雷线、避雷器）向大地泄放雷电流提供通道而设的接地
防静电接地	防静电接地是为了防止静电引燃易燃、易爆气液体造成火灾、爆炸，而对储气、液体管道、容器等设备的接地

2. 接零

为保护人身安全，在低压电网中性点接地的系统中，将电气设备的外壳与电网的零线可靠地连接，称为保护接零。

为确保保护接零系统中的零线可靠接地，将零线的每一重要分支线路都通过接地体再次可靠接地的方式，称为重复接地。

二、接地装置的分类及技术要求

1. 接地装置的分类

接地装置由接地体和接地连线两部分组成。接地装置按接地体的形式分为单极、多极、网络三种，见表 1-71。

表1-71 接地装置的分类

种类	图示	特点及用途
单极接地	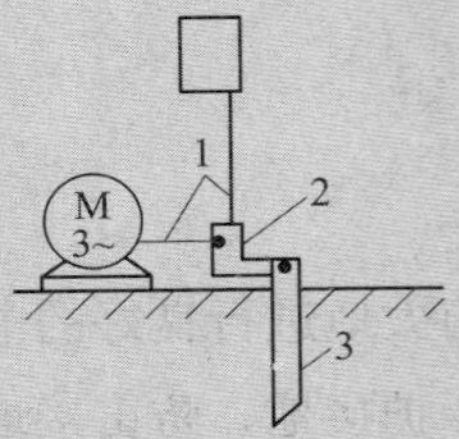 1—接地支线　2—接地干线　3—接地体	单极接地由一支接地体构成，接地线一端与接地体连接；另一端与设备的接地点连接。它适用于接地要求不太高和设备接地点较少的场所
多极接地	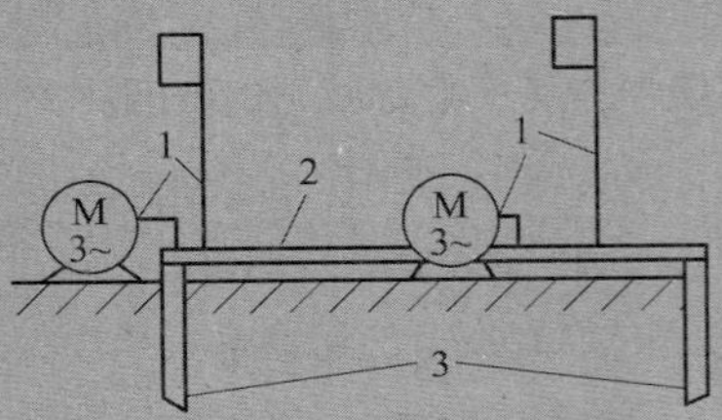 1—接地支线　2—接地干线　3—接地体	多极接地由两支以上的接地体构成，各接地体之间用接地干线连成一体，形成并联，从而减小了接地装置的接地电阻。接地支线一端与接地干线连接，另一端与设备的接地点直接连接。多极接地装置可靠性强，适用于接地要求较高而设备接地点较多的场所
网络接地	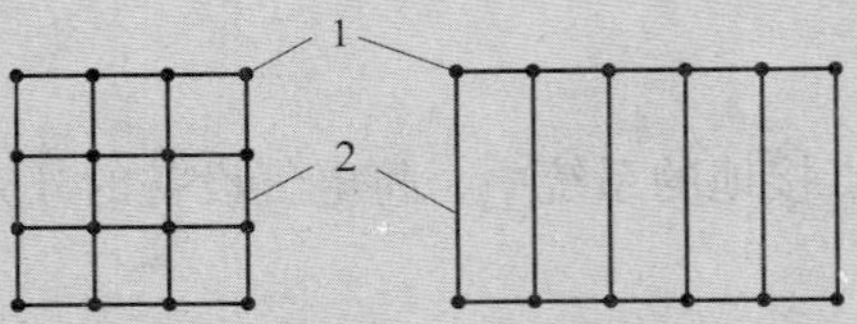 1—接地体　2—接地干线	网络接地是由多支接地体用接地干线将其互相连接所形成的网络，图示为接地网络常见的形状。接地网络既方便群体设备的接地需要，又加强了接地装置的可靠性，也减小了接地电阻。网络接地适用于配电所以及接地点多的车间、工厂或露天作业等场所

2. 接地装置的技术要求

接地装置的技术要求主要指接地电阻的要求，原则上接地电阻越小越好，考虑到经济合理，接地电阻以不超过规定的数值为准。

（1）接地电阻的要求

避雷针和避雷线单独使用时的接地电阻小于10 Ω；配电变压器低压侧中性点接地

电阻应在 0.5 Ω 至 10 Ω；保护接地的接地电阻应不大于 4 Ω；多个设备采用一副接地装置，接地电阻应以要求最高的为准。

（2）接地装置的安全要求

可靠的电气连接。钢质接地线之间以及接地线与接地体之间的连接处应进行搭焊处理。有色金属接地线可用夹头或螺栓与接地干线或电气设备的外壳进行连接，在有震动的地方应垫弹簧垫圈。

足够的机械强度、导电能力和热稳定性。接地铜芯导线的截面积不小于 1.5 mm^2，铝芯导线的截面积不小于 2.5 mm^2。

接地线应涂以明显的颜色标志。其颜色一般规定为：绿黄双色为保护线，浅蓝色为接地中性线。接地线应装设在明显处，以便于检查。

良好的防腐蚀性。为了防止腐蚀，钢制接地装置应采用镀锌材料制成，焊接处要涂沥青，明设的接地线要涂防腐漆。

三、接地电阻的测量方法

在电气系统中，为了防止电气设备的绝缘层被击穿和因漏电使设备的外壳带电，一般要把设备的外壳接地。此外，为了防止雷电袭击，高大建筑物和高压输电线都需装设避雷装置（包括避雷针、避雷线、避雷器等），这些装置都要可靠接地。接地装置必须十分可靠，其接地电阻必须保证在一定的范围之内。接地电阻测量仪是专用于测量各种装置接地电阻的仪表，只有正确使用和接线才能得到正确的测量值。

1. 接地电阻测量仪的工作原理

接地电阻测量仪的工作原理为由机内 DC/AC 变换器将直流变为交流的低频恒流，经过辅助接地极 C 和连接被测接地体的 E 端组成回路，在被测物上产生交流压降，经辅助接地极 P 送入交流放大器放大，再经过检测送入表头显示。借助倍率开关可得到 3 个不同的量程：0 ~ 2 Ω、0 ~ 20 Ω、0 ~ 200 Ω。

2. 接地电阻测量仪的使用方法

（1）测量接地电阻时，应选择在土壤导电率最低及土壤干燥的时期（如冬季最冷的时候或夏季）进行。在测量前，应先将被测设备停电。为了防止其他接地装置影响测量结果，应将待测接地极与其他接地装置临时断开，待测量完毕再将断开处恢复可靠连接。

(2)测量前,先将接地电阻测量仪水平放置并调零,检查检流计的指针是否指在中心线上(如不在中心线上,应调整到中心线上)。

(3)按所使用的接地电阻测量仪说明书的要求接线。三端钮式测量仪接地如图 1-162a 所示,四端钮式测量仪接线如图 1-162b 所示。两根探测针(P_1' 和 C')都需垂直插入地下 40 cm 以上。

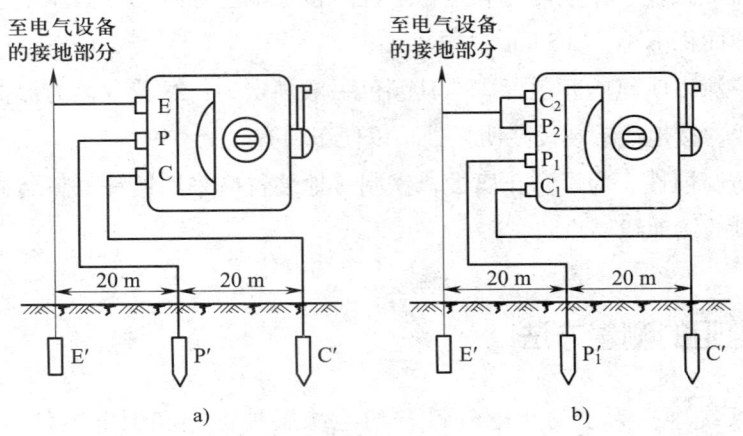

图 1-162　接地电阻测量仪的接线
a)三端钮式　b)四端钮式

(4)将接地电阻测量仪的粗调倍率旋钮置于最大倍数位置,一边缓慢转动手柄,一边调节粗调旋钮,使检流针的指针接近中心红线位置。当检流计接近平衡时,再加快手柄的转速使之达到额定转速(约 120 r/min);同时调节测量标度盘细调拨盘,使检流计指针直至居中,稳定地指在红线位置为止。这时,用测量标度盘(表头)的读数乘以粗调倍率旋钮的定位倍数,即为接地装置的接地电阻值。

(5)如果测量标度盘的读数小于 1 Ω,则应将粗调倍率旋钮置于倍数较小的挡,并重新测量和读数。

(6)为了保证测得的接地电阻值准确可靠,应在测量完毕后移动两根探测针,更换另一个地方进行再次测量。一般每次所测得的接地电阻值不会完全相同,最后取多次测得值的平均数作为该接地装置的电阻值。

电气设备接地电阻的测量应该定期进行。接地电阻按要求在一年中任何时候都不能大于规定的数值,所测接地电阻值小于规定值才符合要求。

四、接地与接地装置

1. 接地方式的选择

根据电网的结构特点、运行方式、工作条件、安全要求等方面的情况，从安全、经济、可靠出发，合理选择接地方式。

低压电网的中性点可直接接地或不接地。当安全要求较高，且对称三相负载装有迅速而可靠地自动切除接地故障的装置时，电力网宜采用中性点不接地的方式。从经济方面考虑，低压配电系统通常采用中性点直接接地方式，以三相四线或五线制供电，可供动力负荷与照明负荷，以节约投资。

电气装置的金属外壳、配电装置的构架和线路杆塔，由于绝缘损坏有可能带电，为防止危及人身和设备的安全而设的接地，称为保护接地，如 TT 系统、IT 系统中电气设备的外露可导电部分所做的接地。在中性点直接接地系统中，将电气设备外露可导电部分与零线进行连接，称为保护接零，如 TN-C 系统接地方式。由此可见，保护接地适用于中性点不接地系统中；在中性点直接接地系统中，宜采用保护接零，且土壤电阻率较低，可采用保护接地，并装设漏电保护器来切除故障。TN、TT 及 IT 三种接地方式如图 1-163 所示。

2. 接地保护线、保护中性线的连接

（1）接地保护线的连接

1）保护线应采取保护措施，免受机械和化学的损坏并耐受电动力。

2）保护线的接头应便于检查和测试。

3）开关电器严禁接入保护线。

4）检测对地导通的动作线圈严禁接入保护线，如 PE 线不准穿过漏电电流动作保护器中电流互感器的磁回路。

5）布线的护套或金属外皮的电气持续性不受机械、化学或电化学的损坏，以及导电性符合保护线最小截面积的要求时，方可用作相应回路的保护线。电气用的其他金属管严禁用作保护线。

6）利用装置的金属外护物或框架做保护线时，每个预定的分接点上与其他保护线应相互连接。

7）当过电流保护装置用于电击保护时，应将保护线与带电导线紧密布置。

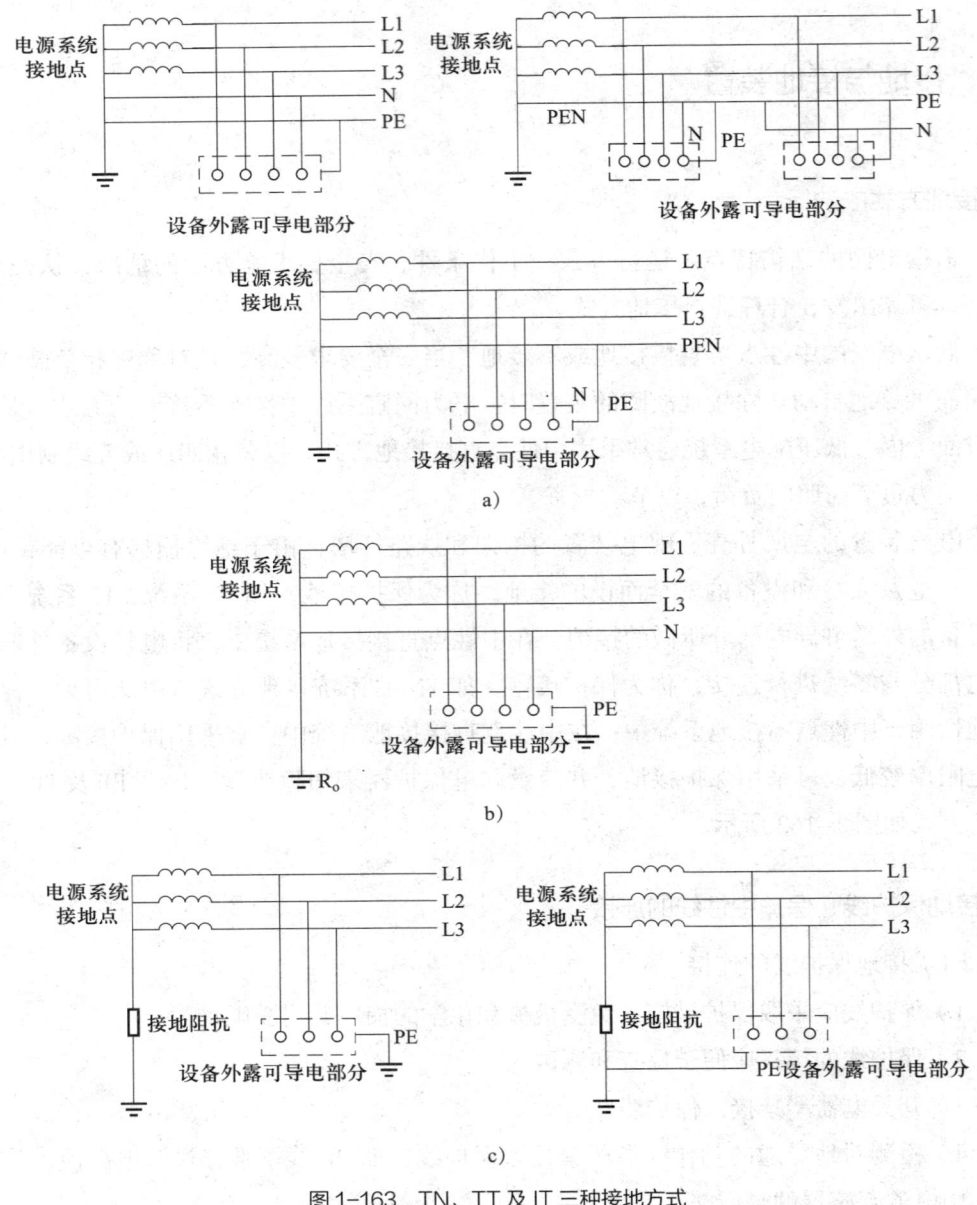

图1-163 TN、TT及IT三种接地方式

a) TN系统图　b) TT系统图　c) IT系统图

(2) 保护中性线的连接

1) TN系统中，固定装置中铜芯截面积不小于10 mm^{2}或铝芯截面积不小于16 mm^{2}的电缆，当所供电的那部分装置不经由剩余电流动作保护器时，其中的单根线芯可兼做保护线和中性线。

2) 采用单芯导线做PEN干线时，其截面积不小于10 mm^2（铜材）、16 mm^2（铝材）

或 4 mm²（多芯电缆的线芯）。

3）保护中性线应采取防止杂散电流的绝缘措施。成套开关设备和控制设备内部的保护中性线无须绝缘。

4）当从装置的任何一点起，中性线及保护线分开设置时，从该点起不应将两导线连接。在分开点，应分别设置保护线及中性线用端子或母线。

5）在 TN-C 系统中，严禁断开 PEN 线，不得装设断开 PEN 线的任何低压电器。当需要在 PEN 线上装设电器时，只能连同其相线一起断开。

6）严禁将装置外可导电部分做保护中性线（包括配线用的钢管及金属线槽）。

7）严禁将 PEN 线穿过剩余电流动作保护器中电流互感器的磁回路。

3. 接地装置和接地电阻

（1）接地装置的一般要求

建筑物电气装置的接地装置应充分利用直接埋入地中或水中有可靠接触的金属导体作为自然接地体，当自然接地体的接地电阻符合要求时，一般不敷设人工接地体，但变电站、发电厂除外。

1）接地装置的接地体型式应根据设计要求和现场施工条件确定，可采用圆钢、角钢或钢管、钢带、金属板、埋于基础内的接地体，非钢筋混凝土中的钢筋、供暖系统的金属管道严禁用作保护接地体。

2）电气装置应设置总接地端子或母线，并应与接地线、保护线、等电位联结干线等相连接。

3）任何一种接地体的功效取决于当地的土壤条件，应选定适合于各种土壤条件的一种或几种接地体以及所要求的接地电阻值，且满足保护上和功能上长期有效的要求。

4）保护接地的接地装置应符合低压系统接地形式的要求。

5）接地装置应有足够的载流能力和热稳定性。

（2）接地装置的安装

接地装置制作安装应配合土建工程施工，在基础土方开挖的同时，挖好埋设接地体的沟道。钢质接地装置最好采用镀锌材料，焊接处涂沥青防腐；接地装置不应埋在有强烈腐蚀作用的土壤中或垃圾堆、灰渣堆中；接地线应尽量安装在不易受到机械损伤的地方，必要时应加钢管保护。但接地线又必须安装在明显处，以便检查。明敷接地线可以涂漆防腐。

1）人工接地体安装

①垂直接地体应按设计要求取材，一般用圆钢、钢管或角钢制作，垂直接地体每

根长度一般为 2.5 m，不宜小于 2.0 m。角钢、圆钢或钢管，其端部应锯成斜口，锻造成锥形或加工成尖头形状，端部加工长度宜为 120 mm。

垂直接地体应在地沟内中心线上垂直打入地下，顶部距地面不宜小于 0.6 m，接地体应与地面保持垂直，敲打接地体要平稳，不可摇动，以防接地体与土壤间产生间隙，增加接触电阻影响散流效果。垂直接地体不宜少于两根，间距不小于两根接地体的长度之和，如图 1-164 所示。当受场地限制时，可适当减小一些距离，但一般不应小于接地体的长度。

②水平接地体应按设计要求取材，如用扁钢应侧放敷设在地沟内，埋设深度距地面不小于 0.6 m。多根水平接地体平行敷设时，水平间距应符合设计要求，当无设计规定时不宜小于 5 m。

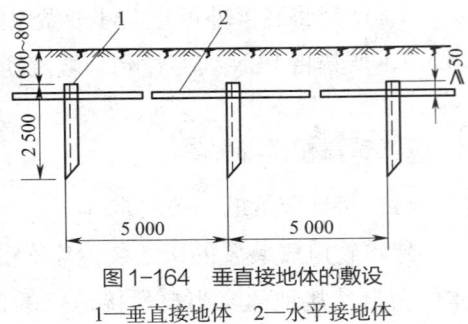

图 1-164　垂直接地体的敷设
1—垂直接地体　2—水平接地体

2）接地体的连接。接地体的连接应包括垂直接地体与水平接地体的连接以及接地体与接地线的连接。

①连接装置的地下部分应采用焊接，其搭接长度，扁钢为其宽度的 2 倍（且至少 3 个棱边焊接），圆钢为其直径的 6 倍，圆钢与扁钢连接时，长度为圆钢直径的 6 倍。

②扁钢与钢管、扁钢与角钢焊接时为了连接可靠，除应在其接触部位两侧进行焊接外，还应焊以由钢带弯成弧形（或直角形）卡子，或直接由钢带本身弯成弧形（直角形）与钢管（或角铁）焊接。

③接地体之间的连接应采用焊接。当采用扁钢做水平接地体时，敷设前应将其调直，并垂直于地沟内，依次将扁钢在距垂直接地体顶端大于 5 mm 处与其焊接。

④接地线连接。接地线的地下部分应有从接地体引出地面的接线端子，地下部分应采用焊接，其搭接部位应进行防腐处理。

（3）接地装置的接地电阻

1）当建筑物内未作总等电位联结，且建筑物距低压系统电源接地点的距离超过 50 m 时，低压电缆和架空线路在引入建筑物处的保护线（PE）或保护中性线（PEN）应重复接地，接地电阻不宜超过 10 Ω。

2）向低压系统供电的配电变压器的高压侧工作于低电阻接地系统时，低压系统不得与电源配电变压器的保护接地共用接地装置，低压系统电源接地点应在距该配电变压器适当的地点设置专用接地装置，其接地电阻不宜超过 4 Ω。

3）低压系统有单独的低压电源供电时，其电源接地点接地装置的接地电阻不宜超过 4 Ω。

4）接户线的绝缘子铁脚宜接地，接地电阻不宜超过 30 Ω，土壤电阻率在 200 Ω·m 及以下地区的铁横担钢筋混凝土杆线，可不另设人工接地装置。人员密集的公共场所的接户线，当混凝土杆的自然接地电阻大于 30 Ω 时，绝缘子铁脚应接地，并应设专用的接地装置。

5）保护配电柱上断路器、负荷开关和电容组等的避雷器的接地线与设备外壳连接，接地电阻应不大于 10 Ω。保护配电变压器的避雷器，其接地应与变压器保护接地共用接地装置。

技能要求

制作和安装接地装置

一、操作准备

1. 接地装置如图 1-165 所示。

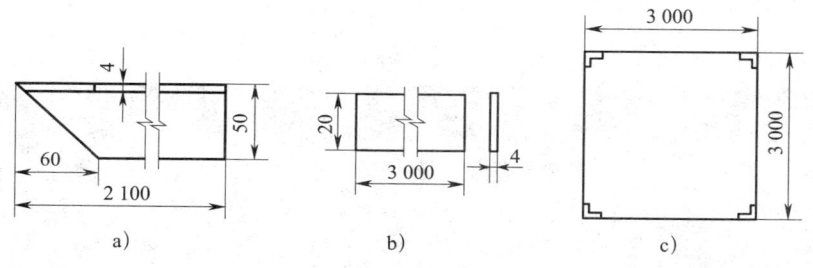

图 1-165　接地装置
a）垂直接地体　b）接地体连接干线　c）接地网平面图

2. 工具、仪表及材料

所需工具、仪表及材料见表 1-72。

表 1-72　工具、仪表及材料

序号	配件名称	规格型号	数量
1	接地体（角钢）	4 mm×50 mm×50 mm×2 100 mm	4 根
2	接地体连接干线（扁钢）	4 mm×20 mm×3 000 mm	4 根
3	钳工工具		1 套
4	电工工具		1 套
5	接地电阻绝缘电阻表及附件	ZC-8	1 套

二、操作步骤

1. 加工接地体

（1）先按图 1-165 所示尺寸要求落料。

（2）角钢如有弯曲应矫正平直。

（3）按图 1-165a 所示尺寸加工楔尖。

2. 加工接地体连接干线，按图 1-165b 所示尺寸落料，如有弯曲应矫正平直。

3. 按图 1-165c 所示尺寸在地面画线，定好四支接地体的安装位置。

4. 用打桩法逐一将 4 个接地体垂直打入地面，顶端露出地面 150 mm，并将四周土夯实。

5. 用接地电阻绝缘电阻表和万用表逐一测量 4 支接地体的接地电阻，相互比较结果。

6. 用接地电阻绝缘电阻表测量接地网的接地电阻。

三、评分标准

评分标准见表 1-73。

表 1-73　评分标准

序号	主要内容	评分标准	配分	扣分	得分
1	接地体制作	制作不符合要求，每个扣 10 分	20		
2	接地体连接干线	连接不符合要求，每个扣 10 分	20		
3	接地体电阻测量	测量接地电阻绝缘电阻表使用不正确，扣 40 分；漏填数据，每个扣 3 分	40		
4	安全文明生产	违反安全文明生产规程，从总分中扣 10 分	10		
5	工时	120 min，每超时 5 min（不足 5 min 按 5 min 计）扣 5 分	10		
6	备注	不准超时	合计	100	
			教师签字		

四、注意事项

1. 制作垂直接地体的角钢，如果有弯曲，一定要矫直，否则不易打入地面，且接地体与土壤之间易有缝隙，会增大接地电阻。

2. 用打桩法安装接地体时，扶持接地体者双手不要紧握接地体，要把握稳，扶持平直，不要摇摆，否则打入地面的接地体会与土壤产生缝隙，增大接地电阻。

3. 安装时，要注意操作安全。

培训单元 5 动力配电线路的接线与调试

技能要求

动力配电线路的接线与调试

一、操作准备

准备内容见表 1-74。

表 1-74 准备内容

序号	名称	规格型号	数量
1	三相四线制电能表	DT862-1.5（6）A 3×380 V	1 只
2	单相电能表	DD862-1.5（6）A 220 V	1 只
3	刀开关	HK2-32/2	1 个
4	熔断器	RC1A-5	2 个
5	断路器	DZ15-40 10 A	1 个
6	塑料铜芯线	1.5 mm² 及 2.5 mm² 单芯塑料铜导线	若干
7	木制配电板	800 mm×600 mm	1 块
8	安装辅件（磁夹、紧固件等）		若干
9	电工常用工具		1 套

二、操作步骤

1. 电能表、刀开关、熔断器、断路器的安装

（1）设计一路单相照明配电线路以及一路三相动力配电线路的配电。配电板的布

置及线路敷设如图 1-166 所示，左侧为单相照明配电线路，配置有单相电能表、刀开关以及熔断器；右侧为三相动力配电线路，配置有三相电能表、断路器。规划电能表、刀开关、熔断器、断路器等元器件的布局，在配电板上画线。

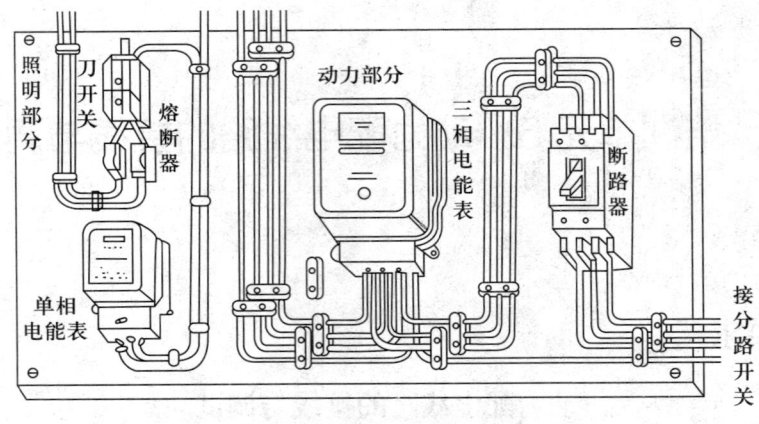

图 1-166　配电板的布置及线路敷设

（2）检查电能表、刀开关、熔断器、断路器等元器件外观是否损坏，机械动作是否正常。

（3）固定电能表、刀开关、熔断器、断路器等元器件。注意电能表必须保持垂直安装。

2. 塑料铜芯线的敷设连接

（1）使用截面积为 1.5 mm² 单芯铜导线进行单相电能表的接线。如图 1-167 所示，单相电能表共 4 个接线端子，从左至右按 1、2、3、4 编号，接线方法一般按 1、3 接线端子接电源进线，2、4 接线端子接出线。

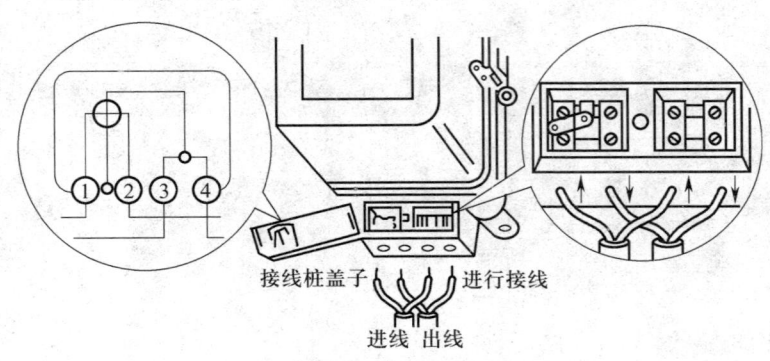

图 1-167　单相电能表的接线

（2）使用截面积为 2.5 mm² 单芯铜导线进行三相四线制电能表的接线。如图 1-168 所示，三相四线制电能表共 11 个接线端子，从左至右按 1 ~ 11 编号，接线时 1、4、7 接线端子连接三相电源进线的相线，3、6、9 接线端子连接三相电源出线的相线，10、11 分别为电源中性线的进、出线端子。

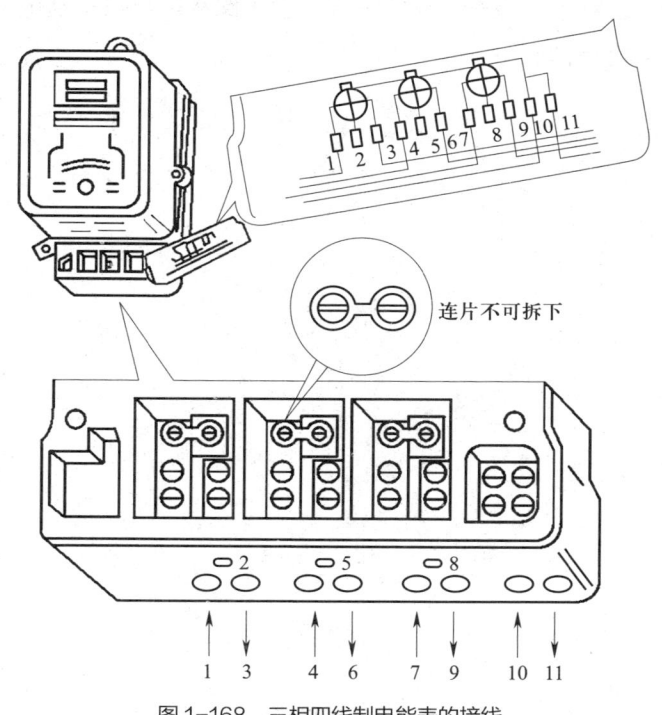

图 1-168　三相四线制电能表的接线

（3）按图 1-168 所示进行线路的敷设和连接，注意接线应可靠牢固。导线固定采用瓷夹。瓷夹固定导线的方法如图 1-169 所示，先将导线的一端用瓷夹固定，然后利用抹布或螺钉旋具勒直导线，再将导线放入瓷夹的槽内，用左手抽紧导线，右手旋紧瓷夹固定导线。导线在转弯时，应在转弯处装两副瓷夹。

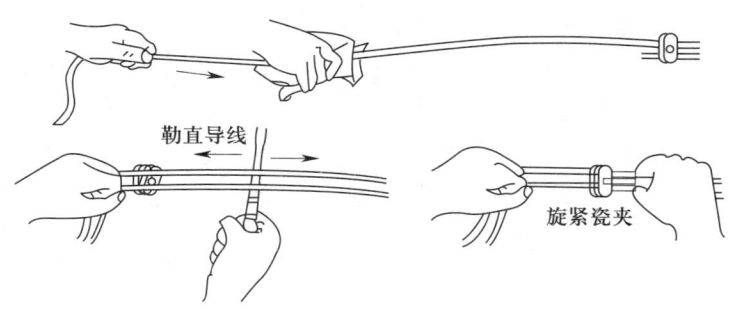

图 1-169　使用瓷夹固定导线的方法

（4）在刀开关及熔丝盒中接上熔丝，完成配电板的安装。

三、注意事项

1. 电能表的安装必须保持垂直。
2. 接线应可靠牢固。
3. 接线完毕对线路进行检查，确定不会发生短路故障再进行通电调试。
4. 注意安全文明操作。

继电控制电路装调维修

- 培训项目 1　低压电器安装与维修
- 培训项目 2　变压器、交流电动机的接线与维护
- 培训项目 3　低压动力控制电路装调与维修

培训项目 1　低压电器安装与维修

培训单元 1　按钮、指示灯拆装和修理

培训重点

能够进行按钮、指示灯的拆装和修理。

知识要求

一、按钮的常见故障及处理

按钮是一种常用的控制电器元件，按钮的品种较多，下面以最常用的 LA42 按钮为例来介绍，图 2-1 所示为 LA42 按钮爆炸图。

图 2-1　LA42 按钮爆炸图

按钮的常见故障及其处理方法见表 2-1。

表 2-1　按钮的常见故障及其处理方法

故障现象	可能的故障原因	故障处理
安装位置偏离	主要由安装用的紧固螺钉受力不均引起或因安装时螺帽没有正对螺纹，出现安装偏离现象，致使螺帽斜置	对准螺纹，重新安装
按下停止按钮被控电器未断电	1. 接线错误 2. 线头松动搭接在一起 3. 杂物或油污在触点间形成通路 4. 胶木壳或塑料烧焦后形成短路	1. 查找并改正错误线路 2. 检查按钮连接线 3. 清扫按钮开关内部 4. 更换新按钮
按下启动按钮被控电器不动作	1. 被控电器有故障 2. 主要由于长时间没有在使用工作状态下的产品的触点上覆着一层氧化膜，接触电阻增大导致，或因流经按钮触点的电流超过触点的额定电流引起的触点烧毁或接线松脱	1. 检查被控电器 2. 清扫按钮触点或拧紧接线
触摸按钮时有触电的感觉	1. 按钮开关外壳的金属部分与连接导线接触 2. 按钮帽的缝隙间有导电杂物，使其与导电部分通电	1. 检查连接导线 2. 清扫按钮内部
松开按钮，但触点不能自动复位	1. 复位弹簧弹力不够 2. 内部卡阻	1. 更换复位弹簧 2. 清扫内部

二、指示灯的常见故障及处理

指示灯的品种繁多，老式的指示灯用灯泡作为发光元件，灯泡易损、易烧毁。当前常见的指示灯均采用 LED 作为发光元件，故障率非常低，但其仍是指示灯的主要故障点，其故障处理方法是旋下塑料灯罩后更换发光元件，还有一类 LED 指示灯的发光体无法单独更换，须更换整个指示灯。常见指示灯如图 2-2 所示。

图 2-2　指示灯

技能要求

按钮的拆装和修理

一、操作准备

1. 准备内容见表 2-2。

表2-2 准备内容

序号	名称	规格型号	数量	备注
1	按钮	LA42	1个	
2	电工工具包	32PC	1套	包括一字螺钉旋具等

2. 操作要求

（1）仔细观察按钮结构特点。

（2）按顺序逐步拆卸按钮。

（3）记录其主要零件的名称、作用。

（4）按拆卸的逆序装配按钮，并检查恢复到未拆装前的外观和功能。

二、操作步骤

1. 按钮的拆卸步骤

按钮的拆卸步骤如图2-3所示。

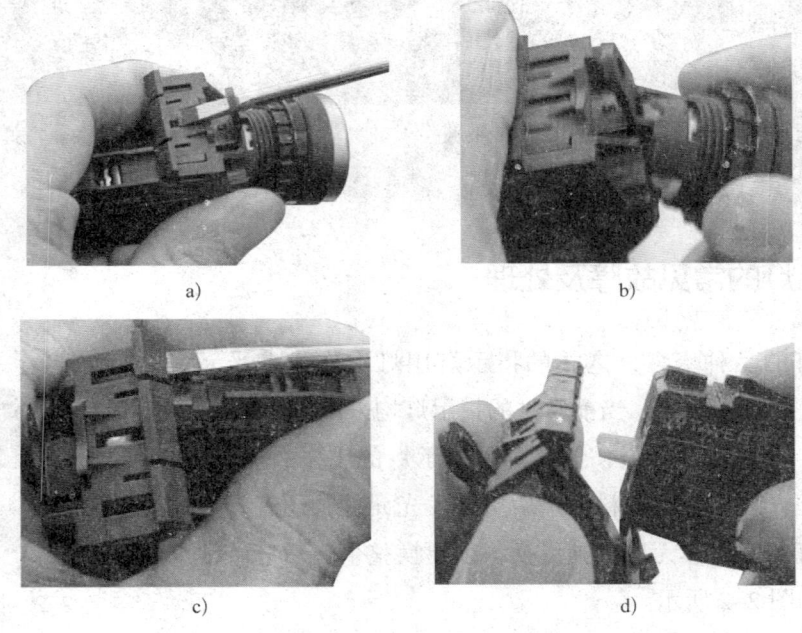

图2-3 按钮的拆卸步骤
a）步骤1 b）步骤2 c）步骤3 d）步骤4

（1）先选用合适的螺钉旋具，把螺钉旋具插入按钮头部和触点座连接的卡口位置，用螺钉旋具头作为支点撬开卡扣，使按钮头部和触点座分离。

（2）将两部分彻底分离。

（3）如要更换触点，将螺钉旋具头部插入触点连接卡扣并往上撬。

（4）触点和触点座分离。

2. 按钮的装配步骤

按钮的装配步骤与拆卸步骤相反，如图 2-4 所示。注意如下几点：

（1）固定触点时，先将下部卡进触点座，上部红色部分对准凹槽推到底。

（2）将红圈的三角形对准后插入。

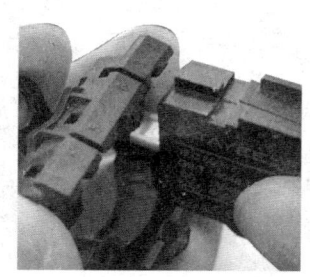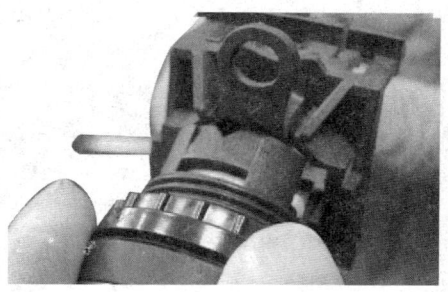

图 2-4　按钮的装配步骤

三、注意事项

1. 注意拆卸零件时，要选用合适的螺钉旋具，用力均匀，防止塑料件断裂。
2. 装配时，要注意使各个部件装配到位，操作灵活。

培训单元 2　拆装和修理接触器

培训重点

能够拆装和修理接触器。

知识要求

接触器常见的故障及其处理方法

接触器的常见故障包括吸合时噪声大、不能动作或动作不可靠、不能释放或释放时间长、线圈过热或烧毁、触点熔焊等。

常用的处理办法有清洁或调整铁芯、修复或更换触点、更换线圈等。

接触器常见故障原因及处理方法见表 2-3。

表 2-3 接触器常见故障原因及其处理方法

故障现象	可能的故障原因	故障处理
吸合时衔铁震动或噪声大	1. 电源电压低于线圈额定电压 2. 铁芯因动作机构卡住而不能吸平 3. 衔铁和铁芯接触面不平 4. 短路环断裂 5. 油垢、灰尘等异物黏附铁芯极面或衔铁极面生锈	1. 保证控制回路电压在线圈的额定工作电压范围内 2. 排除动作机构卡住故障 3. 更换铁芯 4. 调换铁芯或短路环 5. 清理铁芯极面或用细砂纸轻轻打磨铁芯或衔铁极面
线圈过热或烧损	1. 电源电压过高或过低 2. 线圈通断频率过高 3. 环境温度过高 4. 运动机构卡住 5. 交流铁芯极面不平	1. 调整电源电压 2. 降低通断频率或改用适合频繁操作的接触器 3. 采用特殊设计的线圈 4. 排除运动机构卡住故障 5. 清除极面不平
触点过度磨损	1. 接触器选用不当，在以下场合： （1）容量不足； （2）频繁反接制动； （3）操作频率过高 2. 三相触点不同时接触 3. 负载侧短路	1. 接触器降容使用或改用适于繁重任务的接触器 2. 调整至三相触点同时接触 3. 排除短路故障，更换触点
触点熔焊	1. 操作频率过高或电流过大，断开容量不够 2. 长期过载使用 3. 触点表面有金属颗粒异物 4. 触点压力过小 5. 负载侧短路	1. 更换容量大的接触器 2. 更换接触器 3. 清理触点表面 4. 调高触点弹簧压力 5. 排除短路故障

续表

故障现象	可能的故障原因	故障处理
触点不能复位	1. 复位弹簧损坏 2. 内部机械卡阻 3. 铁芯安装歪斜	1. 更换复位弹簧 2. 排除机械卡阻故障 3. 重新安装铁芯
不释放或释放缓慢	1. 触点熔焊 2. 触点弹簧压力过小 3. 机械可动部分被卡，有生锈现象 4. 反力弹簧损坏 5. 铁芯接触面有油污或尘埃 6. E形铁芯磨损过大	1. 更换触点 2. 调整触点参数 3. 排除卡住故障，处理锈蚀 4. 更换反力弹簧 5. 清理铁芯极面 6. 更换E形铁芯
铁芯吸不上或吸力不足	1. 电路实际电压低于线圈额定电压，或电压有波动 2. 触点弹簧压力过大 3. 配线错误 4. 触点接触不良	1. 检查电源电压，调整到额定工作电压 2. 调整触点弹簧压力 3. 改正错误配线 4. 更换触点或清除触点表面氧化层和污垢

技能要求

接触器的拆装和修理

一、操作准备

准备内容见表2-4。

表2-4 准备内容

序号	名称	规格型号	数量	备注
1	接触器	CJ20	1个	
2	电工工具包		1套	包括一字螺钉旋具、十字螺钉旋具、尖嘴钳等

二、操作步骤

1. 操作要求

（1）仔细观察接触器的结构。

（2）按顺序逐步拆卸接触器。

（3）记录其主要零件的名称、作用。

（4）按逆序装配接触器，并检查恢复到未拆装前的外观和功能。

2. 接触器的拆装步骤

（1）松掉灭弧罩的紧固螺钉，取下灭弧罩。

（2）拉紧主触点的定位弹簧夹，取下主触点及主触点的压力弹簧片。拉出主触点时必须将主触点旋转45°后才能取下。

（3）松掉辅助动合静触点的接线桩螺钉，取下动合静触点。

（4）松掉接触器底部的盖板螺钉，取下盖板。在松盖板螺钉时，要用手按住盖板，慢慢放松。

（5）取下静铁芯缓冲绝缘纸片、静铁芯、静铁芯支架及缓冲弹簧。

（6）拔出线圈接线端的弹簧夹片，取出线圈。

（7）取出反力弹簧。

（8）抽出动铁芯和支架。在支架上拔出动铁芯的定位销。

（9）取下动铁芯及缓冲绝缘纸片。

（10）拆卸完各部件，仔细观察各零部件的结构特点，并做好记录。

（11）装配还原，步骤按拆卸的逆序进行。

（12）对装配好的接触器进行检查、调试和试验。

三、注意事项

1. 选取典型的接触器，记录其名称、型号。

2. 根据接触器的结构特点选择适当的拆装工具。

3. 从外到内将接触器的零部件逐一拆卸，并按顺序观察、辨别、标识并记录。注意拆除零件时，一方面要选用合适的旋具，用力均匀，防止滑丝；另一方面还要防止弹簧、卡簧、垫片、螺钉的弹跳，以免丢失。

4. 拆完后，观察每一个零部件，并记录其结构特点。

5. 装配时要注意使各个部件装配到位，动作灵活。

培训单元 3　时间继电器的检修校验

培训重点

能正确调试、校验时间继电器整定值。

知识要求

一、时间继电器的作用和类型

时间继电器是一种利用电磁原理或机械动作原理来实现触点延时闭合或分断的自动控制电器。它从得到动作信号到触点动作有一定的延时，因此广泛应用于需要按时间顺序进行自动控制的电气线路中。

时间继电器的种类很多，常用的主要有电磁式、电动式、空气阻尼式、晶体管式等类型，目前在电力拖动控制线路中，应用较多的是空气阻尼式和晶体管式时间继电器，图 2-5 所示是几款时间继电器的外形。

下面以 JS7-A 系列空气阻尼式和 JS20 系列晶体管式时间继电器为例进行介绍。

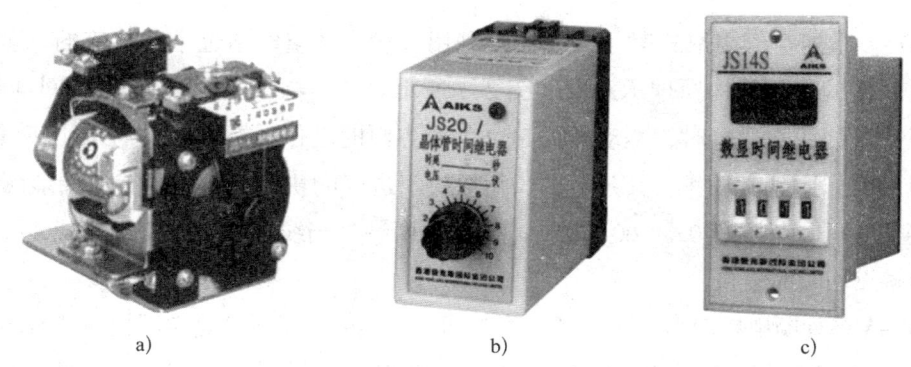

图 2-5　时间继电器
a）JS7-A 系列空气阻尼式　b）JS20 系列晶体管式　c）JS14S 系列数显式

二、JS7-A 系列空气阻尼式时间继电器

1. 结构和原理

空气阻尼式时间继电器又称气囊式时间继电器，其外形和结构如图 2-6 所示，主要由电磁系统、延时机构和触点系统三部分组成，电磁系统为直动式双 E 形电磁铁，延时机构采用气囊式阻尼器，触点系统是借用 LX5 型微动开关，包括两对瞬时触点（1 动合 1 动断）和两对延时触点（1 动合 1 动断）。根据触点延时的特点，可分为通电延时动作型和断电延时复位型两种。

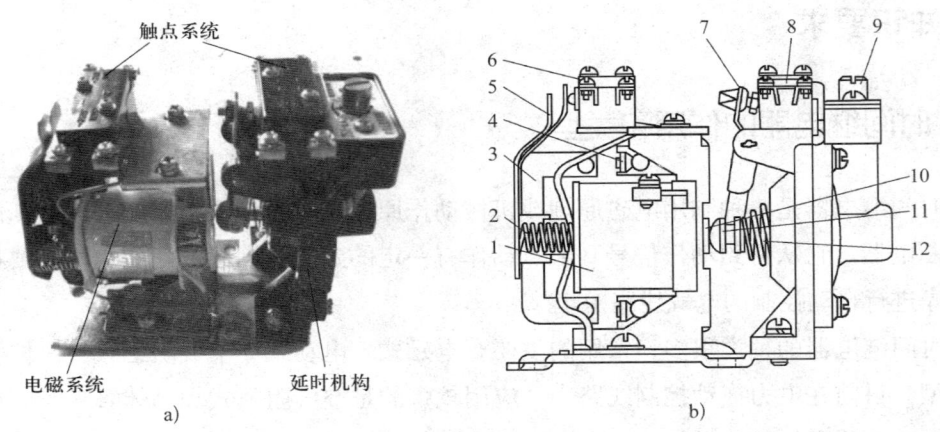

图 2-6 JS7-A 型时间继电器的外形与结构
a）外形 b）结构
1—线圈 2—反力弹簧 3—衔铁 4—铁芯 5—弹簧片 6—瞬时触点
7—杠杆 8—延时触点 9—调节螺钉 10—推杆 11—活塞杆 12—宝塔形弹簧

JS7-A 系列空气阻尼式时间继电器是利用气囊中的空气通过小孔节流的原理来获得延时动作的，其结构原理示意图如图 2-7 所示。图 2-7a 是通电延时型时间继电器，当电磁系统的线圈通电时，微动开关 SQ2 的触点瞬时动作，而 SQ1 的触点由于气囊中空气阻尼的作用延时动作，其延时的长短取决于进气的快慢，可通过旋动调节螺钉 13 进行调节，延时范围有 0.4~60 s 和 0.4~180 s 两种。当线圈断电时，微动开关 SQ1 和 SQ2 的触点均瞬时复位。

JS7-A 系列断电延时型和通电延时型时间继电器的组成元件是通用的。若将图 2-7a 中通电延时型时间继电器的电磁机构旋出固定螺钉后反转 180°安装，即为图 2-7b 所示断电延时型时间继电器。其工作原理与通电延时型时间继电器近似。

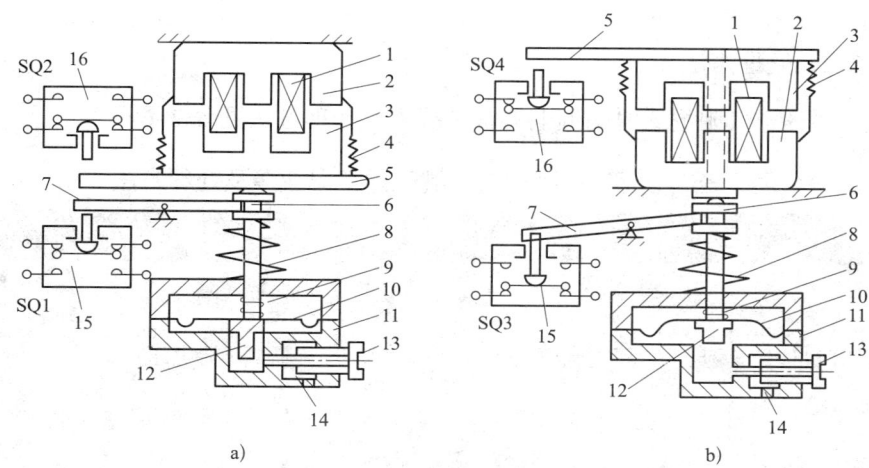

图 2-7 JS7-A 型时间继电器的结构原理
a）通电延时型 b）断电延时型

1—线圈 2—铁芯 3—衔铁 4—反力弹簧 5—推板 6—活塞杆 7—杠杆 8—塔形弹簧 9—弱弹簧
10—橡皮膜 11—空气室 12—活塞 13—调节螺钉 14—进气孔 15、16—微动开关

2. 型号含义及技术数据

JS7-A 系列时间继电器的型号含义如下：

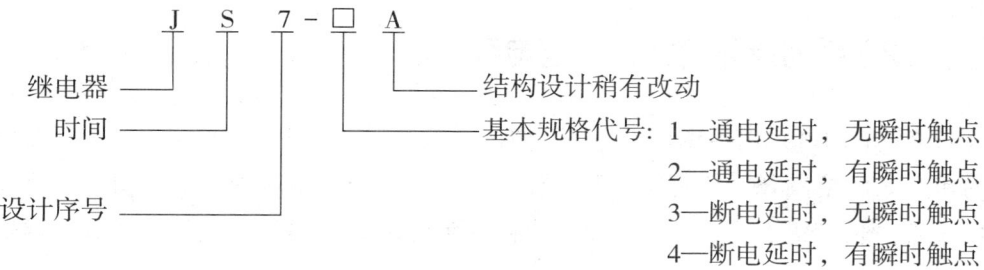

JS7-A 系列空气阻尼式时间继电器的主要技术数据见表 2-5。

表 2-5 JS7-A 系列空气阻尼式时间继电器的技术数据

型号	瞬时动作触点对数		有延时的触点对数				触点额定电压（V）	触点额定电流（A）	线圈电压（V）	延时范围（s）	额定操作频率（次/h）
			通电延时		断电延时						
	动合	动断	动合	动断	动合	动断					
JS7-1A	—	—	1	1	—	—	380	5	24、36、110、127、220、380、420	0.4~60 及 0.4~180	600
JS7-2A	1	1	1	1	—	—					
JS7-3A	—	—	—	—	1	1					
JS7-4A	1	1	—	—	1	1					

3. 常见故障及处理方法

JS7-A 系列空气阻尼式时间继电器常见故障及处理方法见表 2-6。

表 2-6　JS7-A 系列时间继电器常见故障及处理方法

故障现象	可能原因	处理方法
延时触点不动作	电磁线圈断线	更换线圈
	电源电压过低	调高电源电压
	传动机构卡住或损坏	排除卡住故障或更换部件
延时时间缩短	气室装配不严，漏气	修理或更换气室
	橡皮膜损坏	更换橡皮膜
延时时间变长	气室内有灰尘，使气道阻塞	清除气室内灰尘，使气道畅通

空气阻尼式时间继电器的特点是延时范围大，结构简单，价格低，使用寿命长，但整定精度往往较差，只适用于一般场合。

三、JS20 系列晶体管式时间继电器

晶体管式时间继电器也称为半导体时间继电器或电子式时间继电器，具有机械结构简单、延时范围宽、整定精度高、体积小、耐冲击、耐震动、消耗功率小、调整方便及寿命长等优点，所以发展迅速，已成为时间继电器的主流产品，应用越来越广泛。

晶体管式时间继电器按结构可分为阻容式和数字式两类；按延时方式可分为通电延时型、断电延时型及带瞬动触点的通电延时型三类。

JS20 系列晶体管时间继电器是全国推广的统一设计产品，适用于交流 50 Hz、电压 380 V 及以下或直流电压 220 V 及以下的控制电路中作延时元件，按预定的时间接通或分断电路。它具有体积小、质量轻、精度高、寿命长、通用性强等优点。

1. 结构

JS20 系列晶体管时间继电器的外形如图 2-5b 所示，它具有保护外壳，其内部结

构采用印制电路组件。安装和接线采用专用的插接座，并配有带插脚标记的下标牌作接线指示，上标盘上还带有发光二极管作为动作指示。结构形式有外接式、装置式和面板式三种。外接式的整定电位器可通过插座用导线接到所需的控制板上；装置式具有带接线端子的胶木底座；面板式采用的是通用八大脚插座，可直接安装在控制台的面板上，另外还带有延时刻度和延时旋钮供整定延时时间用。JS20 系列通电延时型时间继电器的接线图如图 2-8a 所示。

2. 工作原理

JS20 系列通电延时型时间继电器的电路图如图 2-8b 所示。它由电源、电容充放电电路、电压鉴别电路、输出电路和指示电路五部分组成。电源接通后，经整流滤波和稳压后的直流电，经过 RP1 和 R2 向电容 C2 充电。当场效应管 V6 的栅源电压 U_{gs} 低于夹断电压 U_p 时，V6 截止，因而 V7、V8 也处于截止状态。随着充电的不断进行，电容 C2 的电位按指数规律上升，当达到 U_{gs} 高于 U_p 时，V6 导通，V7、V8 也导通，继电器 KA 吸合，输出延时信号。同时电容 C2 通过 R8 和 KA 的动合触点放电，为下次动作做好准备。切断电源时，继电器 KA 释放，电路恢复原始状态，等待下次动作。调节 RP1 和 RP2 即可调整延时时间。

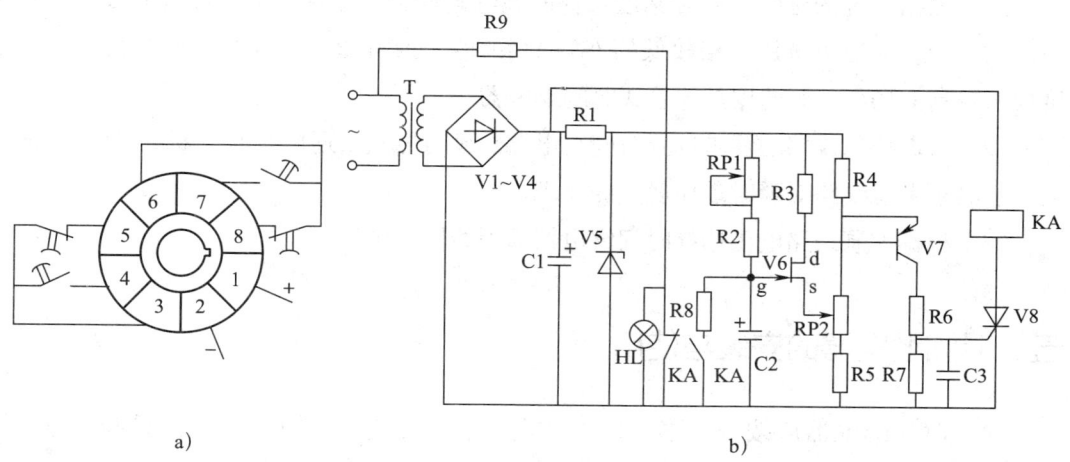

图 2-8 JS20 系列通电延时型时间继电器的接线示意图和电路图
a）接线示意图 b）电路图

3. 型号含义

JS20 系列晶体管时间继电器的型号含义如下：

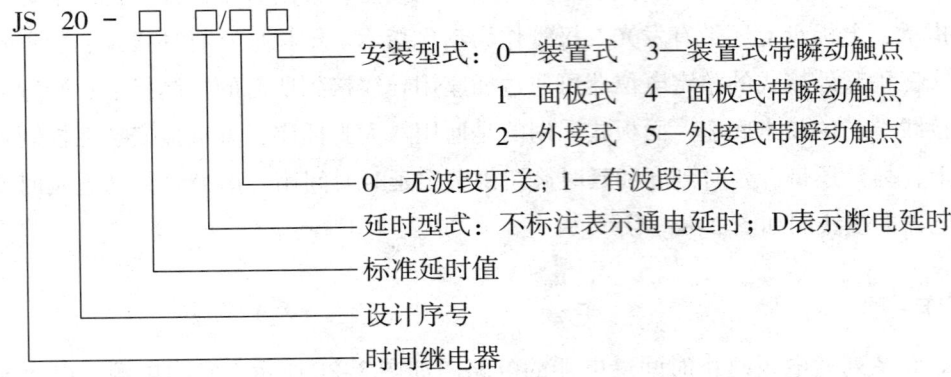

4. 适用场合

适用于电磁式时间继电器不能满足要求，要求的延时精度较高，或者控制回路相互协调需要无触点输出等情况。

四、时间继电器的选用

（1）根据系统的延时范围和精度选择时间继电器的类型和系列。在延时精度要求不高的场合，一般可选用价格较低的 JS7-A 系列空气阻尼式时间继电器；反之，对精度要求较高的场合，可选用晶体管式时间继电器。

（2）根据控制线路的要求选择时间继电器的延时方式（通电延时或断电延时）。同时，还必须考虑线路对瞬时动作触点的要求。

（3）根据控制线路电压选择时间继电器吸引线圈的电压。

五、时间继电器的安装与使用

（1）时间继电器应按说明书规定的方向安装。无论是通电延时型还是断电延时型，都必须使继电器在断电后，释放时衔铁的运动方向垂直向下，其倾斜度不得超过 5°。

（2）时间继电器的整定值，应预先在不通电时整定好，并在试车时校正。

（3）时间继电器金属底板上的接地螺钉必须与接地线可靠连接。

（4）通电延时型和断电延时型可在整定时间内自行调换。

（5）使用时，应经常清除灰尘及油污，否则延时误差将增大。

技能要求

时间继电器的检修与校验

一、操作准备

1. 工具：常用电工工具、电烙铁等。
2. 器材：实训器材见表 2-7。

表 2-7 实训器材明细表

名称	型号	规格	数量
时间继电器	JS7-2A	线圈电压 380 V	1 个
组合开关	HZ10-25/3	三极、25 A	1 个
熔断器	RL1-15/2	500 V、15 A、配熔体 2 A	1 个
按钮	LA4-3H	保护式、按钮数 3	1 个
指示灯		220 V、15 W	3 个
控制板		500 mm×400 mm×20 mm	1 块
导线	BVR-1.0	1.0 mm^2	若干

二、操作步骤

1. 整修 JS7-2A 型时间继电器触点

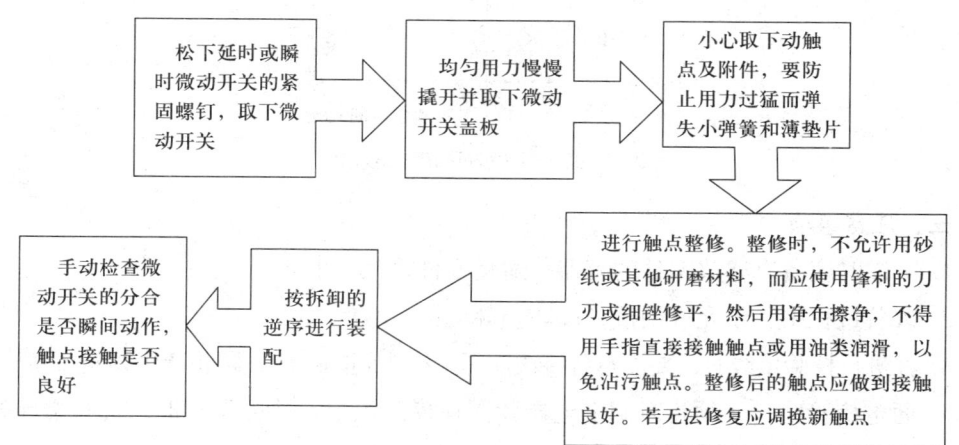

2. 将 JS7-2A 型改装成 JS7-4A

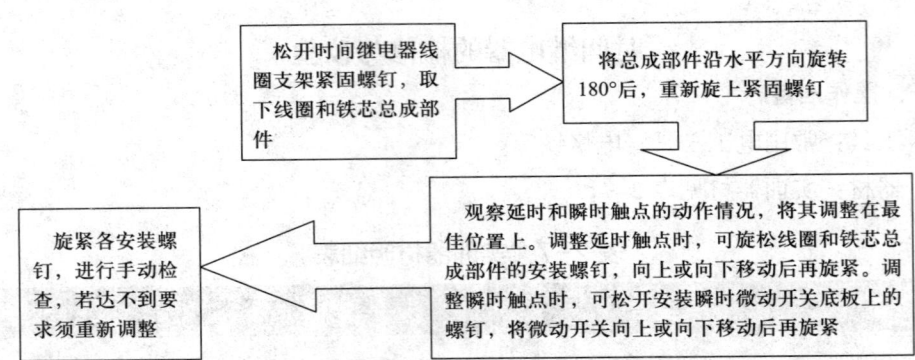

3. 通电校验步骤

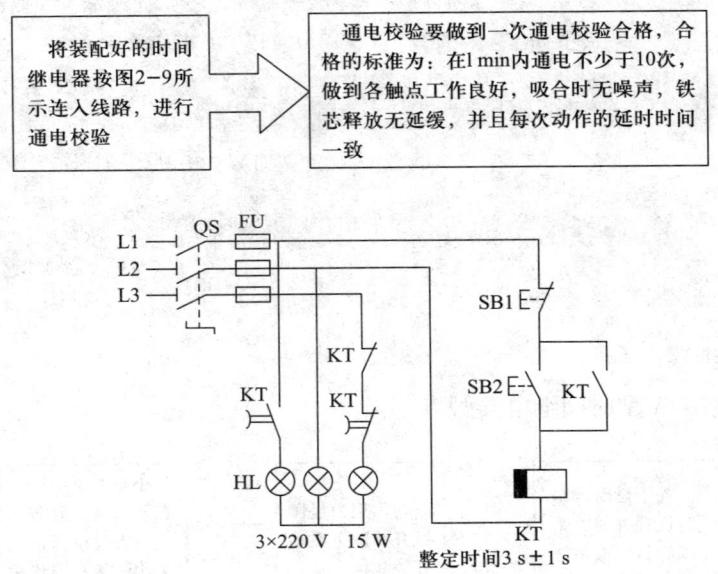

图 2-9　JS7-A 型时间继电器校验电路

三、注意事项

1. 拆卸时应备有盛放零件的容器，避免零件丢失。

2. 改装过程中，不允许硬撬，以防损坏电器。

3. 在进行校验接线时，要注意各接线端子上线头间的距离，防止产生相间短路故障。

4. 通电校验时，必须将时间继电器紧固在控制板上，并可靠接地，且有指导教师监护，以确保用电安全。

5. 改装后的时间继电器，在使用时要将原来的安装位置水平旋转 180°，使衔铁释放时的运动方向始终保持垂直向下。

培训单元 4 其他常用电器故障及处理方法

培训重点

掌握低压电器常见故障及处理方法。

知识要求

一、刀开关

刀开关常见故障及其处理方法见表 2-8。

表 2-8 刀开关常见故障及其处理方法

故障现象	可能的故障原因	故障处理
刀开关闭合后，电路有一相或两相无电源	1. 静触点弹性消失，开口过大使静动触点接触不良 2. 熔丝熔断或虚假连接 3. 静动触点氧化或粘垢 4. 电源进出线头氧化后接触不良	1. 更换静触点 2. 更换或紧固螺钉 3. 清洁触点 4. 清除氧化物，重新连接
刀开关短路	1. 外接负载短路，熔丝熔断 2. 金属异物落入开关内引起相间短路	1. 排除负载短路故障 2. 清除开关内异物
触点烧坏	1. 开关容量太小 2. 断开或闭合时动作太慢，造成电弧过大，烧坏触点	1. 更换大容量开关 2. 改善操作方法

二、转换开关

转换开关常见故障及其处理方法见表 2-9。

表 2-9 转换开关常见故障及其处理方法

故障现象	可能的故障原因	故障处理
手柄转动后，内部触点未动	1. 手柄上的轴孔磨损变形 2. 绝缘杆变形 3. 手柄与轴或轴与绝缘杆配合松动 4. 操动机构损坏	1. 更换手柄 2. 更换绝缘杆 3. 紧固松动部件 4. 修理或更换操动机构
手柄转动不能到位	弹簧安装不准确	重新安装弹簧
手柄转动后，动静触点不能同时通断	1. 动触点安装角度不正确 2. 静触点失去弹性或接触不良	1. 重新安装动触点 2. 更换触点或清除氧化层或污垢
接线柱间短路	因铁屑或油污附着在接线柱间，形成导电层，将胶木烧焦，绝缘损坏后而形成短路	更换开关

三、熔断器

熔断器常见的故障及其处理方法见表 2-10。

表 2-10 熔断器常见的故障及其处理方法

故障现象	可能的故障原因	故障处理
熔断器入端有电，出端无电	1. 熔体已断 2. 紧固螺钉松脱 3. 熔体或接线端接触不良	1. 更换熔体 2. 重新紧固螺钉 3. 通过细砂纸打磨或夹紧等方法使接触恢复良好
合闸瞬间，熔体立即熔断	1. 熔体电流等级选择太小 2. 电动机侧有短路或接地 3. 熔体安装时受到机械损伤	1. 更换合适的熔体 2. 排除短路或接地故障 3. 更换熔体
熔体阻值为无穷大	熔体已断	更换相应的熔体

技能要求

低压熔断器的检修

一、操作准备

1. 工具：尖嘴钳、螺钉旋具。

2. 仪表：MF47 型万用表一只。

3. 器材：在 RC1A、RL1、RT0、RT18、RS0 系列中，各选取不少于两种规格的熔断器。

二、操作步骤

1. 检查所给熔断器的熔体是否完好。对 RC1A 系列可拔下瓷盖进行检查；对 RL1 系列应首先查看其熔断指示器。

2. 若熔体已熔断，应按原规格选配熔体。

3. 更换熔体。

4. 用万用表检查更换熔体后的熔断器各部分接触是否良好。

三、评分标准

评分标准见表 2-11。

表 2-11 评分标准

序号	主要内容	评分标准	配分	扣分	得分
1	更换熔体	（1）检查方法不正确，扣 10 分 （2）不能正确选配熔体，扣 10 分 （3）更换熔体方法不正确，扣 10 分 （4）损伤熔体，扣 20 分 （5）更换熔体后熔断器断路，扣 25 分	50		
2	安全文明生产	违反安全文明生产规程，扣 5~30 分	30		
3	定额时间	15 min，每超时 1 min（不足 1 min 按 1 min 计）扣 5 分	20		
4	备注	不准超时	合计	100	
			教师签字		

四、注意事项

1. 对 RC1A 系列熔断器，安装熔丝时，熔丝缠绕方向一定要正确，安装过程中不得损伤熔丝。

2. 对 RL1 系列熔断器，熔断管不可以倒装。

3. 注意万用表的正确使用。

4. 使用工具要注意安全。

5. 现场操作人员应按规定穿戴必要的安全防护用品。

培训单元 5　手持电动工具的线路检修

培训重点

掌握手持电动工具线路检修方法。

知识要求

一、常见手持电动工具

手持电动工具是以电动机或电磁铁为动力,通过传动机构驱动工作头的一种机械化工具。

手持电动工具主要分为金属切削电动工具、研磨电动工具、装配电动工具和铁道用电动工具。常见的电动工具有手电钻、电动砂轮机、电动扳手、电动旋具、电锤和冲击电钻、电刨等。随着电源技术、控制技术及材料技术的不断进步,电动工具的性能得到提高,使用范围不断扩大。

手持式电动工具(以下简称工具)按触电保护分为:

(1) Ⅰ类工具

工具在防止触电的保护方面不仅依靠基本绝缘,还包含一个附加的安全预防措施。其方法是将可触及的可导电的零件与已安装的固定线路中的保护接地导线连接起来,以这样的方法来使可触及的可导电的零件在基本绝缘损坏的事故中不成为带电体。

(2) Ⅱ类工具

工具在防止触电的保护方面不仅依靠基本绝缘,而且还提供双重绝缘或加强绝缘的附加安全预防措施和没有保护接地或依赖安装条件的措施。

Ⅱ类工具分绝缘外壳Ⅱ类工具和金属外壳Ⅱ类工具,在工具的明显部位标有Ⅱ类结构符号。

(3) Ⅲ类工具

工具在防止触电的保护方面依靠由安全特低电压供电和在工具内部不会产生比安

全特低电压高的电压。

二、手持电动工具检修的基本步骤与要求

1. 手持电动工具检修的基本步骤

手持电动工具故障诊断时应首先根据故障现象进行初步分析、判断，然后再进行有针对性的检查和测量，以确定故障性质和故障点。

（1）进行故障检测时，应首先排除电源故障。

（2）进行故障检测时，如需通电运转来确认故障现象，应先进行外部检查和绝缘测量，以免造成故障扩大或触电事故。工具解体之后不允许进行通电运转测试。

不论是何种故障，都不要急于拆开工具进行内部检查，应首先进行外观检查和初步的机械故障诊断，具体如下。

1）电源插头是否碎裂，插头铜柱是否松动。

2）电源线有无破损、折断之处。

3）开关是否碎裂，动作是否灵活，开闭声音是否正常。

4）机壳有无破损，各部位螺钉有无松动。

5）颠倒并轻轻晃动工具，检查工具内部有无零件脱落或杂物落入。

6）用手或其他辅助工具沿着运动方向转动或扳动可动部分，如果轻快无阻碍、松紧不均、无杂声则表明无机械故障；如果不能转动或转动困难，说明有机械故障，应解体进行检查。

（3）在解体之前，可用万用表测量回路电阻，以确定有无断路故障。金属外壳的电动工具可用绝缘电阻表测量绝缘是否良好，以确定有无漏电故障。无须解体即可更换电刷的单相串励电动工具应首先检查电刷的磨损情况。

（4）解体后，机械故障主要靠目测来检查，电气故障要根据故障现象，用电工仪表进行检测。

（5）找到故障原因后就要进行故障部件的修理或更换。

2. 手持电动工具检修的要求

（1）手持电动工具在检修过程中当一些零部件无法修复时，就要进行更换。目前生产的手持电动工具一般都在说明书中附有零件分解图和名称型号列表，在购买时应妥善保存说明书。购买的各种零部件最好确保型号、性能完全一致。

（2）手持电动工具的检修不得任意改变该工具的原始设计参数，不得使用低于原性能的代用材料，不得换上与原规格不符的零部件，工具内的绝缘衬垫、套管不得漏装或任意拆除。

（3）手持电动工具检修后应测量绝缘电阻。应采用 500 V 绝缘电阻表进行测量，Ⅰ类电动工具绝缘电阻不低于 2 MΩ，Ⅱ类电动工具不低于 7 MΩ，Ⅲ类电动工具不低于 1 MΩ，否则要进行干燥处理或维修。

（4）手持电动工具在电气绝缘部分修理后应进行交流耐压试验，例如更换修理绝缘衬垫、套管及电动机绕组等。Ⅰ类工具的试验电压为 950 V，Ⅱ类工具的试验电压为 2 800 V，Ⅲ类工具试验电压为 380 V。试验要求在相互绝缘的金属部分施加频率为 50 Hz 的正弦交流电，耐压测试时间为 1 min，不出现绝缘击穿和闪络、放电等现象。

技能要求

手电钻故障的检修

一、操作准备

1. 工具：测电笔、螺钉旋具、尖嘴钳、斜口钳、活扳手等。
2. 仪表：ZC25-3 型绝缘电阻表、MF47 型万用表。
3. 器材：单相串励手电钻。

二、操作步骤

单相串励手电钻的传动部分较为简单，故障主要集中在电机部分，故障现象包括手电钻不能启动、转速太慢、转速太快、电刷火花大或换向器上出现环火、电动机运行声音异常及电动机过热等。下面是单相串励手电钻常见故障的分析及检修。

1. 不能启动

单相串励手电钻不能启动的故障原因分析及处理见表 2-12。

表 2-12 单相串励手电钻不能启动的故障原因分析及处理

故障原因分析	检查处理方法
1）电源线损坏	1）更换电源线
2）开关损坏	2）修理或更换开关
3）开关等处的内部接线松脱	3）连接或紧固连接线
4）电刷和换向器接触不良	4）调整电刷与刷盒位置
5）定子绕组断路	5）检修定子绕组
6）转子绕组断路	6）检修转子绕组

2. 转速太慢

单相串励手电钻转速太慢的故障原因分析及处理见表 2-13。

表 2-13　单相串励手电钻转速太慢的故障原因分析及处理

故障原因分析	检查处理方法
1）定子与转子相擦（扫膛）	1）修正机械尺寸及配合
2）机壳和机盖轴承同轴度差，轴承运转不正常	2）修正机械尺寸
3）轴承有脏物	3）清洁轴承
4）转子局部短路	4）检修转子

3. 转速太快

单相串励手电钻转速太快的故障原因分析及处理见表 2-14。

表 2-14　单相串励手电钻转速太快的故障原因分析及处理

故障原因分析	检查处理方法
1）定子绕组局部短路	1）检修定子绕组
2）电刷偏离几何中性线	2）调整电刷和刷盒位置

4. 电刷火花大或换向器上出现环火

电刷火花大或换向器上出现环火的故障原因及处理见表 2-15。

表 2-15　电刷火花大或换向器上出现环火的故障原因及处理

故障原因分析	检查处理方法
1）电刷不在中性线	1）调整电刷位置
2）电刷太短	2）更换电刷
3）电刷弹簧压力不足	3）更换电刷弹簧
4）电刷、换向器接触不良	4）去除污物、修磨电刷
5）换向器表面太粗糙	5）修磨换向器
6）换向器磨损过大且凹凸不平	6）更换或修磨换向器
7）换向器中云母片凸出，换向不良	7）下刻云母片
8）电刷和刷盒之间配合太松或刷盒松动	8）修正配合间隙尺寸，紧固刷盒
9）换向器换向片间短路 a. 换向片间绝缘击穿 b. 换向片间有导电粉末	9）排除短路 a. 修理或更换换向器 b. 清除导电粉末
10）电动机过热，定子绕组局部短路	10）修复定子绕组
11）转子绕组局部短路	11）修复转子绕组
12）转子绕组反接	12）换接转子绕组

5. 电动机运行声音异常

电动机运行声音异常的故障原因及处理见表2-16。

表2-16 电动机运行声音异常的故障原因及处理

故障原因分析	检查处理方法
1）轴承磨损或内有杂物	1）更换或清洗轴承
2）定子和转子相擦	2）修正机械尺寸
3）风扇变形或损坏	3）更换风扇
4）风扇松动	4）紧固风扇
5）风扇和挡风板距离不正确	5）调整风扇和挡风板的距离
6）电刷弹簧压力太大	6）减小电刷弹簧压力
7）电刷内有杂质或太硬	7）更换电刷
8）换向器表面凹凸不平	8）修整换向器
9）云母凸出换向器	9）下刻云母槽
10）电动机振动很大	10）转子重校动平衡
11）定子局部短路	11）修复定子
12）转子局部短路	12）修复转子

6. 电动机过热

电动机过热的故障原因及处理见表2-17。

表2-17 电动机过热的故障原因及处理

故障原因分析	检查处理方法
1）轴承太紧	1）修正轴承室尺寸
2）轴承内有杂质	2）清洗轴承、添加润滑脂
3）转子轴弯曲	3）校正转子轴
4）风量很小	4）检查风扇和挡风板
5）定子绕组受潮	5）烘干定子绕组
6）定子绕组局部短路	6）修复定子绕组
7）转子绕组受潮	7）烘干转子绕组
8）转子绕组局部短路	8）修复转子绕组
9）转子绕组反接	9）改正转子绕组的接线

三、注意事项

1. 在检查、检修过程中注意仪表的正确使用。
2. 拆卸下来的元件要做好标记，便于组装。

培训项目2 变压器、交流电动机的接线与维护

培训单元1 分辨控制变压器的同名端

培训重点

1. 能用万用表和电池分辨变压器同名端。
2. 能用万用表和交流电源分辨变压器同名端。

知识要求

一、变压器基本结构

以油浸式电力变压器为例介绍变压器的结构,铁芯和绕组是变压器最基本的组成部分,称为变压器的器身。

器身放在装有变压器油的油箱内,油枕、防爆管、气体继电器等主要附件装在油箱上,其结构如图2-10所示。

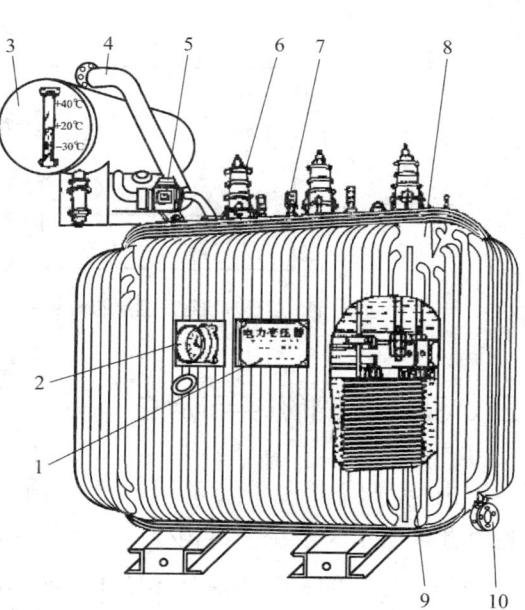

图2-10 油浸式电力变压器的结构
1—铭牌 2—温度表 3—油枕 4—防爆管
5—气体继电器 6—高压套管 7—低压套管
8—油箱 9—铁芯、绕组 10—放油阀门

二、变压器的极性

联结变压器在投入运行前,首先就要解决变压器的极性和绕组的联结问题,现分述于后。

变压器主磁通 $\varPhi$ 在绕组中产生的感

应电动势是交变的，本没有固定的极性。这里讲的极性，是指一、二次绕组的相对极性，即在某一瞬间，当一次绕组的某一端极性为正时，二次绕组也必然同时有一个极性为正的对应端。这两个对应端就叫作同极性端，或者叫作同名端，通常用符号"*"标注。

可用楞次定律来解释并确定变压器绕组的同名端。如在图 2-11 的电路中，当开关 S 合上的瞬间，一次绕组电流 I_1 产生主磁通 Φ，在一次绕组中产生自感电动势 E_1，在二次绕组中产生互感电动势 E_2 和感应电流 I_2。根据楞次定律，可确定 E_1、E_2 及 I_2 的实际方向，如图 2-11 所示；同时可画出一次绕组端电压 U_1 和二次绕组端电压 U_2 的方向，从而可知此时一次绕组的 U1 端和二次绕组的 u1 端的电位都为正，即 U1、u1 是同名端；一次绕组的 U2 端和二次绕组的 u2 端的电位都是负，U2、u2 也是同名端。

通常可采用如图 2-12 所示的交流法来测定绕组的极性。把 U2、u2 点连接起来，在高压绕组中通以低压交流电，分别测出 U1、u1 端之间的电压 U_{Uu} 和一、二次绕组两端的电压 U_U、U_u，这时，U_{Uu} 是 U_U 和 U_u 的相量差，若 U_{Uu} 是 U_U 和 U_u 两数值之差，则 U_U 和 U_u 是同相的，即 U1 与 u1 是同名端；如果 U_{Uu} 是 U_U 和 U_u 两个数值之和，则 U_U 和 U_u 的相位是相反的，U1 与 u1 不是同名端，而是异名端。

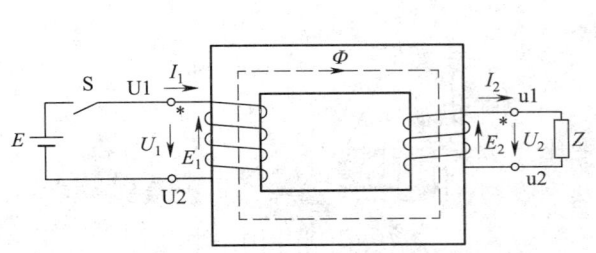

图 2-11 变压器绕组同名端的确定

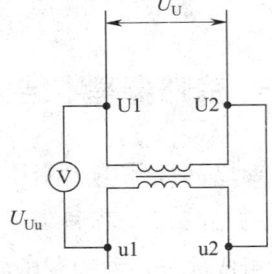

图 2-12 用交流法测定绕组的极性

三、变压器的磁路与极性

由于现代电力系统都采用三相制，所以三相电力变压器使用得很广泛。如图 2-13a 所示为由三个单相变压器组成的三相变压器，叫作三相变压器组。如果把三个单相变压器的铁芯拼成如图 2-13b 所示的样子，则通过中间铁芯柱的磁通，等于通过外面三个铁芯柱的磁通的总和，如果外施的是对称的三相交流电压，则三相磁通的总和为零，即 $\dot{\Phi}_U+\dot{\Phi}_V+\dot{\Phi}_W=0$；由于处于中间位置的铁芯柱中的磁通为零，故可省去不用，如图 2-13c 所示。在任一瞬间，每一铁芯柱中的磁通可经过其他两个铁芯柱流回。

在实际应用中,为使结构简化,可缩短 V 相磁轭长度,三相变压器的三个铁芯柱,通常都如图 2-13d 所示的那样排列在一个平面上,这种三相变压器叫作三相心式变压器。

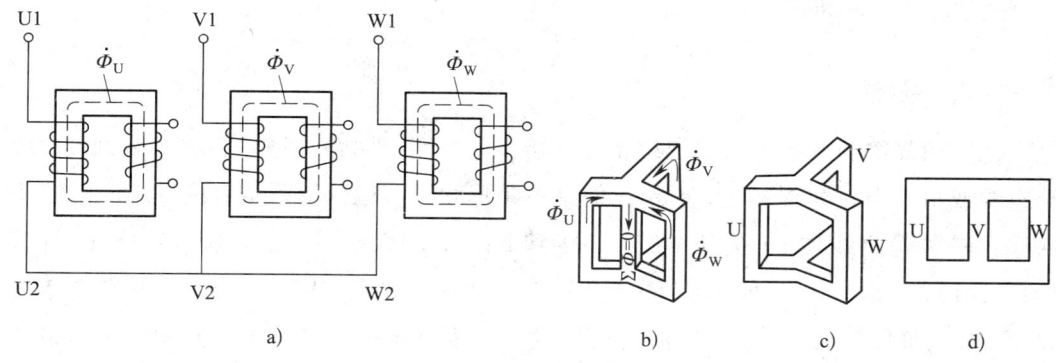

图 2-13 三相变压器的磁路
a)由三台单相变压器组成的三相变压器组
b)三相心式变压器磁路 c)中间铁芯柱取消 d)三相芯式变压器

三相变压器与三相变压器组相比,具有结构简单、节省材料、体积小、维护方便和价格便宜等优点,因而得到广泛应用。只有在巨型变压器中,由于运输条件的限制,才采用由 3 台单相变压器组成的三相变压器组。

三相变压器共有 6 个绕组,其中属于同一相的一次、二次两个绕组的相对极性可按单相变压器的判别方法确定。如图 2-14 所示,三相绕组的首末端均已标明;高、低压绕组的首端标志分别用 U1、V1、W1 和 u1、v1、w1 表示,末端分别用 U2、V2、W2 和 u2、v2、w2 表示。同一相一、二次绕组的同名端也都以符号"*"标出。

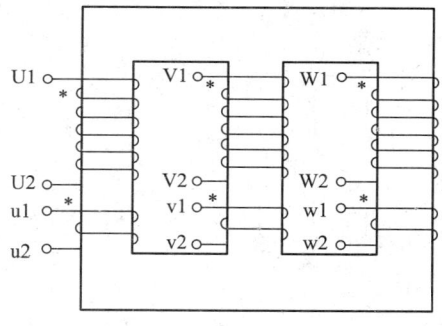

图 2-14 三相变压器的极性

四、三相变压器的联结组

三相绕组的联结方法有星形、三角形和曲折形联结三种。它们的文字符号:对高压绕组分别用字母 Y、D 和 Z 表示;对中压或低压绕组分别用字母 y、d 和 z 表示。如果星形联结或曲折形联结的中性点是引出的,则分别用 YN 或 ZN 及 yn 或 zn 表示。

1. 星形联结法

把三相绕组的三个末端 U2、V2、W2(或 u2、v2、w2)连接在一起,这个连接点称为中性点，用 N 表示，把它们的首端 U1、V1、W1（或 u1、v1、w1）引出，接至电源或负载上，如图 2-15a 所示，便是星形联结。在对称三相系统中，星形联结的电压相量图如图 2-15b 所示。

2. 三角形联结法

把三相绕组的首端与末端依次相互连接，成一闭合回路，将它们的首端引出，接至电源或负载上，如图 2-15c 所示，便是三角形联结。三角形联结有两种不同的连接次序：一种是将线端 U1 接到 W2、V1 接到 U2、W1 接到 V2，从 U1、V1、W1 引出，如图 2-15c 所示；另一种是将 U1 接到 V2、V1 接到 W2、W1 接到 U2，从 U1、V1、W1 引出，如图 2-15e 所示。不同的连接次序，线电压和相电压之间的相位关系也就不同，三角形联结的电压相量图如图 2-15d、f 所示。

3. 曲折形联结法

将每一个铁芯柱的绕组分成两部分，把一个铁芯柱的一部分绕组与另一个铁芯柱的部分绕组依次连接成星形，这种联结法叫曲折形联结，如图 2-15g 所示。

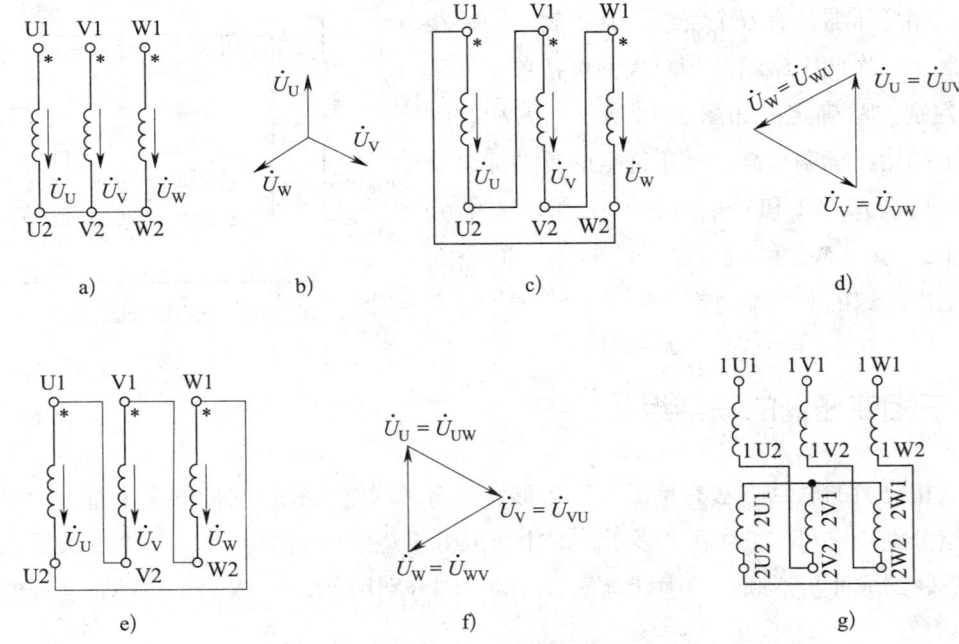

图 2-15　三相变压器的联结
a）Y 联结　b）Y 联结的电压相量图　c）、e）△联结的两种连接次序
d）、f）△联结的两种连接次序的电压相量图　g）曲折形联结

技能要求 1

变压器同名端的判别（直流法）

一、操作准备

准备内容见表 2-18。

表 2-18 准备内容

序号	名称	规格型号	数量	备注
1	单相电源变压器	任意	1 台	
2	万用表	MF35	1 套	
3	电池	1 号干电池	1 节	配电池盒
4	导线		2 根	

二、操作步骤

1. 按图 2-16 连接绕组、万用表、开关和电池，将万用表转换开关置于直流电压低挡位，如 5 V 以下或者直流电流的低挡位（如 5 mA）。

2. 当接通开关 S 的瞬间，表针正向偏转，则万用表的正极、电池的正极所接的为同名端，即 1 和 4 为同名端。

3. 如果表针反向偏转，则万用表的正极、电池的负极所接的为同名端，即 2 和 4 为同名端。

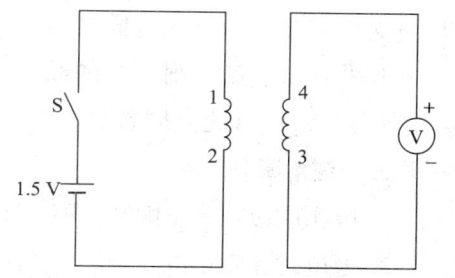

图 2-16 直流法判断变压器同名端接线原理图

三、注意事项

1. 注意断开开关 S 时，表针会摆向另一方向。
2. 开关 S 不可长时间接通。

技能要求 2

变压器同名端的判别（交流电压法）

一、操作准备

设备、仪表及材料见表 2-19。

表 2-19　设备、仪表及材料

序号	名称	规格型号	数量	备注
1	单相电源变压器	任意	1台	
2	万用表	MF35	1套	
3	24 V 交流电源	~24 V，100 mA		
4	导线		2根	

二、操作步骤

1. 按图 2-17 对单相变压器一次、二次绕组进行连线。

2. 在它的一次侧加适当的交流电压，分别用电压表测出一次侧和二次侧的电压 U_1、U_2，以及 1、3 之间的电压 U_3。

3. 如果 $U_3=U_1+U_2$，则相连的线头 2、4 为异名端，1、4 为同名端，2、3 也是同名端。

如果 $U_3=U_1-U_2$，则相连的线头 2、4 为同名端，1、4 为异名端，1、3 也是同名端。

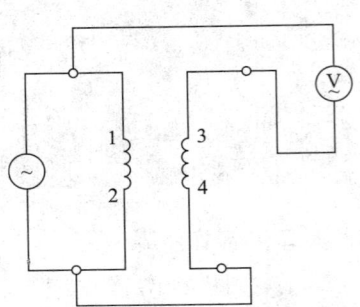

图 2-17　交流电压法判断变压器同名端接线原理图

三、注意事项

1. 电源应接在高压侧端，即一次绕组上。
2. 通电时注意用电安全。

培训单元 2　分辨三相交流笼型异步电动机绕组的首尾端

培训重点

会分辨三相笼型异步电动机绕组的首尾端。

知识要求

一、低压交流电源法判别电动机绕组的首尾端

首先用万用表查明每相绕组的两个出线端,然后把其中任意两相绕组串联后与电压表(或万用表的交流电压挡)连接,第三相绕组与 36 V 交流电源接通,如图 2-18 所示。若电压表有读数,则是首尾相连;若电压表没有读数,则是尾尾相连。

二、用万用表判别电动机绕组的首尾端

如图 2-19 所示,用万用表的毫安挡测试。用手转动电动机的转子,如万用表的指针不动,说明首尾端接线正确;如万用表的指针动,说明首尾端接线错误。

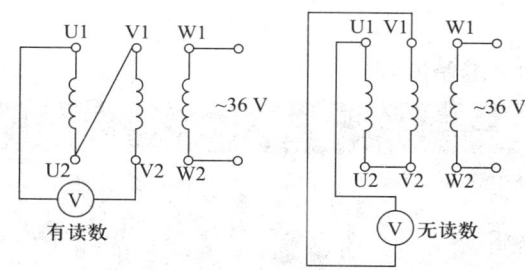

图 2-18 低压交流电源法检测绕组首尾端

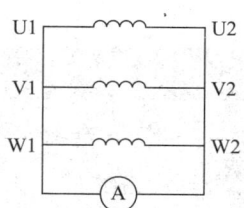

图 2-19 万用表法检测绕组首尾端

技能要求 1

三相交流笼型异步电动机绕组首尾端的分辨(一)

一、操作准备

准备内容见表 2-20。

表 2-20 准备内容

序号	名称	规格型号	数量	备注
1	三相交流笼型异步电动机	Y112M-4	1台	或类似规格
2	万用表	MF35	1套	或绝缘电阻表
3	导线	两头带鳄鱼夹	2根	

二、操作步骤

1. 先用绝缘电阻表或万用表电阻挡分别找出三相定子绕组的各相两个线端。

2. 给各相绕组两端假设编号为 U1、U2；V1、V2；W1、W2。

3. 把假设的 U1、V1、W1 接在一起，U2、V2、W2 也接在一起，用万用表微安挡测量这两个线端。用手转动电动机转子，如万用表指针不动，则证明假设的编号是正确的；若指针有偏转，说明其中有一相首尾端假设编号不对，应逐相对调两端重测，直至连在一起的 3 个线端分别同时为头端和尾端为止。

三、注意事项

1. 万用表应选择合适的挡位。
2. 使用绝缘电阻表检测时应注意正确的使用方法及操作步骤。

技能要求 2

三相交流笼型异步电动机绕组首尾端的分辨（二）

一、操作准备

准备内容见表 2-21。

表 2-21 准备内容

序号	名称	规格型号	数量	备注
1	三相交流笼型异步电动机	Y112M-4	1台	或类似规格
2	万用表	MF35	1套	或绝缘电阻表
3	电池	1号干电池	1节	配电池盒
4	导线	两头带鳄鱼夹	2根	

二、操作步骤

1. 先分清三相绕组各相的两个线端，并进行假设编号，再把电池的负极接 U1，正极通过开关接 U2，将万用表的正极表笔接 V1，负极表笔接 V2。

2. 开关接通瞬间，特别关注万用表（微安挡）指针摆动方向，如果指针向正方向偏转，则接电池正极的线头与万用表负极所接的线头为同名端（同为首端或尾端）。如果指针向负方向偏转，则电池正极所接的线头与万用表正极所接的线头为同名端。

3. 将电池接 W 相两个线头进行测试，用与第 2 步同样的方法即可判别出各相的首尾端。

三、注意事项

1. 万用表的量程选择要适当。
2. 开关不可长时间闭合。

培训单元 3　三相交流异步电动机的安装与运行维护

培训重点

1. 掌握三相异步电动机的安装方法。
2. 能熟练地安装三相异步电动机,并能完成安装后的调试。

知识要求

一、三相异步电动机的安装与接线

基本操作步骤描述:

安装前的准备→安装电动机→校正电动机→安装电动机的传动装置→安装电动机的控制保护装置→敷设导线→检查接线→测量与试车。

1. 安装前的准备

(1) 选择电动机的安装地点

一般情况下电动机的安装地点选择在干燥、通风好、无腐蚀气体侵害的地方。

(2) 制作电动机的底座和座墩

电动机的座墩有两种形式:一种是直接安装座墩,另一种是槽轨安装座墩。座墩高度一般应高出地面 150 mm,具体高度要按电动机的规格、传动方式和安装条件等决定。座墩的长与宽约等于电动机机座底尺寸加 150 mm 左右的裕度,如图 2-20 所示。

(3) 地脚螺栓制作

地脚螺栓为六角螺栓,首先用钢锯在六角螺栓上锯一条宽 25~40 mm 的缝,再用錾子将其分成人字形,依据电动机机座尺寸,埋入水泥座墩里面,如图 2-20 所示。

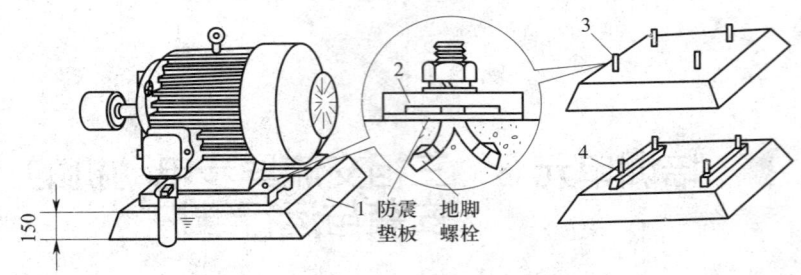

图 2-20 底座和座墩

1—水泥座墩　2—底座　3—固定的地脚螺栓　4—活动的地脚螺栓

2. 安装电动机

（1）将电动机搬运至现场，小型电动机用人力搬运，大中型电动机用起重机械搬运。

（2）在电动机与座墩之间衬垫一层质地坚韧的木板或硬橡胶垫作为防震物。

（3）小型电动机可以用人力抬到座墩上；大型电动机需用起重设备将其吊到座墩上，如图 2-21 所示。

（4）在 4 个紧固螺栓上套上弹簧垫圈，按对角线交错依次逐步拧紧螺母。

如果电动机在使用过程中，需要调整位置，电动机功率较小时，可先在基座上预埋槽轨，槽轨的支脚深埋在基座下固定，电动机安装在槽轨上。这种安装方式，便于电动机在安装时进行必要的校正或调整，如图 2-22 所示。

图 2-21 将电动机放到底座

图 2-22 小型电动机的槽轨安装法

3. 校正电动机

电动机的水平校正一般用水平仪放在转轴上，对电动机纵向、横向进行检查，并用 0.5～5 mm 厚的钢片垫在机座下，来调整电动机的水平，如图 2-23 所示。

4. 安装电动机的传动装置

（1）带传动装置的安装与调整

1）安装

①电动机机座与底座之间垫衬的防震物不可太厚，否则会影响两个带轮的间距，特别是三角带轮更是如此。

②两个带轮的直径大小必须配套。

③两个带轮要装在一条直线上，两轴要装得平行。

图 2-23　电动机的水平校正

④塔形三角带轮的安装要一正一反；否则，不能调速。

⑤平带的接头必须正确。平带扣的正反面不要接错；平带装上带轮时，应按照图 2-24 所示的要求安装。

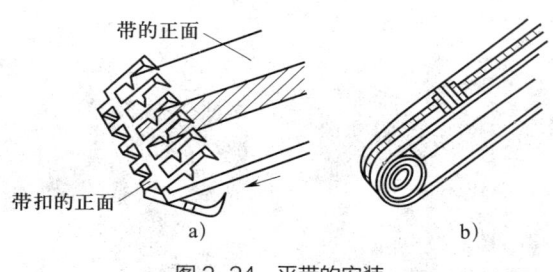

图 2-24　平带的安装
a）带扣正面安装　b）带的正面朝外

2）宽度中心线的调整。宽度中心线的调整方法如图 2-25 所示。如两个带轮宽度相等，可按图 2-25a 所示的方法，用一根拉紧的弦线紧靠两个带轮的端面，弦线如均匀接触 A、B、C、D 4 点，则表明已调整好。

如两个带轮宽度不相等，可先用划针画出它们的中心线，然后，拉直一根弦线，一端紧贴带轮 A、B 两点轮缘上，如图 2-25b 中虚线所示，再在 C 和 D 点用钢尺测量出 L_C 和 L_D，应使 $L_C+b_1=L_D+b_1$。

（2）联轴器传动装置的安装与矫正。安装联轴器时，先把两片联轴器分别装在电动机和机械的轴上，不同的联轴器可以采用不同的装配方法。对于低速和小型联轴器的装配，可采用动力压入法，这种方法通常用木锤敲入，通过垫放的木块或其他软材料作缓冲件，依靠木锤的冲击力，把联轴器敲入。具体步骤如下：

1）将弹性联轴器安装在转动机械的轴上，如图 2-26 所示。

2）将联轴器安装到电动机的转轴上，如图 2-27 所示。

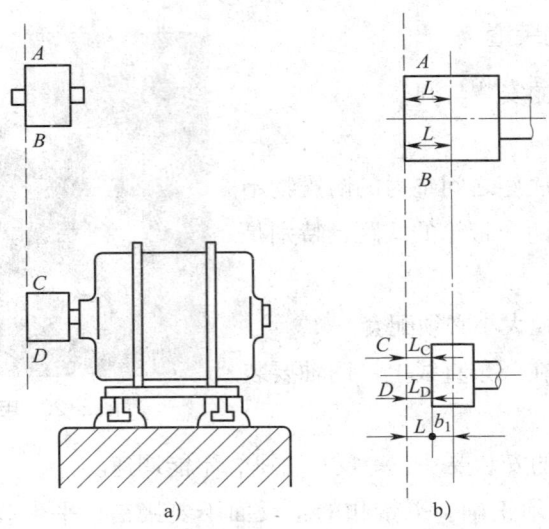

图2-25 带轮宽度中心线的调整
a）未校正　b）已校正

图2-26 将弹性联轴器安装在转动机械的轴上

图2-27 将联轴器安装到电动机的转轴上

3）安装防震圈，减小运行时的震动，如图2-28所示。

4）联轴。把电动机移近连接处，如图2-29所示。

5）电动机预固定，如图2-30所示。当两轴相对处于一条直线上时，先稍微拧紧电动机的机座地脚螺栓，但不要拧得太紧，待传动中心线校正后彻底拧紧。

6）联轴器传动的中心线校正。校正时，首先将钢板尺放在两个半片联轴器的上侧面，查看联轴器转动时是否有高低不一致的现象，如图2-31所示。直角尺在两联轴器上要靠得很紧密，观察不到尺与联轴器的外圆有缝隙。然后用手转动电动机侧的半联轴器，每转动90°用尺靠一次，若靠4次结果均相同，说明两侧轴线已经重合，中心线已经校准。校正后锁紧螺栓。

图 2-28　安装防震圈

图 2-29　把电动机移近连接处

图 2-30　电动机预固定

图 2-31　联轴器传动的中心线校正

5. 安装电动机的控制保护装置

（1）电动机对控制保护装置的要求

1）每台电动机必须配备一套能单独操作的控制开关和单独进行短路及过载保护的保护电器。

2）使用的开关设备要结构完整、功能齐全，有可靠的接通和分断电动机工作电流及切断故障电流的能力。

3）开关及保护装置的标牌参数应清晰，分断标志明显，安全可靠。

4）开关设备的选用应符合要求。

（2）电动机的操作开关及熔断器的安装

1）电动机的操作开关必须安装在操作时能监视到电动机的启动和被拖动机械的运转情况的位置上，通常是安装在电动机的右侧。

2）依据电动机容量的大小，选择适当的操作开关（低压断路器、刀开关等）垂直安装在配电板上。低压断路器倾斜度不大于5°。

3）小型电动机在不频繁操作、不换向、不变速时，只用一个开关。

4）开关需频繁操作，或需进行换向和变速操作时需装两个开关，前一级开关作控制电源用，称为控制开关，常用的有低压断路器和转换开关。

5）凡无明显分断点的开关，必须装两个开关，前一级装一个有明显分断点的开关，如以刀开关、转换开关等作为控制开关。容易产生误动作的开关，如手柄倒顺开关、按钮等，也必须在前一级加装控制开关，以防开关误动作而造成事故。

6）安装熔断器时，熔断器必须与开关装在同一控制板上或同一控制箱内。凡作为保护用的熔断器，必须装在控制开关的后级和操作开关（包括启动开关）的前级。三相回路分别串联安装的熔丝规格、型号应相同，并应在三根相线上。

7）用低压断路器作为控制开关时，应在低压断路器的前一级加装熔断器作双重保护。当热脱扣器失灵时，由熔断器起保护作用，同时兼作隔离开关之用，以便维修时切断电源。

8）采用倒顺开关和电磁启动器操作时，前级用分断点明显的组合开关作控制开关（一般机床的电气控制常用这种形式），必须在两级开关之间安装熔断器。

（3）电压表和电流表的安装

对于大中型和要求较高的电动机，为了便于监视其运行情况，一般均安装电压表和电流表，其安装方法如图2-32所示。电压表通常只安装一个，通过换相开关进行换相测量。如要求较高应在各相都串接一个电流表；一般可在V相串接一个电流表，其量程应大于电动机额定电流的2~3倍，以保证启动电流通过。

电动机额定电流较大时，通常采用电流互感器测量，电流互感器的规格也应大于电动机额定电流的2~3倍。其接线如图2-33所示。

6. 敷设导线

（1）导线的选择

电动机连接线的线芯截面积应满足载流量的需求，铜芯线最小截面积不得小于$1\ mm^2$；铝芯线最小截面积不得小于$2.5\ mm^2$。

（2）导线的敷设形式及要求

从电动机至低压断路器之间导线的敷设常采用以下两种形式：一种是地下管敷设，另一种是明管敷设，目前一般用地下管敷设。采用地下管敷设时，应使连接电动机一端的管口离地不小于100 mm，并使它尽量接近电动机的接线盒。另一端尽量接近电动机的操作开关，最好用软管伸入接线盒。

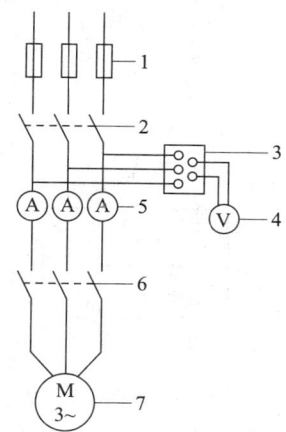 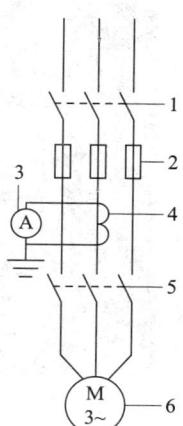

图 2-32　电压表和电流表的接线图　　　　图 2-33　电流互感器和电流表接线
1—隔离熔断器　2—控制开关　3—电压表换向开关　　1—控制开关　2—熔断器　3—电流表
4—电压表　5—电流表　6—操作开关　7—电动机　　4—电流互感器　5—操作开关　6—电动机

7. 检查接线

（1）检查电动机的装配质量

如各部分螺栓是否拧紧，转子转动是否灵活，转轴伸出端径向有无偏摆的情况等。

（2）测量绝缘电阻

用绝缘电阻表测量电动机绕组之间及绕组与地之间的绝缘电阻，如图 2-34 所示。

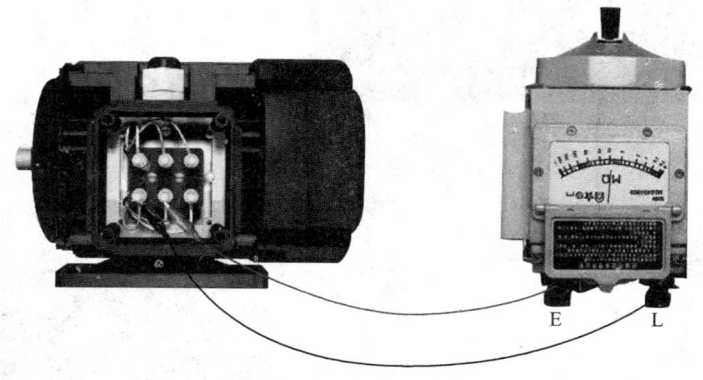

图 2-34　测量绝缘电阻

（3）根据铭牌进行接线

1）根据电动机的铭牌进行接线，星形连接的电动机接线盒上的出线如图 2-35 所示，将接线盒中三相绕组尾端 U2、V2、W2 接线端短接，再将首端 U1、V1、W1 分别接三相电源的 L1、L2、L3 即构成星形接法。

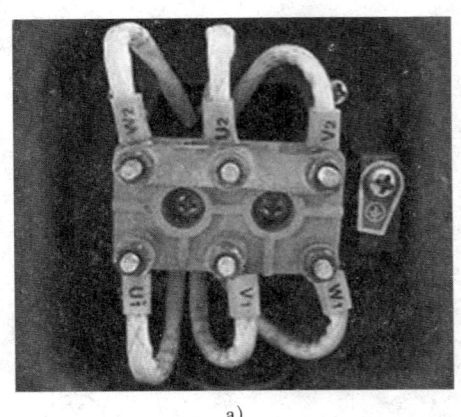 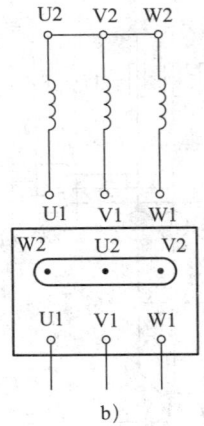

图 2-35 星形连接的电动机接线盒上的出线
a）实物图　b）接线图

定子绕组的三角形接法如图 2-36 所示。

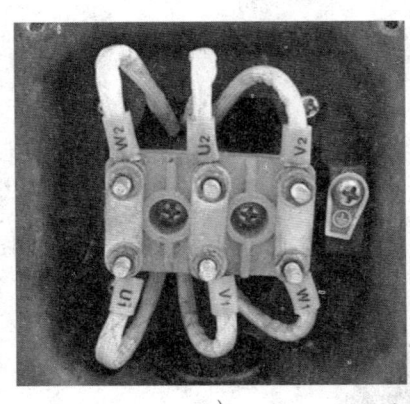 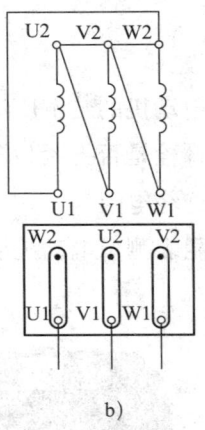

图 2-36 定子绕组的三角形接法
a）实物图　b）接线图

2）将接线盒中三相绕组的 U1 与 W2、V1 与 U2、W1 与 V2 接线端短接，再将 U1、V1、W1 首端分别接三相电源的 L1、L2、L3 即构成三角形接法。这时每相绕组的电压等于线电压。

为了安全一定要将电动机的接地线接好、接牢。将电源线的接地线接电动机外壳接线柱上，如图 2-37 所示。

图 2-37 接地线连接

8. 测量与试车

（1）测量空载电流。当交流电动机空载时，用电流表测量三相空载电流是否平衡。同时观察电动机是否有杂声、振动及较大的噪声，如果有应立即停车检查。

（2）测量电动机转速。用转速表测量电动机的转速并与电动机的额定转速比较，当转速异常时应及时断电检查。

（3）测量工作电流。电动机在额定功率下工作时，检测三相电流是否平衡、是否为额定电流。

（4）测量工作温度。电动机正常工作时其外壳温度在 30 ℃至50 ℃之间，60 ℃左右说明负载已达上限，超过 70 ℃就是超负载，超过 80 ℃会严重缩短电动机寿命。

二、三相异步电动机的运行与维护

1. 运行前检查

电动机在启动之前，应检查电源电压是否正常，绝缘和接地是否良好；各启动装置有无损坏，触点是否良好；各传动装置的连接是否牢固，电动机转子和负载转轴的转动是否灵活。同时，移开电动机周围的杂物，并清除电动机表面的灰尘、油污。

2. 启动电动机

同一线路上的电动机不能同时启动，应按功率从大到小逐一启动，避免因启动电流过大电压降低而造成开关关断。接通开关时应先合控制开关，后合操作开关。接通电源后若电动机不转，应立即切断电源，不能带电检查电动机故障，否则可能烧毁电动机以及发生危险。断开时，应先切断操作开关，后切断控制开关；绝对不允许只切断操作开关而不断开控制开关。

3. 监视运行情况

电动机运行时，应定期测量电动机的三相空载电流、工作电流、工作温度和转速等，方法同前。出现异常声响、异味，或出现过热、颤动、熔体经常熔断、导线连接处有火花等异常现象时，应立即关断电源开关，停电查找故障原因并修复。

技能要求

7.5 kW 三相异步电动机的安装、接线与试验

一、操作准备

1. 工具：电工常用工具，安装、接线及试验用的专用工具。

2. 仪器仪表：MF30 型万用表或 MF47 型万用表，T301-A 型钳形电流表，绝缘电阻表（500 V，0~2 000 MΩ），转速表。

3. 设备及器材：配电板（100 mm×200 mm×20 mm）1 块、低压断路器 DZ10-250/330 型 1 只、BVR16 mm² （红色）多股铜芯软塑料线、BVR10 mm² （黄绿色）多股铜芯软塑料线、三相异步电动机 Y132M-4、无缝钢管根据现场情况已弯好、黑色绝缘胶布、草稿纸、圆珠笔、螺钉及垫圈等。

二、操作步骤

1. 准备好安装场地及摆放好所需工具。

2. 安装电动机

（1）将电动机与座墩之间衬垫一层质地坚韧的木板或硬橡胶垫的防震物。

（2）用起重设备将电动机吊到座墩上。

（3）在 4 个紧固螺栓上套上弹簧垫圈，按对角线交错逐步拧紧螺母。

3. 水平调整电动机

（1）检查转子转动是否灵活，转轴伸出端径向有无偏摆的情况等，如有则调整。

（2）将电动机定子绕组的 6 个线头拆开，用绝缘电阻表测量电动机定子绕组各相及各相对地的绝缘电阻，应大于 0.5 MΩ。

（3）测量电动机空载时的三相平衡电流，三相电流应为额定电流的 20%~30%。

（4）测量电动机的空载转速，空载转速应为 1 460 r/min 左右。

三、注意事项

1. 测量电动机定子绕组对地绝缘电阻时要正确使用绝缘电阻表。

2. 校正电动机的水平度时，要用铁片而不能用木板或竹片来垫，以免拧紧地脚螺栓或电动机运行时将其压裂变形，影响安装的准确性。

3. 用转速表测量电动机的转速时，一定要注意安全。

培训单元 4　三相交流笼型异步电动机正反转控制电路接线

培训重点

1. 掌握正反转控制线路的构成。
2. 能熟练地完成线路的安装。

知识要求

一、电动机正反转控制电路的作用

在实际生产中，机床工作台需要前进与后退；万能铣床的主轴需要正转与反转；起重机的吊钩需要上升与下降。而正转控制线路只能使电动机朝一个方向旋转，带动生产机械的运动部件朝一个方向运动，不能满足以上需求。要使生产机械运动部件能向正反两个方向运动，就要求电动机能实现正反转控制。

改变通入电动机定子绕组的三相电源相序，即把接入电动机三相电源进线中的任意两相对调接线，电动机就可以改变转向。下面介绍几种常用的正反转控制线路。

二、倒顺开关正反转控制线路

倒顺开关正反转控制电路如图 2-38 所示。万能铣床主轴电动机的正反转控制就是采用倒顺开关来实现的。

电路工作原理如下：操作倒顺开关 QS，当手柄处于"停"位置时，QS 的动、静触点不接触，电路不通，电动机不转；当手柄扳至"顺"位置时，QS 的动触点和左边的静触点相接触，电路按 L1—U、L2—V、L3—W 接通，输入电动机定子绕组的电源电压相序为 L1—L2—L3，电动机正转；当手柄扳至"倒"位置时，QS 的动触点和右边的静触点相接触，电路按 L1—W、L2—V、L3—U 接通，输入电动机定子绕组的电源电压相序变为 L3—L2—L1，电动机反转。

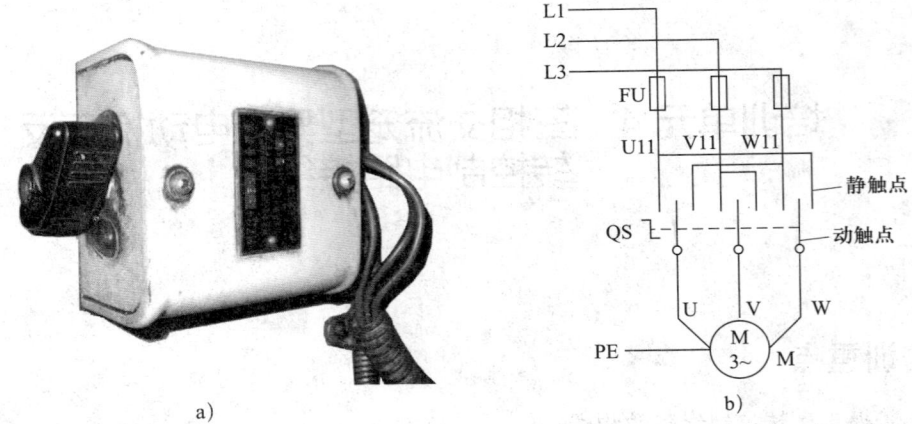

图 2-38 倒顺开关正反转控制电路
a) 某机床使用的 HZ3-131 倒顺开关 b) 倒顺开关正反转控制电路图

当电动机处于正转状态时,要使它反转,应先把手柄扳到"停"的位置,使电动机先停转,然后再把手柄扳到"倒"的位置,使它反转。若直接把手柄由"顺"扳至"倒"的位置,电动机的定子绕组会因为电源突然反接而产生很大的反接电流,易使电动机定子绕组因过热而损坏。

三、接触器联锁正反转控制线路

倒顺开关正反转控制线路虽然线路比较简单,但它是一种手动控制线路,在频繁换向时,操作人员劳动强度大,操作安全性差,所以这种线路一般用于控制额定电流 10 A、功率在 3 kW 及以下的小容量电动机。在实际生产中,更常用的是用按钮、接触器来控制电动机的正反转。

图 2-39 所示为接触器联锁的正反转控制线路。线路中采用了两个接触器,即正转用的接触器 KM1 和反转用的接触器 KM2,它们分别由正转按钮 SB1 和反转按钮 SB2 控制。从主电路中可以看出,这两个接触器的主触点所接通的电源相序不同,KM1 按 L1—L2—L3 相序接线,KM2 则按 L3—L2—L1 相序接线。相应地控制电路有两条,一条是由按钮 SB1 和接触器 KM1 线圈等组成的正转控制电路;另一条是由按钮 SB2 和接触器 KM2 线圈等组成的反转控制电路。

为了避免两个接触器 KM1 和 KM2 同时得电动作,在正、反转控制电路中分别串接了对方接触器的一对辅助动断触点。

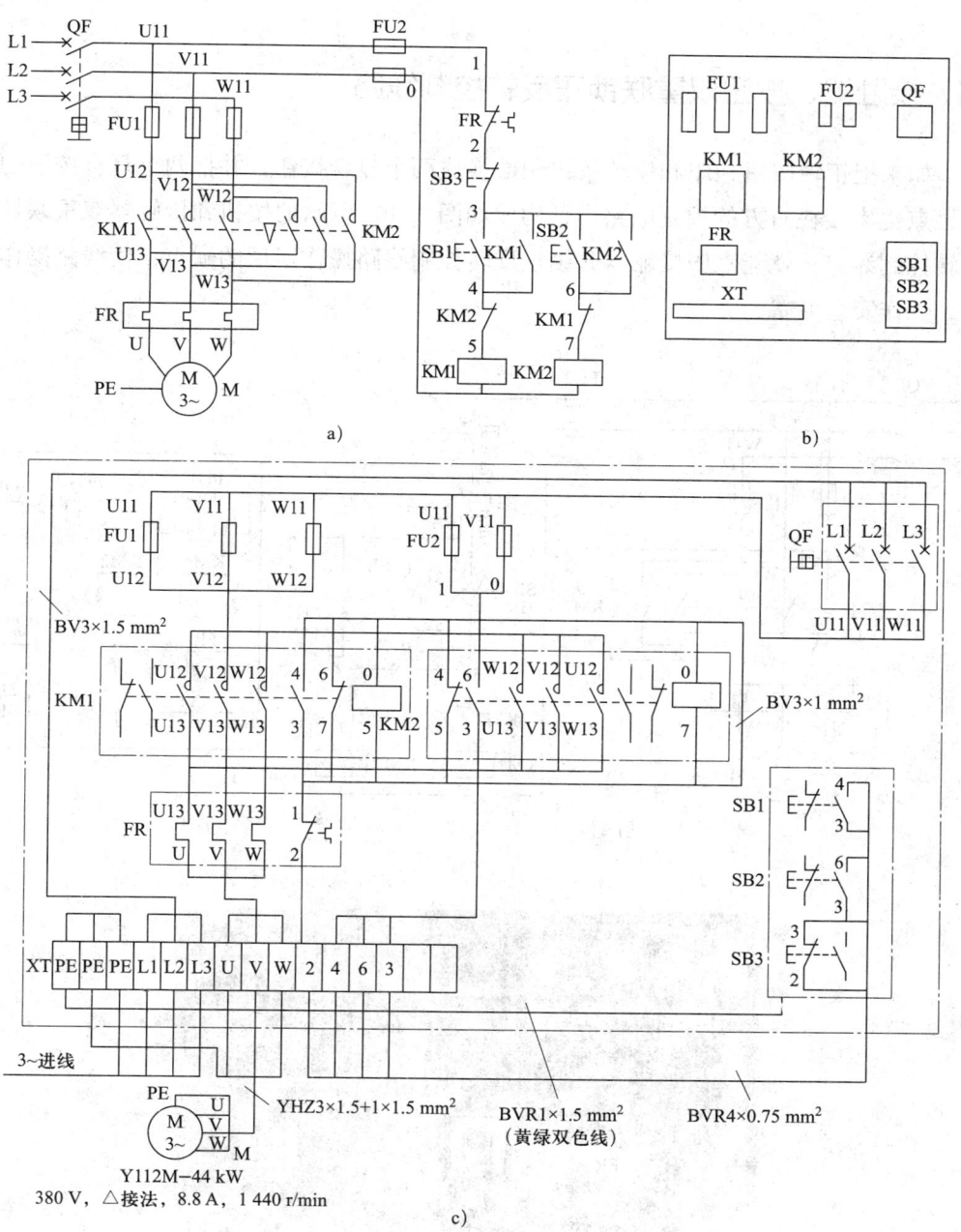

图 2-39 接触器联锁正反转控制线路
a) 电路图　b) 布置图　c) 接线图

接触器联锁正反转控制线路中，电动机从正转变为反转时，必须先按下停止按钮后，才能按反转启动按钮，否则由于接触器的联锁作用，不能实现反转。因此线路工作安全可靠，但操作不便。

电工（初级）

四、接触器、按钮双重联锁正反转控制线路

如果把正转按钮 SB1 和反转按钮 SB2 换成两个复合按钮，并把两个复合按钮的动断触点也串接在对方的控制电路中，构成如图 2-40a 所示的按钮和接触器双重联锁正反转控制线路，就能克服接触器联锁正反转控制线路操作不便的缺点，使线路操作方便，工作安全可靠。

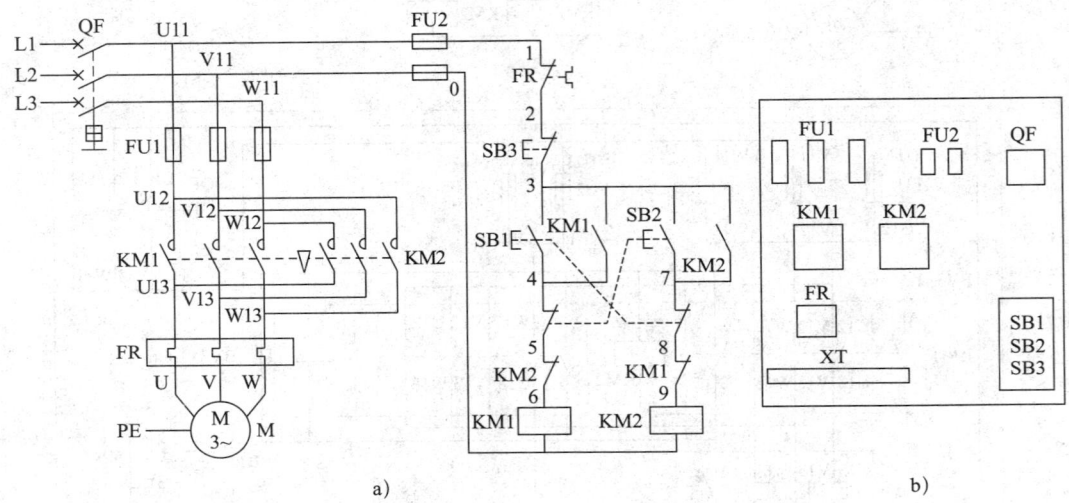

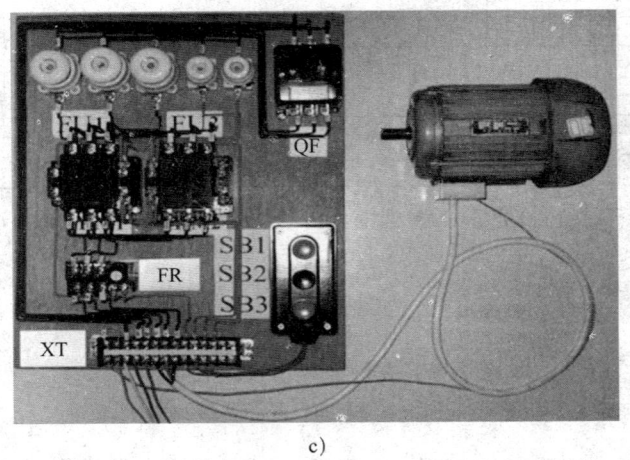

图 2-40 接触器、按钮双重联锁正反转控制电路
a）电路图 b）布置图 c）安装完的线路板

五、线路安装

1. 安装电器元件

按图 2-40b 所示布置图在控制板上安装电器元件，并贴上醒目的文字符号，如图 2-40c 所示。

安装电器元件的工艺要求：

（1）断路器、熔断器的受电端子应安装在控制板的外侧，并确保熔断器的受电端为底座的中心端。

（2）各元件的安装位置应整齐、匀称，间距合理，便于元件的更换。

（3）紧固各元件时，用力要均匀，紧固程度适当。在紧固熔断器、接触器等易碎元件时，应该用手按住元件一边轻轻摇动，一边用螺钉旋具轮换旋紧对角线上的螺钉，直到手摇不动后，再适当加固旋紧些即可。

2. 布线

按图 2-39c 所示接线图的走线方法，进行板前明线布线和套编码套管，如图 2-40c 所示。

布线的工艺要求：

（1）布线通道要尽可能少，同路并行导线按主、控电路分类集中，单层密排，紧贴安装板面布线。

（2）同一平面的导线应高低一致或前后一致，不能交叉。非交叉不可时，该根导线应在接线端子引出时就水平架空跨越，且必须走线合理。

（3）布线应横平竖直，分布均匀。变换走向时应垂直转向。

（4）布线时严禁损伤线芯和导线绝缘。

（5）布线顺序一般以接触器为中心，按由里向外、由低至高、先控制电路、后主电路的顺序进行，以不妨碍后续布线为原则。

（6）在每根剥去绝缘层导线的两端套上编码套管。所有从一个接线端子（或接线桩）到另一个接线端子（或接线桩）的导线必须连续，中间无接头。

（7）导线与接线端子或接线桩连接时，不得压绝缘层、不反圈及不露铜过长。

（8）同一元件、同一回路的不同接点的导线间距离应保持一致。

（9）一个电器元件接线端子上的连接导线不得多于两根，每节接线端子板上的连接导线一般只允许连接一根。

3. 检查布线

根据图 2-40a 所示电路图检查控制板布线的正确性。

4. 连接

先连接电动机和按钮金属外壳的保护接地线，然后连接电源、电动机等控制板外部的导线。安装完的线路板如图 2-40c 所示。

5. 自检

（1）按电路图或接线图从电源端开始，逐段核对接线及接线端子处线号是否正确，有无漏接、错接之处。检查导线接点是否符合要求，压接是否牢固。同时注意接点接触应良好，以免带负载运转时产生闪弧现象。

（2）用万用表查线路的通断情况。检查时，应选用倍率适当的电阻挡或蜂鸣挡，检测电路是否存在短路故障。对控制电路的检查（断开主电路），可将表笔分别搭在 U11、V11 线端上，读数应为"∞"。按下 SB 时，读数应为接触器线圈的直流电阻值。然后断开控制电路，再检查主电路有无开路或短路现象，此时，可用手动来代替接触器通电进行检查。

（3）用绝缘电阻表测量线路的绝缘电阻值，不得小于 1 MΩ。

6. 交验通电试车

（1）为保证人身安全，在通电试车时，要认真执行安全操作规程的有关规定，一人监护，一人操作。试车前，应检查与通电试车有关的电气设备是否有不安全的因素存在，若查出应立即整改，然后方能试车。

（2）通电试车前，必须征得指导教师的同意，并由指导教师接通三相电源 L1、L2、L3，同时在现场监护。学员合上电源开关 QF 后，用测电笔检查熔断器出线端，氖管亮说明电源接通。按下 SB1，观察接触器情况是否正常，是否符合线路功能要求，电器元件的动作是否灵活，有无卡阻及噪声过大等现象，电动机运行情况是否正常等。切记不得对线路接线是否正确进行带电检查。观察过程中，若发现有异常现象，应立即停车。当电动机运转平稳后，用钳形电流表测量三相电流是否平衡。

（3）试车若出现故障，应进行断电检修。如需带电检查，必须有教师在现场监护。检修完毕，需要再次试车，也应有教师在现场监护，并做好记录。

（4）通电试车完毕，停转，切断电源。先拆除三相电源线，再拆除电动机线。

技能要求

接触器、按钮双重联锁正反转控制线路的安装

一、操作准备

根据三相交流笼型异步电动机的技术数据及图 2-40a 所示正反转控制线路的电路，选用工具、仪表及器材见表 2-22。

表 2-22　工具、仪表及器材

工具	测电笔、螺钉旋具、钢丝钳、尖嘴钳、斜口钳、剥线钳、电工刀等				
仪表	ZC25-3 型绝缘电阻表（500 V　0~500 MΩ）、MG3-1 型钳形电流表、MF47 型万用表				
器材	代号	名称	型号	规格	数量
	M	三相交流笼型异步电动机	Y112M-4	4 kW、380 V、8.8 A、△接法、1 440 r/min	1 台
	QF	低压断路器	DZ5-20/330	三极复式脱扣器、380 V、20 A	1 个
	FU1	螺旋式熔断器	RL1-60/25	500 V、60 A、配熔体 25 A	3 个
	FU2	螺旋式熔断器	RL1-15/2	500 V、15 A、配熔体 2 A	2 个
	KM	交流接触器	CJT1-20	20 A、线圈电压 380 V	2 个
	FR	热继电器	JR36-20	三极、20 A、热元件 11 A、整定电流 8.8 A	1 个
	SB	按钮	LA10-3H	保护式、380 V、5 A、按钮数 3	1 个
	XT	端子板	TD-1015	660 V、15 A、15 节	1 块
		主电路导线		BV1.5 mm² 和 BVR1.5 mm²（黑色）	若干
		控制电路导线		BV1.1 mm²（红色）	若干
		按钮线		BVR0.75 mm²（红色）	若干
		接地线		BVR1.5 mm²（黄绿双色）	若干
		控制板		500 mm×400 mm×20 mm	1 块
		紧固体及编码套管			若干

二、操作步骤

1. 安装电器元件。
2. 布线。
3. 检查布线。
4. 安装电动机。
5. 连接。
6. 自检。
7. 交验。
8. 通电试车。

三、注意事项

1. 电源进线应接在螺旋式熔断器的下接线座上，出线应接在上接线座上。
2. 接触器联锁触点接线必须正确，否则误操作将会造成主电路中两相电源短路事故。
3. 按钮内接线时，用力不可过猛，以防导致螺钉打滑。
4. 电动机及按钮的金属外壳必须可靠接地。
5. 安装完毕的控制线路板，必须经过认真检查后，才允许通电试车，以防止错接、漏接，造成不能正常运转或短路事故。
6. 通电试车时，应先合上 QF，再按下 SB1（或 SB2）及 SB3，看控制是否正常，并在按下 SB1 后再按下 SB2，观察有无联锁作用。
7. 接至电动机的导线，必须穿在导线通道内加以保护，或采用四芯橡皮线或塑料护套线，然后进行临时通电校验。
8. 训练应在规定的定额时间内完成，同时要做到安全操作和文明生产。

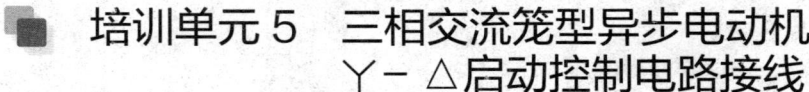

培训单元 5　三相交流笼型异步电动机 Y－△启动控制电路接线

培训重点

1. 掌握三相交流笼型异步电动机Y－△启动控制电路的构成。
2. 能熟练完成Y－△启动控制线路的安装。

知识要求

一、手动控制丫-△启动控制电路

图 2-41 所示是双掷开启式负荷开关手动控制丫-△降压启动控制电路。电路工作原理如下：启动时，先合上电源开关 QS1，然后把开启式负荷开关 QS2 扳到"启动"位置，电动机定子绕组便接成丫形降压启动；当电动机转速上升并接近额定转速时，再将 QS2 扳到"运行"位置，电动机定子绕组改接成△形全压正常运行。

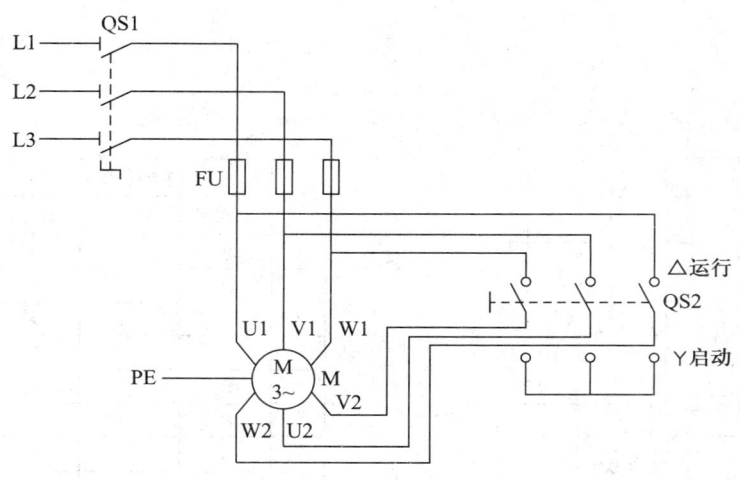

图 2-41 手动丫-△降压启动电路图

电动机启动时接成丫形，加在每相定子绕组上的启动电压只有△形接法的 $\frac{1}{\sqrt{3}}$，启动电流为△形接法的 $\frac{1}{3}$，启动转矩也只有△形接法的 $\frac{1}{3}$。所以这种降压启动方法只适用于轻载或空载下启动。凡是在正常运行时定子绕组作△形连接的异步电动机，均可采用这种降压启动方法。

手动丫-△启动器专门作为手动丫-△降压启动用，有 QX1 和 QX2 系列，按控制电动机的容量分为 13 kW 和 30 kW 两种，启动器的正常操作频率为 30 次/h。

QX1 型手动丫-△启动器的外形结构图、接线图和触点分合表如图 2-42 所示。启动器有启动（丫）、停止（0）和运行（△）三个位置，当手柄扳到"0"位置时，8 对触点都分断，电动机脱离电源停转；当手柄扳到"丫"位置时，1、2、5、6、8 触点闭合接通，3、4、7 触点分断，定子绕组的末端 W2、U2、V2 通过触点 5 和 6 接成丫形，始端 U1、V1、W1 则分别通过触点 1、8、2 接入三相电源 L1、L2、L3，电动机进行丫形降压启动；当电动机转速上升并接近额定转速时，将手柄扳到"△"位置，这时1、2、3、4、7、8触点闭合，5、6触点分断，定子绕组按U1→触点1→触点3→W2、V1→触点8→触点7→U2、W1→触点2→触点4→V2接成△形全压正常运转。

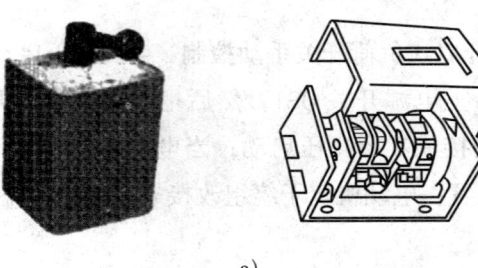

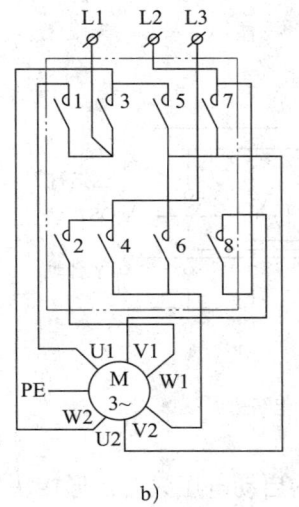

接点	手柄位置		
	启动丫	停止0	运行△
1	×		×
2	×		×
3			×
4			×
5	×		
6	×		
7			×
8	×		×

注：×—接通

图 2-42　QX1 型手动丫-△启动器
a) 外形结构图　b) 接线图　c) 触点分合表

二、时间继电器自动控制丫-△启动控制电路

时间继电器自动控制丫-△降压启动控制电路如图 2-43 所示。该线路由一个低压断路器、五个熔断器、三个接触器、一个热继电器、一个时间继电器、两个按钮和一台电动机组成。接触器 KM 作引入电源用，接触器 KM丫 和 KM△ 分别用作丫形降压启动和△形运行，时间继电器 KT 用来控制丫形降压启动时间和完成丫-△自动切换，SB1 是启动按钮，SB2 是停止按钮，FU1 作主电路的短路保护，FU2 作控制电路的短路保护，FR 作过载保护。

职业模块二 继电控制电路装调维修

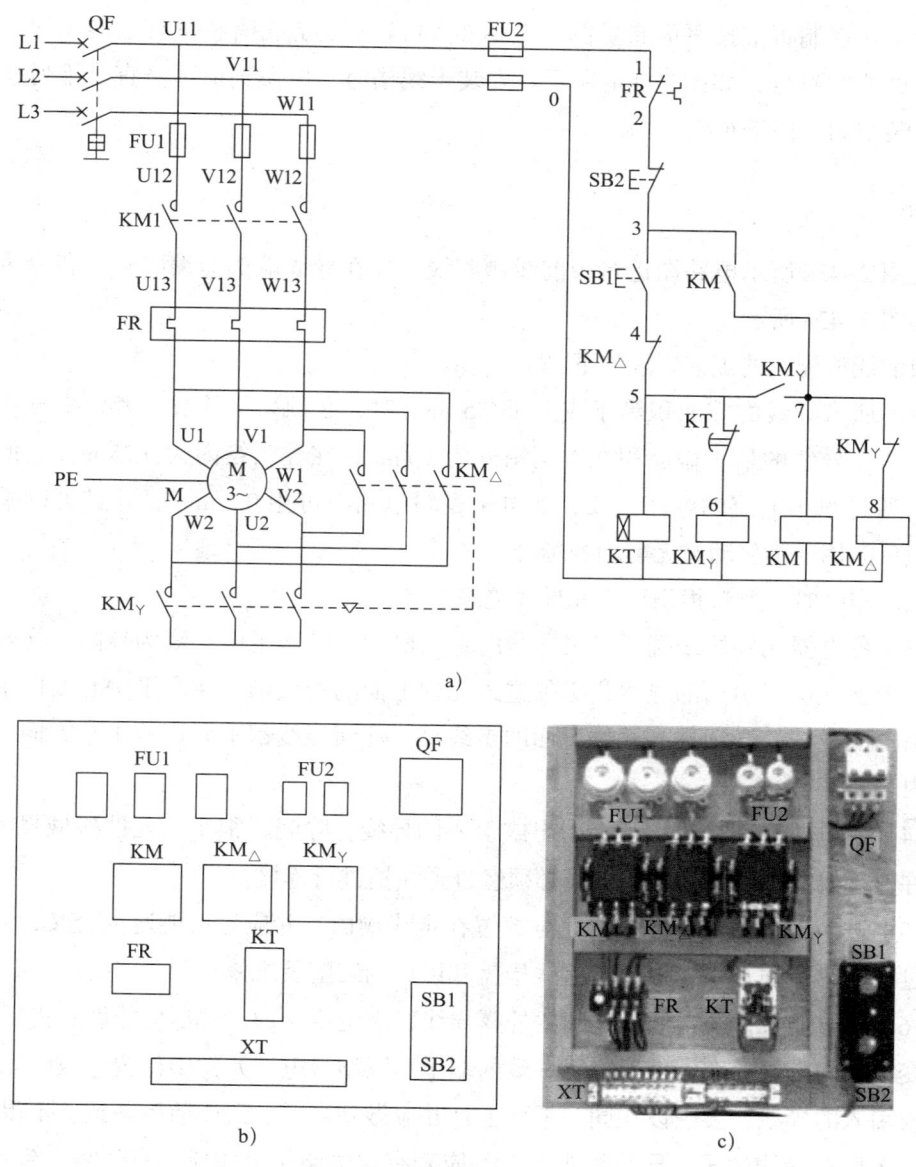

图 2-43 时间继电器自动控制丫-△降压启动电路
a）电路图 b）布置图 c）安装完成的线路板

三、线路安装

1. 安装步骤

（1）检验所选电器元件的质量。

（2）在控制板上按平面布置图（见图2-43b）安装走线槽和所有电器元件，并贴上醒目的文字符号，如图2-43c所示。安装走线槽时，应做到横平竖直、排列整齐匀称、安装牢固、便于布线。

2. 布线

按图2-43a所示电路图进行板前线槽配线，并在导线端部套编码套管和冷压接线头，如图2-43c所示。

板前线槽配线的工艺要求如下：

（1）所有导线的截面积等于或大于 0.5 mm^2 时，必须采用软线。考虑机械强度的原因，所用导线的最小截面积在控制箱外为 1 mm^2，在控制箱内为 0.75 mm^2。但对控制箱内通过很小电流的电路连线，如电子逻辑电路，可用 0.2 mm^2，并且可以采用硬线，但只能用于不移动又无震动的场合。

（2）布线时，严禁损伤线芯和导线绝缘。

（3）各电器元件接线端子引出导线的走向以元件的水平中心线为界限。在水平中心线以上接线端子引出的导线，必须进入元件上面的走线槽；在水平中心线以下接线端子引出的导线，必须进入元件下面的走线槽。任何导线都不允许从水平方向进入走线槽内。

（4）各电器元件接线端子上引出或引入的导线，除间距很小或元件机械强度很差时允许直接架空敷设外，其他导线必须经过走线槽进行连接。

（5）进入走线槽内的导线要完全放置在走线槽内，并应尽可能避免交叉，装线不要超过线槽容量的70%，以便于盖线槽盖和以后的装配及维修。

（6）各电器元件与走线槽之间的外露导线，应走线合理，并尽可能做到横平竖直，垂直变换走向。同一个元件上位置一致的端子和同型号电器元件中位置一致的端子上，引出或引入的导线，要敷设在同一平面上，并应做到高低一致或前后一致，不得交叉。

（7）所有接线端子、导线线头上，都应套有与电路图上相应接点线号一致的编码套管，并按线号进行连接，连接必须牢固，不得松动。

（8）在任何情况下，接线端子都必须与导线截面积和材料性质相适应。当接线端子不适合连接软线或不适合连接较小截面积的软线时，可以在导线端头穿上针形或叉形轧头并压紧。

（9）一般一个接线端子只能连接一根导线，如果采用专门设计的端子，可以连接两根或多根导线，但导线的连接方式必须是工艺成熟的，如夹紧、压接、焊接、绕接等，并应严格按照连接工艺的工序要求进行操作。

3. 检验试车

（1）根据图 2-43a 所示电路图检查控制板内部布线的正确性。
（2）安装电动机。
（3）连接电动机和按钮金属外壳的保护接地线。
（4）连接电源、电动机等控制板外部的导线。
（5）自检。
（6）交验。
（7）交验合格后通电试车。

技能要求

时间继电器自动控制 Y - △ 启动控制电路接线

一、操作准备

参照表 2-23 和图 2-44a 所示电路图，选配工具、仪表和器材，并检测质量是否合格。

表 2-23 工具、仪表及器材

工具	测电笔、螺钉旋具、钢丝钳、尖嘴钳、斜口钳、剥线钳、电工刀等			
仪表	ZC25-3 型绝缘电阻表、MG3-1 型钳形电流表、MF47 型万用表			
器材	代号	名称	型号	规格	数量
	M	三相交流笼型异步电动机	Y132M-4	7.5 kW、380 V、15.4 A、△接法、1 440 r/min	1 台
	QF	低压断路器	DZ5-20/330	三极复式脱扣器、380 V、额定电流 20 A	1 个
	FU1	螺旋式熔断器	RL1-60/35	500 V、60 A、配熔体 35 A	3 个
	FU2	螺旋式熔断器	RL1-15/2	500 V、15 A、配熔体 2 A	2 个
	KM	交流接触器	CJT1-20	20 A、线圈电压 380 V	3 个
	KT	时间继电器	JS7-2A	线圈电压 380 V	1 个
	FR	热继电器	JR36B-20/3	三极、20 A、整定电流 15.4 A	1 个
	SB	按钮	LA10-3H	保护式 380 V、5 A、按钮数 3	1 个
	XT	端子板	JD0-1020	380 V、10 A、20 节	1 块

续表

代号	名称	型号	规格	数量
器材	控制板		600 mm×500 mm×20 mm	1块
	主电路导线		BVR2.5 mm² （黑色）	若干
	控制电路导线		BVR1 mm² （红色）	若干
	按钮线		BVR0.75 mm² （红色）	若干
	接地线		BVR2.5 mm² （黄绿双色）	若干
	线槽		18 mm×25 mm	若干
	紧固体、针形及叉形轧头、金属软管、编码套管等			若干

二、操作步骤

参照知识要求编写出安装和接线步骤，熟悉其工艺要求，经指导教师审阅合格后，进行训练。安装完成的线路如图2-44所示。

三、注意事项

1. 用$Y-\triangle$降压启动控制的电动机，必须有6个出线端子，且定子绕组在$\triangle$形接法时的额定电压等于三相电源的线电压。

2. 接线时，要保证电动机$\triangle$形接法的正确性，即接触器主触点闭合时，应确保定子绕组的U1与W2、V1与U2、W1与V2相连接。

3. 接触器KM_Y的进线必须从三相定子绕组的末端引入，若误将其首端引入，则在KM_Y吸合时，会产生三相电源短路事故。

4. 控制板外部配线必须按要求一律装在导线通道内，使导线有适当的机械保护，防止液体、铁屑和灰尘的侵入。在训练时，可适当降低要求，但必须以能确保安全为条件，如采用多芯橡皮线或塑料护套软线。

5. 通电校验前，要再检查一下熔体规格及时间继电器、热继电器的各整定值是否符合要求。

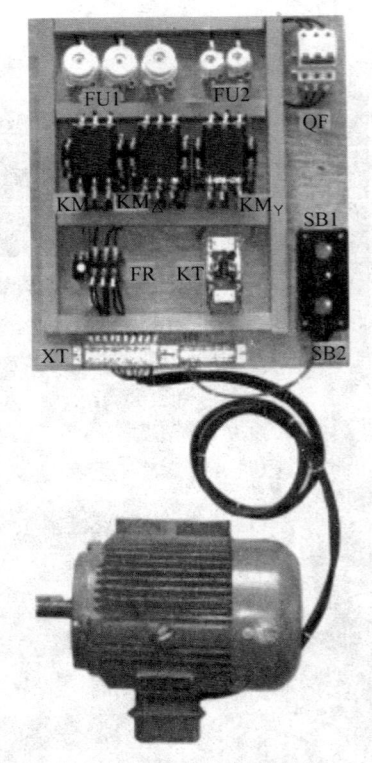

图2-44 安装完成的自动控制$Y-\triangle$降压启动控制线路

6. 通电校验时，必须有指导教师在现场监护，应根据电路的控制要求独立进行校验。
7. 安装训练应在规定的定额时间内完成，同时要做到安全操作和文明生产。

培训单元 6　单相交流异步电动机电路接线与维护

培训重点

1. 熟悉单相异步电动机的结构形式。
2. 能熟练地拆卸、维护单相异步电动机。
3. 能对单相异步电动机进行接线。

知识要求

一、单相交流异步电动机的结构形式

单相异步电动机的结构特点与三相异步电动机相似，即由产生旋转磁场的定子铁芯、定子绕组与产生感应电动势并形成电磁转矩的转子铁芯、转子绕组两大部分组成，普通单相异步电动机的外形与结构分别如图 2-45 和图 2-46 所示。但因电动机使用场合的不同，其结构形式也各异，大体上可分为以下几种。

1. 内转子结构形式

这种结构形式的单相异步电动机与三相异步电动机的结构相似，即转子部分位于电动机内部，主要由转子铁芯、转子绕组和转轴组成。定子部分位于电动机外部，主要由定子铁芯、定子绕组、机座、前后端盖（有的电动机前后端盖可代替机座的功能）和轴承等组成。如图 2-47 所示的电容运行台扇电动机即为此种结构形式。

图 2-45　单相异步电动机的外形

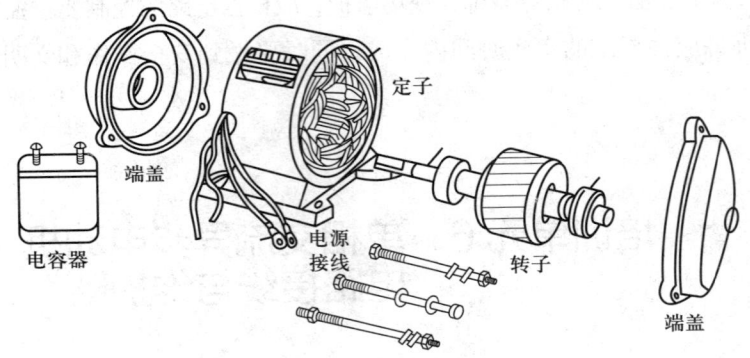

图 2-46 单相异步电动机的结构

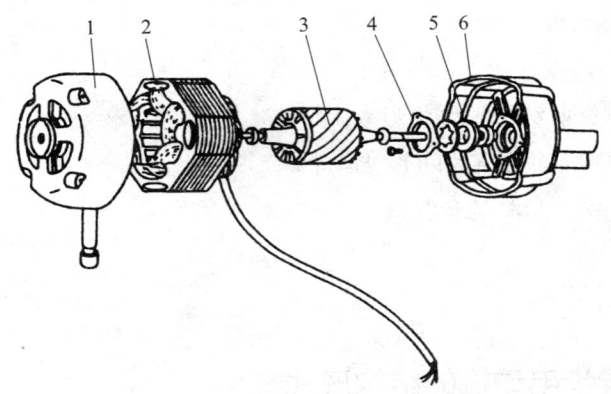

图 2-47 电容运行台扇电动机
1—前端盖 2—定子 3—转子 4—轴承盖 5—油毡圈 6—后端盖

2. 外转子结构形式

这种结构形式的单相异步电动机其定子与转子的布置位置与内转子结构形式正好相反。即定子铁芯及定子绕组置于电动机内部，转子铁芯、转子绕组压装在下端盖内。上、下端盖用螺钉连接，并借助于滚动轴承与定子铁芯及定子绕组一起组合成一台完整的电动机。电动机工作时，上、下端盖及转子铁芯与转子绕组一起转动。如图 2-48 所示的电容运行吊扇电动机即为此种结构形式。

3. 凸极式罩极电动机结构形式

这种结构形式的电动机又可分为集中激磁罩极电动

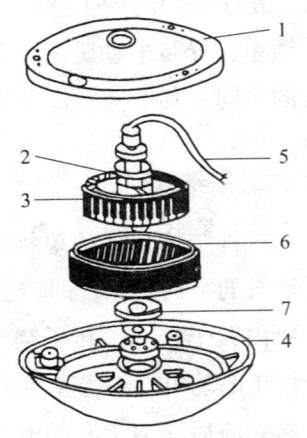

图 2-48 电容运行吊扇电动机结构
1—上端盖 2、7—挡油罩 3—定子
4—下端盖 5—引出线 6—外转子

机和分别激磁罩极电动机两类，如图 2-49 和图 2-50 所示。其中，集中激磁罩极电动机的外形与单相变压器相仿，套装于定子铁芯上的一次绕组（定子绕组）接交流电源，二次绕组（转子绕组）产生电磁转矩而转动。

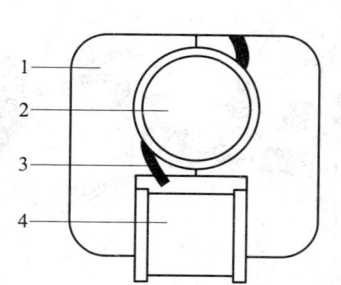

图 2-49　凸极式集中激磁罩极电动机结构
1—凸极式定子铁芯　2—转子
3—罩极　4—定子绕组

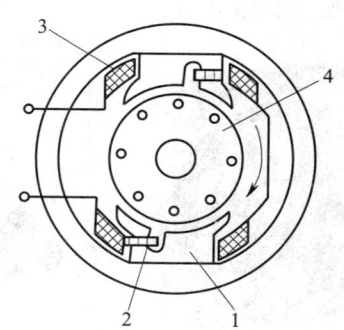

图 2-50　凸极式分别激磁罩极电动机结构
1—凸极式定子铁芯　2—罩极
3—定子绕组　4—转子

二、单相异步电动机的拆装

1. 拆卸工作的内容

拆卸电动机，排除其故障并复原后，要对电动机进行清洗和加注润滑油，随后进行装配，最后进行检查和试验。单相异步电动机的拆装一般比较简单，在拆卸前先仔细观察被拆电动机的外部结构，以确定拆卸的顺序。

下面以转页式电风扇为例予以介绍，各类排风扇的拆卸与此类相同。

2. 转页式电风扇的工作原理和结构

（1）转页式电风扇的结构

转页式电风扇的拆解如图 2-51 所示。它由一台主电动机（风扇电动机）和一台转页电动机构成。

（2）转页式电风扇的工作原理

风的方向由转页电动机拖动转页轮自动控制（也有转页不用电动机拖动而利用风力推动的自动转动结构）。主电动机为电容运行单相异步电动机；转页电动机为只有一组定子绕组的单相异步电动机，本身没有启动转矩，它必须在主电动机转动后才能工作。主电动机启动后，吹出的风作用在转页轮上产生作用力，即为转页电动机的启动外力，使转页电动机启动旋转。转页电动机每一次启动时，由于转页轮所处位置的不同，因此启动外力的方向也不相同，所以，转页轮有时顺时针转，有时逆时针转，但这不影响整台转页式风扇的工作效果。如需将风的方向固定不动，则只需断开转页电动机的电源开关即可。

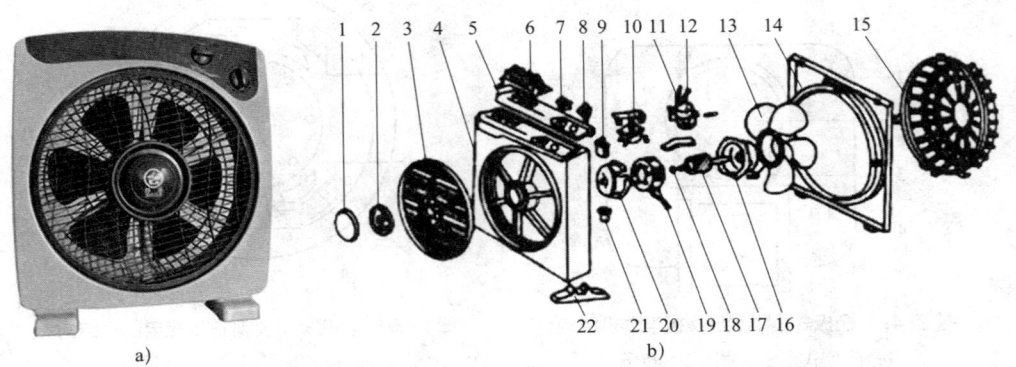

图2-51 转页电风扇的外形和拆解图
a) 外形 b) 拆解图
1—装饰件 2—转页衬圈 3—转页轮 4—前框架 5—开关罩 6—琴键开关
7—转页电动机开关 8—定时开关 9—电容器 10—定时开关 11—转页电动机
12—橡胶轮 13—风叶 14—前盖 15—网罩 16—后端盖 17—转子
18—轴承构件 19—定子 20—前端盖 21—跌倒开关 22—底脚

3. 转页式电风扇的拆卸

（1）切断电源后，拧去风扇网罩15的固定螺母，转动网罩，将网罩取下。

（2）拧去风叶13的固定螺母，将风叶从主电动机的转轴上取下。

（3）拧去装饰件1，转动转页衬圈2取下衬圈。

（4）取出转页轮3。

（5）拧去风扇前盖14与前框架4之间的固定螺钉，将前盖14取下。

（6）拧去风扇电动机与前框架4之间的固定螺钉，将风扇电动机取下。

4. 内转子式单相异步电动机的拆卸步骤

基本操作步骤：拆卸后端盖→拆卸转子→拆卸定子拆卸轴承。

（1）如图2-51所示松开前后端盖的固定螺钉，即可将后端盖16拉出。

（2）用手拿住转子轴，向外拉出转子17，如无法拉出时，可用台虎钳将转子或转子轴夹住（注意：必须在钳口处垫上木板），用铜棒或木块均匀地敲击定子铁芯或前端盖20，使转子与前端盖分离。

（3）把压入前端盖中的定子铁芯（及定子绕组）取出。拆卸端盖和定子的方法见表 2-24。

表 2-24　拆卸端盖和定子的方法

方法	操作说明
敲打定子铁芯法	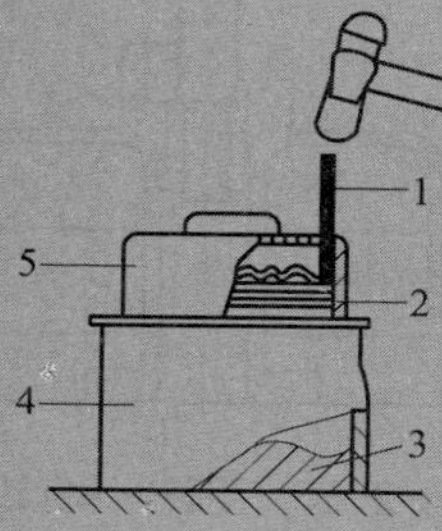 如端盖正面有孔则可用此法拆卸，即把定子铁芯与前端盖组件一起放在一个钢套筒上，如左图所示。套筒内径应稍大于定子铁芯外径，用一根铜棒插入前端盖的孔内，与定子铁芯端面相接触（注意，千万不能触及定子绕组），在定子铁芯四周用锤子敲打铜棒，直到定子铁芯及定子绕组脱离前端盖为止。用此法拆卸时钢套筒下面要多垫棉纱等软物，以防定子铁芯掉下时损伤定子绕组
撞击法	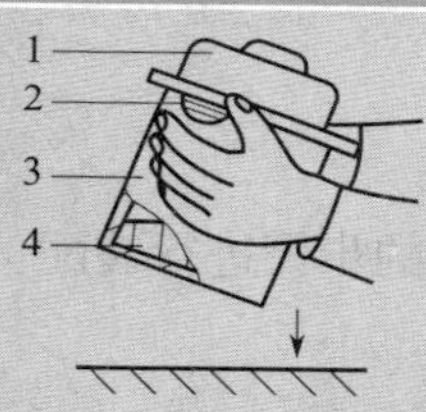 如端盖正面无孔，则可用此法拆卸，即将定子铁芯及前端盖组件倒放在一个圆筒上，圆筒底部要多垫棉纱等软物，如左图所示。用双手将该组件与圆筒抱在一起撞击，依靠定子铁芯及绕组的质量，使其与前端盖脱离
敲打端盖法	将定子铁芯伸出端盖的部分用台虎钳夹紧（注意，不能触及定子绕组），随后用铜棒敲击端盖台沿，使端盖与定子铁芯脱离，注意不能损伤端盖。此法不需任何专用工具，最为简单，如可行应首先考虑采用

（4）轴承的拆装。外转子式单相异步电动机（吊风扇）的轴承一般为滚动轴承，其拆装方法与三相异步电动机的轴承拆装法相同。

内转子单相异步电动机的轴承一般为圆柱形滑动轴承，其拆卸方法有两种。

1）用轴承拉具拆卸。如图 2-52 所示，对照图示方法将拉具定位后，只需旋动轴承拉杆上部的螺母，拉杆下面的凸台即能把轴承慢慢拉出。

2）用敲击法拆卸。如图 2-53 所示，用锤子敲击铜棒，铜棒直径较小部分的尺寸应比轴承内孔稍小，铜棒直径较大部分的尺寸应小于端盖上的轴承孔径，锤子敲击铜棒时用力应垂直、均匀，轻敲慢打，以免引起端盖变形。

圆柱形滑动轴承在安装时，首先，应将轴承内外和端盖上的轴承孔清洗干净，然后，将浸透机油的油毡放入端盖轴承孔的油毡槽内，在滑动轴承的内外面涂上机油，再将轴承均匀地压入或打入端盖的轴承孔内，要保证轴承与端盖轴承孔之间的同心度，不能偏斜。

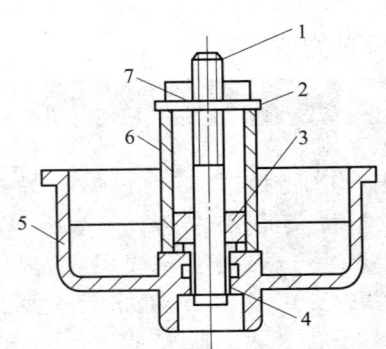
图 2-52 用轴承拉具拆卸轴承
1—轴承拉杆 2—垫圈 3—滑块
4—轴承 5—端盖 6—套筒 7—螺母

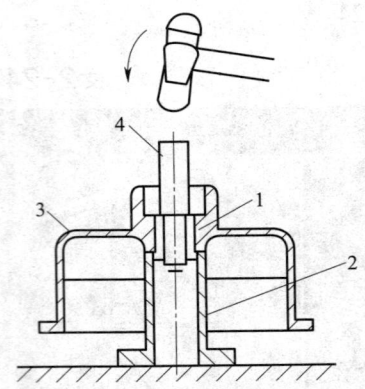
图 2-53 用敲击法拆卸轴承
1—轴承 2—套筒 3—端盖 4—铜棒

5. 装配步骤

将各零部件清洗干净并检查完好后,按与拆卸相反的步骤进行装配。

三、单相异步电动机使用和维护方法

单相异步电动机使用和维护与三相异步电动机相同,但要注意以下几点:

(1)单相异步电动机接线时,需正确区分工作绕组与启动绕组,并注意它们的首、尾端。如果出现标志脱落,则电阻大者为辅助绕组。

(2)更换电容器时,电容器的容量与工作电压必须与原规格相同。启动用的电容器应选用专用的电解电容器,其通电时间一般不得超过 3 s。

(3)单相启动式电动机,只有在电动机静止或转速降低到使离心开关闭合时,才能采用对其改变方向的接线。

(4)额定频率为 60 Hz 的电动机,不得用于 50 Hz 电源。否则,将引起电流增加,造成电动机过热甚至烧毁。

四、单相异步电动机常见故障及处理

单相异步电动机的许多故障,如机械构件故障和绕组断线、短路、接地等故障,无论是故障现象还是处理方法都和三相异步电动机相同。但由于单相异步电动机结构上的特殊性，它的故障也与三相异步电动机有所不同，如启动装置故障、启动绕组故障、电容器故障等。单相异步电动机常见故障现象及原因见表2-25。

表2-25 单相异步电动机常见故障现象及原因

故障现象	造成故障的可能原因
无法启动	（1）电源电压不正常 （2）电动机定子绕组断路 （3）电容器损坏 （4）离心开关触点闭合不上 （5）转子卡住 （6）过载
启动转矩很小或启动迟缓且转向不定	（1）启动绕组断路 （2）电容器开路 （3）离心开关触点闭合不上
电动机转速低于正常转速	（1）电源电压偏低 （2）绕组匝间短路 （3）离心开关触点无法断开，启动绕组未切除 （4）电容器损坏（击穿或容量减小） （5）电动机负载过重
电动机过热	（1）工作绕组或启动绕组（电容运转式）短路或接地 （2）电容启动式电动机工作绕组与启动绕组相互接错 （3）电容启动式电动机离心开关触点无法断开，使启动绕组长时间运行
电动机转动时噪声大或震动大	（1）绕组短路或接地 （2）轴承损坏或缺少润滑油 （3）定子与转子空隙中有杂物 （4）电风扇风叶变形、不平衡

技能要求

单相交流异步电动机的接线与维护

一、操作准备

工具：电工常用工具。

仪表：万用表、绝缘电阻表。

设备：吊扇。

二、操作步骤

单相交流电风扇使用的电动机是日常生活中见到最多的一种单相交流电动机。以电风扇为例介绍几种单相交流电动机的电路及维护。

1. 风扇电路图

（1）如图 2-54 所示为电容器式台扇的电路图。

（2）如图 2-55 所示为罩极式台扇的电路图。

（3）如图 2-56 所示为电容器式吊扇的电路图。

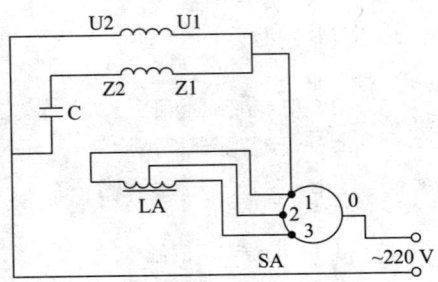

图 2-54　电容器式台扇的电路图

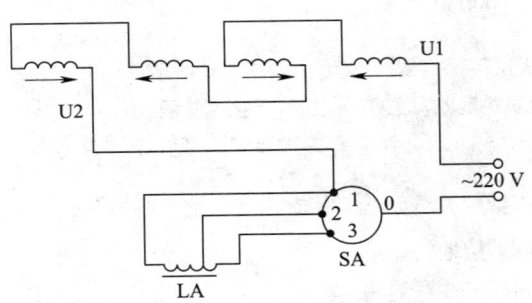

图 2-55　罩极式台扇的电路图

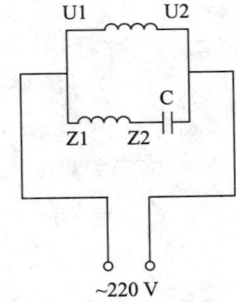

图 2-56　电容器式吊扇的电路图

2. 单相交流电动机的维护（以吊扇为例）

（1）拆卸吊扇。吊扇电路图如图 2-56 所示。

1）切断交流电源。

2）拆下风扇叶。

3）取下吊扇。

4）拆除启动电容器、接线端子及风扇电动机以外的其他附件。此时，必须记录下启动电容器的接线方法及电源接线方法。

（2）风扇电动机的拆卸

1）拆除上下端盖之间的紧固螺钉。

2）取出上端盖。

3）取出内定子铁芯和定子绕组组件。

4）使外转子与下端盖脱离。

5）取出滚动轴承。

拆卸后风扇电动机的构件如图 2-57 所示。

（3）检查启动电容器。

（4）记录定子绕组绝缘电阻的测量值。

（5）清洗滚动轴承及加润滑油。

（6）吊扇装配后的通电试运转。在确认装配及接线无误后可通电试运转，观察电动机的启动情况、转向与转速。如有调速器，可将调速器接入，观察调速情况。

图 2-57 拆卸后风扇电动机的构件

三、注意事项

1. 在拆除吊扇电源线及电容器时，必须注意记录接线方法，以免装配时出错。

2. 拆装吊扇时不可用力过猛，以免损坏零部件。

3. 牢记拆卸步骤。在拆卸时必须考虑之后的装配，通常两者顺序正好相反，即先拆的后装，后拆的先装，可以边拆边记录拆卸的顺序。

4. 电动机的零部件集中放置。由于单相异步电动机的许多零部件体积较小，电动机拆卸后如要进行绕组修换，则间隔时间较长，为保证零部件不损坏、不丢失，必须将所有零部件集中放置在盒子内或袋子内，妥善保管。

5. 保证电动机各零部件的完好。由于单相异步电动机一般功率都很小，体积小，各零部件的强度比一般的三相异步电动机要差很多。因此，在拆装时应特别注意轻敲、轻打，不允许用与电动机铁芯及端盖等同样硬度的金属物敲击电动机，必须借助紫铜棒、紫铜板、木板等敲击电动机。由于电动机定子绕组的线很细，因此不允许直接碰撞电动机定子绕组，要注意在拆卸电动机时，防止各零部件直接跌落在地上或钳台上，以免造成零部件的变形或破损。

6. 装配好的吊扇在试运转时，必须密切注意启动情况、转向及转速，并应观察风扇的运转情况是否正常，如发现不正常应立即停电检修。

培训单元 7　三相交流异步电动机的拆装和保养

培训重点

能够进行 10 kW 以下三相交流异步电动机的拆装和保养。

知识要求

一、三相交流异步电动机的常见故障及处理

三相交流异步电动机的常见故障及其处理方法见表 2-26。

表 2-26　三相交流异步电动机的常见故障及其处理方法

故障现象	可能的故障原因	处理方法
电动机启动困难或不能启动	1. 某一相熔丝断路，缺相运行，且有"嗡嗡"声。如果两相熔丝断路，电动机不动且无声 2. 电源电压太低，或者是降压启动时降压太多 3. 定子绕组或转子绕组断路或绕线转子电刷与滑环没有接触 4. 定子绕组相间短路或接地 5. 定子绕组接线错误，如误将三角形接成星形或将首末端接反 6. 定子与转子铁芯相擦 7. 轴承损坏或被卡住 8. 传动带拉得过紧，摩擦加剧 9. 开关或启动设备接触不良 10. 负载过重或传动机构被卡死	1. 找出引起熔丝熔断的原因，排除故障，并更换新的熔丝 2. 是前者应查找电源电压低的原因；是后者应适当提高启动电压 3. 检查处理断路故障或调整电刷与滑环 4. 排除短路故障和接地故障 5. 检查改正接线 6. 调整位置或更换磨损严重的轴承 7. 更换轴承 8. 调整传动带松紧度 9. 检查并调整，使其接触良好 10. 减轻负载，检查负载的机械和传动装置

续表

故障现象	可能的故障原因	处理方法
电动机温升过高或冒烟	1. 电压超过电动机额定电压10%以上,或低于电动机额定电压5%以上 2. 三相电源电压相间不平衡度超过5%,引起三相电流不平衡 3. 一相熔丝断路或电源开关接触不良,造成缺相运行而过热 4. 绕组接线有错,误将星形接成三角形或误将三角形接成星形 5. 定子绕组匝间或相间短路或接地,使电流增大而过热 6. 负载过大 7. 被带作业机械有故障而引起过载 8. 启动过于频繁 9. 使用环境温度过高(超过40℃) 10. 电动机内外积尘和油污太多,影响散热 11. 电动机通风不畅,进风量减小,风扇损坏、装反或未装	1. 检查并调整电压 2. 调整电压 3. 修复或更换损坏的元件 4. 检查并改正接线 5. 若故障不严重,只需重新加包绝缘,严重的更换绕组 6. 减轻负载或换用大功率的电动机 7. 检查被带机械,排除故障 8. 减少启动次数 9. 采取降温措施 10. 清除灰尘和油污,消除风道口杂物及污垢 11. 损坏的风扇应修复或更换,装反的风扇重新进行正确安装
电动机空载电流不平衡,三相相差大(某一相电流与三相电流平均值的差大于10%)	1. 定子三相绕组匝数不相等 2. 绕组首末端接错 3. 电源电压不平衡 4. 绕组存在匝间短路、线圈反接等故障	1. 须重新绕制定子绕组 2. 应检查并改正接线 3. 须测量电源电压,消除电压不平衡 4. 排除绕组短路故障,改正错接线
电动机过热	1. 电源电压过低或过高 2. 负载过重或启动过于频繁 3. 三相异步电动机断相运行 4. 转子和定子发生摩擦	1. 检查并处理电源电压不稳定原因 2. 减轻负载,减少启动次数 3. 检查断相原因并排除故障,重新接好 4. 检查轴承,检查转子是否变形,修理或更换

续表

故障现象	可能的故障原因	处理方法
电动机过热	5. 绕组有短路或接地 6. 通风不良	5. 检查短路或接地部位，修理或更换有故障的绕组 6. 检查通风道，清扫污垢，保持通畅
电动机轴承过热	1. 装配不当或轴承不合格 2. 轴承弯曲或轴承损坏 3. 传动带过紧或传动带打滑 4. 润滑油不合格	1. 选配标准合适的新轴承重新装配 2. 矫正轴承或更换轴承 3. 调节合适的传动带张力 4. 清洗轴承并注入新的润滑油
电动机转速低	1. 电源电压过低 2. 定子绕组局部断路或短路 3. 笼型转子条断裂或脱焊 4. 绕线型转子集电环与绕组连接松动或与电刷接触不良	1. 采取措施，提高电源电压 2. 检查处理断路或短路处 3. 检查修理断裂或脱焊处 4. 检查处理松动或调节电刷解决接触不良问题
电动机运行过程中噪声大	1. 三相异步电动机单相运转 2. 三相电流不平衡 3. 转子与定子绝缘纸或槽楔相擦 4. 轴承磨损、缺油或油内有沙粒等异物	1. 检查绕组是否断相，若是则修理更换 2. 检查并排除造成不平衡的故障 3. 修剪绝缘纸，削低槽楔 4. 更换轴承、加油或清洗轴承
电动机运行过程中震动大	1. 轴承缺油 2. 轴承磨损，间隙过大 3. 气隙混入杂物或气隙不均匀 4. 联轴器、铁芯及连接部件等处松动 5. 风扇不平衡 6. 机壳或基础强度不够 7. 电动机地脚螺栓松动	1. 清洗轴承并注入新的润滑油 2. 更换轴承 3. 清理杂物，校正气隙 4. 紧固松动部位 5. 检修风扇，校正平衡，纠正其几何形状 6. 进行加固 7. 紧固地脚螺栓

二、电动机的测量

1. 直流电阻的测量

测量定子相绕组室温下的直流电阻,可用伏安法或电桥法,电桥法准确度和灵敏度高,并有直接读数的优点。测量绕组直流电阻的电桥有单臂电桥和双臂电桥两种。

用单臂电桥测量直流电阻时,把连接线电阻和接线柱接触电阻都包括在被测电阻内,因此,绕组电阻越小时,测量误差越大,故一般适用于 1 Ω 以上的电阻测量。双臂电桥克服了单臂电桥的缺点,在被测电阻中不包括连接线电阻和接线柱接触电阻,一般用于测量小于 1 Ω 的电阻。下面以双臂电桥法为例介绍。

(1)拆下电动机接线盒内的连接片和电源线。

(2)如图 2-58 所示,用短且粗的导线使电桥的电位端钮 P_1、电流端钮 C_1 与电动机定子绕组 U_1 连接,P_2、C_2 与电动机定子绕组 U_2 连接。特别注意要将电位端钮 P_1、P_2 接至电流端钮 C_1、C_2 的内侧。

(3)调节调零器使指针位于机械零位。

(4)接通电源,将电桥的电源选择开关扳向相应的位置。

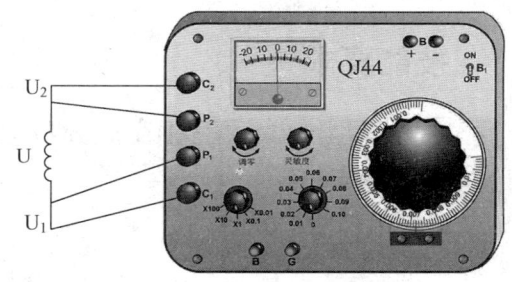

图 2-58 单臂电桥测量直流电阻

(5)估算电动机定子绕组的电阻值,将倍率旋钮旋到相应的位置上。

(6)将刻度盘旋到零位,用左手食指按下电源按钮 B,接通电源;再用无名指按下检流计按钮 G,如果检流计指针指向 "-" 方向,应旋动刻度盘减小数字,若刻度盘已在最小数字上,则应重新选择倍率,如果指针指向 "+" 方向,应将刻度盘向增加方向旋动,反复调节,使检流计指针指向零位。测量完毕,读出电阻调节盘阻值再乘以倍率,即为所测电阻值。注意,测量完毕应先断开检流计按钮,再断开电源按钮,以免被测绕组的自感电动势造成检流计的损坏。

(7)按前述步骤测量电动机 V 相、W 相绕组的电阻值。将测量结果记录。

2. 绝缘电阻的测量

测量三相异步电动机各相绕组之间以及各相绕组对机壳之间的绝缘电阻,可判别绕组是否严重受潮或有缺陷。测量方法通常用手摇式绝缘电阻表,额定电压低于 500 V 的电动机用 500 V 的绝缘电阻表测量,额定电压在 500~3 000 V 的电动机用 1 000 V 的绝缘电阻表测量,额定电压大于 3 000 V 的电动机用 2 500 V 的绝缘电阻表测量。绝缘电阻测量步骤如下:

(1)选用合适量程的绝缘电阻表。

(2)测量前要先检查绝缘电阻表是否完好。即在绝缘电阻表未接上被测设备之前,摇动手柄使发电机达到额定转速(120 r/min),观察指针是否指在标尺的"∞"位置。将接线柱"线"(L)和"地"(E)短接,缓慢摇动手柄,观察指针是否指在标尺的"0"位。如果指针不能指到该位置,表明绝缘电阻表有故障,应检修后再用。

(3)测量三相异步电动机的绝缘电阻。当测量三相异步电动机各相绕组之间的绝缘电阻时,将绝缘电阻表的接线柱"L"和"E"分别连接两绕组的接线端;当测量各相绕组对地的绝缘电阻,将"L"接到绕组上,"E"接机壳。接好线后开始摇动绝缘电阻表手柄,转速须保持基本恒定(约 120 r/min),摇动 1 min 后,待指针稳定下来再读数。

技能要求

三相交流异步电动机的拆装和保养

一、操作准备

准备内容见表 2-27。

表 2-27　准备内容

序号	名称	规格型号	数量
1	三相异步电动机	Y112M-4	1台
2	钳形电流表	T301	1块
3	绝缘电阻表	ZC25-3	1台
4	转速表	SZG-20B	1个
5	万用表	MF35	1个
6	连接导线		若干
7	电工工具包	32PC	1套
8	拆卸工具	锤子、木板、铜棒、顶拔器等	1套
9	其他用品	煤油、汽油、刷子、洁净布等	若干

二、操作步骤

1. 三相异步电动机的拆卸

三相异步电动机的拆卸步骤如图 2-59 所示。

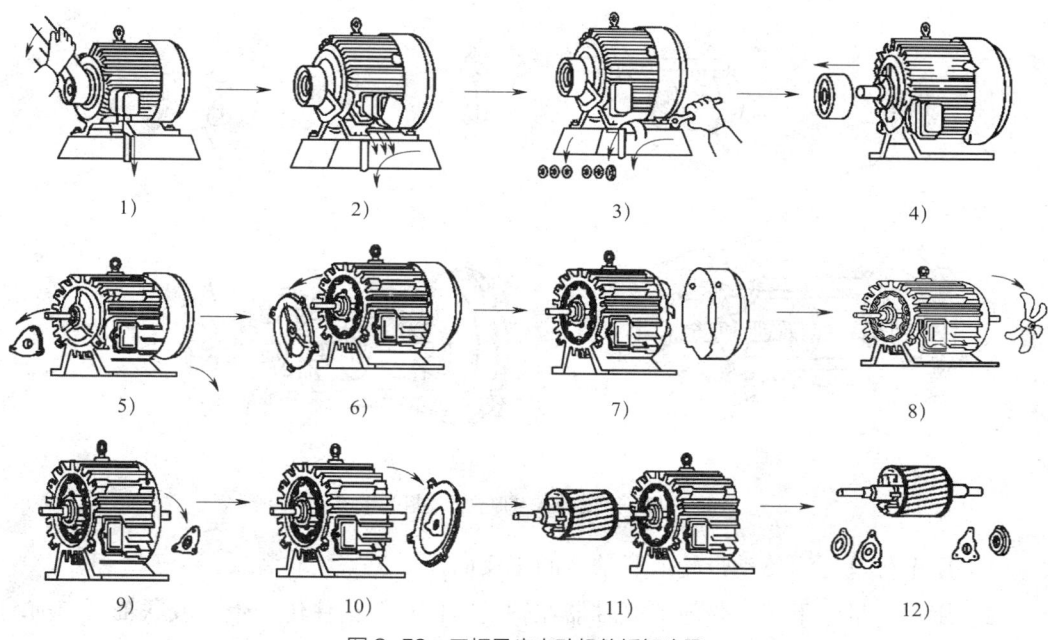

图 2-59　三相异步电动机的拆卸步骤

（1）切断电源，卸下传动带。

（2）拆去接线盒内的电源接线和接地线。

（3）卸下底脚螺母、弹簧垫圈和平垫片。

（4）卸下传动带轮。

（5）卸下前轴承外盖。

（6）卸下前端盖。可用大小适宜的扁凿，插在端盖凸出的耳朵处，按端盖对角线依次向外撬，直至卸下前端盖。

（7）卸下风叶罩。

（8）卸下风叶。

（9）卸下后轴承外盖。

（10）卸下后端盖。

（11）卸下转子。在抽出转子之前，应在转子下面和定子绕组端部之间垫上厚纸板，以免抽出转子时碰伤铁芯和绕组。

（12）用拉具拆卸前、后轴承及轴承内盖。

2. 电动机主要部件的拆装方法

（1）传动带轮或联轴器的拆卸步骤

传动带轮或联轴器的拆卸步骤如图 2-60 所示。

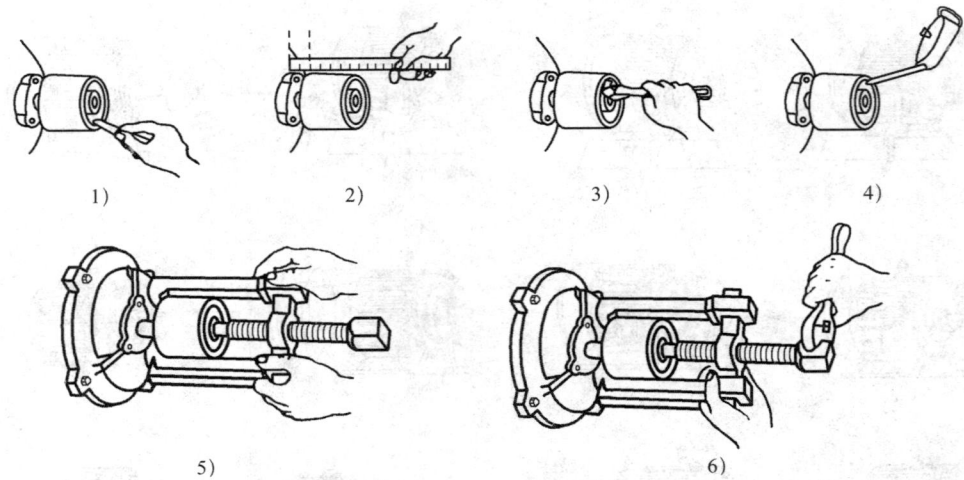

图 2-60　传动带轮或联轴器的拆卸步骤

1）用记号笔标示传动带轮或联轴器的正反面，以免安装时装反。

2）用尺子量一下传动带轮或联轴器在轴上的位置，记住传动带轮或联轴器与前端盖之间的距离。

3）旋下压紧螺钉或取下销子。

4）在螺钉孔内注入煤油。

5）装上拉具，拉具各脚之间的距离要调整好。

6）拉具的丝杆顶端要对准电动机轴的中心，转动丝杆，使传动带轮或联轴器慢慢地脱离转轴。

（2）传动带轮或联轴器的安装步骤

传动带轮或联轴器的安装步骤如图 2-61 所示。

1）取一块细砂纸卷在圆锉或圆木棍上，把传动带轮或联轴器的轴孔打磨光滑。

2）用细砂纸把转轴的表面打磨光滑。

3）对准键槽，把传动带轮或联轴器套在转轴上。

4）调整传动带轮或联轴器与转轴之间的键槽位置。

5）用铁板垫在键的一端，轻轻敲打，使键慢慢进入槽内，键在槽里要松紧适宜，太紧会损伤键和键槽；太松会使电动机运转时打滑而损伤键和键槽。

6）旋紧压紧螺钉。

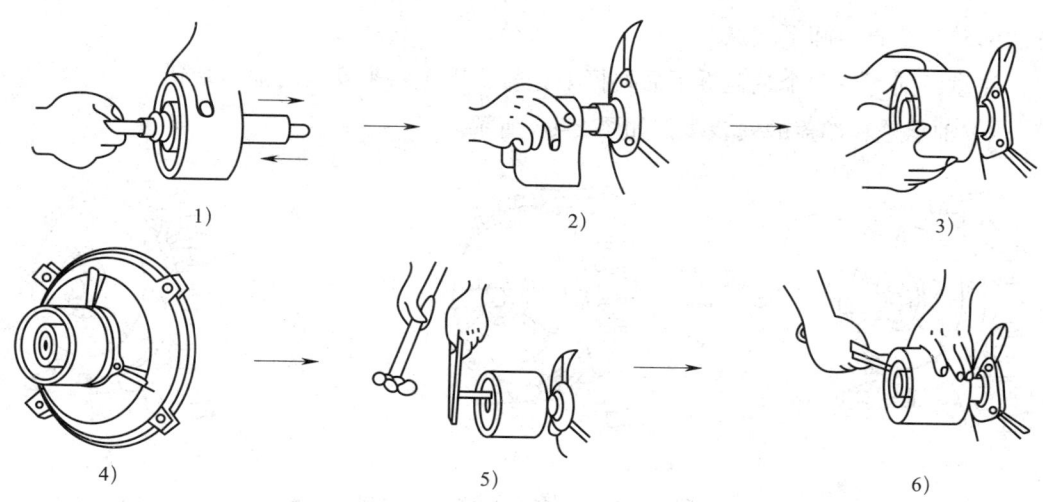

图 2-61 传动带轮或联轴器的安装步骤

（3）轴承盖和端盖的拆装步骤

1）轴承盖和端盖的拆卸步骤如图 2-62 所示。

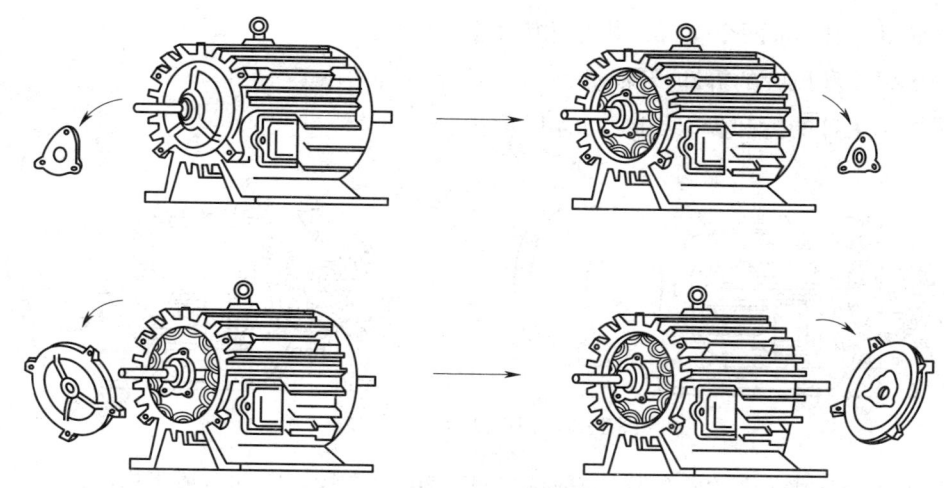

图 2-62 轴承盖和端盖的拆卸步骤

步骤 1　拆卸轴承外盖的方法比较简单，只要旋下固定轴承盖的螺钉，就可把外盖取下。注意：前后两个外盖拆下后要标上记号，以免安装时前后装错。

步骤 2　拆卸端盖前，应在机壳与端盖接缝处做好标记。然后旋下固定端盖的螺钉。通常端盖上都有两个拆卸螺孔，用从端盖上拆下的螺钉旋进拆卸螺孔，就能将端盖逐步顶出来。

若没有拆卸螺孔，可用大小适宜的扁凿，插在端盖凸出的耳朵处，按端盖对角线依次向外撬,直至卸下端盖。

注意:前、后两个端盖拆下后要标上记号,以免将来安装时前后装错。

2)轴承盖和端盖的安装步骤如图 2-63 所示。

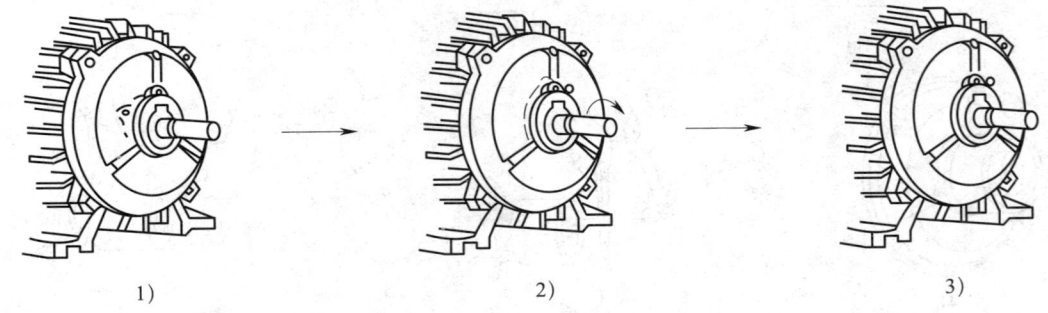

图 2-63 轴承盖和端盖的安装步骤

步骤 1　装上轴承外盖。

步骤 2　插上一颗螺钉,一只手顶住螺钉,另一只手转动转轴,使轴承的内盖也跟着转动,当转到轴承内外盖的螺钉孔一致时,把螺钉顶入内盖的螺钉孔里并旋紧。

步骤 3　把其余两个螺钉也装上并旋紧。

(4) 风罩和风叶的拆卸步骤

风罩和风叶的拆卸步骤如图 2-64 所示。

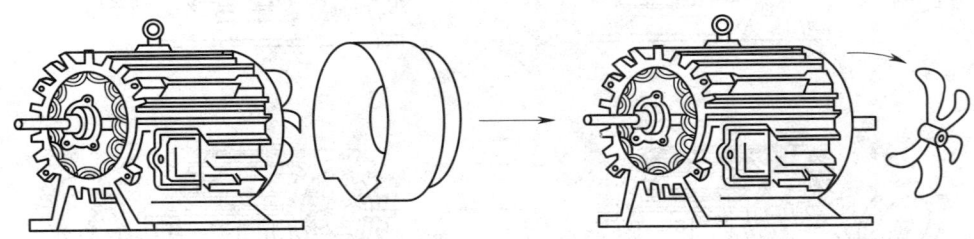

图 2-64 风罩和风叶的拆卸步骤

步骤 1　选择适当的旋具,旋出风罩与机壳的固定螺钉,即可取下风罩。

步骤 2　将转轴尾部风叶上的定位螺钉或销子拧下,用小锤在风叶四周轻轻地均匀敲打,即可取下风叶。若是小型电动机,则风叶通常不必拆下,可随转子一起抽出。

(5) 转子的拆装步骤

1) 转子的拆卸步骤如图 2-65 所示。

拆卸小型电动机的转子时,要一只手握住转子,把转子拉出一些,随后用另一只手托住转子铁芯渐渐往外移。要注意,不能碰伤定子绕组。

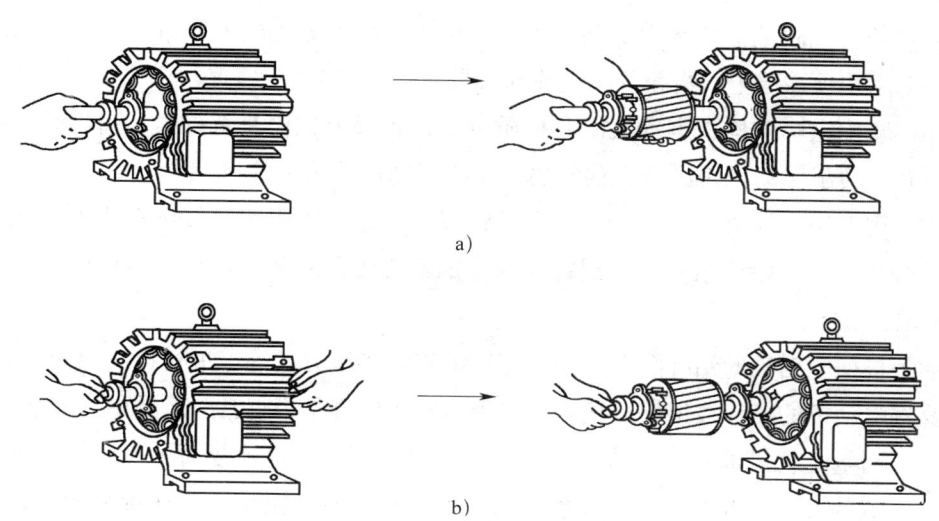

图 2-65 转子的拆卸步骤
a）单人拆卸 b）双人拆卸

拆卸中型电动机的转子时，要一人抬住转轴的一端，另一人抬住转轴的另一端，渐渐把转子往外移。

2）转子的安装步骤。转子的安装是拆卸的逆过程。安装时，要对准定子中心把转子小心地往里送。注意，不能碰伤定子绕组。

3. 三相异步电动机的装配与调试

（1）三相异步电动机的装配步骤和拆卸步骤相反。首先装配轴承。轴承装配有冷套法和热套法两种，一般情况下用冷套法。冷套法是把轴承套在清洗干净并加润滑脂的轴上，对准轴颈，用一段内径略大于轴的直径且外径略小于轴承内圈外径的铁管，一端顶在轴承内圈上，用锤子敲打另一端，缓慢地敲入。

（2）安装后端盖和转子。将轴伸端朝下垂直放置，在其端面上垫上木板，将后端盖套在后轴承上，用木锤敲打，把后端盖敲进去后，装轴承外盖。紧固内外轴承盖的螺栓时要逐步拧紧，不能先拧紧一个，再拧紧另一个。把转子对准定子内圈中心，小心地往里放，后端盖要对准与机座的标记，旋上后盖螺栓。

（3）安装前端盖、风扇叶和风罩。将前端盖对准与机座的标记，用木锤均匀敲击端盖四周，拧上端盖的紧固螺栓。安装风扇叶和风罩，完毕后，用手转动转轴，转子应转动灵活、均匀，无停滞或偏重现象。

（4）检查电动机机械部分的灵活性，不合格要重装。根据电动机的铭牌进行接线。

（5）安装带轮或联轴器。安装时，要注意对准键槽或定位螺钉孔。对于小型电动机，应在带轮或联轴器的端面上垫上木块，用手锤敲入。若敲入困难时，应在轴的另一端垫上木块顶在墙上，再敲入带轮或联轴器。

（6）装配完毕，检查电动机的装配质量，如各部分螺栓是否拧紧、引出线的标记是否正确、转子转动是否灵活、轴伸端径向有无偏摆的情况等。

（7）用万用表检查电动机绕组的通断情况，用绝缘电阻表测量电动机的绝缘电阻是否符合要求，一般要求三相绕组每相对地的绝缘电阻和相间绝缘电阻的阻值不得小于 $0.5\ \text{M}\Omega$。

（8）根据电动机的铭牌数据（如电压、电流和接线方式等）进行接线，为了安全，一定要将电动机的接地线接好、接牢。检查电动机温升是否正常，运转中有无异响。

（9）测量电动机的空载电流。空载时，测量三相空载电流是否平衡，三相电流应为额定电流的 20%～30%。同时观察电动机是否有杂声、振动及其他较大噪声，如果有应立即停止并进行检修。

（10）测量电动机转速。用转速表测量电动机转速，并与电动机的额定转速进行比较。

三、注意事项

1. 遵守安全操作规程，避免事故的发生。
2. 拆卸操作要注意方法和技巧，不要硬卸。
3. 如果传动带轮或联轴器拉不下来，切忌硬卸，可在定位螺钉孔内注入煤油或松动剂，等待几小时后再拉。若还拉不下来，可用喷灯将传动带轮或联轴器四周加热，加热的温度不宜太高，要防止轴变形。拆卸过程中，不能用手锤直接敲出传动带轮或联轴器，以免传动带轮或联轴器碎裂、轴变形、端盖受损等。拆卸和装配电动机时，注意不要碰伤绕组、跌损端盖或损坏其他零部件。
4. 定子绕组是多路并联的要拆开各并联支路。
5. 通电试运行时电动机外壳必须可靠接地。
6. 操作结束后要清点、整理器材。

培训项目 3　低压动力控制电路装调与维修

培训单元 1　三相交流笼型异步电动机单方向运转控制电路维修

培训重点

1. 掌握动力控制电路的维修步骤。
2. 能进行三相交流笼型异步电动机启动、点动控制电路调试和故障排除。

知识要求

一、电气原理图的识读与分析

一般设备电气原理图上的电路可分成主电路（又称主回路）、控制电路、辅助电路、保护环节、联锁环节以及特殊控制电路等。

1. 主电路

主电路是指某一个设备中元件的动力装置及保护电路，在该部分电路中通过的是电动机的工作电流，一般工作电流较大。主电路通常用实线画在电路图的左侧。

在电力驱动线路中，实际上就是设备的电源、电动机及其他用电设备等。如图 2-66 所示。

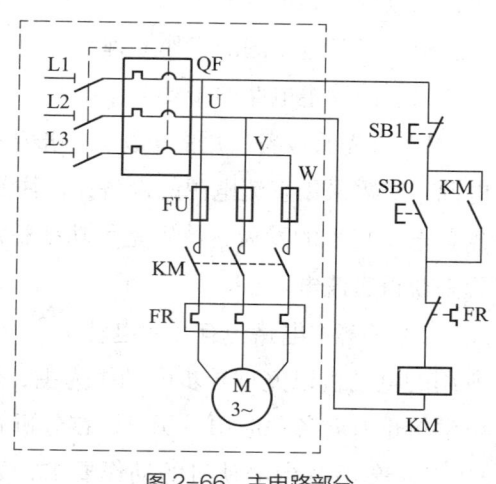

图 2-66　主电路部分

2. 控制电路

控制电路是指控制主电路工作状态的电路。在该部分电路中通过的电流都较小。控制电路通常用实线表示在电路图的右侧。控制电路画出控制主电路工作的动作顺序，画出用作其他控制要求的动作顺序，如图2-67所示。

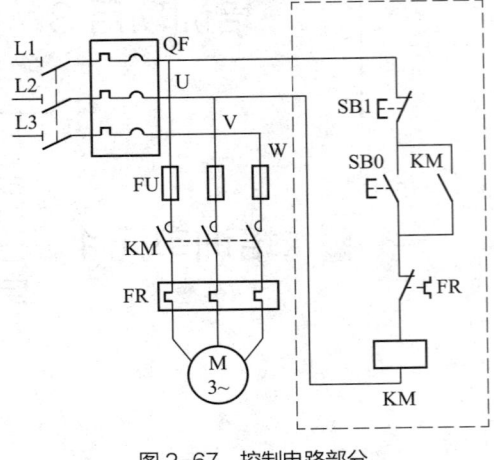

图2-67 控制电路部分

3. 辅助电路

辅助电路包括设备中的信号电路和照明电路部分等。信号电路是指显示主电路工作状态的电路；照明电路是指实际机床设备局部照明的电路。辅助电路通常用实线表示在电路图的最右侧。控制电路、辅助电路要分开画出。

4. 阅读电路图的方法和步骤

在阅读电路图时，首先应了解被控对象对电力驱动的要求，了解被控对象有哪些运动部件，这些运动部件是如何运动的，各种运动之间是否有相互制约的关系；熟悉电路图的制图规则及电器元件的图形符号。在此基础上采取先看主电路，后分析控制电路及辅助电路的步骤来看图。通过对控制电路的分析，掌握主电路中元件的动作规律，根据主电路的动作要求，进一步加深对控制电路的理解。最后通过辅助电路的分析，全面了解电路图的工作原理。

（1）阅读主电路的步骤

1）首先看设备所用的电源。一般生产机械所用电源为三相、380 V、50 Hz的交流电源，对需采用直流电源的设备，往往都是采用直流发电机供电或采用整流装置供电。随着电子技术的发展，特别是大功率整流管及晶闸管的出现，一般情况下都由整流装置来获得直流电。

2）了解主电路中有几台电动机，分清各台电动机的用途。目前，一般生产机械中所用的电动机以笼型异步电动机为主，但绕线型转子异步电动机、直流电动机、同步电动机也有着各种应用。所以，在分析有几台电动机的同时，还要注意电动机的类别。

3）分清各台电动机的动作要求，如启动方式、是否有正反转，调速及制动的要求，各电动机之间是否有相互制约的关系（还可通过控制电路来分析）。

4）了解主电路中所用的控制元件及保护元件。前者是指除常规接触器以外的控制元件，如电源开关（转换开关及空气断路器）、万能转换开关；后者是指短路保护元件及过载保护元件，如空气断路器中的电磁脱扣器及热过载脱扣器的规格，熔断器、热继电器及过电流继电器等元件的用途及规格。

一般来说，对主电路作如上内容的分析以后，即可分析控制电路和辅助电路。

（2）阅读控制电路和辅助电路

由于生产机械设备的类型各不相同，它们对电力驱动的控制要求也各不相同，所以在电路图上会表现各不相同的控制电路和辅助电路。分析控制电路时，首先应分析控制电路的电源电压。通常的生产机械设备，如仅有一台电动机驱动或较少电动机驱动的设备，其控制电路较简单。为减少电源种类，控制电路常采用交流 380 V 电压，可直接由主电路引入。对于采用多台电动机驱动且控制要求又较复杂的设备，当线圈总数（包括电磁铁、电磁离合器线圈）超过 5 个（包括 5 个）时，控制电压应采用交流 110 V 或交流 220 V（其中优选电压为交流 110 V），此控制电压应由隔离变压器获得，变压器的一端需接地，各线圈的一端也应接在一起并接地。当控制电路采用直流控制电压时，常由整流装置供电。然后，了解控制电路中所采用的各种继电器、接触器的用途，如采用了一些特殊结构的继电器，还应了解它们的动作原理。只有这样，才能理解它们在电路中如何动作和具有何种用途。

在进行上述分析后，再结合主电路中的要求，就可分析控制电路的动作过程。

控制电路总是按动作顺序画在两条水平线或两条垂直线之间的，因此可从左到右或从上到下进行分析。对复杂的控制电路，还可将它分成几个功能进行分析，如启动部分、制动部分、循环部分等。对于控制电路的分析，必须随时结合主电路的动作要求来进行，只有全面了解主电路对控制电路的要求以后，才能真正掌握控制电路的动作原理，不可孤立地看待各部分的动作原理，而应注意各个动作之间是否有互相制约的关系，如电动机正、反转之间应设有联锁等。

辅助电路一般比较简单，它常包含照明和信号部分。照明电压规定白炽灯为 24 V。用日光灯照明时应有防止灯光在转动部件上产生频闪效应的措施，以免影响操作者的视觉。信号是指示生产机械动作状态的，工作过程中可使操作者随时观察，掌握各运动部件的状况，判别工作是否正常。通常以绿灯或白灯指示工作正常，以红灯指示出现故障。

上面所介绍的读图方法和步骤，只是一般的通用方法，需通过对具体电路的分析逐步掌握，不断总结，才能提高看图能力。

二、动力控制电路维修步骤

电气控制线路的形式很多,复杂程度不一,其故障又常常和机械、液压等系统的故障交错在一起,难以分辨。每条电气控制线路往往由若干电气基本控制环节组成,每个基本控制环节是由若干电器元件组成的,而每个电器元件又由若干零件组成,但故障常常只是由于某个或某几个电器元件、部件或接线有问题而造成的。因此,要善于学习,善于总结经验、找规律,从而掌握正确的维修方法。

1. 精读电气原理图,熟悉安装接线图

电气控制线路是用导线将断路器、接触器、电动机、检测仪表等电器元件连接起来,并实现某种控制功能的电路。电气控制线路根据电流的大小分为主电路和控制电路,而控制电路的表示方法分为原理图和接线图。原理图是根据工作原理绘制的,接线图是按照电器的实际位置和实际接线用规定的符号画出来的。电气维修人员必须精读电气原理图和熟悉电气安装接线图才能很好地完成故障诊断任务。

电动机的控制电路是由一些电器元件按一定的控制关系连接而成的,这种控制关系反映在电气原理图上。为了顺利地安装接线,检查调试和排除线路故障,必须认真阅读原理图。要看懂线路中各电器元件之间的控制关系及连接顺序,分析电路控制动作,以便确定检查电路的步骤与方法。明确电器元件的数目、种类和规格,对于比较复杂的电路,还应看懂是由哪些基本环节组成的,分析这些环节之间的逻辑关系。

为了具体安装接线、检查电路和排除故障,必须根据原理图查阅安装接线图。安装接线图中各电器元件的图形符号及文字符号必须与原理图核对,在查阅中做好记录,减少工作失误。

2. 确认故障现象,划定故障范围

(1)故障调查

电路出现故障后切忌盲目乱动,在检修前首先要尽可能详细地调查故障发生的情况。通常采用的故障调查法有问、听、看、摸、闻。

1)问。询问操作人员故障发生前后电路和设备的运行状况以及发生故障时的现象,如有无异响、冒烟、火花及异常震动;询问故障发生前有无频繁启动、制动、正反转、过载等现象。

2)听。在电路和设备还能勉强运转而又不致扩大故障的前提下,可通电启动运行，倾听有无异响，如果有异响，应尽快判断出发出异响的部位，然后迅速停止运行。

3）看。

①电器元件外观是否整洁，外壳有无破裂，零部件是否齐全，各接线端子及紧固件有无缺损、锈蚀等现象。

②电器元件的触点有无烧蚀、熔毁、熔焊粘连变形、氧化锈蚀等现象；触点闭合、分断动作是否灵活，触点开距、超程是否符合要求；接线线头是否松动、脱落；线圈是否发热、烧焦，熔体是否熔断；脱扣器是否脱扣，压力弹簧是否正常；其他电器元件有无烧坏、发热、断线现象；导线连接螺钉是否松动，电动机的转速是否正常。

③低压电器的电磁机构和传动部件的运动是否灵活；衔铁有无卡住，吸合位置是否正常等，使用前应清除铁芯端面的防锈油。

4）摸。刚切断电源后，尽快触摸线圈、触点等容易发热的部位，看温升是否正常。

5）闻。用嗅觉检查有无电器元件过热和烧焦产生的异味。

（2）故障分析诊断

通过故障调查，结合电气设备图样初步判断发生故障的部位，分析故障原因。分析时，先从主电路入手，再依次分析各控制电路，然后分析信号电路及其余辅助电路。通过分析可初步诊断是机械故障还是电气故障，是主电路故障还是控制电路故障。例如，用手旋转电动机传动带轮时，若感觉不正常，说明电动机的机械部分有故障，而电路部分有故障的可能性很小，这时应主要检查机械部分。检查机械部分故障时，必要时应与机械维修人员共同进行。

（3）断电检查分析

确定了故障范围或故障部位后，为了人身和设备的安全，应先在断开电源的情况下，按照一定的顺序检查。检查时，不要盲目拆卸元器件，否则往往欲速则不达，甚至故障没有找到，又导致新的故障发生。

1）检查顺序

①先检查容易检查的部位，后检查较难检查的部位；先用简单易行的方法检查直观、简单、常见的故障，后用复杂、精确的方法检查不常见的疑难故障。

②先检查重点怀疑的部位和元件，后检查一般部位和一般元件。

③先检查电源，后检查负载。因电源侧故障会影响到负载，而负载侧故障未必会影响到电源。

④先检查控制回路，后检查主回路；先检查交流回路，后检查直流回路；先检查启停电路，后检查可逆运行、调速、制动电路。

⑤先检查电气设备的活动部分，再检查静止部分，因活动部分比静止部分发生故障的概率要高得多。

2）故障分析。如果测得绕组的电阻值不正常，一定是绕组有短路或断路现象。这时可对测得的电阻值进行分析：

①若电阻值为无限大，则可能是定子绕组断路或绕组连接线断开。

②若绕组的电阻值比正常值大，则一般是多支路并联绕组（中等容量以上的电动机）的某支路断路或绕组回路接触不良。

③若绕组的电阻值比额定值小，则说明绕组有短路现象。

④若绕组的电阻值接近于零，则一般为相绕组头尾相连或严重短路。

（4）电气控制线路断电检查的内容

1）检查熔断器的熔体是否熔断以及接触是否良好。

2）检查开关、触点、接头是否接触良好。

3）用万用表电阻挡测量有关部位的电阻，用绝缘电阻表测量电器元件和线路对地绝缘电阻以及相间绝缘电阻（低压电器的绝缘电阻不得小于 0.5 MΩ），以判断电路是否有开路、短路和接地现象。

4）检查已经自行更改过的线路及修理过的元件是否正常。

5）检查热继电器是否动作，中间继电器、交流接触器是否卡阻或烧坏。

6）检查转动部分是否灵活。

（5）通电检查分析

通过直接观察无法找到故障点，断电检查仍未找到故障时，可对电气设备进行通电检查。将整个电路划分为几部分，配上合适的熔断器，选用万用表的交流电压挡、校验灯等工具，对各部分分别通电。通电时动作要迅速，尽量减少通电测量和观察的时间。

1）通电检查前要先切断主电路，让电动机停转，尽量使电动机和其所传动的机械部分脱开，将控制器和转换开关置于零位，行程开关还原到正常位置。

2）观察有关继电器和接触器是否按照控制顺序动作。

3）检查各部分的工作情况，看是否有应该动作而没有动作的元件，是否出现接触不良、元件冒烟、熔断器熔体熔断等现象。

4）测量电源电压、接触器和继电器线圈的电压以及各控制回路的电流等数据，从而将故障范围进一步缩小或查出故障。

结合通电检查进行故障分析。如果检查时发现某一接触器没有吸合，则说明该接触器所在回路或相关回路有故障；再对该回路做进一步检查，便可发现故障原因和故障点。

（6）机械故障的检查

在电气控制线路中，有些动作是由电信号发出指令，由机械机构执行驱动的。如果机械部分的联锁机构、传动装置及其他动作部分发生故障，即使电路完全正常，设备也不能正常运行。在检修中，要注意机械故障的特征和表现，探索故障发生的规律，找出故障点，并排除故障。检修机械故障一般由机械维修工操作，但需要电工配合进行。

（7）综合分析检查

对于较复杂的故障，若经过通电检查仍没能查到故障点，则可结合故障调查、断电检查、通电检查的结果进行综合分析。在分析故障时，考虑电气装置中各组成部分的内在联系，应将各故障现象联系在一起进行综合分析，找到较隐蔽的故障。

3. 电气控制线路的检修方法

电气控制线路的常见故障有断路、短路、接地、接线错误和电源故障5种。针对不同的故障，可灵活运用多种方法予以检修。接地、接线错误和电源故障可以通过简单线路排查进行排除，此处主要对断路和短路两种故障的检修方法进行介绍。

（1）断路故障

1）断路故障产生的原因

①电接触材料的改变、接触压力的减小。例如，新的开关触点上一般镀有一层银，经过长时间的磨损，镀层会消失；有的还会在接触面上积有灰尘、油污、氧化物，使接触电阻增大；同时弹簧变形、压力降低都会造成接触不良。

②接触形式的改变。如果长期使用或修理工艺不正确，则会使接触面不平整或发生位移。比如，从面接触变成了点接触，也会使电接触性能变差。

③腐蚀。铜、铝导体直接连接引起电化学腐蚀；环境潮湿，有腐蚀性气体，又会导致或加剧电接触材料的化学腐蚀和电化学腐蚀，使接触电阻增大，有的还会破坏电接触材料的正常导电，产生断路故障。

④安装工艺不合格。对不同的电接触类型有不同的安装工艺要求，如导线绞接、压接、螺栓连接时不按工艺要求操作，压接不紧，也会产生接触不良。导线受力点（如导线转弯、导线穿管、导线变截面等部位）在外力的作用下也容易发生断路故障。

2）用验电笔检查断路故障

①用验电笔检查交流电路断路故障的方法。用验电笔检查交流电路的断路故障如图2-68所示。例如，在检查如图2-69所示电路原理图的实际线路时，按下控制按钮SB2，用验电笔依次测试1至6各个点，测到某个点时验电笔不亮，即表示该点为断路处。

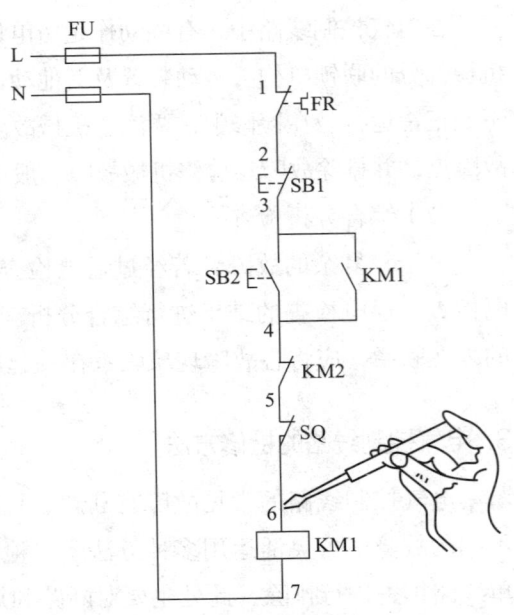

图 2-68 用验电笔检查交流电路的断路故障　　图 2-69 用验电笔检查交流电路的断路故障原理图

②用验电笔检查直流电路断路故障的方法。如图 2-70 所示，检查时先用验电笔检测直流电源的正、负极，氖管后端（手持端）明亮时为正极，氖管前端明亮时为负极。也可根据亮度判断，接正极比接负极亮一些。

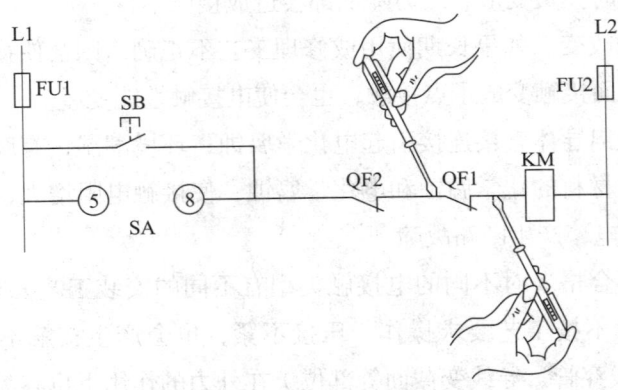

图 2-70 用验电笔检查直流电路的断路故障原理图

确定正、负极之后，根据直流电路中正、负电压的分界点在耗能元件两端的常识，按下按钮 SB，用验电笔先测量耗能元件直流接触器 KM 线圈的两端。若在正极一侧（或负极一侧）测到负电压（或正电压），则说明故障点在正极一侧（或负极一侧）。再逐一对故障段上的元件两端进行测试，若在非耗能元件两端分别测得正、负电压，则说明断路点就在该元件内。比如，测量 QF1 的左端为正电压（较亮），而右端为负电压（较暗），则表明 QF1 的辅助触点断路。

在用验电笔测直流接触器 KM 的正、负两端时，如果测出两端分别是正、负电压，而 KM 不吸合，则一般为 KM 线圈断路。

③用验电笔检查主电路断路故障的方法。如图 2-71 所示，用验电笔测量 QF 的上接线柱有无电压，若无电压，则应检查供电线路；若有电压，则可把 QF 合上，测量下接线柱。若测得一相没有电压，则要断开电源，检查该相触点的接触情况。用电子式感应验电笔查找线路的断路故障非常方便。手按着感应断点检测按钮，使笔头沿着线路在绝缘层上移动，若在某一点显示窗上显示的带电符号消失，则该点就是断点位置。

3）电压法检查断路故障。在图 2-72 所示的电路中，按下启动按钮 SB2，将万用表置于 500 V 交流电压挡，把黑表笔作固定笔固定在相线的 L2 端，以醒目的红表笔作移动笔，并触及控制电路中间位置任意一个触点的任意一端进行测量。有电压表明该点正常，无电压则说明该点处已经断路。

4）电阻法检查断路故障。在图 2-73 所示的电路中，按下启动按钮 SB2，接触器 KM1 衔铁不吸合，说明该电气回路有断路故障。在查找故障点前，首先把控制电路两端从控制电源上断开，然后将万用表置于 R×1 挡去测量。

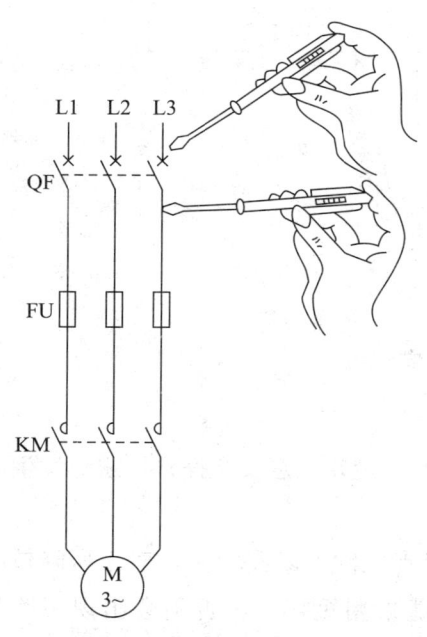

图 2-71 用验电笔检查主电路的断路故障原理图

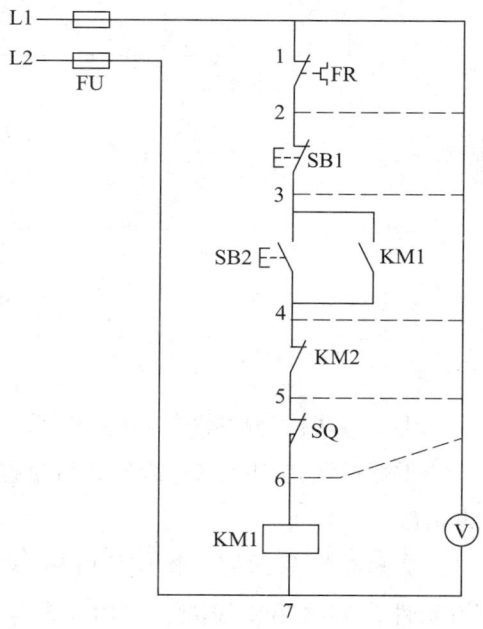

图 2-72 用电压法查找断路故障原理图

在测量时注意以下事项：

①用电阻测量法检查故障时，应先断开电源。

②如果被测电路与其他电路并联，必须将该电路与其他电路断开，否则所测得的电阻值是不准确的。

③测量高电阻值的电器元件时，要选择合适的电阻挡。

5）短接法检查断路故障。短接法就是用一根绝缘良好的导线，把所怀疑断路的部位短接，如果在短接过程中电路被接通，就说明该处有断路故障。

图 2-74 所示为使用短接法查找触点故障示意图，短接导线有两根引线，引线端头分别用黑色与红色夹子引出。

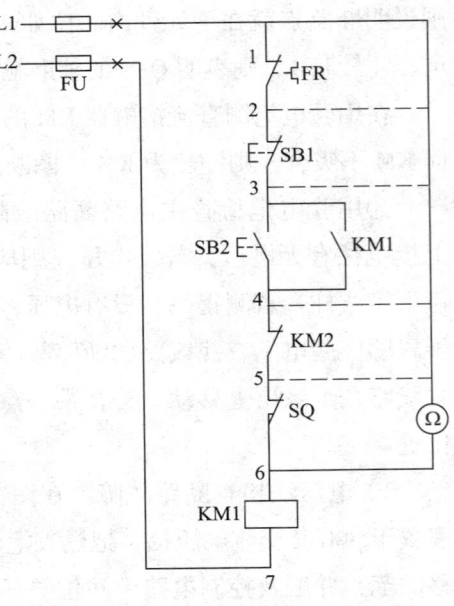

图 2-73 用电阻法查找断路故障原理图

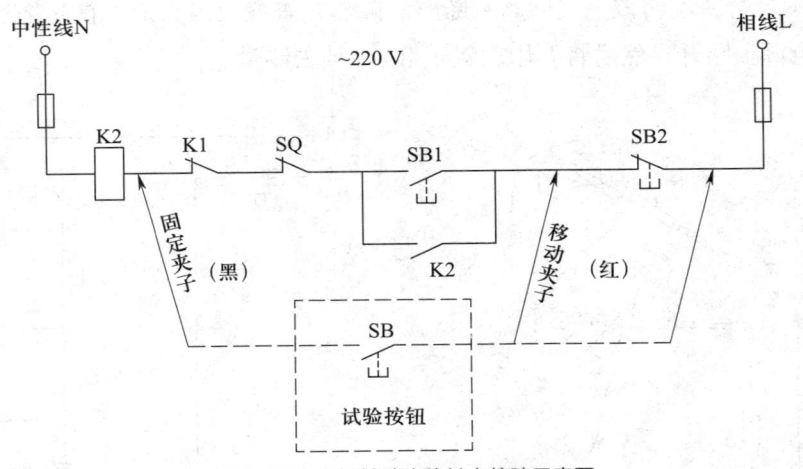

图 2-74 用短接法查找触点故障示意图

用短接法检查故障时应注意以下几点。

①短接法是用手拿绝缘导线带电操作的，因此一定要注意安全操作，避免发生触电事故。

②短接法只适用于检查压降极小的导线和触点之间的断路故障；对于压降较大的元件，如电阻、线圈、绕组等断路故障，不能采用短接法，否则会出现短路故障。

③对于机床的某些要害部位，必须在保障电气设备或机械部位不会出现事故的情况下才能采用短接法进行检查。

（2）短路故障

1）电源间短路。电源间短路故障一般是通过低压电器的触点或连接导线将电源短路而造成的。

2）低压电器触点之间短路。如图 2-75 所示，接触器 KM1 的两个辅助触点 KM1（3-4）和 KM1（7-8）因某种原因短路，其故障现象为当合上电源时，接触器 KM2 立即吸合。

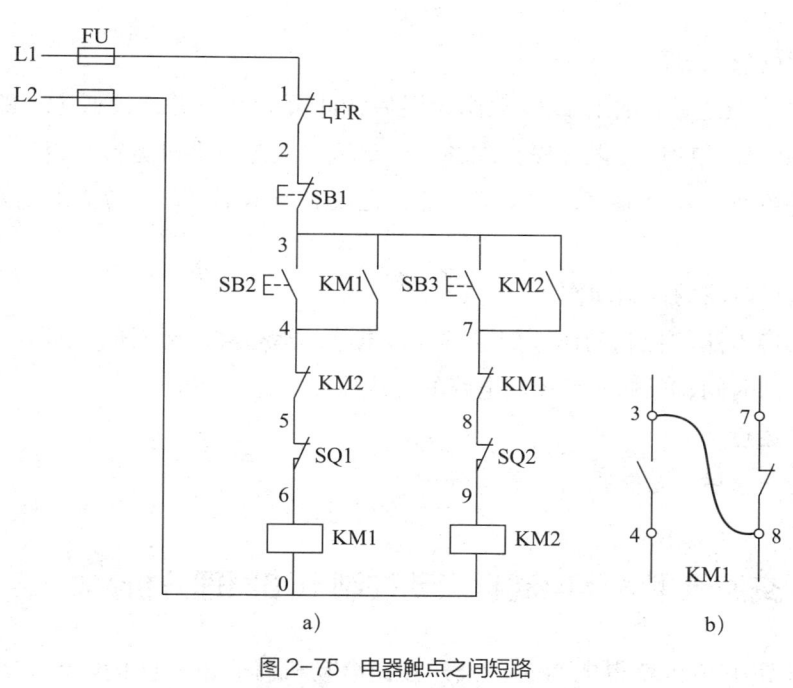

图 2-75　电器触点之间短路
a）电路图　b）KM1 触点短路示意图

3）触点本身短路。通常，回路只有接通和断开两种状态。只有当回路中所有的触点都正常工作时，电路才能正常工作。所以对于较简单的电路，通过分析回路故障时的状态即可查出触点本身短路的故障点。

4. 修复故障点

通过修理故障点使元件或导线恢复正常状态，如果有些元件或者导线已经严重损坏，不能通过修复恢复到原来的状态，则要更换元件或导线。故障修复后，进行通电试运行，电路能进行正确的工作过程说明已经成功排除故障。如果通电试运行电路仍然不能进行正常的工作过程,则要重新进行故障检查并修复。

5. 通电试运行

(1)空操作试验

装好控制电路中熔断器的熔体,不接主电路负载,试验控制电路的动作是否可靠、接触器动作是否正常,检查接触器自锁、联锁控制是否可靠;用绝缘棒操作行程开关,检查其行程及限位控制是否可靠;观察各低压电器动作的灵活性,注意有无卡住现象;细听各低压电器动作时有无过大的噪声;检查线圈有无过热现象及异常气味。

(2)带负载试运行

控制电路经过数次操作试验动作无误后,即可断开电源,接通主电路带负载试运行。电动机启动前应先做好停止准备,启动后要注意电动机运行是否正常。若发现电动机启动困难,发出噪声,电动机过热,电流表指示不正常,应立即断开电源进行检查。

(3)调试电路的控制动作

调试相应电路的控制动作。如定时运转电路的运行和间隔时间;星-三角启动控制电路的转换时间;反接制动控制电路的终止速度等。

(4)试运行

试运行正常后,才能投入正式运行。

三、三相交流笼型异步电动机点动控制电路原理分析

按下按钮电动机就得电运转,松开按钮电动机就失电停转的控制方法称为点动控制。

1. 点动控制电路原理图

图2-76所示为点动正转控制电路,它是用按钮、接触器来控制电动机运转的最简单的正转控制电路。

由图2-76a所示的电路图可以看出,三相交流电源与低压断路器QF组成电源电路;熔断器FU1、接触器KM主触点和三相异步电动机M构成主电路;熔断器FU2、启动按钮SB和接触器KM的线圈组成用于控制主电路工作状态的控制电路。显然,合上低压断路器QF,电动机M并不能得电启动运转,只有再按下启动按钮SB,使

接触器 KM 线圈通电，KM 主触点闭合，才能使电动机 M 得电启动运转。若松开 SB，KM 线圈失电，其主触点断开复位，电动机失电停转。可见，电动机的运转不再由低压开关手动直接控制，而由按钮、接触器配合实现自动控制。在点动控制线路中，低压断路器 QF 作电源隔离开关；熔断器 FU1、FU2 分别作主电路、控制电路的短路保护；启动按钮 SB 控制接触器 KM 的线圈得电与失电；接触器 KM 的主触点控制电动机 M 的启动和停止。

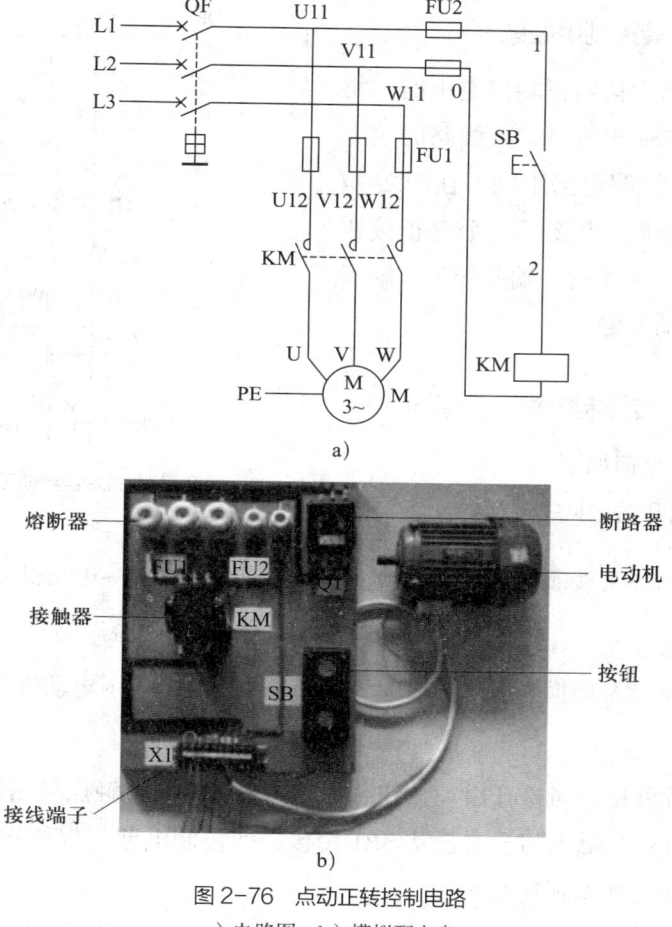

图 2-76　点动正转控制电路
a) 电路图　b) 模拟配电盘

2. 点动控制电路工作原理

根据电路图，点动正转控制电路的工作原理如下：

先合上低压断路器 QF。

启动：按下 SB → KM 线圈得电 → KM 主触点闭合 → 电动机 M 启动运转。

停止：松开 SB → KM 线圈失电 → KM 主触点断开 → 电动机 M 断电停转。

停止使用时，断开低压断路器 QF。

电动葫芦的起重电动机和车床拖板箱的快速移动电动机都采用的是点动控制方式。

四、三相交流笼型异步电动机启动控制电路原理分析

1. 接触器自锁正转控制电路图

图 2-77 所示为自锁正转控制电路。将图 2-77 和图 2-76a 比较可知，线路的主电路基本相同，但控制电路不同。在图 2-77 所示的控制电路中，串接了一个停止按钮 SB2，在启动按钮 SB1 的两端并接了接触器 KM 的一对辅助动合触点。

2. 接触器自锁正转控制电路工作原理

电路的工作原理如下：

先合上电源开关 QF。

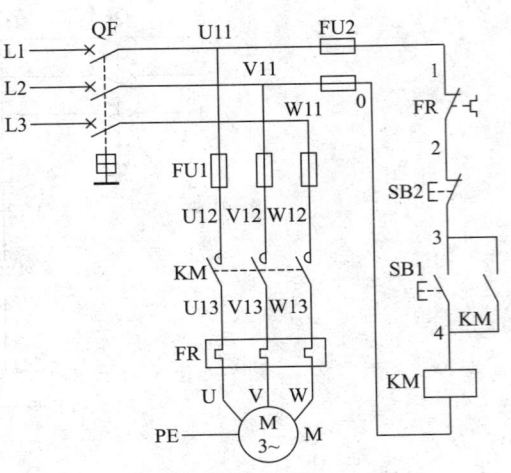

图 2-77 接触器自锁正转控制电路

启动：按下 SB1 → KM 线圈得电 ──→ KM 主触点闭合 ──→ 电动机 M 启动连续运转。
　　　　　　　　　　　　　　　└─→ KM 辅助动合触点闭合

停止：按下 SB2 → KM 线圈失电 ──→ KM 主触点分断 ──→ 电动机 M 断电停转。
　　　　　　　　　　　　　　　└─→ KM 辅助动合触点分断

由以上分析可见，当松开启动按钮 SB1 后，SB1 的动合触点虽然恢复分断，但接触器 KM 的辅助动合触点闭合时已将 SB1 短接，使控制电路仍保持接通，接触器 KM 继续得电，电动机 M 实现连续运转。

当启动按钮松开后，接触器通过自身的辅助动合触点使其线圈保持得电的作用称为自锁。与启动按钮并联起自锁作用的辅助动合触点称为自锁触点。

在按下停止按钮 SB2 切断控制电路时，接触器 KM 失电，其自锁触点已分断解除了自锁，而这时 SB1 也是分断的，所以当松开 SB2 其动断触点恢复闭合后，接触器也不会自行得电，电动机也就不会自行重新启动运转。

接触器自锁控制线路不但能使电动机连续运转，而且还具有欠压和失压（或零压）

保护作用。

（1）欠压保护

欠压是指线路电压低于电动机应加的额定电压。欠压保护是指当线路电压下降到某一数值时，电动机能自动脱离电源停转，避免电动机在欠压下运行的一种保护。

当线路电压下降到一定值（一般指低于额定电压的85%）时，接触器线圈两端的电压也同样下降到此值，使接触器线圈磁通减弱，产生的电磁吸力减小。当电磁吸力减小到小于反作用弹簧的拉力时，动铁芯被迫释放，主触点和自锁触点同时分断，自动切断主电路和控制电路，电动机失电停转，起到欠压保护的作用。

（2）失压（或零压）保护

失压保护是指电动机在正常运行中，由于外界某种原因引起突然断电时，能自动切断电动机电源；当重新供电时，保证电动机不能自行启动的一种保护。

接触器自锁控制线路也可实现失压保护作用。接触器自锁触点和主触点在电源断电时已经分断，使控制电路和主电路都不能接通，所以在电源恢复供电时，电动机就不会自行启动运转，保证了人身和设备的安全。

在接触器自锁正转控制线路中，增加了一只热继电器FR，该线路不但具有短路保护、欠压和失压保护作用，而且具有过载保护作用，在生产实际中得到广泛应用。

过载保护是指当电动机出现过载时，能自动切断电动机的电源，使电动机停转的一种保护。

电动机在运行的过程中，如果长期负载过大，或启动操作频繁，或者缺相运行，都可能使电动机定子绕组的电流增大，超过其额定值。而在这种情况下，熔断器往往并不熔断，从而引起定子绕组过热，使温度持续升高。若温度超过允许温升，就会造成绝缘损坏，缩短电动机的使用寿命，严重时甚至会烧毁电动机的定子绕组。因此，对电动机必须采取过载保护措施。

电动机控制线路中，最常用的过载保护电器是热继电器，它的热元件串接在三相主电路中，动断触点串接在控制电路中，如图2-77所示。若电动机在运行过程中，由于过载或其他原因使电流超过额定值，那么经过一定时间后，串接在主电路中的热元件因受热而发生弯曲，通过传动机构使串接在控制电路中的动断触点分断，切断控制电路，接触器KM线圈失电，其主触点和自锁触点分断，电动机M失电停转，达到过载保护的目的。

五、常见故障及处理

三相交流笼型异步电动机既能点动又能自锁的正转控制电路的常见故障及其处理方法见表 2-28。

表 2-28　三相交流笼型异步电动机正转控制电路常见故障及处理方法

故障现象	可能的故障原因	故障处理
电动机不转	熔断器熔体熔断	先查找熔断原因并排除，或更换熔体
	断路器没接通	更新断路器
	接触器不动作	1. 查找控制回路故障并排除 2. 检查线圈故障并排除
电动机缺相	触点接触不良	修复触点，无法修复时更新接触器
	电源缺相	排除电源故障
断路器跳闸	电动机绕组烧毁	修理或更换电动机
	线间短路	逐步排除线间短路
热继电器动作引起停车	热继电器设定值不当	重新调整设定值
	热继电器损坏	更换
	电动机过载	调整负载

技能要求

三相交流笼型异步电动机既能点动又能自锁的正转控制电路故障排除

一、操作准备

准备内容见表 2-29。

表 2-29　准备内容

序号	名称	规格型号	数量	备注
1	低压断路器	DZ5-20/330	1个	
2	熔断器	RT18	1套	
3	接触器	CJ10-20	1个	
4	热继电器	JR20-25	1个	

续表

序号	名称	规格型号	数量	备注
5	按钮	LA42P-11	3个	复合型按钮
6	三相交流笼型异步电动机	Y112M-4	1台	
7	万用表	MF30	1个	
8	电工工具	32PC	1套	验电笔、螺钉旋具、尖嘴钳、斜口钳、剥线钳、电工刀等
9	导线		若干	

二、操作步骤

检修三相交流笼型异步电动机既能点动又能自锁的正转控制电路人为设置的两个故障。

1. 故障设置

在如图 2-78 所示电路的主电路和控制电路中，人为设置电气故障各一处。

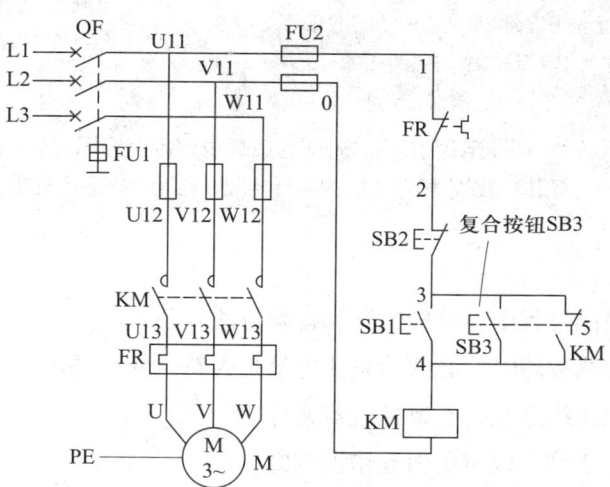

图 2-78 既能点动又能自锁的正转控制电路

2. 故障检修步骤和方法

通电检查时，一般先检查控制电路，后检查主电路。下面以电动机 M 缺相运行为例说明检修步骤和方法，见表 2-30。

表 2-30　故障检修步骤和方法

检修步骤	检修方法	
	控制电路	主电路
（1）用试验法观察故障现象	合上 QF，按下 SB1 或 SB3 时，KM 均不吸合	合上 QF，按下 SB1 或 SB3 时，M 转速极低甚至不转，并发出"嗡嗡"声，此时，应立即切断电源
（2）用逻辑分析法判定故障范围	根据 KM 不吸合现象分析电路图，初步确定故障点可能在控制电路的公共支路上	根据故障现象分析线路，判定故障范围可能在电源电路和主电路上
（3）用测量法确定故障点	用电压测量法查得故障点为控制电路中 FR 动断触点已分断	断开 QF，用测电笔检验主电路无电后，拆除 M 的负载线并恢复绝缘。再合上 QF，按下 SB1，用测电笔从上至下依次测试各接点，查得 W13 段的导线开路
（4）根据故障点的情况，采取正确的检修方法排除故障	故障点是模拟 M 缺相运行导致 FR 动断触点分断，故按下 FR 复位按钮后，控制电路即正常	重新接好 W13 处的连接点，或更换同规格的连接接触器输出端 W13 与热继电器受电端 W13 的导线
（5）检修完毕通电试车	切断电源重新连好 M 的负载线，合上 QF，按下 SB1 或 SB3，观察和检测线路和电动机的运行情况，检验合格后电动机正常运行	

三、注意事项

1. 在排除故障的过程中，分析思路和排除方法要正确。
2. 用测电笔检测故障时，必须检查测电笔是否符合使用要求。
3. 不能随意更改线路或带电触摸电器元件。
4. 仪表使用要正确，以避免引起错误判断。
5. 带电检修故障时，必须有教师在现场监护。

培训单元 2　三相交流笼型异步电动机正反转控制电路维修

培训重点

1. 掌握三相交流笼型异步电动机正反转控制电路原理。
2. 掌握三相交流笼型异步电动机正反转控制电路故障处理方法。

知识要求

一、倒顺开关正反转控制电路原理分析及常见故障

1. 倒顺开关正反转控制线路工作原理

倒顺开关正反转控制电路如图 2-38b 所示。

电路工作原理如下：操作倒顺开关 QS，当手柄处于"停"位置时，QS 的动、静触点不接触，电路不通，电动机不转；当手柄扳至"顺"位置时，QS 的动触点和左边的静触点相接触，电路按 L1—U、L2—V、L3—W 接通，输入电动机定子绕组的电源电压相序为 L1—L2—L3，电动机正转；当手柄扳至"倒"位置时，电路按 L1—W、L2—V、L3—U 接通，输入电动机定子绕组的电源电压相序变为 L3—L2—L1，电动机反转。

当电动机处于正转状态时，要使它反转，应先把手柄扳到"停"的位置，使电动机先停转，然后再把手柄扳到"倒"的位置，使它反转。若直接把手柄由"顺"扳至"倒"的位置，定子绕组会因为电源突然反接而产生很大的反接电流，易使电动机定子绕组因过热而损坏。

2. 常见故障

倒顺开关正反转启动控制电路的故障比较简单，主要是倒顺开关触点接触不良、机械机构损坏或接线松动等故障。

二、接触器、按钮双重联锁的正反转控制电路原理分析及常见故障处理

1. 接触器、按钮双重联锁的正反转控制电路原理分析

正反转控制线路如图 2-40a 所示。

电路工作原理如下：先合上电源开关 QF。

（1）正转控制：

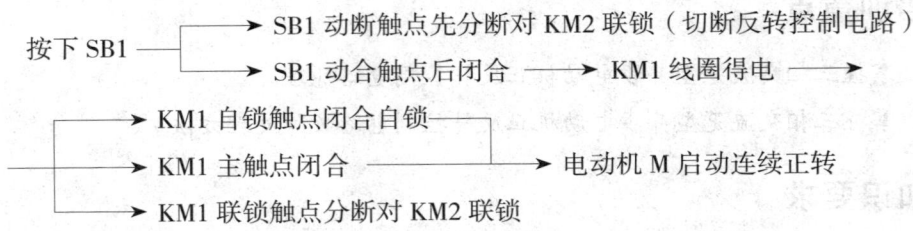

（2）反转控制：

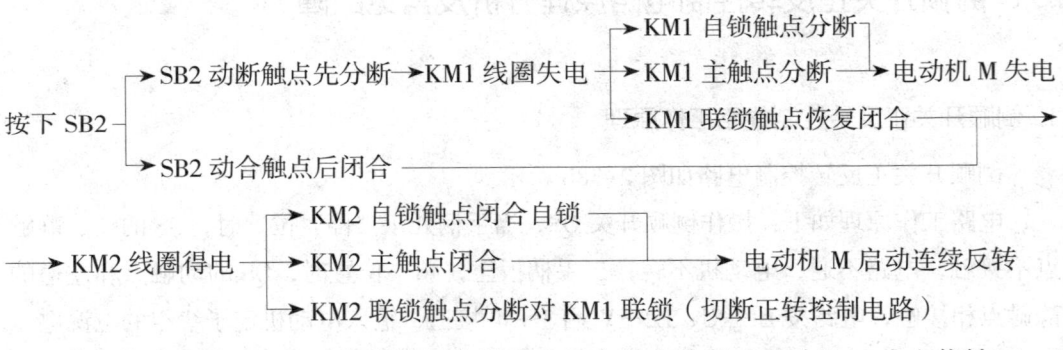

若要停止，按下 SB3，整个控制电路失电，主触点分断，电动机 M 失电停转。

2. 常见故障及处理方法

电动机正反转控制电路的常见故障及其处理方法见表 2-31。

无论是哪一种接线方式，在按下启动按钮时，电动机应做出相应的动作。如果电动机不动作（确定电动机没有损坏，主电源已接通），说明接触器没有动作，然后检查接触器线圈两端是否有电压。如果有电压，则为接触器线圈损坏；如果无电压，说明进入接触器线圈回路的接点可能不通；如果接点、连线没有问题，则检查控制电路熔丝是否熔断，如此以电动机动作为前提，提出上一级元件动作的条件，检查条件是否满足，对照接线图逐个元件、逐级进行分析即可找出故障点。

表 2-31 电动机正反转控制电路的常见故障及处理方法

故障现象	可能的故障原因	处理方法
按正反转按钮电动机均不能启动	主回路无电或控制电路熔丝熔断	1. 检查电源是否正常，恢复供电 2. 如熔丝烧毁应更换熔丝
	控制按钮内触点接触不良	修复按钮触点
	正反接触器线圈均损坏	更换接触器或接触器线圈
	电动机损坏	修理或更换电动机
正反转按钮中有一只按钮能控制电动机启动，另一只不能控制	1. 正反转控制按钮中有一只按钮触点接触不良 2. 正反转控制按钮中有一只互锁动合触点接触不良 3. 正反转控制按钮中有一只互锁动断触点接触不良	修复触点
	正反转控制按钮中有一只启动按钮与停止按钮间的连线断	接好连线
	正反转控制电路中有一只接触器线圈已损坏	更换接触器线圈
热继电器动作引起停车	热继电器设定值不当	重新调整设定值
	热继电器损坏	更换热继电器
	电动机过载	调整负载

技能要求

正反转控制线路检修

一、操作准备

工具、仪表及器材见表 2-32。

表 2-32 工具、仪表及器材

工具	测电笔、螺钉旋具、尖嘴钳、斜口钳、剥线钳等		
仪表	ZC25-3 型绝缘电阻表、MG3-1 型钳形电流表、MF47 型万用表		
器材	名称	型号规格	数量
	三相交流笼型异步电动机	Y112M-4、7.5 kW、380 V	1台
	三相四线电源	~3×380/220 V、20 A	1
	正反转控制电路模拟板	500 mm×600 mm×20 mm	1块

二、操作步骤

1. 故障设置

在控制电路或主电路中人为设置电气自然故障两处。

2. 教师示范检修

教师进行示范检修时，注意观察体会下述检修步骤及要求，直至故障排除。

（1）用试验法来观察故障现象。主要注意观察电动机的运行情况、接触器的动作情况和线路的工作情况等，如发现有异常情况，应马上断电检查。

（2）用逻辑分析法缩小故障范围，并在电路图上用虚线标出故障部位的最小范围。

（3）用测量法准确、迅速地找出故障点。

（4）根据故障点的不同情况，采取正确的修复方法，迅速排除故障。

（5）排除故障后通电试车。

3. 两个故障点，由学员进行检修。

三、注意事项

1. 要认真听取和仔细观察教师在示范过程中的讲解和检修操作。
2. 要熟练掌握电路图中各个环节的作用。
3. 在排除故障的过程中，分析思路和排除方法要正确。
4. 工具和仪表的使用要正确。
5. 不能随意更改线路，不能带电触摸电器元件。
6. 带电检修故障时，必须有教师在现场监护，并要确保用电安全。

■ 培训单元 3　三相交流笼型异步电动机Y－△降压启动控制电路维修

培训重点

1. 掌握三相交流笼型异步电动机Y－△降压启动控制电路原理。
2. 掌握三相交流笼型异步电动机Y－△降压启动控制电路故障处理方法。

知识要求

一、按钮、接触器控制丫-△降压启动控制电路原理分析

1. 电路原理图

按钮、接触器控制丫-△降压启动控制电路如图 2-79 所示。

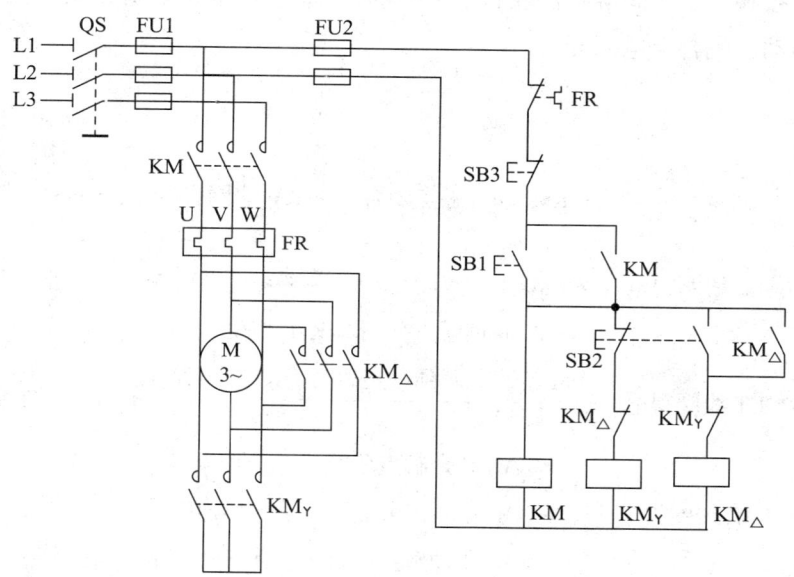

图 2-79 按钮、接触器控制丫-△降压启动电路

2. 原理分析

图 2-79 所示是通过按钮、接触器控制丫-△降压启动电路。该电路使用了三个接触器、一个热继电器和三个按钮。接触器 KM 用于引入电源,接触器 KM_Y 和 $KM_△$ 分别用于丫启动和△运行,SB1 是启动按钮,SB2 是丫-△转换按钮,SB3 是停止按钮,FU1 作为主电路的短路保护,FU2 作为控制电路的短路保护,FR 作为过载保护。

电路的工作原理如下:

合上电源开关 QS,按下启动按钮 SB1,接触器 KM 和 KM_Y 线圈同时得电,KM 主触点闭合,把电动机绕组接成丫形,KM 主触点闭合接通电动机电源,使电动机 M 接

成Y形降压启动。当电动机转速上升到定值时，按下启动按钮SB2，SB2动断触点先分断，切断KM_Y线圈回路，SB2动合触点后闭合，使KM_△线圈得电，电动机M被接成△形运行，整个启动过程完成。当需要电动机停转时，按下停止按钮SB3即可。断开电源开关QS。

二、按钮、接触器、时间继电器控制Y-△降压启动控制电路原理分析

按钮、接触器、时间继电器控制Y-△降压启动控制电路如图2-43a所示。

降压启动：先合上电源开关QF。

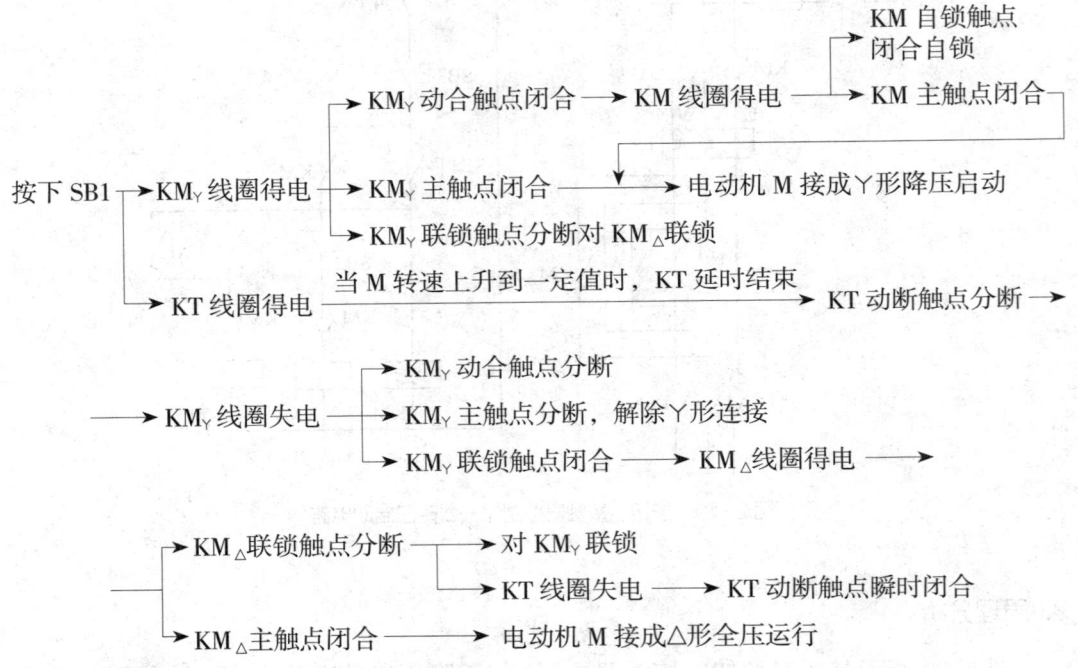

停止：按下SB2→控制线路断电→各接触器释放→电动机断电停转。

技能要求

按钮、接触器、时间继电器控制Y-△降压启动控制线路检修

一、操作准备

所需工具、仪表及器材见表2-33。

表 2-33　工具、仪表及器材

工具	测电笔、螺钉旋具、尖嘴钳、斜口钳、剥线钳等		
仪表	ZC25-3 型绝缘电阻表、MG3-1 型钳形电流表、MF47 型万用表		
器材	代号名称	型号规格	数量
	三相笼型异步电动机	Y112M-4、4 kW、380 V、△联结；或自定	1 台
	三相四线电源	~3×380/220 V、20 A	1
	单相交流电源	~220 V 和 36 V、5 A	1
	Y-△降压启动电路模拟板	500 mm×600 mm×20 mm	1 块

二、操作步骤

1. 电动机不能启动

（1）原因分析

1）主电路（电动机 M 不能接成Y形启动）

熔断器 FU1 断路、接触器 KM、KM$_Y$ 主触点接触不良、热继电器 FR 主通路有断点、电动机 M 绕组有故障。

2）控制电路

①1 号线至 2 号线热继电器 FR 动断触点接触不良。

②2 号线至 3 号线间的按钮 SB2 动断触点接触不良。

③4 号线至 5 号线接触器 KM$_△$ 的动断触点接触不良。

④5 号线至 6 号线间时间继电器 KT 延时断开瞬时闭合触点接触不良。

⑤接触器 KM 及接触器 KM$_Y$ 线圈损坏等。

（2）检查方法

按下启动按钮 SB1，观察接触器 KM、KM$_Y$ 是否闭合。

1）若接触器 KM、KM$_Y$ 都闭合，则为主电路的问题。

①重点检查熔断器 FU1。

②接触器 KM 及 KM$_Y$ 主触点。

③电动机 M 绕组等。

2）如果接触器 KM、KM$_Y$ 均不闭合，则为控制电路的问题。

①重点检查熔断器 FU2。

②查 1 号线至 2 号线间热继电器 FR 的动断触点。

③查 2 号线至 3 号线间按钮 SB2 的动断触点。

④查 5 号线至 6 号线间时间继电器 KT 的延时断开瞬时闭合动断触点等。

3）如接触器 KM_Y 闭合，KM 未闭合。

①重点检查 5 号线至 7 号线间的接触器 KM_Y 动合触点。

②接触器 KM 线圈。

2. 电动机能丫形启动但不能换为△形运行

（1）原因分析

1）主电路

从主电路分析有接触器 KM_△ 主触点闭合接触不良。

2）控制电路

①4 号线至 5 号线间接触器 KM_△ 动断触点接触不良。

②时间继电器 KT 线圈损坏。

③7 号线至 8 号导线间接触器 KM_Y 动断触点接触不良。

④接触器 KM_△ 线圈损坏。

（2）检查方法

按下启动按钮 SB1，电动机 M 在丫形启动后，观察时间继电器 KT 是否闭合。

1）若时间继电器 KT 未闭合，重点检查时间继电器 KT 的线圈。

2）如果 KT 闭合，经过一定时间后，观察接触器 KM_Y 是否释放，KM_△ 是否闭合。

①如 KM_Y 未释放，则检查 5 号线与 6 号线间 KT 瞬时闭合延时断开触点（不能延时断开）。

②如 KM_Y 释放，观察 KM_△ 是否吸合；如 KM_△ 未闭合，则检查 7 号导线至 8 号导线接触器 KM_Y 动断触点；若 KM_△ 闭合，则检查 KM_△ 主触点。

三、注意事项

1. 要熟练掌握电路图中各个环节的作用。
2. 在排除故障的过程中，分析思路和排除方法要正确。
3. 不能随意更改线路，不能带电触摸电器元件。
4. 工具和仪表使用要正确。
5. 带电检修故障时，必须有教师在现场监护，并要确保用电安全。

培训单元 4　三相交流笼型多速异步电动机的控制线路维修

培训重点

1. 掌握双速异步电动机控制线路的构成和工作原理。
2. 能熟练地对线路故障进行维修。

知识要求

一、笼型异步电动机的变极调速

在实际的机械加工生产中，许多生产机械为了适应各种工件加工工艺的要求，主轴需要有较大的调速范围，常采用的方法主要有两种：一种是通过变速箱机械调速；另一种是通过电动机调速。

由三相异步电动机的转速公式 $n=(1-s)\dfrac{60f_1}{p}$ 可知，改变异步电动机转速可通过 3 种方法来实现：一是改变电源频率 f_1；二是改变转差率 s；三是改变磁极对数 p。

改变异步电动机的磁极对数调速称为变极调速。变极调速是通过改变定子绕组的连接方式来实现的，它是有级调速，且只适用于笼型异步电动机。凡磁极对数可改变的电动机称为多速电动机。常见的多速电动机有双速、三速、四速等类型。本单元只介绍双速异步电动机的控制电路。

二、双速异步电动机定子绕组的连接

双速异步电动机定子绕组的 △/丫丫 连接图如图 2-80 所示。图中，三相定子绕组接成△形，由三个连接点接出三个出线端 U1、V1、W1，从每相绕组的中点各接出一个出线端 U2、V2、W2，这样定子绕组共有 6 个出线端。通过改变这 6 个出线端与电

源的连接方式，就可以得到两种不同的转速。

电动机低速工作时，就把三相电源分别接在出线端 U1、V1、W1 上，另外三个出线端 U2、V2、W2 空着不接，如图 2-80a 所示，此时电动机定子绕组接成△形，磁极为 4 极，同步转速为 1 500 r/min。

电动机高速工作时，要把 3 个出线端 U1、V1、W1 并接在一起，三相电源分别接到另外 3 个出线端 U2、V2、W2 上，如图 2-80b 所示，这时电动机定子绕组接成ΥΥ形，磁极为 2 极，同步转速为 3 000 r/min。可见，双速电动机高速运转时的转速是低速运转转速的两倍。

值得注意的是，双速电动机定子绕组从一种接法改变为另一种接法时，必须把电源相序反接，以保证电动机的旋转方向不变。

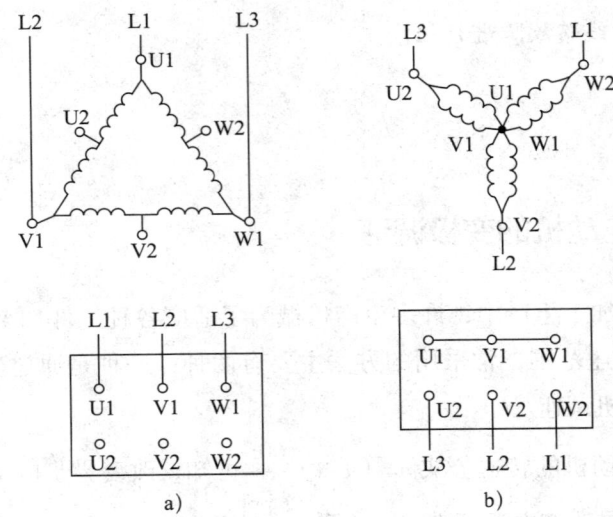

图 2-80 双速电动机三相定子绕组△/ΥΥ接线图
a）低速—△接法（4 极） b）高速—ΥΥ接法（2 极）

三、双速异步电动机的控制线路

1. 原理图

用时间继电器控制双速电动机低速启动高速运转的电路图如图 2-81 所示。时间继电器 KT 控制电动机△形启动时间和△/ΥΥ的自动换接运转。

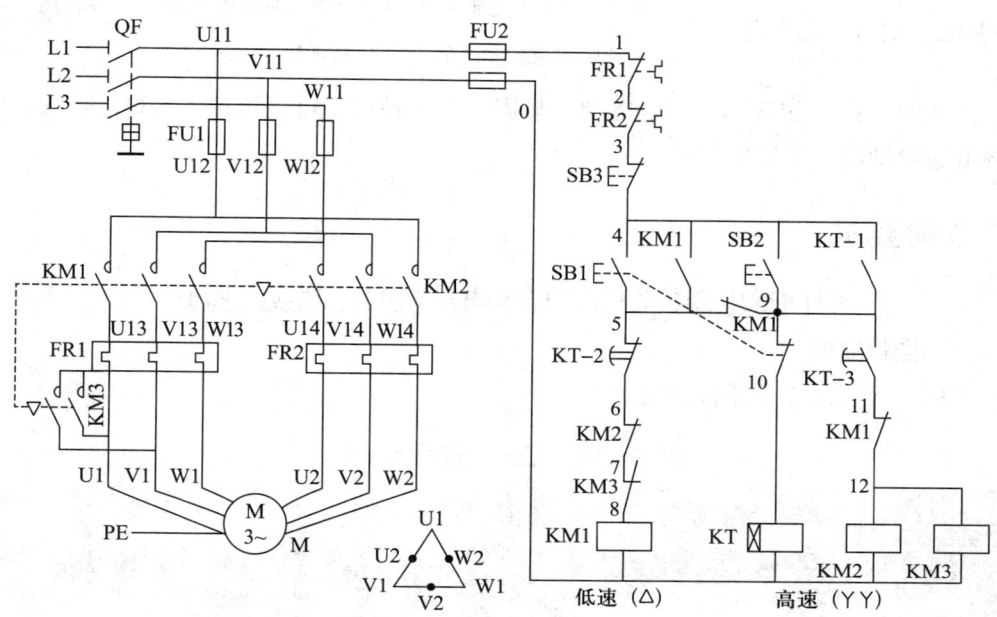

图 2-81　时间继电器控制双速电动机低速启动高速运转的电路图

2. 工作原理

线路的工作原理如下：

先合上电源开关 QF。

△形低速启动运转：

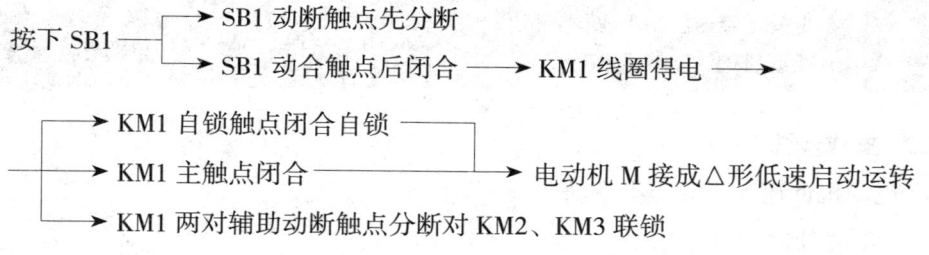

YY形高速运转：

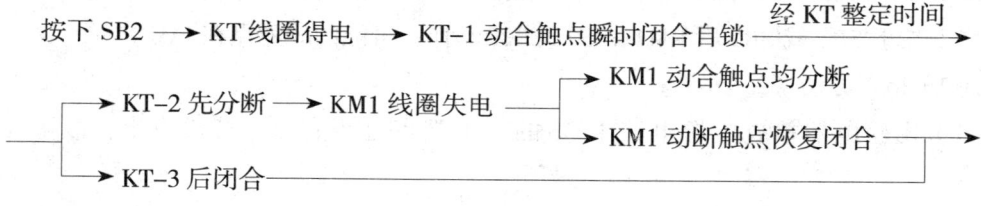

→ KM2、KM3 线圈得电 ─┬─→ KM2、KM3 主触点闭合 ─→ 电动机 M 接成YY形高速运转
　　　　　　　　　　 └─→ KM2、KM3 联锁触点分断对 KM1 联锁

停止时，按下 SB3 即可。若电动机只需高速运转时，可直接按下 SB2，则电动机△形低速启动后，YY形高速运转。

技能要求

时间继电器控制双速异步电动机的控制线路检修

一、操作准备

所用工具、仪表及器材见表 2-34。

表 2-34　工具、仪表及器材

工具	测电笔、螺钉旋具、尖嘴钳、斜口钳、剥线钳等		
仪表	ZC25-3 型绝缘电阻表、MG3-1 型钳形电流表、MF47 型万用表、转速表		
防护用品	工作服、绝缘鞋		
器材	代号名称	型号规格	数量
	三相交流笼型异步电动机	Y112M-4/2、3.3/4 kW、380 V、7.4 A/8.6 A	1台
	三相四线电源	~3×380/220 V、20 A	1
	单相交流电源	~220 V 和 36 V、5 A	1
	时间继电器控制双速异步电动机的控制电路模拟板	500 mm×600 mm×20 mm	1块

二、操作步骤

1. 电动机低速、高速都不启动

（1）原因分析

1）按下 SB1 或 SB2 后 KM1、KM2、KT 不能动作，可能的故障点在电源电路及 FU2、FR1、FR2、SB3 和 1、2、3、4 号线。

2）按下 SB1 或 SB2 后 KM1、KM2、KT 动作，可能的故障点在 FU1。

（2）检查方法

1）用验电器检查电源电路中 QS 的上下端点是否有电。若没有电，故障在电源。

2）用验电器检查 FU2、FR1、FR2 的动断触点和 SB3 动断触点的上下端点是否有电，故障点在有电与无电检测点之间。

3）用验电器检查 FU1 的上下端点是否有电。

2. 电动机低速启动正常、高速不能启动

（1）原因分析

1）电动机低速启动后，按下 SB2 后电动机继续低速运转，KT 不能动作可能故障：SB2 接触不良；SB1 的动断触点接触不良；KT 线圈损坏；4、9、10、0 号线断路。电动机低速启动后，按 SB2 后 KT 动作，但电动机仍然继续低速运转。可能故障：

①时间继电器延时时间过长。

②KT-2 不能分断。

2）电动机低速启动后，按下 SB2 后 KT 动作后，电动机停转。可能故障点：KT-3 或 KM1 接触不良，9、11 号线断路。

（2）检查方法

1）用验电器检查 SB2 是否有电，若无电，4 号线断路；若有电，断开电源，按下 SB2，用万用表的电阻挡测量，将一支表笔固定于 FU2 的下端点，另一支表笔逐点测量，电阻为零的正常，较大的是故障点。

2）首先检查时间继电器延时时间，如时间正常；断开电源，按下 KT 的触点架，用万用表的电阻挡测量 KT-2 的电阻，应较大，若电阻为零说明没有分断。

3）用验电器检查 KT-3 的上端点是否有电，若无电，9 号线断路；若有电，用万用表的电压挡检查 KT-3 和 KM1 两端的电压，电压为电源电压的是故障点。

三、注意事项

1. 检修前，要认真阅读电路图，掌握线路的构成、工作原理及接线方式。
2. 在排除故障的过程中，故障分析、排除故障的思路和方法要正确。
3. 工具和仪表使用要正确。
4. 不能随意更改线路，不能带电触摸电器元件。
5. 带电检修故障时，必须有教师在现场监护，并要确保用电安全。

培训单元 5　三相交流笼型异步电动机多地控制线路维修

培训重点

能正确完成两地控制具有过载保护接触自锁正转控制线路检修。

知识要求

一、多地控制线路

能在多地控制同一台电动机的控制方式称为电动机的多地控制。

1. 原理图

图 2-82 所示为两地控制的具有过载保护接触器自锁正转控制线路的电路图。其中 SB11、SB12 为安装在甲地的启动按钮和停止按钮；SB21、SB22 为安装在乙地的启动按钮和停止按钮。

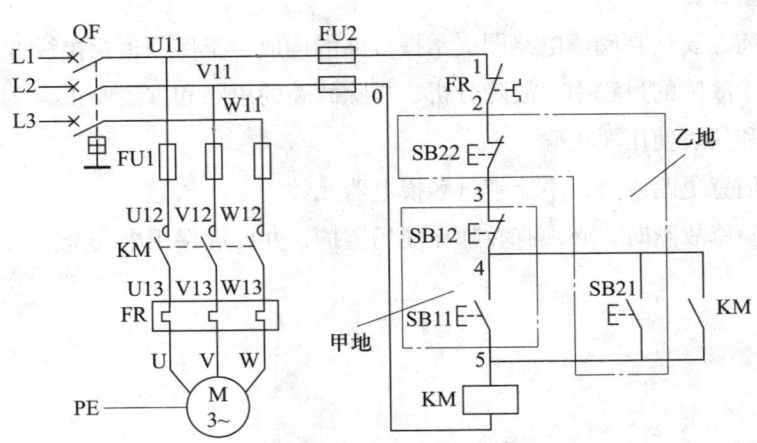

图 2-82　两地控制电路图

2. 工作原理

甲地控制：

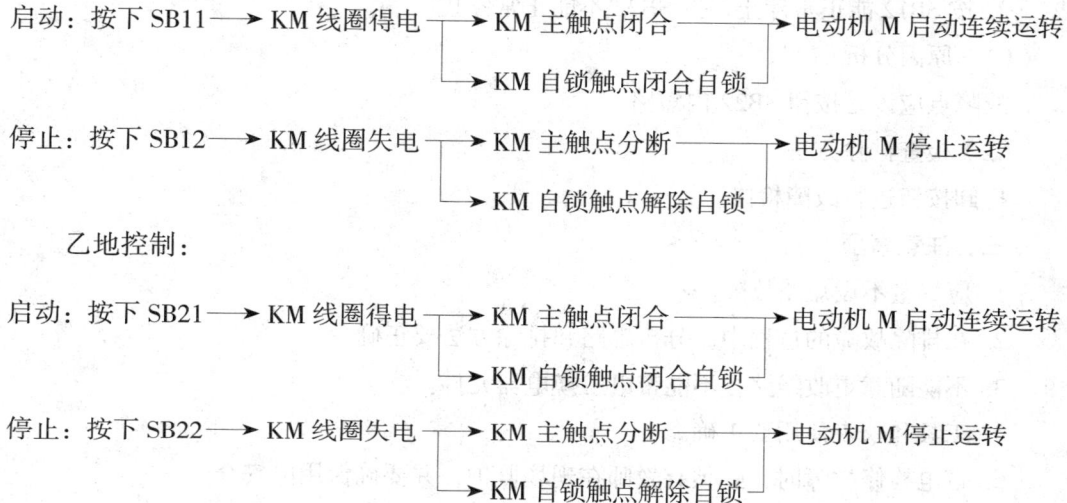

乙地控制：

启动：按下 SB21 ⟶ KM 线圈得电 ⟶ KM 主触点闭合 ⟶ 电动机 M 启动连续运转
　　　　　　　　　　　　　　　⟶ KM 自锁触点闭合自锁

停止：按下 SB22 ⟶ KM 线圈失电 ⟶ KM 主触点分断 ⟶ 电动机 M 停止运转
　　　　　　　　　　　　　　　⟶ KM 自锁触点解除自锁

二、线路特点

两地的启动按钮 SB11、SB21 并联接在一起，停止按钮 SB12、SB22 串联接在一起。这样就可以分别在甲、乙两地启动和停止同一台电动机。对三地或多地控制，只要把各地的启动按钮并接、停止按钮串接就可以实现。

技能要求

两地控制具有过载保护接触自锁正转控制线路检修

一、操作准备

1. 工具：常用电工工具。

2. 仪表：MF30 型万用表或 MF47 型万用表，T301-A 型钳形电流表，绝缘电阻表（500 V、0~2 000 MΩ）。

3. 设备：两地控制具有过载保护接触自锁正转控制线路模拟板。

二、操作步骤

1. 按 SB11 能正常启动，按 SB21 不能正常启动

（1）原因分析

1）4 号或 5 号线松脱或断线。

2）SB21 接触不良。

（2）检查排除方法

断开电源后，打开按钮盖，用电阻测量法找出故障点并予以修复。

2. 按 SB12 能正常停止，按 SB22 不能正常停止

（1）原因分析

故障点应该是按钮 SB22 内短路。

（2）检查排除方法

拆卸按钮进行故障检修。

三、注意事项

1. 应尽量不设短路故障。
2. 在排除故障的过程中，分析思路和排除方法要正确。
3. 不能随意更改线路，不能带电触摸电器元件。
4. 工具和仪表使用要正确。
5. 带电检修故障时，必须有教师在现场监护，并要确保用电安全。

培训单元 6　三相交流笼型异步电动机的机械制动控制线路的检修

培训重点

1. 掌握三相交流笼型异步电动机电磁抱闸控制电路原理。
2. 掌握三相交流笼型异步电动机电磁抱闸控制电路调试和故障处理方法。

知识要求

一、交流笼型异步电动机制动的定义

电动机断开电源以后，由于惯性不会马上停止转动，而是需要转动一段时间才会完全停下来。这种情况对于某些生产机械是不适宜的。如起重机的吊钩需要准确定位、

万能铣床要立即停转等。为满足生产机械的这种要求就需要对电动机进行制动。

所谓制动,就是给电动机一个与转动方向相反的转矩使它迅速停转(或限制其转速)。制动的方法一般有两类:机械制动和电力制动。

利用机械装置使电动机断开电源后迅速停转的方法称为机械制动。机械制动常用的方法有电磁抱闸制动器制动和电磁离合器制动两种。两者的制动原理类似,控制线路也基本相同。本单元主要介绍电磁抱闸制动器制动线路。

二、电磁抱闸制动器

图 2-83 所示为常用的 MZD1 系列交流制动电磁铁与 TJ2 系列闸瓦制动器的外形,它们配合使用共同组成电磁抱闸制动器,其结构和符号如图 2-84 所示。TJ2 系列闸瓦制动器与 MZD1 系列交流制动电磁铁的配用见表 2-35。

图 2-83 制动电磁铁与闸瓦制动器
a) MZD1 系列交流单相制动电磁铁 b) TJ2 系列闸瓦制动器

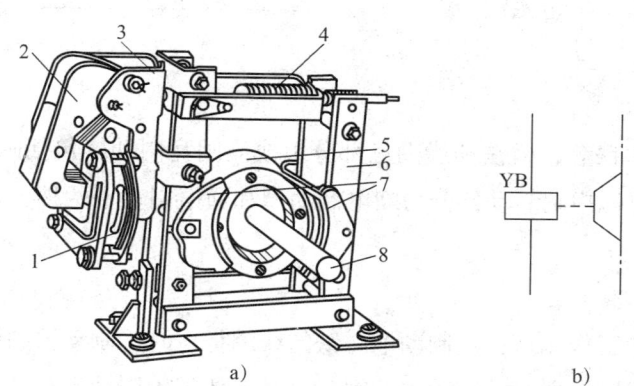

图 2-84 电磁抱闸制动器的结构和符号
a) 结构 b) 符号

1—线圈 2—衔铁 3—铁芯 4—弹簧 5—闸轮 6—杠杆 7—闸瓦 8—轴

表2-35　TJ2系列闸瓦制动器与MZD1系列交流制动电磁铁的配用表

制动器型号	制动力矩（N·m）		闸瓦退距（mm）正常/最大	调整杆行程（mm）开始/最大	电磁铁型号	电磁铁转矩（N·m）	
	通电持续率为25%或40%	通电持续率为100%				通电持续率为25%或40%	通电持续率为100%
TJ2-100	20	10	0.4/0.6	2/3	MZD1-100	5.5	3
TJ2-200/100	40	20	0.4/0.6	2/3 2.5/3.8	MZD1-200	5.5	3
TJ2-200	160	80	0.5/0.8	2.5/3.8	MZD1-200	40	20
TJ2-300/200	240	120	0.5/0.8	3/4.4	MZD1-200	40	20
TJ2-300	500	200	0.7/1	—	MZD1-300	100	40

1. 型号及其含义

电磁铁和制动器的型号及其含义分别如下：

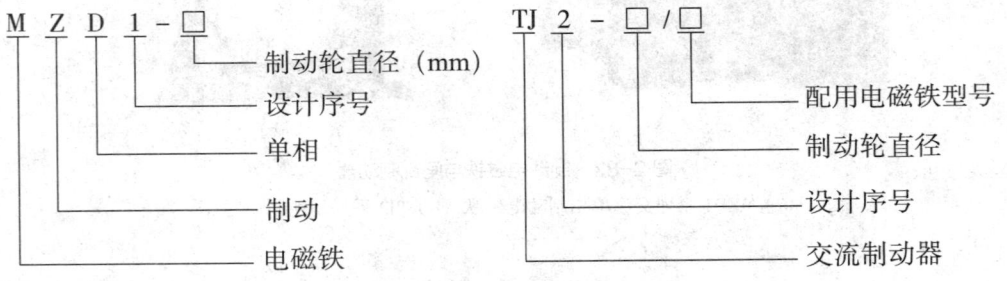

2. 结构

制动电磁铁由铁芯、衔铁和线圈三部分组成。闸瓦制动器包括闸轮、闸瓦、杠杆和弹簧等部分。电磁抱闸制动器分为断电制动型和通电制动型两种。

3. 工作原理

断电制动型的工作原理：当制动电磁铁的线圈得电时，制动器的闸瓦与闸轮分开，无制动作用；当线圈失电时，制动器的闸瓦紧紧抱住闸轮制动。

通电制动型的工作原理：当制动电磁铁的线圈得电时，闸瓦紧紧抱住闸轮制动；当线圈失电时，制动器的闸瓦与闸轮分开，无制动作用。

三、电磁抱闸制动器断电制动控制线路

1. 原理图

电磁抱闸制动器断电制动控制电路如图 2-85 所示。

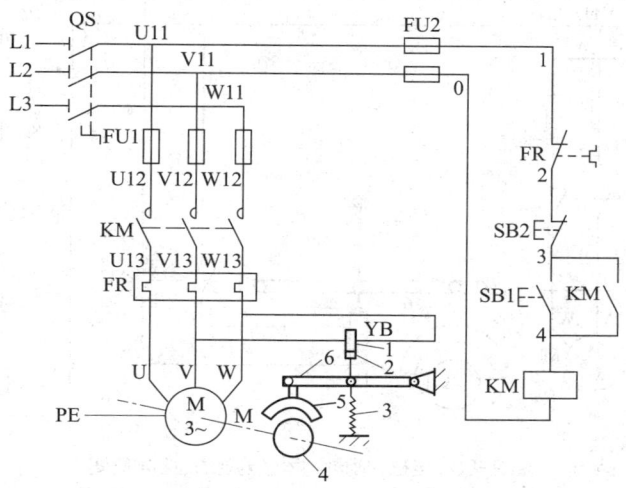

图 2-85 电磁抱闸制动器断电制动控制电路图
1—线圈 2—衔铁 3—弹簧 4—闸轮 5—闸瓦 6—杠杆

2. 工作原理

启动运转：先合上电源开关 QS。按下启动按钮 SB1，接触器 KM 线圈得电，其自锁触点和主触点闭合，电动机 M 接通电源，同时电磁抱闸制动器 YB 线圈得电，衔铁与铁芯吸合，衔铁克服弹簧拉力，迫使制动杠杆向上移动，从而使制动器的闸瓦与闸轮分开，电动机正常运转。

制动停转：按下停止按钮 SB2，接触器 KM 线圈失电，其自锁触点和主触点分断，电动机 M 失电，同时电磁抱闸制动器 YB 线圈也失电，衔铁与铁芯分开，在弹簧拉力的作用下，制动器的闸瓦紧紧抱住闸轮，使电动机被迅速制动而停转。

电磁抱闸制动器断电制动在起重机械上被广泛采用。其优点是能够准确定位，同时可防止电动机突然断电时重物自行坠落。但由于电磁抱闸制动器线圈耗电时间与电动机一样长，因此不够经济。另外，由于电磁抱闸制动器在切断电源后的制动作用，使手动调整工件很困难。

四、电磁抱闸制动器通电制动控制线路

对要求电动机制动后能调整工件位置的机床设备,可采用通电制动控制线路,如图 2-86 所示。

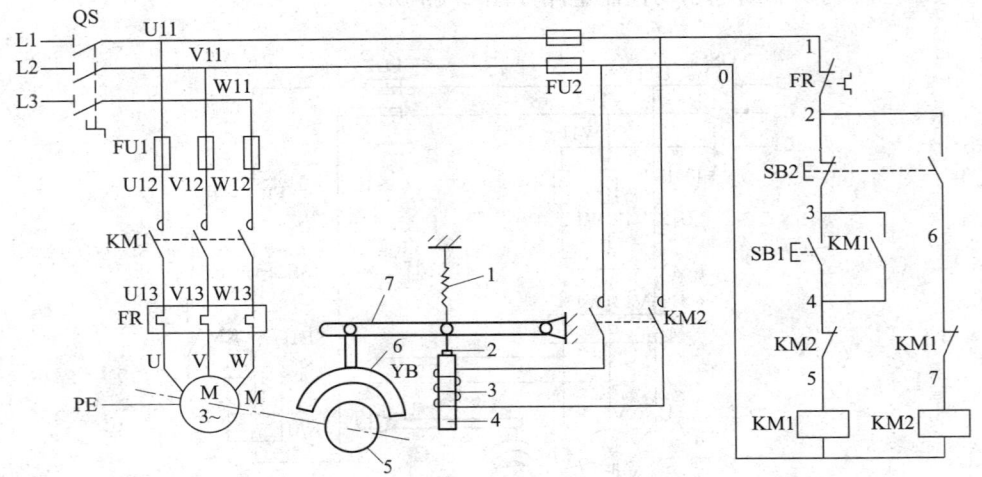

图 2-86 电磁抱闸制动器通电制动控制电路图
1—弹簧 2—衔铁 3—线圈 4—铁芯 5—闸轮 6—闸瓦 7—杠杆

通电制动与上述断电制动方法稍有不同。当电动机得电运转时,电磁抱闸制动器线圈断电,闸瓦与闸轮分开,无制动作用;当电动机失电需停转时,电磁抱闸制动器的线圈得电,使闸瓦紧紧抱住闸轮制动;当电动机处于停转常态时,线圈也无电,闸瓦与闸轮分开,这样操作人员可以用手扳动主轴进行调整工件、对刀等操作。

五、常见故障及处理

电磁制动器断电制动控制电路故障的现象、原因及检查方法。

1. 电动机启动后,电磁制动器闸瓦与闸轮过热

(1)原因分析

闸瓦与闸轮的间距太小,造成闸瓦与闸轮有摩擦。

(2)检查方法

检查闸瓦与闸轮的间距,调整间距后启动电动机运行一段时间后,停车再检查闸

瓦与闸轮过热现象是否消失。

2. 电动机断电后不能立即制动

（1）原因分析

闸瓦与闸轮的间距过大。

（2）检查方法

调小闸瓦与闸轮的间距，调整间距后启动电动机，停车检查制动情况。

3. 电动机堵转

（1）原因分析

电磁制动器的线圈损坏或线圈连接电路断路，造成抱闸装置在通电的情况下没有放开。

（2）检查方法

断开电源，拆下电动机的连接线，用电阻法或校验灯法检查故障点并排除故障。

技能要求

电磁抱闸制动器断电制动控制线路的安装

一、操作准备

参照表 2-36 和图 2-85 所示电路图选配工具、仪表和器材，并检测质量是否合格。

表 2-36 工具、仪表及器材

工具	测电笔、螺钉旋具、钢丝钳、尖嘴钳、斜口钳、剥线钳、电工刀等				
仪表	ZC25-3 型绝缘电阻表（500 V　0~500 MΩ）、MG3-1 型钳形电流表、MF47 型万用表				
器材	代号	名称	型号	规格	数量
	M	三相笼型异步电动机	Y112M-4	4 kW、380 V、8.8 A、△形接法、1 440 r/min	1 台
	QF	低压断路器	DZ5-20/330	三极复式脱扣器、380 V、20 A	1 个
	FU1	螺旋式熔断器	RL1-60/25	500 V、60 A、配熔体 25 A	3 个
	FU2	螺旋式熔断器	RL1-15/2	500 V、15 A、配熔体 2 A	2 个
	KM	交流接触器	CJT1-20	20 A、线圈电压 380 V	2 个

续表

器材	代号	名称	型号	规格	数量
	FR	热继电器	JR36-20	三极、20 A、热元件11 A、整定电流8.8 A	1个
	SB	按钮	LA10-3H	保护式、380 V、5 A、按钮数3	1个
	YB	电磁抱闸制动器	TJ2-200	配MZD1-200制动电磁铁	1套
	XT	端子板	TD-1015	660 V、15 A、15节	1块
		主电路导线		BV1.5 mm^2 和 BVR1.5 mm^2（黑色）	若干
		控制电路导线		BV1.1 mm^2（红色）	若干
		按钮线		BVR0.75 mm^2（红色）	若干
		接地线		BVR1.5 mm^2（黄绿双色）	若干
		控制板		500 mm×400 mm×20 mm	1块
		紧固体及编码套管			若干

二、操作步骤

操作步骤参照培训项目2培训单元4 三相交流笼型异步电动机正反转控制电路安装步骤及工艺要求编写出安装和接线步骤。

三、注意事项

1. 电磁抱闸制动器必须与电动机一起安装在固定的底座或座墩上，其地脚螺栓必须拧紧，并且要有防松措施。

2. 电动机轴伸出端上的制动闸轮，必须与闸瓦制动器的抱闸机构在同一平面上，而且轴心要一致。

3. 电磁抱闸制动器安装后，必须在切断电源的情况下先进行粗调，然后在通电试车时再进行微调。粗调时以在断电状态下用外力转不动电动机的转轴，而当用外力将制动电磁铁吸合后，电动机转轴能自由转动为合格；微调时以在通电带负载运行状态下，电动机转动自如，闸瓦与闸轮不摩擦、不过热，断电时又能立即制动为合格。

4. 通电试车时，必须有指导教师在现场监护，同时要做到安全文明生产。

基本电子电路装调维修

职业模块 三

- ✓ 培训项目 1　电子元件焊接作业
- ✓ 培训项目 2　电子电路调试与维修

培训项目1　电子元件焊接作业

培训单元1　电子元件焊接基础

培训重点

1. 掌握电烙铁的使用方法。
2. 掌握焊接和导线上锡的方法，能够进行导线及电子元器件焊接。

知识要求

一、电烙铁概述

1. 电烙铁的常见类型

常用的电烙铁有外热式和内热式两种。有既不易损坏元器件，又能方便吸去焊点上焊锡的吸锡电烙铁，还有恒温电烙铁，它具有省电、焊料不易氧化和烙铁头不易"烧死"等优点，并且能减少虚焊，以保证焊件质量和防止损坏元器件。电烙铁的规格用所消耗的电功率来表示，要根据焊接对象，合理选择电烙铁的规格。常用的电烙铁功率有 20 W、30 W、50 W、100 W 等。

（1）外热式电烙铁

外热式电烙铁一般由烙铁头、烙铁芯、外壳、手柄、插头等部分组成。外热式电烙铁及其结构如图 3-1 所示。烙铁头安装在烙铁芯内，用热传导性好的铜为基体的铜合金材料制成。烙铁头的长短可以调整，烙铁头越短，烙铁头的温度就越高。烙铁头有凿式、尖锥形、圆面形和半圆沟形等不同的形状，以适应不同焊接面的需要。

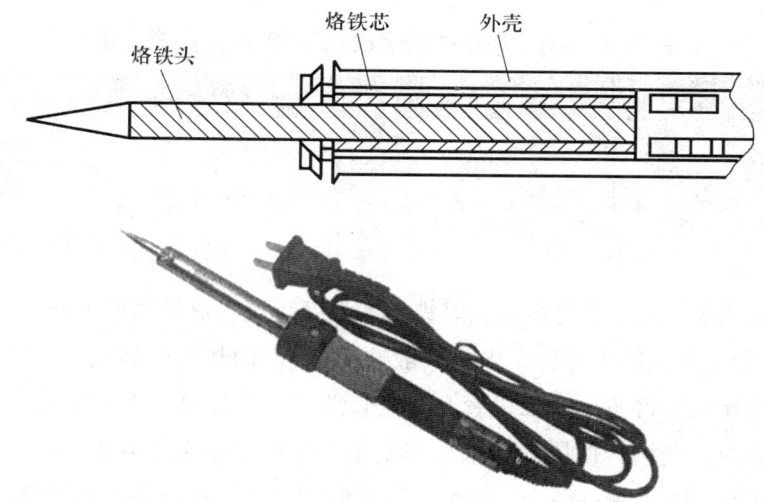

图 3-1 外热式电烙铁及其结构

（2）内热式电烙铁

内热式电烙铁及其结构如图 3-2 所示。烙铁芯安装在烙铁头的里面，发热快，热效率高。烙铁芯采用镍铬电阻丝绕在瓷管上制成，一般 20 W 电烙铁的电阻为 2.4 kΩ 左右，35 W 电烙铁的电阻为 1.6 kΩ 左右。

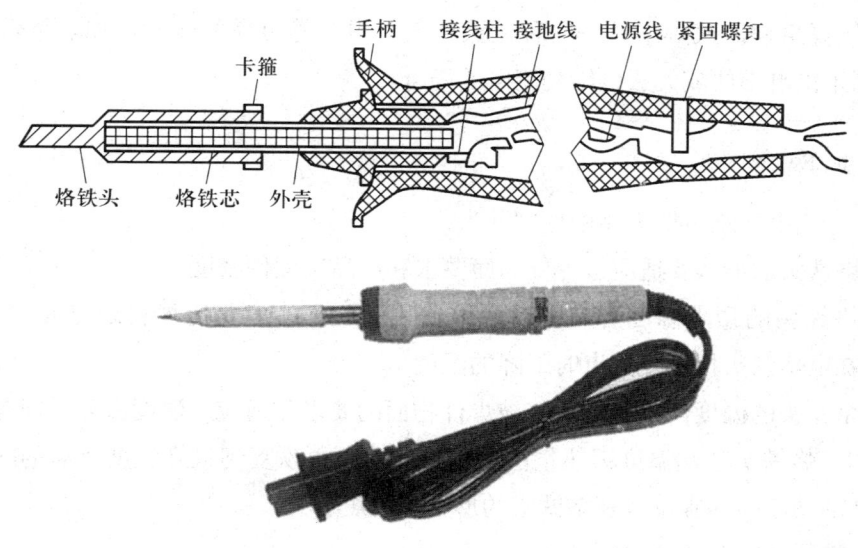

图 3-2 内热式电烙铁及其结构

常用内热式电烙铁功率和端头工作温度见表3-1。

表3-1 常用内热式电烙铁功率和端头工作温度

功率（W）	端头工作温度（℃）	功率（W）	端头工作温度（℃）
20	350	75	440
25	400	100	455
45	420		

电烙铁的功率越大，热量越大，烙铁头的温度越高。焊接集成电路、印制电路板、CMOS（互补金属氧化物半导体）电路一般选用20 W内热式电烙铁。使用的烙铁功率过大，容易烫坏元器件（一般二极管、三极管结点温度超过200 ℃时就会烧坏）和使印制导线从基板上脱落；使用的烙铁功率太小，焊锡不能充分熔化，焊剂不能挥发出来，焊点不光滑、不牢固，易产生虚焊，焊接时间过长，也会烧坏元器件。

（3）其他烙铁

1）恒温电烙铁。恒温电烙铁的烙铁头内装有磁铁式的温度控制器，用来控制通电时间，实现恒温的目的。在焊接温度不宜过高、焊接时间不宜过长的元器件时，应选用恒温电烙铁。

2）吸锡电烙铁。吸锡电烙铁是将活塞式吸锡器与电烙铁融为一体的拆焊工具，它具有使用方便、灵活、适用范围宽等特点。不足之处是每次只能对一个焊点进行拆焊。

3）气焊烙铁。气焊烙铁是一种用液化气、甲烷等可燃气体燃烧加热烙铁头的烙铁。适用于供电不便或无法供给交流电的场合。

2. 电烙铁的选择

（1）选用电烙铁一般遵循的原则

1）烙铁头的形状要适应被焊件物面要求和产品装配件密度。

2）烙铁头的顶端温度要与焊料的熔点相适应，一般要比焊料熔点高30～80 ℃（不包括在电烙铁头接触焊接点时下降的温度）。

3）烙铁头的温度恢复时间要与被焊件物面的要求相适应。温度恢复时间是指在焊接周期内，烙铁头顶端温度因热量散失而降低后，再恢复到最高温度所需的时间。它与电烙铁的功率、热容量以及烙铁头的形状、长短有关。

（2）选择电烙铁的功率原则

1）焊接集成电路、晶体管及其他受热易损件的元器件时，考虑选用20 W内热式或25 W外热式电烙铁。

2）焊接较粗导线及同轴电缆时，考虑选用 50 W 内热式或 45～75 W 外热式电烙铁。

3）焊接较大元器件时，如金属底盘接地焊片，应选 100 W 以上的电烙铁。

3. 电烙铁的使用

（1）电烙铁的握法

电烙铁的握法分为三种，如图 3-3 所示。

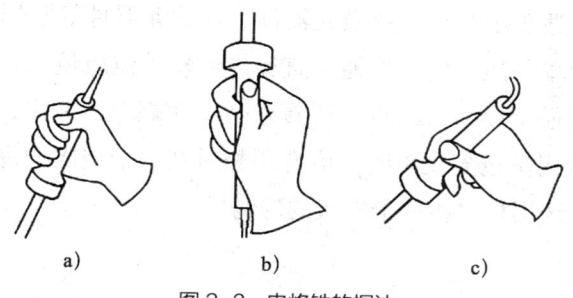

图 3-3　电烙铁的握法
a）反握法　b）正握法　c）握笔法

1）反握法。反握法是用五指把电烙铁的手柄握在掌内。此法适用于大功率电烙铁，焊接散热量大的被焊件。

2）正握法。正握法适用于较大的电烙铁，弯形烙铁头的一般也用此握法。

3）握笔法。握笔法是指用握笔的方法握电烙铁，此法适用于小功率电烙铁，焊接散热量小的被焊件，如焊接收音机、电视机的印制电路板等。

（2）注意事项

1）电烙铁不宜长时间通电而不使用，这样容易使烙铁芯加速氧化而烧断，缩短其寿命，同时也会使烙铁头因长时间加热而氧化，甚至被"烧死"不再"吃锡"。

2）根据焊接对象合理选用不同类型的电烙铁。

3）使用过程中不要任意敲击电烙铁头以免损坏。内热式电烙铁连接杆钢管壁厚度只有 0.2 mm，不能用钳子夹，以免损坏。在使用过程中应经常维护，保证烙铁头挂上一层薄锡。

二、焊料及焊剂

1. 焊料

常用的焊料为铅锡合金，熔点由铅锡合金比例决定，约为 180 ℃。其特点是熔点低、流动性能好、机械强度好,这对焊接质量的提高是重要的保证。电子线路焊接所用的焊料一般采用直径为 1 mm、含锡量为 61% 的松香芯焊锡丝。焊锡丝的直径规格有 0.5 mm、0.8 mm、1 mm、1.2 mm、2.5 mm、3 mm、4 mm、5 mm 等。图 3-4 所示为焊锡丝。

在手工焊接过程中,焊料是以丝状形式提供的,焊锡丝根据助焊剂的强弱又分为活性(RA)、中等活性(RMA)、免清洗三大类。通常细小直径焊锡丝(0.5～0.8 mm)吸热量少,适于小焊点、热敏元器件、片式元器件等吃锡量相对少的焊点使用,细小直径焊锡丝单位质量的长度比大直径焊锡丝单位质量的长度要长,但价钱也相对较高;而较大直径(1.0～1.2 mm)焊锡丝适于大焊点、搪锡、接地焊点使用。在焊接过程中当焊点搪锡呈过多现象时,应选用相对细一个档次的焊锡丝;相反,焊点搪锡呈过少现象时,选用相对粗一个档次的焊锡丝。

2. 焊剂

焊剂又称助焊剂。锡焊技术是依靠被熔化的焊锡将焊件与被焊件的金属体连在一起的过程。助焊剂的作用是:在焊接过程中熔化金属表面氧化物,并起到保护作用,使焊料能尽快地浸润到焊件金属体上,以达到助焊的功能。助焊剂的种类很多,电子线路的焊接一般使用防腐助焊剂或松香助焊剂。图 3-5 所示为松香助焊剂。

图 3-4　焊锡丝

图 3-5　松香助焊剂

三、锡焊

锡焊是利用低熔点的金属焊料加热熔化后,渗入并充填金属件连接处间隙的焊接方法,因焊料常为锡基合金,所以称为锡焊。锡焊常用电烙铁作为加热工具,广泛用于电子工业中。

锡焊时，被焊件的熔点要高于焊料的熔点。被焊件应具有良好的可焊性，如金、银、铜等金属器材。焊接时的焊接面必须清洁，并除去表面氧化物和污垢。焊接时要合理地控制温度和时间。

对锡焊的质量要求：焊点的导电性良好，要求焊料与被焊件表面形成的合金层必须接触良好，防止虚焊和假焊。焊点必须具有一定的机械强度，要求被焊件的表面形成的合金层面积足够大，从而增加强度。焊点的外观必须表面清洁、美观、有光泽，焊点表面应呈光滑状态，不应出现棱角、空隙、烧焦或带尖刺现象。

四、焊接方法

如果使用的是一把新的电烙铁，首先应清洁烙铁头并上锡。其方法是在铁砂布上放些松香和焊料，待电烙铁加热至一定温度后，将烙铁头蘸取松香和焊料，放在铁砂布上来回摩擦，直到烙铁头上有一层银白色的焊锡即可。

焊接时，不能将烙铁头在焊点上来回磨动，而应该将烙铁头搪锡面紧贴焊点，有一停顿时间，待焊锡全部熔化后，迅速将烙铁头向斜上方45°方向移开。这时，焊锡不会立即凝固，必须扶稳、扶牢被焊件，一直等到焊点凝固再放手。焊接时应掌握好温度和时间，如果温度过低，焊锡的流动性差，很容易凝固；而温度过高，焊锡流淌过快，焊点不易存锡。

五、导线上锡的方法

首先是清洁裸导线并涂上助焊剂，用刀片或细铁砂布去除裸导线表面的氧化物，并用布擦去裸导线表面的灰尘。然后左手拿镊子钳住裸导线，右手将烙铁头压住松香上面的裸导线，待松香熔化后左手拉动裸导线，使裸导线表面涂上一层薄而均匀的松香助焊剂，图3-6所示为导线上锡。

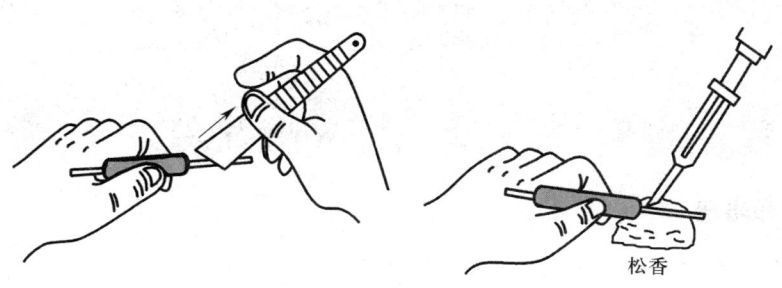

图3-6 导线上锡

接着对裸导线表面上锡,烙铁头蘸上适量焊锡丝,使烙铁头触及裸导线自上而下滑动,但速度不能过快。用同样的方法,将裸导线的反面也上锡,直到裸导线表面镀上一层薄而亮的锡层。对没有上好锡的部位,可以重复涂助焊剂再进行上锡。最后清洁上锡表面,其方法是用纱布蘸取适量无水酒精,擦洗已上好锡的裸导线。

技能要求

导线与电子元器件焊接

一、操作准备

准备内容见表3-2。

表3-2 工具、器件及材料

序号	名称	型号与规格	数量
1	单相交流电源	220 V	1
2	电烙铁	自选	1只
3	镊子	自选	1只
4	尖嘴钳	自选	1只
5	鸭嘴钳	自选	1只
6	剥线钳	自选	1只
7	电工刀	自选	1把
8	焊锡丝	自选	1卷
9	焊剂	自选	1块
10	多股导线	7/0.43 mm	1卷
11	电子元件	自选	若干
12	空心铆钉实验板	120 mm×100 mm	1块

二、操作步骤

1. 准备

将导线的绝缘层剥去,取一根0.43 mm的裸导线拉直,去除裸导线表面氧化物;

去除空心铆钉实验板及电子元件表面氧化物并上锡。

2. 焊接导线及电子元件

左手用镊子钳住一根裸导线的端头或电子元件的端头，右手用烙铁头蘸取焊锡丝和助焊剂进行焊接。空心铆钉实验板背面连线要走直线，连线与连线之间不能跨越。

3. 焊接后检查

检查每一个焊点有无假焊、虚焊、漏焊。

4. 清洁焊点

用镊子钳住一小团纱布，放到无水酒精中蘸取一些酒精，对焊点进行擦洗。将焊接时产生的薄膜和多余的助焊剂擦洗干净。

5. 评分标准

评分标准见表 3-3。

表 3-3　评分标准

序号	主要内容	评分标准	配分	扣分	得分
1	铆钉板上焊接圆点	虚焊、焊点毛糙，每点扣 1 分	30		
2	铆钉板上焊接铜丝	虚焊、焊点毛糙，每点扣 1 分	40		
3	导线与导线的焊接	虚焊、焊点毛糙，每点扣 1 分 导线连接不正确，每处扣 2 分	20		
4	工时	120 min，每超时 5 min（不足 5 min 按 5 min 计）扣 5 分	10		
5	备注	不准超时	合计	100	
			教师签字		

三、注意事项

1. 焊接导线、电子元件时的烙铁头的形状不同于上锡时宽扁形烙铁头，可修得稍尖一些。

2. 为了防止虚焊，焊导线、电子元件一定要加助焊剂，有助于焊接时焊点的光滑亮泽。

3. 焊锡丝要控制适量，防止焊点大小不均匀。

4. 焊接时控制好时间和温度，防止邻近已焊好的交接点熔化移位。

5. 各焊点饱和度一致。

培训单元 2　电路元器件的安装与焊接

培训重点

1. 能根据电路图正确安装元器件和焊接电路。
2. 掌握焊点质量要求，熟练完成电路板的焊接。

知识要求

一、电子元器件的安装

1. 电子元器件的安装方式

电子元器件在电路板上的安装方式主要有立式和卧式两种。立式安装如图 3-7a 所示，元器件直立于电路板上，应注意将元器件的标志朝向便于观察的方向，以便校核电路和日后维修。元器件立式安装时占用电路板平面的面积较小，有利于缩小整机电路板面积。卧式安装如图 3-7b 所示，元器件横卧于电路板上，同样应注意将元器件的标志朝向便于观察的方向，以便校核电路和日后维修。元器件卧式安装可以降低电路板上的安装高度，适用于电路板上部空间距离较小的情况。根据整机的具体空间情况，有时一块电路板上的元器件往往混合采用立式安装和卧式安装方式。

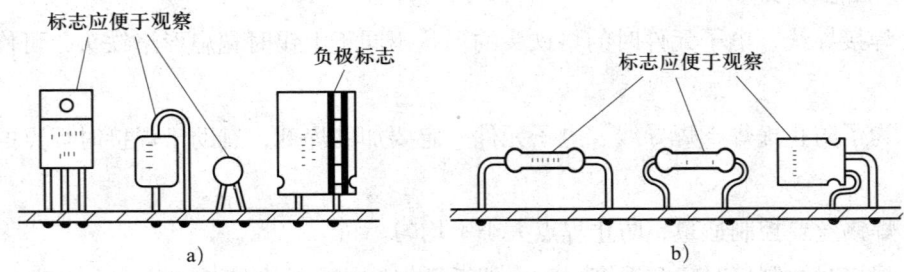

图 3-7　电子元器件的安装方式
a) 立式安装　b) 卧式安装

2. 电子元器件引脚的成形

由于安装环境的限制，有些元器件的引脚在焊接到电路板上时需要折转方向或弯曲。但应注意的是，所有元器件的引脚都不能齐根折弯，如图 3-8a 所示，以防引脚齐根折断。对于塑封晶体管，如果要齐根折弯其管脚，有可能损坏管心。当元器件引脚需要改变方向或间距时，应采用图 3-8b 所示的正确方法来折弯。

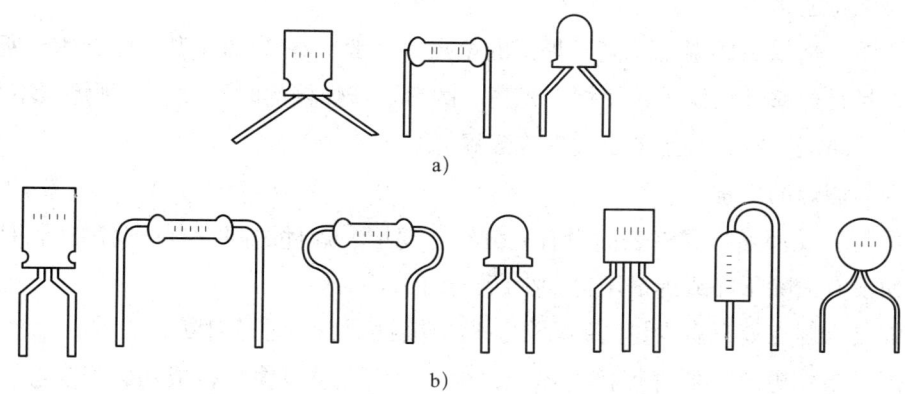

图 3-8 电子元器件引脚的成形
a）引脚不可齐根折弯 b）引脚正确折弯的形状

对于金属大功率管、变压器等自身质量较大的元器件，仅仅依靠引脚的焊接不足以支撑元器件的自身重量，应通过螺钉将其固定在电路板上，如图 3-9 所示，然后再将其引脚焊入电路板。

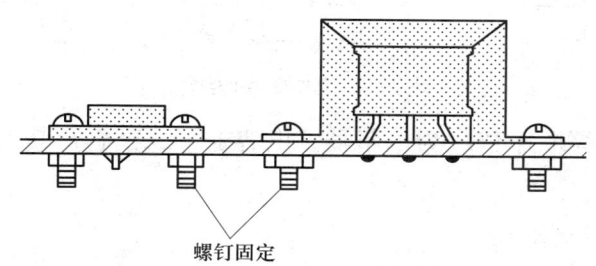

图 3-9 金属大功率管、变压器等自重较大元器件的安装

二、焊接操作

1. 焊接的技术要求

焊接的质量直接影响整机产品的可靠性与质量。因此在锡焊时必须做到以下几点：

（1）焊点的机械强度要满足需求。为了保证足够的机械强度，一般采用把被焊元器件的引线端子打弯后再焊接的方法，但不能用过多的焊料堆积，防止造成虚焊或者焊点之间的短路。

（2）焊接可靠，保证导电性良好。为保证有良好的导电性能，防止虚焊。

（3）焊点表面要光滑、清洁。为使焊点美观、光滑、整齐，不但要有熟练的焊接技能，而且要选择合适的焊料和焊剂，否则将出现表面粗糙、拉尖、棱角现象。烙铁温度也要保持适当。

焊接时，烙铁头的温度应高于焊锡的熔点，一般应在 3~5 s 内使焊点达到所要求的温度，且迅速移开烙铁头，使焊点光亮、圆滑。若焊接的时间过短，则焊点不光滑，并形成"豆腐渣"状，甚至形成虚焊或假焊。

虚焊与假焊的区别：

虚焊与假焊都是指焊件表面没有充分镀上锡层，焊件之间没有被锡固住，是由于焊件表面没有清除干净或焊剂用得太少所导致的。

虚焊是指焊点处只有少量的锡焊住，造成接触不良，时通时断。

假焊是指在电子元器件焊接过程中，焊点表面上看好像焊接成功，但实际上并没有焊住，有时用手一拨，引线就可以从焊接点中拨出的现象。

各类焊点示意图如图 3-10 所示。

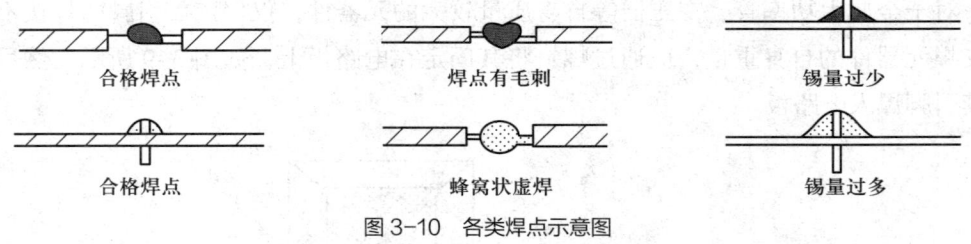

图 3-10　各类焊点示意图

（4）元器件装焊顺序依次为电阻器、电容器、二极管，其他元器件为先小后大。

（5）对元器件焊接要求

1）电阻器焊接。按电路原理图将电阻器准确装入规定位置，电阻器采用卧式安装时，要求元件紧贴板面，色环电阻色环标志顺序方向一致。装完同一种规格后再装另一种规格，尽量使电阻器的高低一致。焊完后将露在印制电路板表面多余引脚齐根剪去。

2）电容器焊接。将电容器按电路原理图装入规定位置，电容器占用两个或三个焊盘，引脚高度约为 3 mm，注意有极性电容器其"+"极与"-"极不能接错，电容器上的标记方向要易看可见。

当电路中有多种电容器时，先装玻璃釉电容器、有机介质电容器、瓷介电容器，最后装电解电容器。

3）二极管焊接。注意以下几点：第一，注意正极、负极的极性，不能装错；第二，型号标记要易看可见。发光二极管占用两个焊盘，要求引脚高度相等。

2. 焊接方法及步骤

焊接操作具体分为五步：准备、加热、送锡、撤锡、撤离电烙铁，如图3-11所示。对于小热容量焊件而言，整个焊接过程不超过4 s。

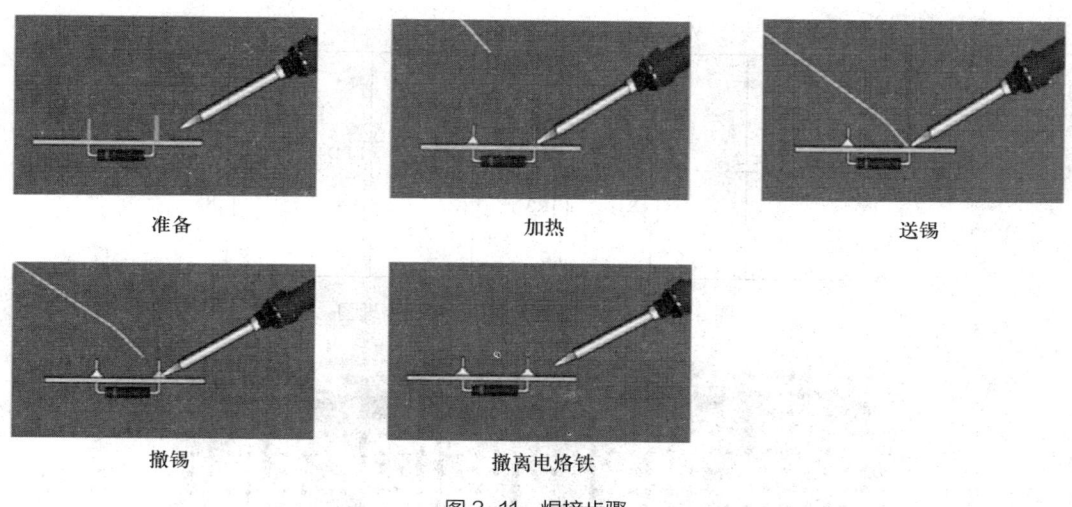

图3-11 焊接步骤

准备：焊接前的准备工作是检查电烙铁，电烙铁要接地良好，导线无破损，连接牢固。烙铁头要保持清洁，能够挂锡并使电烙铁通电加热。

加热：加热是指加热被焊件、引线及焊盘。加热时要保证元器件引线及焊盘同时加热，同时达到焊接温度。电烙铁头加热要沿45°方向紧贴元器件引线并与焊盘紧密接触，形成接触面而不是接触点，提高焊接效率。加热时烙铁上要保留少量焊锡作为焊件与烙铁头传热的桥梁，但要注意锡的保留量不能过多。

送锡：送焊锡丝是控制焊点大小的关键一步。送锡过程要观察焊点的形成过程，控制送锡量。送锡过程中要注意焊锡丝应从烙铁的对侧加入，而不是直接加在烙铁头上。焊接过程中不要用烙铁头对焊件加力，这样会加速烙铁头的损耗并造成元器件损坏。焊锡量要合适，过多易造成焊点上焊锡堆积出现短路现象，且浪费材料；过少则容易焊接不牢，使焊件脱落。

撤锡：当焊盘上形成适中的焊点后要将焊锡丝及时撤离，撤离速度要尽量快。

撤离电烙铁：撤离电烙铁要先慢后快，否则焊点收缩不到位容易形成拉尖，烙铁撤离方向也要与焊盘成 45°夹角。

技能要求

发光二极管电平指示电路的安装与焊接

一、操作准备

1. 原理图和接线图

发光二极管电平指示电路原理图和电路实物图分别如图 3-12、图 3-13 所示。

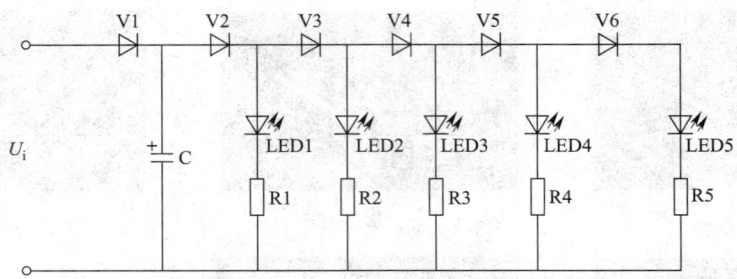

图 3-12　发光二极管电平指示电路原理图

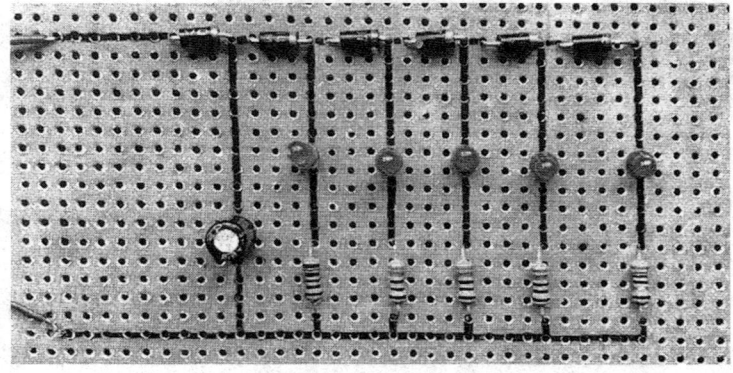

图 3-13　发光二极管电平指示电路实物图

2. 工具、仪表及材料

所需工具、仪表及材料见表 3-4。

表 3-4　工具、仪表及材料

代号	名称	型号与规格	数量
R1	碳膜电阻器	330 Ω	1只
R2	碳膜电阻器	270 Ω	1只

续表

代号	名称	型号与规格	数量
R3	碳膜电阻器	180 Ω	1只
R4	碳膜电阻器	100 Ω	1只
R5	碳膜电阻器	47 Ω	1只
V1~V6	二极管	1N4007	6只
C	电解电容器	100 μF/16 V	1只
LED1~LED5	发光二极管	红色，ϕ10 mm	5只
	常用电子装接工具		1套

二、操作步骤

1. 根据电路图选择元器件，完成发光二极管电平指示电路的安装。
2. 评分标准

评分标准见表3-5。

表3-5 评分标准

序号	主要内容	评分标准	配分	扣分	得分
1	电路板焊接	（1）装配接线不正确扣30分 （2）元器件排列不整齐扣10分 （3）焊点毛糙扣10分 （4）虚焊、漏焊扣30分	80		
2	安全文明生产	违反安全文明生产规程，从总分中扣10分	10		
3	工时	120 min，每超时5 min（不足5 min按5 min计）扣5分	10		
4	备注	不准超时	合计	100	
			教师签字		

三、注意事项

1. 严格按正确的焊接步骤操作，焊接时动作要快，以免烫坏元件或线路板。
2. 电路调试与测试前要仔细分析电路原理，调试与测试的目的要明确。
3. 注意人身安全，杜绝触电事故的发生。

培训项目 2　电子电路调试与维修

培训单元 1　电子元器件的测量与判别

培训重点

1. 掌握电阻器、电容器、电感器的简易测试方法。
2. 掌握二极管、三极管的简易测试方法。

知识要求

一、电阻器、电位器的测量

电阻器可以用万用表进行阻值测量。电阻器的测量如图 3-14 所示。

1. 固定电阻器的测量

将万用表两表笔（不分正负）分别与电阻的两端引脚相接即可测出实际电阻值。为了提高测量精度，应根据被测电阻标称值的大小来选择量程。如果使用的为指针式万用表，由于其欧姆挡刻度的非线性关系，它的中间一段分度较为精细，因此应使指针指示值尽可能在刻度的中段位置，以使测量更准确。根据电阻误差等级不同，读数与标称阻值之间分别允许有 ±5%、±10% 或 ±20% 的误差。如不相符，超出误差范围，则说明该电阻值发生变化。用万用表测量几十千欧以上阻值的电阻时，手不要触及表笔

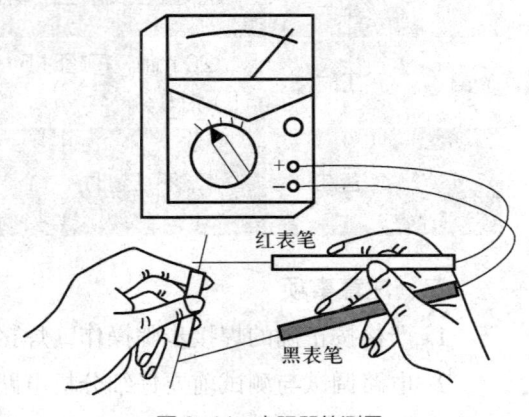

图 3-14　电阻器的测量

和电阻的导电部分；被测量的电阻应从电路中焊下来，至少要焊开一端，以免电路中的其他元器件对测试产生影响，造成测量误差。

2. 电位器的测量

先根据被测电位器阻值的大小，选择好万用表的合适电阻挡位，然后进行检测。用万用表的欧姆挡测"1""2"（或"2""3"）两端，将电位器的轴柄按逆时针方向旋至接近"关"的位置，这时电阻值逐渐减至最小。再顺时针慢慢旋转轴柄，电阻值应逐渐增大，表头中的指针应平稳移动。当轴柄旋至极端位置"3"时，阻值应接近电位器的标称值。

二、电容器检测

1. 电容器质量判别

电容器的质量好坏主要表现在电容量和漏电电阻。可用万用表对电容器进行定性质量检测。

电容器的异常主要表现为失效、短路、断路、漏电等，下面具体介绍固定电容器（非电解电容器）漏电电阻的测量。

根据电容器的充放电原理，可用万用表 R×1 k 或 R×10 k 挡（视电容器的容量而定）测量。测量时，将两表笔分别接触电容器（容量大于 0.01 μF）的两引线，如图 3-15 所示。此时，表针会迅速地顺时针方向跳动或偏转，然后再按逆时针方向逐渐退回到"∞"处。如果回不到"∞"，则表针稳定后所指的读数就是该电容器的漏

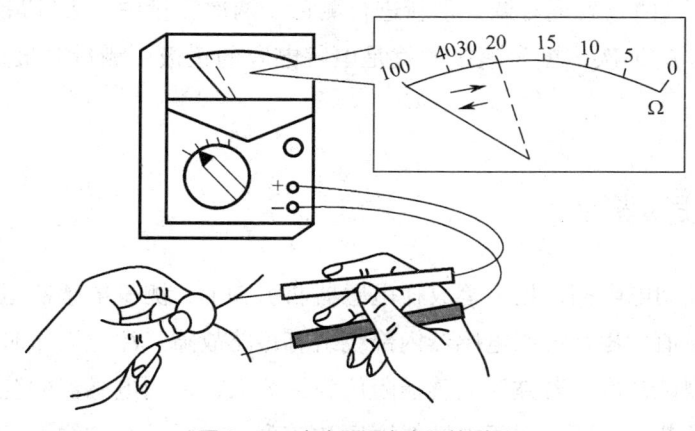

图 3-15 电容器漏电电阻的测量

电电阻值。一般,电容器的漏电电阻很大,为几百到几千兆欧。漏电电阻越大,则电容器的绝缘性能越好。若阻值比上述数据小得多,则说明电容器严重漏电,不能使用;若表针稳定后靠近"0"处,说明电容器内部短路;若表针毫无反应,始终停在"∞"处,说明电容器内部断路。

2. 电解电容器极性判别

可用万用表的电阻挡测量电解电容器极性,如图3-16所示。只有电解电容的正极接电源正(电阻挡时的黑表笔),负极接电源负(电阻挡时的红表笔)时,电解电容的漏电流才小(漏电电阻大);反之,则电解电容的漏电流增加(漏电电阻减小)。

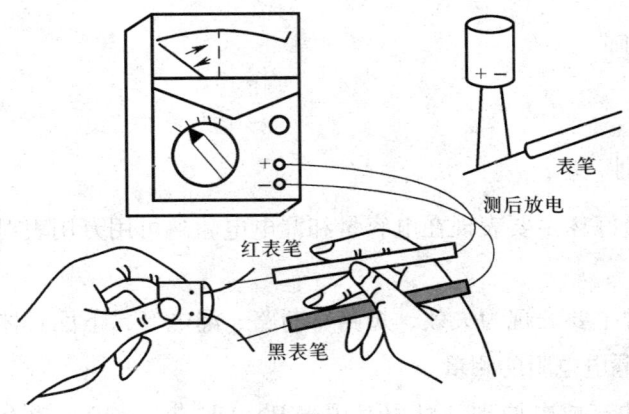

图3-16 用万用表测量电解电容器极性

测量时,先假定某极为"+"极,让其与万用表的黑表笔相接,另一极与万用表的红表笔相接,记下表针停止的刻度(表针靠左阻值大),然后将电容器放电(即两根引线碰一下),两只表笔对调,重新进行测量。两次测量中,表针最后停留的位置靠左(阻值大)的那次,黑表笔接的就是电解电容的正极。测量时最好选用R×100或R×1k挡。

三、电感器质量鉴别

将万用表拨到电阻挡,把表笔放在电感器两引脚上,测量电感器阻值的大小。若被测电感器的阻值为零,说明电感器内部绕组有短路故障。注意操作时一定要将万用表调零,反复测试几次。若被测电感器阻值为无穷大,说明电感器的绕组或引脚与绕组接点处发生了断路故障。对于电感线圈匝数较多、线径较细的线圈读数会达到几十甚至几百欧姆,通常情况下线圈的直流电阻只有几欧姆。损坏表现为发烫或电感磁环明显损坏,若电感线圈不是严重损坏,而又无法确定时,可用电感表测量其电感量或用替换法来判断。用万用表测量电感器如图 3-17 所示。

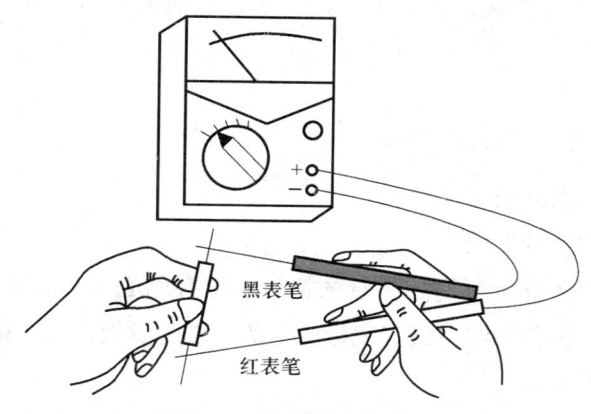

图 3-17　用万用表测量电感器

四、二极管的测量

1. 二极管的性能判别

用万用表 R×100 或 R×1k 挡测量二极管的正反向电阻,如图 3-18 所示。

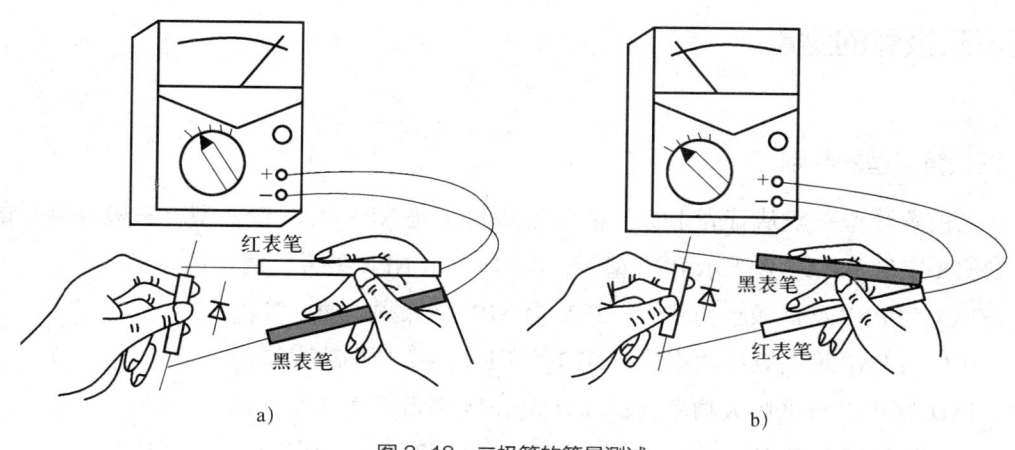

图 3-18　二极管的简易测试
a) 正向接法　b) 反向接法

锗点接触型的普通二极管正向电阻为 1 kΩ 左右,反向电阻应在 100 kΩ 以上;硅面接触型的二极管正向电阻为 5 kΩ 左右,反向电阻应在 1 000 kΩ 以上。总之,正向电阻越小越好，反向电阻越大越好。若正向电阻太大或反向电阻太小，表明二极管的检波与整流效率不高。若正向电阻无穷大（表针不动），说明二极管内部断路；若反向电阻接近零，表明二极管已击穿。内部断路或击穿的二极管均不能使用。以上测量方法只对普通二极管有效，对于一些变容二极管等特殊二极管测量时需另行对待。

2. 二极管的极性判别

二极管的极性判别方法有三种：

（1）看外壳上的符号标记

通常在二极管的外壳上标有二极管的符号。标有色道（一般黑壳二极管为银白色标记，玻壳二极管为黑色、银白或红色标记）的一端为负极，另一端为正极。

（2）透过玻璃看触针

对于点接触型玻璃外壳二极管，如果标记已磨掉，则可将外壳上的漆层轻轻刮掉一点，透过玻璃看哪端是金属触针，哪端是N型锗片。有金属触针的那端就是正极。

（3）用万用表 R×100 或 R×1k 挡任意测量二极管的两根引线，如果量出的电阻只有几百欧姆（正向电阻），则黑表笔（即万用表内电池正极）所接引线为正极，红表笔所接引线为负极。

五、三极管的测量

1. 三极管管型的判别

三极管管型一般从管壳上标注的型号来辨别是 NPN 还是 PNP 型。三极管型号的第二位（字母），A、C 表示 PNP 型管，B、D 表示 NPN 型管，例如：

3AX 为 PNP 型低频小功率管；3BX 为 NPN 型低频小功率管；

3CG 为 PNP 型高频小功率管；3DG 为 NPN 型高频小功率管；

3AD 为 PNP 型低频大功率管；3DD 为 NPN 型低频大功率管；

3CA 为 PNP 型高频大功率管；3DA 为 NPN 型高频大功率管。

此外，还有国际流行的 9011~9018 系列高频小功率管，除 9012 和 9015 为 PNP 型管外，其余均为 NPN 型管。

2. 三极管管脚的判别

（1）外形判别

常用中小功率三极管有金属圆壳和塑料封装（半柱型）等外型，图 3-19 所示为典型的外形和管极排列方式。

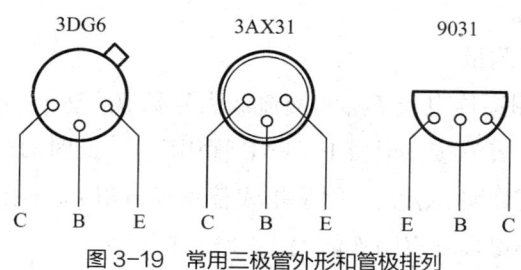

图 3-19　常用三极管外形和管极排列

（2）用万用表电阻挡判别

三极管内部有两个 PN 结，可用万用表电阻挡分辨 E、B、C 三个极。在型号标注模糊的情况下，也可用此法判别管型，如图 3-20 所示。

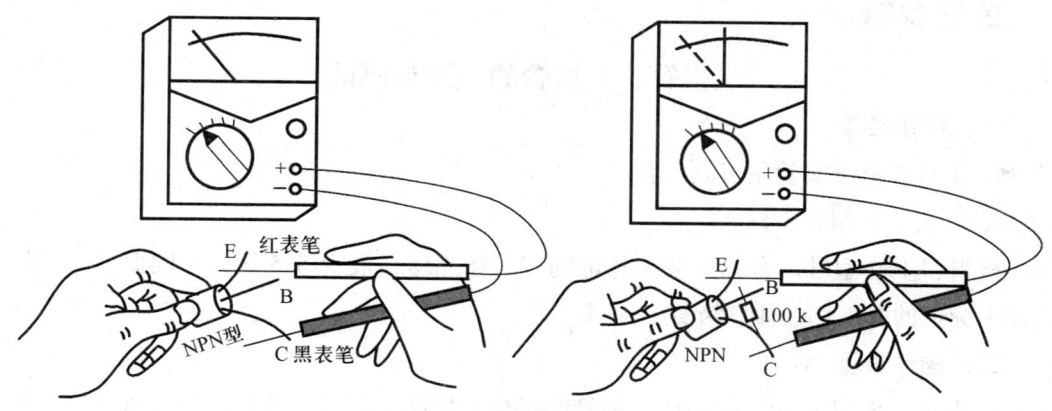

图 3-20　用万用表判别三极管

1）基极的判别。判别管极时应首先确认基极。对于 NPN 型管，用黑表笔接假定的基极，用红表笔分别接触另外两个极，若测得电阻都小，为几百欧至几千欧；而将黑、红两表笔对调，测得电阻均较大，在几百千欧以上，此时黑表笔接的就是基极。对于 PNP 型管，与 NPN 型管情况正相反，测量时两个 PN 结都正偏的情况下，红表笔接基极。

小功率三极管的基极一般排列在三个管脚的中间，可用上述方法，分别将黑、红表笔接基极，既可测定三极管的两个 PN 结是否完好（与二极管 PN 结的测量方法一样），又可确认管型。

2）集电极和发射极的判别。确定基极后,假设余下管脚之一为集电极 C,另一管脚为发射极 E,用手指分别捏住 C 极与 B 极(即用手指代替基极电阻 R_B)。同时,将万用表两表笔分别与 C、E 极接触,若被测管为 NPN,则用黑表笔接触 C 极、用红表笔接触 E 极(PNP 管相反),观察指针偏转角度;然后再设另一管脚为 C 极,重复以上过程,比较两次测量指针的偏转角度,大的一次表明 I_C 大,管子处于放大状态,相应假设的 C、E 极正确。

（3）三极管的性能测量

用万用表电阻挡测穿透电流 I_{CEO} 和交流放大系数 β:基极开路,万用表黑表笔接 NPN 管的集电极 C、红表笔接发射极 E(PNP 管相反),此时 C、E 极间电阻值大则表明 I_{CEO} 小,电阻值小则表明 I_{CEO} 大。用手指代替基极电阻 R_B,用上法测 C、E 间电阻,若阻值比基极开路时小得多则表明 β 值大。

用万用表 h_{FE} 挡测 β:有的万用表有 h_{FE} 挡,按表上规定的极型插入三极管即可测得电流放大系数 β,若 β 很小或为零,表明三极管已损坏,可用电阻挡分别测两个 PN 结,确认是否有击穿或断路现象。

技能要求

二极管、三极管的识别与测试

一、操作准备

1. 工具:电子实验用工具 1 套。
2. 仪表:万用表 1 只。

材料:不同型号,有标记或无标记的好、坏晶体二极管各 5 只;不同型号,有标记或无标记的好、坏晶体三极管各 5 只。

二、操作步骤

1. 首先,测试有标记的晶体二极管的极性、性能及好坏,然后,测试有标记三极管的管型、管脚、性能及好坏,将上述测试结果与实际标记相对照。

2. 测试无标记的晶体二极管的极性、性能和好坏,再测试无标记的晶体三极管的管型、管脚、性能和好坏。

3. 测量时注意正确使用万用表的量程,一般用 R×100 和 R×1k 挡。

4. 根据测试情况写出训练报告。

5. 训练报告中要写出元件的测试方法,测试的难点与收获。

三、评分标准

评分标准见表 3-6。

表 3-6　评分标准

序号	主要内容	评分标准	配分	扣分	得分
1	二极管、稳压管的识别与测试	（1）不会判别极性及好坏，扣 20 分 （2）不会识别管型，扣 20 分	40		
2	三极管的识别与测试	（1）不会判别管脚及好坏，扣 20 分 （2）不会识别管型，扣 20 分	40		
3	安全文明生产	违反安全文明生产规程，从总分中扣 10 分	10		
4	工时	20 min，每超时 5 min（不足 5 min 按 5 min 计）扣 5 分	10		
5	备注	不准超时	合计	100	
			教师签字		

四、注意事项

1. 检测小功率二极管的正反向电阻，不宜使用 R×1 或 R×10 k 挡，前者流过二极管的正向电流较大，可能烧坏管子；后者加在二极管两端的反向电压太高，易将管子击穿。

2. 稳压二极管与普通二极管的区别：将万用表拨至 R×10 k 挡上，黑表笔接二极管的负极，红表笔接二极管的正极，若此时测得的反向电阻值变得很小，说明该管为稳压二极管；反之，测得的反向电阻仍很大，说明该管为普通二极管。

培训单元 2　单相半波、全波及桥式整流滤波电路的安装与调试

培训重点

1. 掌握单相半波、全波及桥式整流滤波电路的工作原理。
2. 能组装单相桥式整流滤波电路并进行调试。

知识要求

将交流电变为直流电的过程称为整流,能实现这一过程的电路称为整流电路。整流电路有单相整流电路和三相整流电路。在小功率整流电路中,交流电源通常是单相的,故采用单相整流电路。单相整流电路有单相半波整流电路、单相全波整流电路和单相桥式整流电路等。

一、电路原理与分析

1. 单相半波整流电路

(1) 电路组成

单相半波整流电路如图 3-21 所示,电路由整流变压器 T、二极管 VD 及负载电阻 R_d 组成。

一般情况下,由于直流电源要求输出的电压都较低,尤其是在电子电路中通常仅为数伏至数十伏,故单相 220 V 的交流电源电压一般都需要用整流变压器 T 把电压降低后才能使用,整流变压器的作用是将交流电源电压变换成所需要的交流电压供整流用,二极管 VD 是整流元件。

(2) 工作原理

设变压器的二次绕组电压为 $u_2 = \sqrt{2} U_2 \sin\omega t$,其波形如图 3-22a 所示。在 u_2 的正半周,变压器二次绕组 a 端为正、b 端为负,二极管受正向电压而导通。若忽略二极管

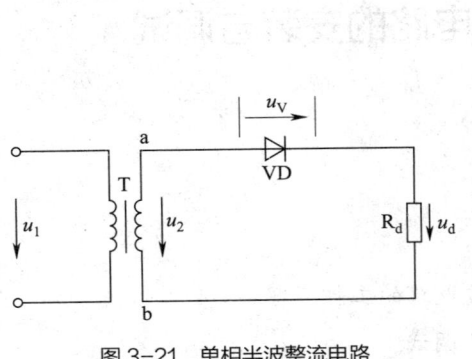

图 3-21 单相半波整流电路

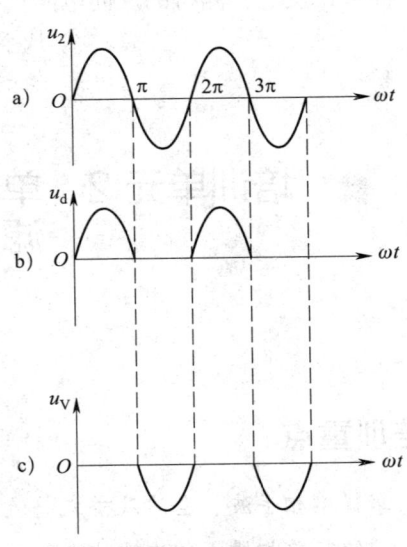

图 3-22 单相半波整流电路的波形

导通时的管压降，则负载电阻 R_d 两端的电压 u_d 就等于 u_2；在 u_2 的负半周，变压器二次绕组 a 端为负、b 端为正，二极管承受反向电压而截止，负载电阻两端的电压 u_d 为零，u_2 电压都加在二极管上。随着 u_2 周而复始的变化，负载电阻上就得到如图 3-22b 所示的电压。二极管两端电压波形如图 3-22c 所示。

（3）负载上的直流电压和电流的计算

负载上得到的整流电压是交流电压 u_2 的正半周波形，虽然是单方向的，但其大小是变化的。这种单向脉动电压常用一个周期的平均值 U_d 来表示其大小。

经计算，单相半波整流电压平均值 U_d 为

$$U_d = 0.45 U_2$$

式中　U_2——变压器二次绕组电压 u_2 的有效值。

流过负载电阻 R_d 的直流电流平均值 I_d 为

$$I_d = \frac{U_d}{R_d} = 0.45 \frac{U_2}{R_d}$$

（4）整流二极管的电流和最高反向电压的计算

计算整流二极管上的电流和最高反向电压是选择整流二极管的主要依据。在单相半波整流电路中二极管与负载串联，所以流过二极管的平均电流 I_{dT} 就等于负载的直流电流 I_d，即

$$I_{dT} = I_d = 0.45 \frac{U_2}{R_d}$$

从二极管两端电压波形可知，二极管上的最高反向电压 U_{RM} 就是交流电压 u_2 的峰值，即

$$U_{RM} = \sqrt{2} U_2$$

选择二极管时，它的最大整流电流应大于实际的 I_{dT}，最高反向工作电压 U_{RM} 应大于实际交流电压 u_2 的峰值，二极管的最大整流电流和最高反向工作电压都需要留有一定的安全余量。

2. 单相全波整流电路

（1）电路的组成

单相全波整流电路如图 3-23 所示，电路由二次绕组带中心抽头的整流变压器 T、二极管 VD1、VD2 及负载电阻 R_d 组成。

（2）工作原理

设变压器的二次绕组电压为 $u_2 = \sqrt{2} U_2 \sin\omega t$，其波形如图 3-24a 所示。在交流电压

u_2 的正半周时,变压器二次绕组 a 端为正、b 端为负,二极管 VD1 受正向电压而导通,而 VD2 承受反向电压而截止,电流由 a 端经 VD1、R_d 流回 C 端,在忽略 VD1 导通时的管压降的情况下,此时负载两端的电压等于 u_2。在交流电压 u_2 的负半周,变压器二次绕组 a 端为负、b 端为正,二极管 VD2 受正向电压而导通,而 VD1 承受反向电压而截止,电流由 a 端经 VD2、R_d 流回 C 端,在忽略 VD2 导通时的管压降的情况下,此时负载两端的电压也等于 u_2。单相全波整流电路中负载整流电压 u_d 和负载电流 i_d 的波形如图 3-24b、图 3-24c 所示。

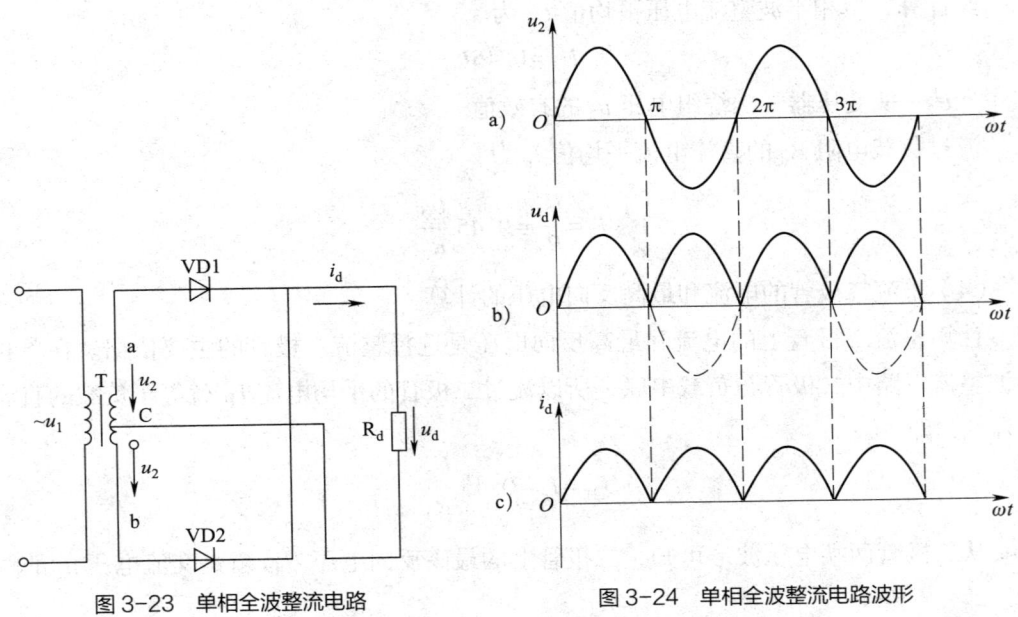

图 3-23 单相全波整流电路   图 3-24 单相全波整流电路波形

(3) 负载上的直流电压和电流的计算

由图 3-24 可知单相全波整流电路负载上的直流电压平均值 U_d、负载电流的平均值 I_d 计算公式,即

直流电压平均值 U_d 为

$$U_d = 0.9 U_2$$

负载电流平均值 I_d 为

$$I_d = \frac{U_d}{R_d} = 0.9 \frac{U_2}{R_d}$$

(4) 整流二极管的电流和最高反向电压的计算

在单相全波整流电路中,负载的直流电流是由二极管 VD1、VD2 轮流导通的。所以二极管的流过的平均电流 I_{dT} 应是负载直流电流 I_d 的一半,即

$$I_{dT} = \frac{1}{2}I_d = 0.45\frac{U_2}{R_d}$$

由工作原理分析可知，单相全波整流电路中，当 VD1 导通时，VD2 截止，此时二极管 VD2 承受 U_{ab} 反向电压。当 VD2 导通时，VD1 截止，此时二极管 VD1 承受 U_{ab} 反向电压，所以二极管承受最高反向电压就等于变压器二次绕组 U_{ab} 电压的最大值，即

$$U_{RM} = 2\sqrt{2}\,U_2$$

由上式可知，单相全波整流电路要求有带中心抽头的整流变压器，每个二次绕组一周期内只工作一半时间，变压器利用率低，因此应用较少。

3. 单相桥式整流电路

（1）电路的组成

单相桥式整流电路如图 3-25 所示。它由整流变压器、四只二极管及负载电阻 R_d 组成。

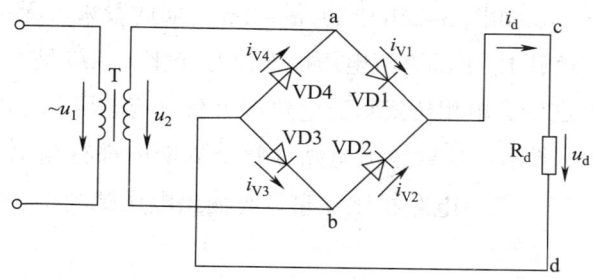

图 3-25 单相桥式整流电路

电路中的 4 只二极管的接法和电桥相似，电桥的一个对角线上接交流输入端，另一个对角线接直流输出端。

（2）工作原理

设变压器的二次绕组电压为 $u_2 = \sqrt{2}\,U_2\sin\omega t$，其波形如图 3-26a 所示。在交流电压 u_2 的正半周，变压器二次绕组 a 端为正、b 端为负，二极管 VD1 和 VD3 受正向电压而导通，而 VD2 和 VD4 承受反向电压而截止，u_2 电压产生的电流 i_1 的通路为 a → VD1 → R_d → VD3 → b。在忽略 VD1 和 VD3 导通时的管压降的情况下，此时负载两端的电压等于 u_2，如图 3-26b 中的 0 ~ π。

在交流电压 u_2 的负半周，变压器二次绕组 a 端为负、b 端为正，此时 VD1 和 VD3 承受反向电压而截止，而 VD2 和 VD4 受正向电压而导通，u_2 电压产生的电流 i_2 通路为 b → VD2 → R_d → VD4 → a。在忽略 VD2 和 VD4 导通时的管压降的情况下，此时负

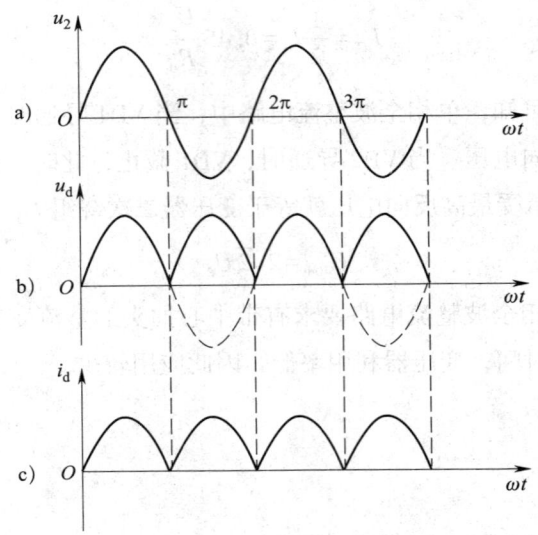

图3-26 单相桥式整流电路波形
a）变压器二次绕阻电压波形 b）负载整流电压 u_d 波形 c）负载电流 i_d 波形

载两端的电压也等于 u_2，如图3-26b中的 $\pi \sim 2\pi$。如此看来，无论是交流电压 u_2 的正半周还是负半周，负载 R_d 上的整流电压极性没有变化，始终是上正下负的极性，流过负载的电流方向也没变。单相桥式整流电路中负载整流电压 u_d 和负载电流 i_d 的波形如图3-26b、图3-26c所示。这种整流电路在整个周期内都有输出，在负载上得到的是全波整流电压，与半波整流电路相比，它具有输出电压脉动小、整流变压器利用率高的特点。

（3）负载上的直流电压和电流的计算

从图3-26波形图上可以看出，单相桥式整流电路因为输出电压的波形比半波多了一倍，显然输出直流电压的平均值也就比半波要大一倍，即

$$U_d = 0.9 U_2$$

负载电流的平均值 I_d 也要大一倍，即

$$I_d = \frac{U_d}{R_d} = 0.9 \frac{U_2}{R_d}$$

（4）整流二极管的电流和最高反向电压的计算

在单相桥式整流电路中，负载的直流电流是由二极管VD1、VD3和VD2、VD4轮流导通的。所以二极管的流过的平均电流 I_{dT} 应是负载直流电流 I_d 的一半，即

$$I_{dT} = \frac{1}{2} I_d = 0.45 \frac{U_2}{R_d}$$

由工作原理分析可知,单相桥式整流电路中,当 VD1、VD3 导通时,VD2、VD4 截止,此时二极管 VD2、VD4 承受反向电压。当 VD2、VD4 导通时,VD1、VD3 截止,此时二极管 VD1、VD3 承受反向电压。从图 3–25 可以看出,当 VD1、VD3 导通时,如忽略二极管的正向压降,二极管 VD2、VD4 的阴极电位就等于 a 端的电位,二极管 VD2、VD4 的阳极电位就等于 b 端的电位,所以二极管承受最高反向电压就等于变压器二次绕组电压的最大值,即

$$U_{RM} = \sqrt{2}\, U_2$$

单相桥式整流电路中的二极管可以用 4 个同型号的二极管,但接线时应注意二极管的极性不能接反,否则将引起电源短路。

单相桥式整流电路的变压器二次绕组电压比单相半波整流电路要低 1/2,整流二极管的平均电流也要低 1/2。在同样的二次绕组电压 U_2 时,单相桥式整流电路的负载直流电压和电流都较单相半波整流的负载直流电压和电流高一倍,对整流二极管的要求也低一些。同时,单相桥式整流电路输出的直流电压和电流的脉动程度都比单相半波整流电路输出的直流电压和电流的脉动程度小,变压器的利用率较高,所以单相桥式整流电路得到广泛的应用。

二、滤波电路

整流电路输出的直流电压是单向脉动直流电压,其中包含有很大的交流分量。为了减小输出直流电压的脉动程度,减小交流分量,就要采用滤波电路。常用的滤波电路按采用的滤波元件不同分成电容滤波和电感滤波等。在小功率直流电源中常用电容滤波。

1. 电容滤波电路

（1）工作原理

图 3–27 所示为单相半波整流电容滤波电路。由图可知,电容滤波电路十分简单,滤波电容与负载并联。常采用容量较大的电解电容器,电解电容器有正、负极性,在电路中电解电容器的极性应与滤波电压的极性一致,不能接错。

电容滤波的原理是利用电容器的充放电作用,来改善输出直流电压的脉动程度。如图 3–27 所示电路中,设 $u_2 = \sqrt{2}\, U_2 \sin\omega t$,若 $u_2 > u_C$ 则二极管 VD 导通,若 $u_2 \leq u_C$ 则二极管 VD 截止。为分析简便起见,假设图示电路在电源电压 u_2 过零时接通电路,当 u_2 从零开始上升过程中,二极管 VD 导通,流经 VD 的电流分两路,一路流经负载电阻 R_d,另一路对电容 C 充电。如忽略变压器的内阻抗和二极管的管压降,可以认为 u_C

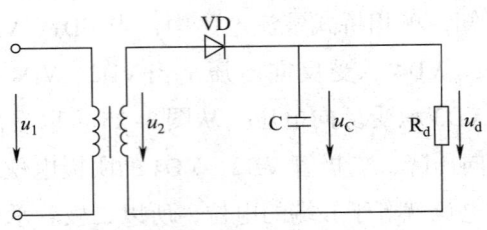

图 3-27　单相半波整流电容滤波电路

和 u_2 的波形是重合的，到达 u_2 的峰值时 $u_2=u_C$。此后 u_2 和 u_C 都开始下降，u_2 按正弦规律下降，当 $u_2<u_C$ 时，二极管 VD 承受反向电压而截止。此时电容 C 通过 R_d 放电，放电使 u_C 逐渐下降，直到下个正半周 $u_2>u_C$ 时，二极管 VD 再次导通，电容 C 再次被充电。电容电压 u_C 再次按照 u_2 的正弦规律上升，峰值过后电容电压 u_C 又将通过 R_d 放电……如此重复上述过程，电容两端电压即为输出电压，其波形如图 3-28 中的实线所示。由图可见，负载上的输出电压的脉动大为减小，达到了滤波的目的。

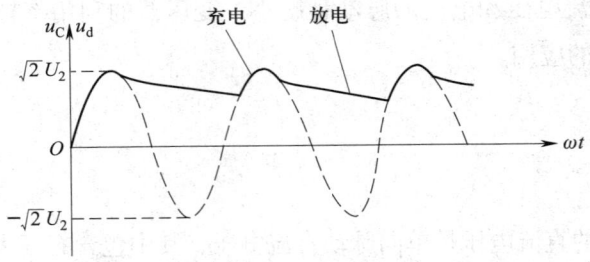

图 3-28　单相半波整流电容滤波电路波形

单相桥式整流电容滤波电路及其输出电压波形分别如图 3-29 和图 3-30 所示。图 3-30 中虚线所示是原来不加滤波电容的输出波形，实线所示是加了滤波电容之后的输出电压波形。

可以看到，滤波效果的好坏和放电回路的时间常数 R_dC 有很大的关系。时间常数 R_dC 大则放电慢，输出电压波形如图 3-30a 所示，输出电压的脉动小、滤波效果好；

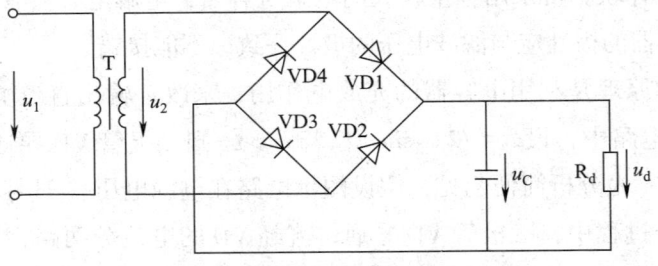

图 3-29　单相桥式整流电容滤波电路

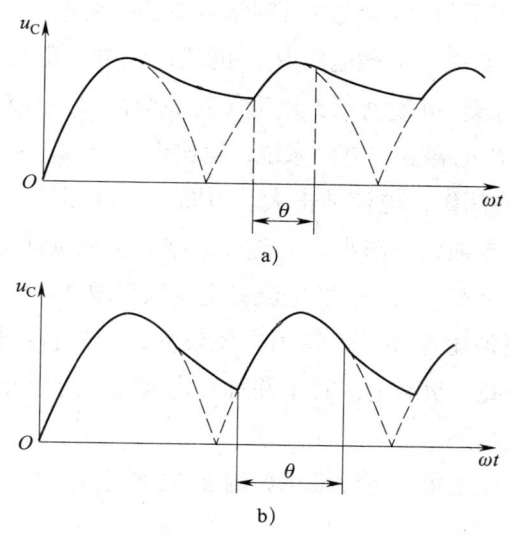

图 3-30 单相桥式整流电容滤波电路波形
a) R_dC 大 b) R_dC 小

时间常数 R_dC 小则放电快，输出电压波形如图 3-30b 所示，输出电压的脉动大、滤波效果差。

（2）输出电压的估算

整流电路在经过电容滤波之后，输出电压的脉动大幅减小，同时输出电压也提高了。由图 3-30 还可看到，输出电压的大小和放电回路的时间常数 R_dC 密切相关。如放电时间常数 R_dC 大，则输出电压高，如放电时间常数 R_dC 极大（相当于负载端开路）时，则电容只充电不放电，此时输出电压最高即 $U_d=\sqrt{2}U_2$。如放电时间常数 R_dC 很小，此时输出电压最低，对单相桥式整流电容滤波电路来说，$U_d=0.9U_2$。为了得到较好的滤波效果，放电时间常数 R_dC 通常按下式选取，即

$$R_dC=(1.5\sim2.5)T$$

式中 T——电源周期，对于工频 50 Hz 的电源，$T=20$ ms。

在这种情况下，桥式整流电路滤波后的输出电压约为

$$U_d=1.2U_2$$

（3）电容滤波的优缺点及应用场合

电容滤波具有电路简单、输出电压较高等优点，但也存在一些缺点，主要有以下两点：

1）直流电源的外特性较差。电源的外特性就是指电源的输出电压与输出电流之间的关系，好的电源外特性应该是输出电压不随输出电流变化。电容滤波电路的外特性较差，如图 3-31 所示。

电容滤波电路输出电压大小与放电时间常数有关，在电容确定不变之后，输出的直流电压的大小就完全取决于负载电阻 R_d，也就是取决于负载电流 I_d。负载开路时，输出电压最大为 $\sqrt{2}U_2$，随着负载电流 I_d 增大（负载电阻 R_d 阻值减小）输出电压 U_d 逐渐下降，对单相桥式整流电容滤波电路来说，输出电压 U_d 最小不低于 $0.9U_2$。

2）二极管的导通时间短，电流冲击大。由图 3-30 可以看到，滤波效果越好，二极管的导通时间越短，导通角 θ 越小，电流冲击越大。在设计带有电容滤波的整流电路时，应充分考虑这一因素，二极管的电流安全系数可取 2~3 倍。

综上所述，电容滤波电路简单，输出电压较高，但外特性较差，且有电流冲击，主要应用于输出电压较高，负载电流较小并且变化也较小的场合。

（4）RC-π 形滤波电路

为了进一步提高滤波效果，可以采用如图 3-32 所示的 RC-π 形滤波电路。

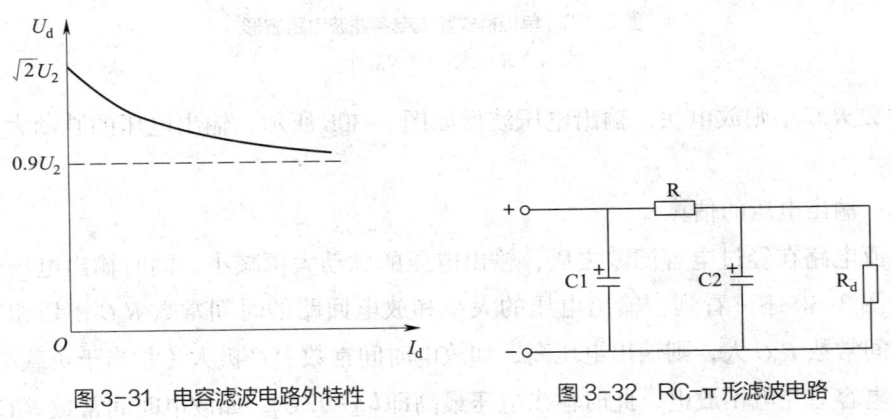

图 3-31 电容滤波电路外特性　　图 3-32 RC-π 形滤波电路

由于电容 C1 上的电压的直流分量要经过电阻 R 和负载电阻 R_d 的分压，负载电阻 R_d 两端直流输出电压将有所降低；同理，电容 C1 上的电压的交流分量也要经过电阻 R 和负载电阻 R_d 与 C2 等效并联阻抗的分压，由于 C2 的交流阻抗很小，它和负载电阻 R_d 等效并联阻抗也就很小，使得负载电阻 R_d 两端的输出电压交流分量大大减小。R 的阻值越大，C2 越大，滤波效果越好，但 R 的阻值越大，电阻 R 上的直流电压降越大。因而这种滤波电路主要用于负载电流较小而要求输出电压脉动很小的场合。

2. 电感滤波电路

（1）工作原理

电感滤波电路如图 3-33 所示，电感和负载串联，整流电路输出的脉动直流电通过电感线圈时，将产生自感电动势，阻碍线圈中电流的变化。

当通过电感线圈流向负载的脉动电流随 U_2 上升而增加时，电感线圈产生的自感电动势就阻碍其增加，当通过电感线圈流向负载的脉动电流随 U_2 下降而减小时，电感线圈产生的自感电动势又阻碍其减小，因而使负载电流和负载电压的脉动大为减小。整流电路的输出电压有直流分量和交流分量，如不计电感线圈本身的电阻，电感对直流分量相当于短路，因此直流分量可以全部加到负载上，但是电感对交流分量具有一定阻抗，频率越高，阻抗越大，因而交流分量要被电感阻抗和负载电阻分压，如果电感阻抗远远大于负载电阻，就可以使交流分量绝大部分降落在电感上，负载电阻上的交流分量就大大减小，起到了很好的滤波作用。其波形如图 3-34 所示。

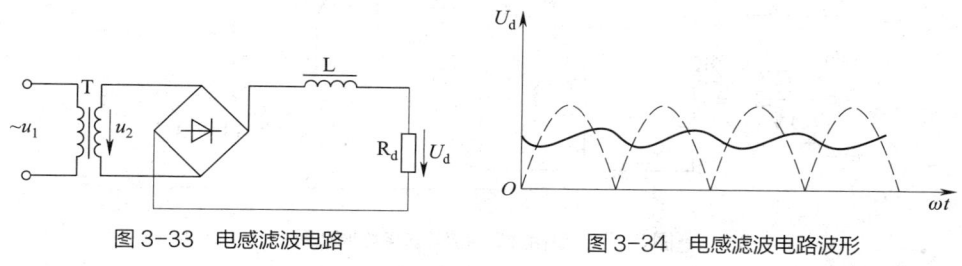

图 3-33　电感滤波电路　　　　　图 3-34　电感滤波电路波形

（2）输出电压的估算

由上述分析可知，电感滤波电路要有好的滤波效果，必须使电感阻抗远远大于负载电阻。在不计电感线圈本身的电阻时，输出的直流电压和没有滤波时相同，即

$$U_d = 0.9 U_2$$

电感滤波电路的外特性较好，二极管的导通角还是 180°，电流冲击小。因此电感滤波电路适用于大电流负载场合，电感滤波电路的缺点是电感本身是一个铁芯线圈，体积大而笨重，成本高。

对于负载变动较大的场合或者希望得到更好的滤波效果，可以采用电容滤波和电感滤波相结合的 LC 复式滤波电路，如图 3-35 所示。图中 L 对交流分量的限流作用和 C 对交流分量的分流作用联合起来会使负载上的交流分量大大减小。

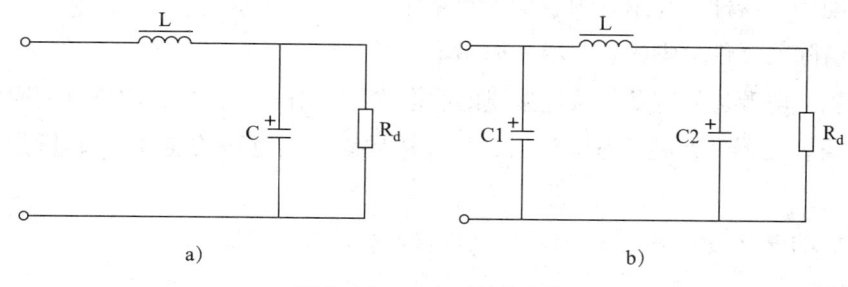

图 3-35　LC 复式滤波电路
a）LC 滤波电路　b）π 形 LC 滤波电路

技能要求

单相桥式整流滤波电路的安装与调试

一、操作准备

1. 原理图

单相桥式整流滤波电路原理图如图 3-36 所示。

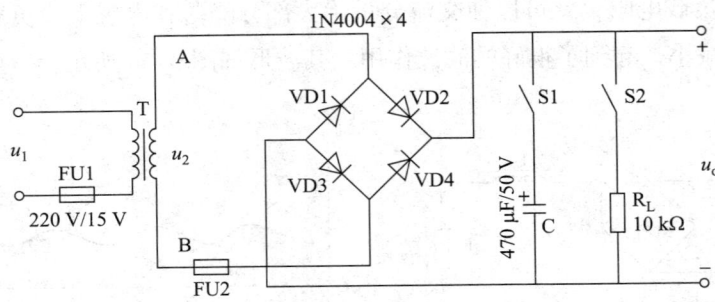

图 3-36 单相桥式整流滤波电路原理图

2. 工具、仪表及器材

（1）工具：常用电子工具。

（2）仪表：万用表。

（3）器材：电源变压器 T，220 V/15 V；电解电容器 C，470 μF/50 V；电阻器，10 kΩ/0.25 W；熔断器 FU1，0.5 A 1 只；熔断器 FU2，0.05 A 1 只；实验板；整流二极管 4 只；单刀单掷开关 2 只；胶木板，5 mm×50 mm×50 mm 1 块。

二、操作步骤

1. 电路的安装

基本操作步骤描述：配齐元器件→清除元器件引脚氧化层并搪锡→连接线搪锡→插装元器件→焊接元器件。

（1）配齐元器件，并用万用表检查元器件的性能及好坏。

（2）清除元器件引脚的氧化层并搪锡。

（3）剥去电源连接线及负载连接线的线端绝缘，清除氧化层，均进行搪锡处理。

（4）插装元器件，经检查无误后，用硬铜导线根据电路的连接关系进行布线并焊接固定。

组装好的电路板如图 3-37 所示，其焊接面如图 3-38 所示。

2. 测试

基本操作步骤描述：安装电源→检查各元器件的焊接质量→通电测试。

图 3-37 单相桥式整流滤波电路的电路板

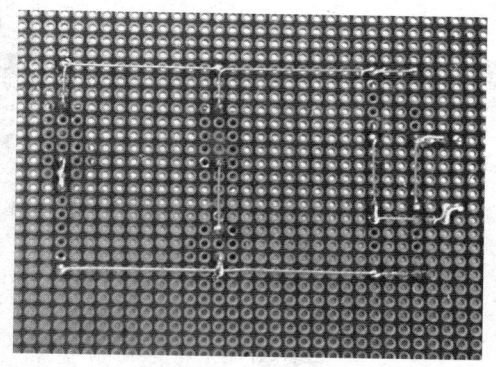
图 3-38 单相桥式整流滤波电路板的焊接面

（1）在胶木板上安装变压器、开关、熔断器等元器件。同时，做好电源引线的连接和电路板交流输入端的连接。

（2）检查各元器件有无错焊、漏焊和虚焊等情况，并判断接线是否正确。

（3）接通电源，观察有无异常情况，在开关 S1 和 S2 处于各种状态时，将万用表的量程转换开关置于直流 50 V 挡，用万用表测量输出电压的平均值。测量时，红表笔接输出端正极，黑表笔接输出端负极，空载输出电压应为 18 V 左右。

（4）输出电压不正常，故障现象及原因见表 3-7。

表 3-7 输出电压不正常的故障现象及原因

故障现象	故障原因
输出电压不稳定	检查电源电压是否波动。输出电压应随电源电压的上升而上升，随电源电压的下降而下降
输出电压为 13.5 V 左右	滤波电容脱焊或已损坏
输出电压为 6.7 V 左右	说明除滤波电容脱焊或已损坏外，整流桥某个臂脱焊或有一只二极管断路
输出电压为 0 V，变压器又无异常发热现象	电源变压器一次或二次绕组已断开或未接妥，或是熔丝已熔断，也可能是电源与整流桥未接好
接通电源后，熔丝立即熔断	电源变压器一次或二次绕组短路，或是整流桥中一只二极管反接，或是滤波电容短路。此时应立即切断电源，查明原因。仅 FU1 熔断为一次侧短路。FU1、FU2 同时熔断多为二次侧短路，仅 FU2 熔断的主要原因是 C 短路或二极管反接等

三、评分标准

评分标准见表 3-8。

表3-8 评分标准

序号	主要内容		评分标准	配分	扣分	得分
1	电路安装	接线	接线不正确,每处扣20分	35		
		布局	布局不合理,扣5~10分	10		
		排列	排列不整齐,扣3~5分	5		
		焊接	(1)焊点粗糙,扣5~10分 (2)虚焊、漏焊,每处扣10~15分	20		
2	调试电压		(1)测试电源电压,量程选择错误,扣10分 (2)测试直流电压,量程选择错误,扣10分	20		
3	安全文明生产		每一项不合格,扣4分	10		
4	时间:2h		合计	100		
			教师签字			

四、注意事项

1. 焊接元件时,用镊子夹住焊件的引线,有利于散热。
2. 不可出现虚焊、漏焊现象,一经发现应及时纠正。
3. 用万用表测量输出电压时,红表笔接输出端正极,黑表笔接输出端负极。

培训单元3 直流稳压电源的安装与调试

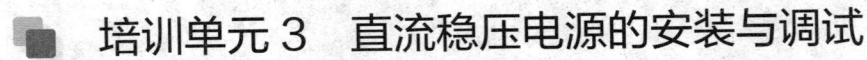

培训重点

1. 掌握串联型晶体管稳压电源的工作原理。
2. 能根据电路图安装串联型稳压电源,并进行调试。

知识要求

一、稳压管稳压电路

经过整流和滤波的输出直流电压已经变得比较平稳,但是往往会随交流电源电压的波动和负载的变化而变化。为了使输出电压保持稳定,使其不随交流电源电压的波动和负载的变化而变化,必须采用稳压电路。稳压电路种类很多,稳压管稳压电路是其中最简单的一种。

1. 工作原理

稳压管稳压电路如图 3-39 所示,经过单相桥式整流和电容滤波电路得到直流电压 U_1,再经过限流电阻 R 和稳压管 VD 组成的稳压电路接到负载电阻 R_d 上。稳压管 VD 反向并联在负载两端。

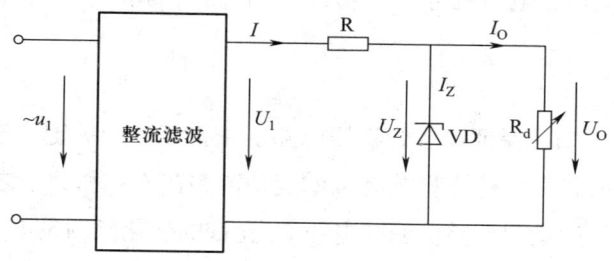

图 3-39 稳压管稳压电路

由稳压管特性可知,稳压管工作在反向击穿状态,只要流过稳压管的电流 I_Z 在其工作范围内,其两端的电压 U_Z 基本上保持稳定。假设稳压管特性是理想的,即认为稳压管的动态电阻为零,只要稳压管电流 I_Z 在最小稳定电流 I_{Zmin} 和最大稳定电流 I_{Zmax} 之间,稳压管两端的电压 U_Z 就不变。如果稳压管电流小于最小稳定电流,则说明稳压管还没有工作于反向击穿状态,输出电压减小,电路失去稳压作用;如果大于最大稳定电流则稳压管将烧坏。图中限流电阻 R 就是为了限制稳压管电流 I_Z 不要过大。

由此可见,稳压管能稳压是其本身的特性决定的,在交流电源电压波动或负载变化时,只要能保证稳压管电流在其工作范围之内,就能保证输出电压 U_O 的稳定。

下面分析在交流电源电压波动和负载变化时,稳压电路的工作情况。

由图 3-39 所示电路可以看出,其电压、电流的关系为

$$U_1 = IR + U_O$$

$$I = I_Z + I_O$$

为了便于分析,先假设负载不变,只分析交流电源电压波动时,稳压电路的工作情况。比如交流电源电压增大,使整流滤波电压 U_1 增大,将使电流 I 增大,由于负载电流 I_O 不变,因而电流 I 增大的部分全部流过稳压管,使稳压管电流 I_Z 增大,只要 I_Z 不超过最大稳压电流,电路就可以正常动作,稳压管两端电压 U_Z 基本上保持不变,此时电阻 R 上的压降增大。同理,当交流电源电压减小,使整流滤波电压 U_1 减小,将使电流 I 减小,使稳压管电流 I_Z 减小,只要 I_Z 不小于最小稳压电流,电路就可以正常工作,稳压管两端电压 U_Z 基本上保持不变,此时电阻 R 上的压降减小。

下面分析交流电源电压保持不变而负载变化时,稳压电路的工作情况。当交流电源电压保持不变时,整流滤波电压 U_1 也不变,当负载电流 I_O 增大时,稳压管电流 I_Z 减小,只要 I_Z 不小于最小稳定电流,电路就可以正常工作,稳压管两端电压 U_Z 基本保持不变,此时流过限流电阻 R 的电流和电阻上的电压降基本保持不变。同理,当负载电流 I_O 减小时,使稳压管电流 I_Z 增大,当负载开路时,电流 I 全部流过稳压管,只要 I_Z 不超过最大稳定电流,电路就可以正常工作,稳压管两端电压 U_Z 基本上保持不变。

2. 元件参数选择

从上面的分析可知,保证稳压管稳压电路能正常工作的关键在于,当交流电源电压和负载电流变动时,保证稳压管电流 I_Z 的变动范围在 I_{Zmin} 和 I_{Zmax} 之间。

设交流电源电压变动引起整流滤波电压 U_1 允许的变化范围是 $U_{1min} \sim U_{1max}$,负载电流允许的变动范围是 $I_{Omin} \sim I_{Omax}$。

当交流电源电压和负载电流一起变动,整流滤波电压为最小(U_{1min})而负载电流为最大(I_{Omax})时,通过稳压管的电流最小。在这种情况下,应保证此电流大于 I_{Zmin},即应满足以下不等式

$$\frac{U_{1min}-U_Z}{R}-I_{Omax} \geq I_{Zmin}$$

同理,通过稳压管电流最大的情况显然是发生在整流滤波电压为最高(U_{1max})而负载电流为最小(I_{Omin})时,此电流应小于稳压管允许的最大电流 I_{Zmin},即满足以下不等式

$$\frac{U_{1max}-U_Z}{R}-I_{Omin} \leq I_{Zmax}$$

稳压管稳压电路工作时,只要同时满足以上两个不等式,就可以保证电路正常工作。稳压管稳压电路选择稳压管时,一般取 $U_Z=U_O$,$I_{Zmax}=(1.5 \sim 3)I_{Omax}$,而整流滤波

电压 U_1 一般取 $U_1=(2\sim3)U_0$，限流电阻 R 的阻值可以根据上面两个不等式进行计算。同理，也可以根据上面两个不等式来计算参数已知的某一稳压管稳压电路所允许的电源电压变动范围或负载电流变动范围。

在图 3-39 所示稳压管稳压电路中，稳压管 VD 作为电压调整器与负载并联，故又称为并联型稳压电路。稳压管稳压电路结构简单，成本低，但输出电流较小，电路稳压性能较差，因此这种电路只能用于要求不高的小电流的稳压电路。

二、串联型晶体管稳压电路

稳压管稳压电路输出电流较小，电路稳定性能较差。为了提高稳压电路的输出电流，可以利用三极管的放大作用，图 3-40 所示电路就是在输出端接有三极管的稳压电路，因为三极管与负载就是串联的，所以这种电路又称为串联型晶体管稳压电路。由图可以看到，串联型晶体管稳压电路的输出电流是三极管的发射电流，稳压管输出的电流为三极管的基极电流，三极管发射电流是基极电流的（1+β）倍，这样就大大提高了输出电流。

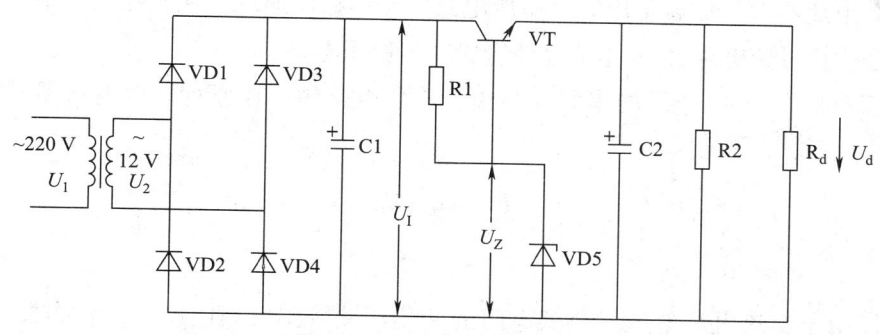

图 3-40 串联型晶体管稳压电路

1. 电路组成

由图 3-40 可知，串联型晶体管稳压电流可分为由降压变压器及 VD1～VD4 整流二极管组成的单相桥式整流电路、电容 C1 组成的滤波电路和三极管 VT、稳压管 VD5 等元器件组成的稳压电路等三部分，其中单相桥式整流电路、电容 C1 组成的滤波电路和前面讲述的稳压管稳压电路相同。稳压电路中三极管 VT 称为调整管，R1 既是 VD5 的限流电阻又是调整管 VT 的偏置电阻，它和稳压管 VD5 组成的稳压电路向调整管 VT 基极提供一个稳定的直流基准电压 U_Z。当负载 R_d 开路时，由电阻 R2 给调整管提供一个直流通路。

2. 工作原理

由图 3-40 可知，交流电源经变压器降压后，二次绕组交流电压 U_2 经过 VD1～VD4 整流二极管组成的单相桥式整流电路和电容 C1 滤波后，输出直流电压（即电容 C1 上电压）U_I，再经稳压电路中三极管 VT 输出负载电压 U_O。因此，图 3-40 所示的串联型晶体管稳压电路可等效简化为图 3-41 所示的串联稳压电路。

负载电压 U_O 为

$$U_O = \frac{R_d}{R_d + R_P} U_I$$

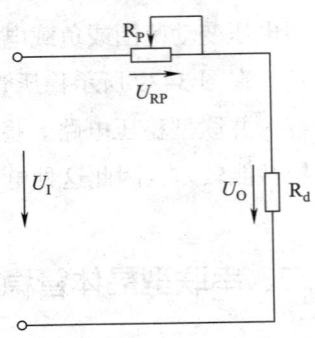

图 3-41 串联型晶体管稳压电路等效稳压电路

由上式可知，当交流电源电压升高，直流电压（即电容 C 上电压）U_I 增大时，只要调节可变电阻使其阻值增大，就可使负载电压 U_O 保持不变；反之，当交流电源电压降低，直流电压 U_I 减小时，只要调节可变电阻 R_P 使其阻值减小，就可使负载电压 U_O 保持不变。也就是说随着交流电源电压变化，自动调节可变电阻 R_P 的阻值就可以保证负载电压不变，这就是串联型稳压电路的基本稳压原理。在实际应用中，常采用三极管来代替可变电阻 R_P 而组成晶体管串联型稳压电路。

下面分析图 3-40 所示的串联型晶体管稳压电路的工作原理。由电路图可得到下面关系：

$$U_{BE} = U_Z - U_O$$

$$U_O = U_I - U_{CE}$$

假设由于交流电源电压或负载电阻的变化而使输出负载电压 U_O 增大时，由于稳压管 VD5 的稳定电压 U_Z 不变，因此三极管 VT 的 U_{BE} 减小，三极管 VT 的基极电流 I_B 减小，使三极管 VT 的集电极与发射极间的电压 U_{CE} 增大，使 U_O 下降，保证输出负载电压 U_O 基本稳定，上述稳压过程表示如下：

$$U_O \uparrow \to U_{BE} \downarrow \to I_B \downarrow \to U_{CE} \uparrow \to U_O \downarrow$$

同理，由于交流电源电压或负载电阻的变化而使输出负载电压的 U_O 下降时，由于稳压管 VD5 的稳定电压 U_Z 不变，因此三极管 VT 的 U_{BE} 增大，三极管 VT 的基极电流 I_B 增大，使三极管 VT 的 U_{CE} 减小，使 U_O 上升，保证输出负载电压 U_O 基本稳定。

串联型晶体管稳压电路的输出电流比稳压管稳压电路输出电流大，稳压性能也要好一些。

技能要求

直流稳压电源电路安装调试及常见故障诊断处理

一、操作准备

1. 工具、仪表及材料

准备内容见表 3-9。

表 3-9 准备内容

序号	名称	规格	数量	备注
1	单相交流电源	220 V	1 套	
2	直流电源	自选	1 套	
3	变压器	220 V/12 V	1 台	
4	印制电路板或铆钉板	自选	1 块	
5	电子元件（电阻、电容、二极管、三极管、稳压管）	型号、规格自选	1 套	
6	万用表		1 台	
7	电烙铁、辅助工具及材料		1 套	

2. 原理图

串联型晶体管稳压电路原理图如图 3-42 所示。

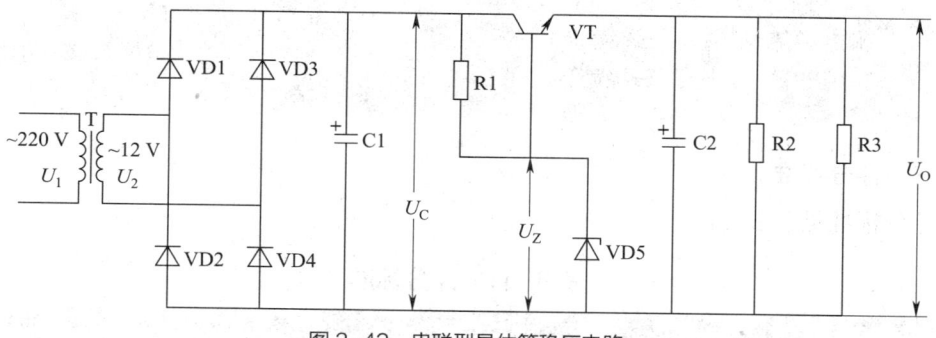

图 3-42 串联型晶体管稳压电路

二、操作步骤

1. 安装、焊接电路

基本操作步骤描述：配齐元器件→清除元件引脚氧化层并搪锡→连接线搪锡→插装元器件→焊接元器件。

（1）配齐电路所需元器件并检测元器件，对不合格的元器件进行更换。

（2）清除元件引脚的氧化层并搪锡。

（3）剥去电源连接线及负载连接线的线端绝缘，清除氧化层，均进行搪锡处理。

（4）各元器件经检查无误后插装在电路板上，用硬铜导线根据电路的电气连接关系进行布线并焊接固定。焊接元件时，可用镊子夹住焊件的引线，这样既方便焊接又有利于散热。

（5）焊后应检查有无虚焊、假焊、错焊、漏焊，剪去多余的电子元器件引脚线，检查直流稳压电源电路板所有的焊点。

2. 通电调试

通电前对照原理图对电路板进行详细检查，确定所有器件接线无误后通电调试。测量 U_1、U_2、U_C、U_O。正常情况下，输入直流电源电压 U_C 为 13~16 V，输出直流电压 U_O 的数值为 6.3~8.1 V，具体由所采用的稳压管的稳压电压值决定。

3. 常见故障诊断和故障处理

常见故障诊断和故障处理见表 3-10。

表 3-10 常见故障诊断和故障处理

序号	故障现象	故障分析	处理步骤
1	输出直流电压为零	1. 稳压管的极性接错 2. 稳压管短路 3. 限流电阻 R1 回路断开 4. 三极管 VT 回路断开	1. 检查 VD5 管是否正常 2. 检查 VD5 管电路各元件是否正常 3. 检查 R1 电路是否正常 4. 检查 VT 管是否正常
2	输出直流电压过高	1. 三极管 VT 损害 2. 三极管 VT 短路	1. 检查 VT 是否正常 2. 检查 VT 的集电极 C 和发射极 E 是否短路

三、评分标准

评分标准见表 3-11。

表 3-11 评分标准

序号	主要内容	评分标准	配分	扣分	得分
1	电路安装	（1）电路安装正确、完整，一处不合格扣 5 分 （2）元件完好，无损坏，一处不合格扣 2.5 分 （3）布局层次合理，分清主次，一处不合格扣 5 分 （4）布线美观，横平竖直，接线牢固，无虚焊，焊点符合要求，一处不合格扣 2 分 （5）按图接线，一处不合格扣 5 分	70		

续表

序号	主要内容	评分标准		配分	扣分	得分
2	调试	通电调试不成功，扣20分		20		
3	工时	100 min，每超时5 min（不足5 min 按5 min 计）扣5分		10		
4	备注	不准超时	合计	100		
			教师签字			

四、注意事项

1. 电子元器件的引脚弯曲成形处理时不得从电子元器件引脚根部弯曲。
2. 焊接时应重点注意二极管等元器件的管脚和极性。
3. 注意人身安全，杜绝触电事故的发生。在接线和拆线过程中必须断电操作。
4. 注意设备（仪表）安全，接线完成后必须进行检查，防止交流电源、直流电源等短路，在使用仪表（如万用表）测量时也必须注意人身与仪表安全。

培训单元4　放大电路的安装与调试

培训重点

1. 掌握放大电路的工作原理。
2. 能熟练完成放大电路的安装与调试。

知识要求

用电子器件把微弱的电信号（电压、电流、功率）增强到所需值的电路称为放大电路，常见的放大电路有固定偏置放大电路、射极输出器等。下面以带负反馈的两级放大电路为例来说明放大电路的安装与调试。

一、电路的组成

放大电路原理图如图 3-43 所示。

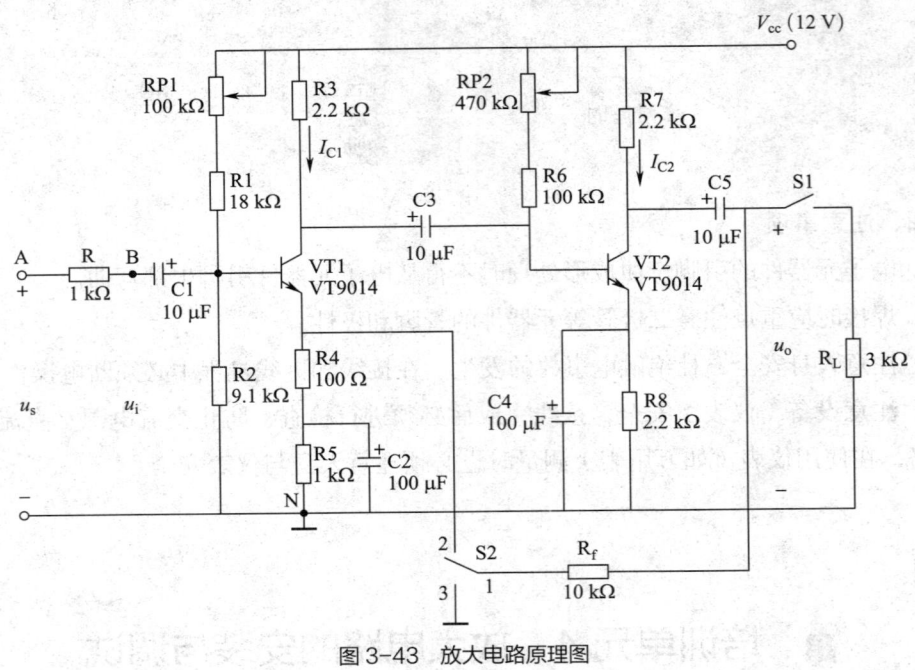

图 3-43 放大电路原理图

二、电路原理分析

电路由两级放大器组成。VT1 是第一级放大器的放大管，电位器 RP1、电阻器 R1 和 R2 是基极偏置电阻，电阻器 R3 是集电极电阻，R4、R5 是发射极偏置电阻，C2 是旁路电容。静态时 VT1 基极电压 U_{BQ1} 近似由电源 Vcc 和（R1+ RP1）与 R2 的分压比确定，所以第一级放大器常被称为分压式射极偏置放大电路，它能有效地稳定放大电路的静态工作点。VT2 是第二级放大器的放大管，电位器 RP2 和电阻器 R6 是基极电阻，R7 是集电极电阻，R8 是发射极电阻，C4 是旁路电容。C1、C3 和 C5 是耦合电容。当开关 S2 与端点 2 接通时，第二级放大器的输出信号通过 R_f 接到了第一级放大器 VT1 管的发射极上，对 VT1 管的净输入信号产生了影响，所以 R_f 是反馈元件，且为电压串联型交流负反馈。当开关 S2 与端点 3 接通时，则将断开负反馈。

技能要求

带负反馈的两级放大电路的安装与调试

一、操作准备

1. 原理图

带负反馈的两级放大电路原理图如图 3-43 所示。

2. 工具、仪器仪表及器材

（1）工具：常用电子工具。

（2）仪器仪表：通用示波器 1 台、低频信号发生器 1 台。

（3）器材：开关 S1，单刀单掷；开关 S2，单刀双掷；电位器 RP1，100 kΩ；电位器 RP2，470 kΩ；电阻器 R1，18 kΩ；电阻器 R2，9.1 kΩ；电阻器 R3，2.2 kΩ；电阻器 R4，100 Ω；电阻器 R，1 kΩ；电阻器 R5，1 kΩ；电阻器 R6，100 kΩ；电阻器 R7，2.2 kΩ；电阻器 R8，2.2 kΩ；电阻器 R_L，3 kΩ/0.25 W；R_f，10 kΩ；电解电容器 C1、C3、C5，10 μF/25 V；电解电容器 C2、C4，100 μF/25 V；试验板 1 块。

二、操作步骤

1. 安装、焊接电路

基本操作步骤：配齐元器件→清除元件氧化层并搪锡→连接线搪锡→插装元器件→焊接元器件。

（1）准备好相应的元器件并检查。

（2）清除元器件引脚处和印制电路板表面的氧化层，并进行搪锡处理。

（3）在印制电路板上设计元器件布局。

（4）插接元器件，焊接前对电路进行认真检查，电解电容器应正向连接，三极管的三个电极不能接错。

（5）对照电路图，按焊接工艺进行焊接。

组装好的电路板如图 3-44 所示，其焊接面如图 3-45 所示。

2. 电路的测试

（1）静态工作点的测量，如图 3-43 所示，断开信号源，将电路的输入端对地短路，开关 S1 断开，开关 S2 接通端点 3，用万用表测量电阻 R3 两端的电压并且调整 RP1 使其为 3.3 V，同样再调整 RP2 使得电阻 R7 两端的电压也为 3.3 V，则调整后两管的集电极电流 I_{C1} 和 I_{C2} 都约为 1.5 mA，然后测量并记录负反馈放大器的静态工作点，将记录结果填入表 3-12。

图 3-44 放大电路的电路板

图 3-45 放大电路板的焊接面

表 3-12 静态工作点

U_{B1}	U_{E1}	U_{C1}	U_{B2}	U_{E2}	U_{C2}

（2）负反馈对放大器性能影响的测量

1）对放大倍数 A_u 的影响。如图 3-43 所示，将开关 S1 合上，放大器输入 1 mV/1 kHz 的正弦波信号，在不接反馈（开关 S2 接通端点 3）和接入反馈（开关 S2 接通端点 2）两种情况下分别用示波器测量有载时放大电路输入电压 u_i（B 点与 N 点之间）和输出电压 u_o 的波形，读出它们的不失真最大值 U_{im} 和 U_{om}，将记录结果填入表 3-13，计算电压放大倍数 $\left(A_u = \dfrac{U_{om}}{U_{im}}\right)$。

表 3-13 交流测量值

	U_{im}	U_{om}	A_u
不接反馈时			
接反馈时	U_{im}	U_{om}	A_u

2）对输入电阻 R_i 的影响。如图 3-43 所示，将开关 S1 合上，放大电路输入端（A 点）接信号源 u_s，在不接反馈（开关 S2 接通端点 3）和接入反馈（开关 S2 接通端点 2）两种情况下分别用示波器观察 u_s（A 点与 N 点之间）和 u_i（B 点与 N 点之间）的波形，调节信号源 u_s 的幅度，读出 u_s 和 u_i 的不失真最大值 U_{sm} 和 U_{im}，将记录结果填入表 3-14，那么电路的输入电阻 $R_i = \dfrac{U_{im}}{U_{sm} - U_{im}} \times R_o$。

表 3-14 交流测量值

	U_{im}	U_{sm}	R_i
不接反馈时			
接反馈时	U_{im}	U_{sm}	R_i

3）对输出电阻 R_o 的影响。在不接反馈（开关 S2 接通端点 3）和接入反馈（开关 S2 接通端点 2）两种情况下分别测量放大器的输出电阻：将放大器输入端（A 点）接信号源 u_s，用示波器观察输出波形，将开关 S1 断开，读出输出电压的不失真最大值 U_{om}，然后将开关 S1 合上，再读出输出电压的不失真最大值 U'_{om}，将记录结果填入表 3-15，那么电路的输出电阻 $R_o = \left(\dfrac{U_{om}}{U'_{om}} - 1\right) \times R_L$。

表 3-15 交流测量值

	U_{om}	U'_{om}	R_o
不接反馈时			
接反馈时	U_{om}	U'_{om}	R_o

三、评分标准

评分标准见表 3-16。

表 3-16 评分标准

序号	主要内容	评分标准	配分	扣分	得分
1	三极管测量	判断三极管的类型和电极，每错一处扣 2.5 分	15		
2	电路安装	（1）电路安装正确、完整，一处不合格扣 2.5 分 （2）元件完好无损，一处不合格扣 1 分 （3）布局层次合理，分清主次，一处不合格扣 2.5 分 （4）布线美观，横平竖直，接线牢固，无虚焊，焊点符合要求，一处不合格扣 1 分 （5）按图接线，一处不合格扣 2.5 分	30		
3	调试	通电调试不成功，扣 20 分	20		

续表

序号	主要内容	评分标准	配分	扣分	得分
4	静态工作点的测量	不能正确使用万用表测量静态工作点扣10分	10		
5	动态参数的测量	不能正确测量并计算 A_u、R_i、R_o，每个扣5分	15		
6	工时	100 min，每超时 5 min（不足 5 min 按 5 min 计）扣 5 分	10		
7	备注	不准超时	合计	100	
			教师签字		

四、注意事项

1. 严格按正确的焊接步骤操作，焊接时动作要快，以免烫坏元器件与线路板。
2. 电路调试与测试前要仔细分析电路原理，对调试与测试的目的要明确。
3. 注意人身安全，杜绝触电事故的发生。